国家出版基金项目

NATIONAL PUBLICATION FOUNDATION

单中惠 总主编

**杜威教育研究大系**

# 杜威教育
# 名著导读

单中惠 著

山东教育出版社

·济南·

图书在版编目（CIP）数据

杜威教育名著导读 / 单中惠著 . — 济南：山东教育出版社，
2024.6

（杜威教育研究大系 / 单中惠总主编）

ISBN 978-7-5701-2705-4

Ⅰ . ①杜…　Ⅱ . ①单…　Ⅲ . ①杜威（Dewey，John 1859—1952）
－教育思想－研究　Ⅳ . ①G40–097.12

中国国家版本馆CIP数据核字（2023）第197768号

丛书策划：蒋　伟　孙文飞
责任编辑：董　丁
责任校对：任军芳
装帧设计：王玉婷

DUWEI JIAOYU MINGZHU DAODU

# 杜威教育名著导读

单中惠　著

主　　管：山东出版传媒股份有限公司
出版发行：山东教育出版社
地　　址：济南市市中区二环南路2066号4区1号　　邮　　编：250003
电　　话：（0531）82092660　　网　　址：www.sjs.com.cn
印　　刷：山东临沂新华印刷物流集团有限责任公司
版　　次：2024年6月第1版　　印　　次：2024年6月第1次印刷
规　　格：710毫米×1000毫米　1/16　　印　　张：31
字　　数：440千　　定　　价：125.00元

如印装质量有问题，请与出版社发行部联系调换。（电话：0531–82092686）

# 总　序

单中惠

　　美国哲学家和教育家约翰·杜威（John Dewey，1859—1952）走过了93年的人生道路。在整个学术生涯中，杜威从哲学转向教育，既注重教育理论，又注重教育实验，始终不渝地进行现代教育的探索，创立了一种产生世界性影响的教育思想体系，成为现代享有盛誉的西方教育思想大师。凡是了解杜威学术人生或读过杜威著作的人，都会惊叹其知识的渊博、思维的敏锐、观点的新颖、批判的睿智、志向的坚毅、撰著的不辍。综观杜威的学术人生，其学术生涯之漫长、学术基础之厚实、学术成果之丰硕、学术思想之创新、学术影响之广泛，确实是其他任何西方教育家都无法相比的。

　　杜威的著述中蕴藏着现代教育智慧，他的教育思想具有恒久价值。这种恒久价值主要体现在五个方面：阐释了学校变革与社会变革的关系；强调了教育目标应该是学生发展，倡导了课程教材的心理化趋向，探究了行动和思维与教学的关系，阐明了教育过程是师生合作的过程。特别值得指出的是，杜威的那些睿智的教育话语充分凸显了创新性。例如，关于社会和学校，杜威提出，"社会改革是一种有教育意义的改革"，"社会重构和教育重构是相互关联的"，"学校是一个社会共同体"，"教会儿童如何生活"，等等。关于儿童和发展，杜威提出，"身体和心灵两方面的发展相辅而行"，"身体健康乃各种事业的根本","心智不是一个储藏室","解放了的好奇心就是系统的发现","教育的首要浪费是浪费生命",等等。关于课程和教材,杜威提出,"课程教材心理化","在课堂上拥有新生命","批量生产造就了埋没个人才能和技艺的批量教育","教师个人必须尽其所能地去挖掘和利用教材",等等。关于思维和学习,杜威提出,"教育的原理就是学行合一","做中学并不意味着用工艺训练课或手工课取代教科书的学习","学习就是要学会思维","讲课是刺激和指导反思性思维的时间和场所",等等。关于创造与批判,杜威提出,"创造与批判是一对伙伴","发展就等于积极地创造","批判和自我批判是通往创造性的道路",等等。关于道德教育和职业教育,杜威提出,"道德教育的重要就因为它无往不在","道德为教育的最高最后的目的","品格发展是学校一切工作的最终目的","职业教育的首要价值是教育性的","普通教育与职业教育同时并行",等等。关于教师职业和教师精神,杜威提出,"教师职业是全人类最高贵的职业","教师是学校教育改革的直接执行者","教师必须是充满睿智的心灵医师","教师是艺术家","确保那些热爱儿童的教师拥有个性和创造性","教育科学的最终实现是在教育者的头脑里",等等。

　　杜威的教育名著及其学术思想,受到众多哲学家、教育学家等的推崇。例如,美国哲学家和教育家胡克(Sidney Hook)特别强调了杜威的《民主主义与教育》一书的经典价值:"在任何领域中,在原来作为教科书出版的著作中,《民主主义与教育》是唯一的不仅达到了经典著作的地位,而且成为今天所有关心教育的学者不可不读的一本书。"[1]英国教育史学家拉斯克(Robert R. Rusk)和斯科特兰(James Scotland)在他们合著的《伟大教育家的学说》(1979)一书中则指出:"在过去的一百年里,提供指导最多的人就是约翰·杜威。……在教育上,我们不得不感谢杜威,因为他在对传

---

　　①[美]约翰·杜威.杜威全集·中期著作第9卷[M].俞吾金,孔慧,译.上海:华东师范大学出版社,2012:导言.

统的、'静止的、无趣的、贮藏的知识理想'的挑战中做出了自己最大的贡献，使教育更多地与当前的生活现实一致起来。……在20世纪70年代后期，在杜威去世后的四分之一世纪时，有一些迹象表明教育潮流再一次趋向杜威的方向。"①

尽管杜威也去过日本（1919）、土耳其（1924）、墨西哥（1926）、苏联（1928）进行访问或讲演，但他印象最深刻的是在中国的访问和讲演。从1919年4月30日至1921年8月2日，杜威在中国各地访问讲学总计两年零三个月又三天。其间，他的不少哲学和教育著作也在中国翻译出版，对现代中国教育的发展以及现代中国教育家陶行知、陈鹤琴、黄炎培等产生了不可忽视的影响。因此，西方教育学者中对现代中国最为熟悉，对现代中国教育影响领域最广、程度最深和时间最长的，当属杜威。

杜威在华期间，蔡元培在他的60岁生日晚餐会演说中曾这样说，杜威"博士不绝的创造，对于社会上必更有多大的贡献"②。我国近现代学者胡适在《杜威先生与中国》（1921）一文中也写道："自从中国与西洋文化接触以来，没有一个外国学者在中国思想界的影响有杜威先生这样大。"③ 因此，杜威女儿简·杜威（Jane Dewey）在她的《约翰·杜威传》（1939）一书中这样提及杜威和中国的交往："不管杜威对中国的影响如何，杜威在中国的访问对他自己也具有深刻的和持久的影响。杜威不仅对同他密切交往的那些学者，而且对中国人民表示了深切的同情和由衷的敬佩。中国仍是杜威所深切关心的国

①［英］罗伯特·R.拉斯克，詹姆斯·斯科特兰.伟大教育家的学说［M］.朱镜人，单中惠，译.济南：山东教育出版社，2013：266-289.
②蔡元培.在杜威博士之60生日晚餐会上之演说［M］//沈益洪.杜威谈中国.杭州：浙江文艺出版社，2001：330.
③《晨报》，1921年7月11日。

家，仅次于他自己的国家。"①

教育历史表明，如果我们要研究美国教育的发展，要研究世界教育的发展，要研究中国教育的发展，那我们就必须研究杜威教育思想。正如美国学者罗思（R. J. Roth）在他的《约翰·杜威与自我实现》（1961）一书的"序言"中所指出的："未来的思想必定会超过杜威……可是很难想象，它在前进中怎么能够不通过杜威。"这段话是那么睿智深刻，又是那么富有哲理。

在中华人民共和国成立后，杜威教育研究在相当长的一个时期里成为学术禁区。1980年，我国著名教育史学家、华东师范大学教育系赵祥麟教授在《华东师范大学学报（哲社版）》当年第2期上发表了《重新评价杜威实用主义教育思想》一文，首先提出对杜威教育思想进行重新评价，在我国教育界特别在教育史学界产生了很大的影响。应该说，这是我国改革开放后对杜威教育思想重新评价的"第一枪"，引领了对杜威教育思想的再研究。赵祥麟教授这篇文章中最为经典的一段话——"只要旧学校里空洞的形式主义存在下去，杜威的教育理论将依旧保持生命力，并继续起作用"，它不仅被我国很多教育学者在杜威教育研究中所引用，而且被刊印在人民教育出版社2008年出版的5卷本《杜威教育文集》的扉页上。

自改革开放以来，在实事求是精神的引领下，我国教育学界对杜威教育思想进行了重新评价，并使杜威教育思想研究得到了深化。其具体表现在：杜威教育研究的成果更加多样，多家出版社组织翻译出版杜威教育著作，研究生开始关注杜威教育研究，中小学教师对阅读杜威教育著作颇有兴趣，等等。

特别有意义的是，华东师范大学出版社出版了由刘放桐教授主编、复旦大学杜威与美国哲学研究中心组译的中文版《杜威全集》38卷，其中包括《杜威全集·早期著作（1882—1898）》5卷、《杜威全集·中期著作（1899—

---

① Jane M. Dewey. Biography of John Dewey [M] // Paul Arthur Schilpp. The Philosophy of John Dewey. Evanston and Chicago: North-western University Press, 1939：42.

1924）》15卷、《杜威全集·晚期著作（1925—1953）》17卷以及《杜威全集·补遗卷》。刘放桐教授在《杜威全集》"中文版序"（2010）中强调指出，杜威"被认为是美国思想史上最具影响的学者，甚至被认为是美国的精神象征；在整个西方世界，他也被公认是20世纪少数几个最伟大的思想家之一"。应该说，《杜威全集》中文版提供了珍贵的一手资料，不仅有助于杜威哲学思想的研究，而且也有助于杜威教育思想的研究。

2016年是杜威的最重要的标志性著作《民主主义与教育》出版100周年。作为对这位西方教育先辈的一个纪念，美国杜威协会（John Dewey Society）于2016年4月、欧洲教育研究学会（European Education Research Association）于同年9月28日至10月1日分别在美国华盛顿和英国剑桥大学召开了《民主主义与教育》一书出版100周年纪念会。2019年是杜威诞辰160周年，也是他来华访问讲演100周年。美国芝加哥大学、哥伦比亚大学师范学院等高等学府的学者，分别举行了纪念杜威访华100周年的学术研讨会。

与此同时，在我国，不仅众多教育学者发表了与杜威教育相关的文章，而且一些教育学术期刊也开设了相关的纪念专栏或专题，还有一些全国或地方教育学术团体举行了各种形式的纪念性学术研讨活动。中华教育改进社、北京师范大学教育历史与文化研究院等还共同发起了纪念杜威来华100周年系列活动。其中，2019年4月28日举行了"杜威与中国教育高端学术会议"，人民网、新华网、光明网、中国社会科学网等分别对此进行了报道。事实表明，如果没有改革开放，我国教育学界就不会有对杜威教育思想的重新评价，也就不会有杜威教育研究的深化。

杜威是20世纪美国乃至世界上最有影响的教育家之一，他给教育带来了一场深刻的革命。杜威教育研究是西方尤其是美国教育研究中的一个重要领域，也是一个既有恒久价值又有现实意义的重要课题。对于当今我国学校的教育教学和课程改革，杜威教育思想也具有重要的现实意义。"杜威教育研究大系"的出版，既可以展示我国改革开放以来杜威教育研究的成果，又可以推动杜威教育研究在我国的进一步深化，还有助于教育学者和学校教师更深入更理性地认识与理解杜威教育思想。这是"杜威教育研究大系"出版的目的之所在。

"杜威教育研究大系"由我国杜威教育研究知名学者、华东师范大学教育学系单中惠教授任总主编，由合肥师范学院教师教育研究中心朱镜人教授、沈阳师范大学教育学院关松林教授和河南大学教育学部杨捷教授任副总主编。"杜威教育研究大系"共11分册，具体包括：

《杜威与实用主义教育思想》（单中惠/著）

《杜威教育经典文选》（朱镜人/编译）

《杜威在华教育讲演集》（王凤玉、单中惠/编）

《杜威教育书信选》（徐来群/编译）

《杜威教育名著导读》（单中惠/著）

《杜威心理学思想研究》（杨捷/主编）

《杜威教育信条》（单中惠/选编）

《杜威教育在日本和中国》（关松林/主编）

《杜威教育在俄罗斯》（王森/著）

《杜威评传》（单中惠/编译）

《学校的公共性与民主主义——走向杜威的审美经验论》（［日］上野正道/著，赵卫国/主译）

在确定"杜威教育研究大系"的总体框架时，我们主要考虑了四个原则：一是综合性。不仅体现杜威在理论与实践结合的基础上对教育各个方面进行的综合性论述，而且阐述他把哲学、心理学和教育学结合起来，以及对世界各国教育产生的广泛影响。二是创新性。凸显杜威教育著述中的创新精神和教育智慧，以及杜威教育研究的新视角、新发现、新观点和新方法。三是多样性。既有西方学者的研究，也有我国学者的研究；既有总体的研究，又有专题的研究，还有比较的研究；既有理论研究，又有著作研究，还有资料研究。四是基础性。对于杜威教育研究这个主题来讲，整个研究无疑具有重要的学术价值，但有些研究在某种意义上还是基础性研究，冀望在研究视野及研究深度和广度上推进我国杜威教育研究。当然，这四个方面也是"杜威教育研究大系"力图呈现的四个特点。

杜威教育研究是一项具有重要意义的工作，又是一项十分艰辛的工作。就拿一手资料《杜威全集》（*Collected Works of John Dewey*）来说，南伊利诺伊大学卡邦代尔分校杜威研究中心前主任博伊兹顿（Jo Ann Boydston）主编英文版《杜威全集》，从1969年出版早期著作第1卷到2012年出版补遗卷，这项38卷本的汇编工作前后共花费了43年时间；由复旦大学刘放桐教授主持翻译的中文版《杜威全集》启动于2004年，从2010年翻译出版早期著作起，至2017年最后翻译出版补遗卷，也历时13年。因此，就杜威教育研究而言，如果再算上难以计数的二手资料和三手资料以及大量的相关资料，那要在相关研究中取得丰硕的创新成果并非一件易事，这需要我国教育学者坚持不懈地潜心研究。在这个意义上，"杜威教育研究大系"的出版虽然是我国改革开放以来杜威教育研究的一个具有标志性的系列成果，但也只能说是初步的研究成果。

对当今我国教育改革和发展来说，杜威教育思想仍然具有重要的现实价值。那是因为，尽管杜威与我们生活在不同时代，但杜威所探讨的那些问题在现实的教育中并没有消失，后人完全可以在杜威教育思想探讨的基础上对那些教育问题进行更深入的思考和分析，并从杜威教育思想中汲取智慧。在杜威教育研究不断深化和提升的过程中，首先要有更理性的研究意识，其次要有更广阔的研究视野，还要有更科学的研究方法。当然，展望杜威教育研究的未来，我国教育学者应该努力把新视角、新发现、新观点、新方法作为关注的重点。

"杜威教育研究大系"是山东教育出版社承担的"十三五"国家重点图书出版规划项目，也是2022年度国家出版基金资助项目。"杜威教育研究大系"的出版，得到了山东教育出版社领导的高度重视和大力支持，在此谨致以最诚挚的敬意。"杜威教育研究大系"项目从启动到完成历时5年多，在此应该感谢整个团队各位同人的愉悦合作。

在西方教育史上，约翰·杜威无疑是一位具有新颖的教育理念和产生巨大影响力的伟大教育家，但他自己还是最喜爱"教师"这一称呼，并为自己做了一辈子教师而感到无比的自豪。在此，谨以"杜威教育研究大系"献给为教师职业奉献一生的约翰·杜威教授。

2023 年 8 月

# 目　录

# 前　言

## 一

杜威（John Dewey，1859—1952）是美国著名哲学家和教育家，也是当代最有影响的西方教育思想大师。就杜威的整个教育学术人生来看，他曾有过一些中学教育实践经验，从学习研究哲学和心理学出发，在密歇根大学任教期间开始对教育产生兴趣，后在芝加哥大学工作期间通过大学初等学校的教育实验逐步形成了具有特色的教育思想，最后在哥伦比亚大学工作期间，创立了产生广泛的世界性影响的实用主义教育思想体系。正是在这个既注重实践又注重理论的研究过程中，杜威撰写出版了很多教育论著。

《杜威教育名著导读》一书对杜威不同时期的 12 本教育名著进行了导读。在这些杜威教育名著中，既有他的早期教育名著，如《学校与社会》（1899）、《教育学讲座》（1901—1902）、《儿童与课程》（1902），也有他的中期教育名著，如《教育中的道德原理》（1909）、《教育中的兴趣与努力》（1913）、《明日之学校》（1915）、《民主主义与教育》（1916）、《教育哲学》（1920），还有他的晚期教育名著，如《教育科学的资源》（1920）、《创造与批判》（1930）、《我们如何思维》（1933）、《经验与教育》（1938）。

就时间跨度而言，在这些杜威教育名著中，从第一本教育名著《学校与社会》（1899），到最后一本教育名著《经验与教育》（1938），出版的时间跨度长达近 40 年。在出版《学校与社会》一书时，杜威刚满 40 岁；而在出版《经验与教育》一书时，他已近 80 岁。在这近 40 年间，杜威创立芝加哥大学初等学校进行教育实验，开始在教育上崭露头角，后来在充满激励氛围以及创造与批判精神的哥伦比亚大学实现教育理论升华，从而成为美国教育界乃至世界教育界的领军人物，赢得了著名教育哲学家的声誉。

就出版背景而言，在这些杜威教育名著中，有直接以他的芝加哥大学初等学校教育实验为基础而写成的著作，如《学校与社会》《儿童与课程》；有以他的系列讲座或讲演为基础而出版的著作，如《教育学讲座》《教育哲学》《教育科学的资源》《创造与批判》《经验与教育》；有在他的前期教育论文的基础上经过大幅修改和补充而写成的著作，如《教育中的道德原理》《教育中的兴趣与努力》《我们如何思维》；有他多年深刻思考撰写的著作，如《民主主义与教育》；还有为出版社的"命题作文"而写成的著作，如《明日之学校》。

就篇幅长短而言，在这些杜威教育名著中，有些著作的篇幅较少，如《儿童与课程》《教育中的道德原理》《教育中的兴趣与努力》《教育哲学》《教育科学的资源》《创造与批判》《经验与教育》。其中，《儿童与课程》的篇幅最少，英文本仅仅 40 页。有些著作的篇幅较多，如《学校与社会》《教育学讲座》《明日之学校》《民主主义与教育》《我们如何思维》。其中，《民主主义与教育》的篇幅最多，英文本长达 434 页。1916 年《民主主义与教育》一书由美国麦克米伦出版公司出版时，刚于 1915 年出版了《明日之学校》的达顿出版公司就十分希望签约杜威，请他再撰写一本篇幅如同《民主主义与教育》一样长的教育著作，但他没有答应。这也清楚地表明，从 1917 年到 1952 年的 35 年间，杜威再也没有撰写过大篇幅的教育著作。

就学术声誉而言，在这些杜威教育名著中，有享誉世界的鸿篇巨著《民主主义与教育》，也有教育学者和学校教师耳熟能详的《学校与社会》《儿童与课程》《明日之学校》《我们如何思维》《经验与教育》，还有人们阅读得并不多的《教育中的道德原理》《教育中的兴趣与努力》《教育哲学》《教育科学的资源》，更有鲜为人知但又十分重要的《教育学讲座》《创造与批判》。在杜威教育名著中，被翻译成其他语言最多的是《学校与社会》和《民主主义与教育》这两本著作。

就评价文章而言，在这些杜威教育名著中，有些著作一经出版，就产生了很多评论文章，并持续到很久之后，如《民主主义与教育》《学校与社会》《教育中的道德原理》《明日之学校》《我们如何思维》《经验与教育》；有些著作刚出版时评论文章并不多，日后却逐步增多，如《儿童与课程》《教育中的兴趣与努力》《教育科学的资源》；还有一些著作因关注度较低，评论文章较少，如《教育学讲座》《教育哲学》《创造与批判》。

二

杜威教育学术研究的主要特点，就是把哲学、心理学和教育学结合起来。概括起来，杜威教育思想的永恒价值主要体现在五个方面，《民主主义与教育》一书对这五个方面都有所论述。

第一，阐释了学校变革与社会变革的关系。作为一位具有强烈时代感的美国哲学家和教育家，杜威对大转折时代美国社会生活的巨大变迁进行了认真而深入的思索，不仅认识到一个新的社会正在形成，而且设想了一种新的教育。他清楚地认识到，随着社会生活的变化，教育必须进行相应的完全的变革，学校必须反映社会生活正在经历着的各种变化。与此同时，教育的变革和学校的改革也会对社会生活的变化产生重要的影响。面对变化巨大的社会生活，教育学者和学校教师应该清醒地意识到自己的历史使命。在这一方面，《学校与社会》《明日之学校》《创造与批判》等进行过较多论述。应该看到，杜威对学校变革与社会变革两者的关系进行了深入思考，清楚地揭示了在社会变革推动下的学校变革的规律性，阐释了学校之所以需要变革的必然因素。

第二，强调了教育目标应该是学生发展。在批判传统学校教育目标的基础上，杜威对教育目标进行了重新思考，强调指出教育目标应该是学生发展。对于学生发展来说，教育必须从心理学上探索儿童的本能、兴趣和习惯。他清楚地认识到，学生发展不仅指身体的发展，而且指知识和智力的发展，还包括情感和道德的发展；学生发展必须有内部条件和外部条件，因为学生发展只有在适当和正常的条件具备时才能实现；学校是一种典型的特殊环境，即一种简化的、净化的、更加广阔的和更加平衡的环境，以便更好地促进学生发展。在这一方面，《教育学讲座》《学校与社会》《教育哲学》等进行过较多论述。应该看到，杜威基于生命教育思想，对教育目标进行了重新思考，强调了教育目标是学生发展，为学校教育改革指出了更加清晰和明确的方向。

第三，倡导了课程教材的心理化趋向。为了克服传统学校课程教材的弊病，杜威主张课程教材心理化，强调以儿童当下的生活经验为根基来组织课程教材。所谓课程教材心理化，就是指在课程教材和学生心理之间建立联系。他清楚地认识到，必须站在儿童的立场上，以儿童为出发点来考虑课程教材；课程教材应该与儿童的活动联系起来，并适合其每个发展阶段；心理化的课程教材是统一的、启发兴趣的、社会性的，是符合儿童心理发展顺序的；教师在了解课程教材的同时，也应了解每个儿童。在这一方面，《儿童与课程》《明日之学校》《教育学讲座》《教育中的兴趣与努力》等进行过较多论述。应该看到，杜威基于哲学、心理学和教育学的结合，倡导课程教材心理化，不仅深刻地提出了课程教材两个基点的观点，而且预示性地指出了当代西方课程改革的心理学趋势。

第四，探究了行动、思维与教学的关系。杜威强调了行动、思维与教学的关系，在行动与教学的关系上提出了"如何做"（how to do）的命题，在思维与教学的关系上提出了"如何思维"（how to think）的命题。他清楚地认识到，"做中学"，"做"不仅仅是外部动作的表现，更重要的是内心理智的活动；思维就是明智的学习方法，就是有意识地努力去发现我们所做的事情和所产生的结果之间的特定联系；"思维五步"和"教学五步"体现了行动、思维与教学的联系；教师在学校中应该培养学生优良的思维习惯。在这一方面，《我们如何思维》《教育科学的资源》等进行过较多论述。应该看到，杜威基于行动、思维与教学的关系，探究了新的思维方法和教学方法，引领了当代西方教学领域的探究学习、发现学习以及研究性学习。

第五，指明了教育过程是师生合作的过程。面对传统学校的"权威"模式和进步学校的"放任"模式，杜威在教师和儿童的关系上并没有采取非此即彼的哲学。他赞同和提倡"儿童中心论"，但也明确指出教师在教育过程中应该占有一定地位。他清楚地认识到，沟通是一个共同参与的过程，既要使儿童主动参与教育过程，又要使教师积极参与教育过程，才能使教育过程成为旨在促进儿童生长和发展的有教育意义的过程。在这一过程中，教师应该是指导者、领导者和组织者。在这一方面，《经验与教育》《儿童与课程》等进行过较多论述。应该看到，杜威以强调学生在学校中的地位为基点，同时论述了教师在学校中的作用，展现了学校中的一种理想的师生关系。1952 年，杜威在他生前最后的一篇教育文章，即为他原先的助教克拉普（E. R. Clapp）的《教育资源的使用》一书撰写的"引言"中明确指出："要使教育过程成为真正的师生共同参与的过程，成为真正合作的相互作用的过程，师生两方面都是作为平等者和学习者来参与的。"

## 三

在杜威教育著作中，确实有一以贯之的主线。简单地说，这条主线就是从哲学出发，贯穿心理学和社会学，并继而通向教育学。在最广泛的意义上，杜威所寻求的统一就是知行的统一。对知行统一的寻求，当然也体现在杜威的教育名著中。

当代美国哲学家和教育家、"百本名著计划"的创立者阿德勒（Mortimer J. Adler）在他的《如何阅读一本书》（*How to Read a Book, 1940*）中提到过"名著"所具有的六个特点：（1）名著是历史上被人们最广泛阅读的；（2）名著所阐述的问题是任何一个时代都存在的；（3）名著是适宜每个人的；（4）名著最有可读性，任何人都会从中有所领悟；（5）名著最有教育性，有助于人们提高自己的水平；（6）名著对历史问题的论述能引起当代人的思考和探究。

1909年，杜威在他的《公立学校课程的道德意义》（*The Moral Significance of the Common School Studies*）一文中也阐述了何为"经典著作"。他这样指出："经典著作之所以成为经典作品，就是因为它们经历了很多代人的连续检验，并被证明符合人类经验的本性。它们的永恒性就是它们的纯正性、它们的真正本性的标志。"

就《杜威教育名著导读》一书所收录的12本教育名著而言，应该说，基本上体现了阿德勒与杜威本人所说的有关"名著""经典著作"的一般特点。尽管这些教育名著在出版时间、出版背景、篇幅长短、学术声誉、评价文章上各不相同，但它们都体现了一个共同的特点，那就是：杜威力图在这些教育名著中阐释他自己的具有首创性的、并对美国教育乃至世界教育产生持久性影响的教育观点。例如，在《学校与社会》中提出的"学校教育中最大的浪费是人的生命的浪费"，在《教育学讲座》中提出的"在课堂中拥有新生命"，在《儿童与课程》中提出的"课程教材心理化"，在《教育中的道德原理》中提出的"学校道德的三位一体"，在《教育中的兴趣与努力》中提出的"有教育意义的努力"，在《明日之学校》中提出的"自由是儿童智力和道德发展的一种积极因素"，在《民主主义与教育》中提出的"教育即生活""教育即生长""学校即社会"，在《教育哲学》中提出的"教育哲学就是要使人知道所以然的缘故"，在《教育科学的资源》中提出的"教育科学的最终实现是在教育者的头脑里"，在《创造与批判》中提出的"批判和自我批判是通往创造性的道路"，在《我们如何思维》中提出的"学习就是要学会思维"，在《经验与教育》中提出的"新教育的道路比传统教育的道路更为困难"，等等。

在杜威教育思想的卓越的世界性学术影响下，杜威的教育著作出版后，被翻译成许多国家的语言。据美国教育家布里克曼（William W. Brickman）在他的《世界教育家杜威》（*John Dewey：Educator of Nations*）一文中的说法，杜威教育著作的第一个外国版本，是1899年《学校与社会》出版一年多后在英国伦敦的再度出版；杜威教育著作的第一个译本，是1900年出版的《与意志训练有关的兴趣》的瑞典文译本。据美国教育学者帕苏（A. Harry Passow）在他的《杜威对世界教育的影响》（*Dewey's Influence on the World Education*）一文中的统计，截至1982年，在知名度前六位的杜威教育名著中，《学校与社会》有41个译本，《儿童与课程》有23个译本，《我们如何思维》有15个译本，《明日之学校》有18个译本，《民主主义与教育》有25个译本，《经验与教育》有14个译本。

《杜威教育名著导读》一书基于各本教育名著及相关的资料文献，从"出版背景""主要内容""学术影响"三个方面，对所收录的每一本杜威教育名著进行渐进式导读。在每一篇导读的最前面，引用了一段能够体现这本教育名著核心思想的睿智名言。此外，在本书的最后，还附有"杜威教育著作目录"，可作为进一步阅读杜威教育著作的参考。

实际上，教育名著离教育研究者和学校教师并不遥远。对于教育研究者和学校教师来说，阅读西方教育思想大师杜威的教育名著无疑是十分重要的。阅读《杜威教育名著导读》一书，将有助于从杜威教育名著中更好地寻觅现代教育智慧，可以在思想上得到启迪，并在行动上得到指导。

人们常说"教无定式"，其实阅读名著也没有固定的方式。在阅读《杜威教育名著导读》一书时，应该根据自己的具体情况和实际需要，采取适于自己的阅读次序和方式。因此，必须注意以下两点：一是，这本导读只是关于杜威教育名著的入门读物；二是，阅读这本导读并不能代替杜威教育名著的阅读。

书中难免有不妥之处，恳请读者批评指正。

单中惠

# 《学校与社会》导读

*我们的社会生活正在经历着一个彻底的和根本的变化。如果我们的教育对于生活必须具有任何意义的话，那么它就必须经历一个相应的完全的变革。*

——约翰·杜威

《学校与社会》（*The School and Society*，1899）一书是美国著名教育家约翰·杜威的一本早期教育代表作。这是他在 1896 年创办芝加哥大学初等学校（1902 年后通称"杜威学校"）之后，直接以这所实验学校为基础而撰写的第一本教育著作。在这本早期教育代表作中，杜威对学校与社会、学校与儿童、教育心理、初等教育、福禄培尔教育原理以及芝加哥大学初等学校早期发展等方面进行了深刻论述。

## 一、《学校与社会》的出版背景

在杜威的整个学术人生中，1895 年至 1898 年是他的学术成就和认可度迅速攀升的一个时期。美国南伊利诺伊大学哲学与教育学教授、《杜威全集》编辑顾问委员会成员麦肯齐（William R. McKenzie）在《杜威全集》早期著作第 5 卷的《导读：思维和行动的统一》中这样指出："杜威被授予'系统的哲学家''科学的心理学家''实验的教育家'这三个学科的教授头衔，并在每个学科都有所建树。很难说，他更喜欢哪一个头衔。实际上，他认为它们具有紧密的联系。"[1]

---

[1] William R. McKenzie. Introduction: Toward Unity of Thought and Action [M] // John Dewey. Collected Works of John Dewey: The Early Works of John Dewey, Vol.5. Carbondale：Southern Illinois University Press，1972：xiii.

随后的 1899 年至 1901 年，差不多是杜威在芝加哥大学任教时期的中点，也是世纪之交杜威教育思想的转变时期。在观察教育舞台并试图使人们了解其意义的同时，他坚定地把教育发展的责任加在工业主义身上。更值得提及的是，杜威于 1896 年 1 月创办了芝加哥大学初等学校。这是他的教育学术人生中一次持续时间长达 8 年的教育实践，也是一次对他教育思想的形成产生极其重要影响的教育实践。这所实验学校给杜威本人提供了极好的机会，以便进行观察思考和产生新的教育思想。在创办芝加哥大学初等学校后的第二年，他便发表了后来广为人知的具有纲领性意义的《我的教育信条》（My Pedagogic Creed）。当时，杜威正在芝加哥大学担任哲学系、心理学系和教育学系主任。芝加哥大学初等学校的校长由他的夫人艾丽丝·奇普曼（Alice Chipman）担任。应该说，正是在芝加哥大学初等学校的教育实验时期，杜威开始形成具有自己特色的教育思想。尤其是在 1899 年至 1901 年这 3 年间，他所发表的著作主要集中于教育领域。晚年时，杜威也曾提到这种教育实践对他的理智发展的影响。这一影响力量，当然主要来自他在芝加哥大学初等学校这所实验学校里的亲身经历。杜威在教育实验中的经历和思想记载于 1899 年出版的《学校与社会》一书中。当时，美国教育界也普遍认为，杜威在芝加哥大学初等学校的教育实验，反映了他的社会和教育哲学。尽管在芝加哥大学的最后两年，即 1903 年和 1904 年，杜威还是写出了很多讨论教育问题的论著，但在此之后，他的教育论著发表量突然减少，这可以归因于他在 1904 年离开了芝加哥大学，与芝加哥大学初等学校切断了联系。

随着芝加哥大学初等学校的早期发展，为了回应人们对他们夫妇 3 年前创办的这所实验学校的批评，杜威于 1899 年 4 月在芝加哥大学初等学校家长协会举办了包括三次讲演的系列讲座，其听众主要是学生家长和学校资助者。从这个系列讲座中，学校筹集了约 350 美元，作为该年学校的一部分收入。在此次系列讲座后，杜威着手结集出版《学校与社会》一书。但是，因为他随后去往加利福尼亚大学担任春季教职，后又去了夏威夷，直到 6 个月后（即同年 10 月）才回到芝加哥，所以，《学校与社会》文稿中的一些琐细变动和微小调整是由他的亲密朋友、美国哲学家米德（George H. Mead）完成的，杜威本人最后对该书并没有进行审阅。由芝加哥大学出版社出版的《学校与社会》第一版第一次印刷的印数为 1000 本，印刷和发行所需的全部费用 510 美元得到了布莱恩（Anita M. Blaine）夫人①的赞助。

《学校与社会》一书共有三个版本，其中前两个版本是在杜威生前出版的，另外一个版本是在杜威去世后出版的。《学校与社会》的第一版第一次印刷是由芝加哥大学出版社于 1899 年 11 月完成的，全书 4 章，共 129 页。其中，汇集了杜威 1899 年 4 月所作的三次讲演（杜威根据速记报告作了部分修改）和同年 2 月在大学初等学校家长协会（Parents' Association of the University Elementary School）的一次会议上所作的题为《大学初等学校的三年》的简要讲演。

1900 年 1 月，在准备《学校与社会》第一版第二次印刷时，杜威对该书的内容作了一些修改。在"作者说明"中，杜威这样指出，"大学初等学校本身的教育工作是一个共同事业，许多人参与了这个事业。我夫人那清晰而富有经验的智慧在这个机构的任何地方都表现了出来。教师们的智慧、机敏和献身精神，将学校原本杂乱的计划转变成具有明确的形式与教师们自己生命和活动的实体。"②因为《学校与社会》一书的出版曾得到布莱恩夫人的赞助，所以，杜威还特地在该书扉页上题词："本书献给关注教育革新的埃蒙斯·布莱恩夫人。"《学校与社会》第一版第二次印刷的费用，来自第一次印刷的盈利。

1900 年 6 月，杜威与新成立的麦克科留尔·菲利普斯出版公司达成协议，并于同年 7 月出版了第一版第三次印刷的《学校与社会》一书 5000 本。此

---

① 布莱恩夫人，芝加哥大学初等学校的捐助人。
② ［美］约翰·杜威.杜威全集·中期著作第 1 卷［M］.刘时工，白玉国，译.上海：华东师范大学出版社，2012：4.

后，杜威又重新把芝加哥大学出版社作为他自己的出版商。到1913年8月时，《学校与社会》一书共发行了19 619本。《学校与社会》第二版是1915年7月由芝加哥大学出版社出版的，全书8章并有一个附录，共164页。在第一版的内容基础上，第二版增加了杜威刊载于已停刊的《初等学校纪事》（*The Elementary School Record*）杂志上的5篇文章。《初等学校纪事》杂志是由鲁尼恩（Laura Louisa Runyon）主编的，杜威自己也担任了编辑。其中，《作业心理学》刊载于第3期（1900年4月）第82—85页，《反思性注意》刊载于第4期（1900年5月）第111—113页，《福禄培尔的教育原理》刊载于第5期（1900年6月）第143—151页，《初等教育中历史教学的目标》刊载于第8期（1900年11月）第199—203页，《初等教育心理学》刊载于第9期（1900年12月）第221—232页。《学校与社会》第二版把第一版中的第4章《大学初等学校的三年》改为《附录：大学初等学校的三年》<sup>①</sup>。此外，还刊有"第二版作者说明"。在"第二版作者说明"中，杜威把《学校与社会》一书看作芝加哥大学初等学校教育实验的一个成果。

《学校与社会》第三版是由芝加哥大学出版社于1953年出版的，除"出版者说明"（1899年付印）、"作者说明"（第一版第二次印刷，1900年1月5日）、"第二版作者说明"（1915年7月）外，全书共9章。这是在杜威去世后一年出版的。

这里，列出《学校与社会》的三个版本的目录，以便可以对这三个版本进行一下比较。

**《学校与社会》第一版（1899年11月）**

　　出版者说明（1899年付印）

　　作者说明（第一版第二次印刷，1900年1月5日）

　　一、学校与社会进步

---

① 1899年2月，约翰·杜威在芝加哥大学初等学校家长协会的一次会议上所作的简要讲演。

七、作业心理学

八、注意力的发展

九、初等教育中历史教学的目标

从上述这三个版本来看，经过杜威本人审阅并分别撰写"作者说明"（第一版第二次印刷，1900 年 1 月 5 日）和"第二版作者说明"的，就是 1915 年 7 月由芝加哥大学出版社出版的《学校与社会》第二版。

## 二、《学校与社会》的主要内容

《学校与社会》一书（1915 年第二版），除 1899 年出版第一版第二次印刷时的"作者说明"以及"第二版作者说明"外，全书共 8 章，由杜威的三次讲演、曾刊载于《初等学校纪事》杂志上的 5 篇文章，以及《附录：大学初等学校的三年》汇集而成。[①]

"作者说明"，系杜威本人在出版《学校与社会》第一版第二次印刷时所作的说明。杜威明确指出，1899 年 11 月出版的这本书是许多人参与合作和支持的标志。其中包括：他的亲密朋友、美国哲学家米德对整个文稿进行了稍许的修改和调整，以使它流畅易读；关注教育革新的布莱恩夫人对该书印刷和发行所需费用的赞助。

同时，杜威也指出，大学初等学校本身的工作就是一个共同事业。许多人参与了这个事业。其中包括：他的夫人艾丽丝·奇普曼在该校的每一个方面所表现出的清晰而富于经验的智慧与该校教师所表现出的智慧、机敏和献身

---

① 《学校与社会》一书 1899 年 11 月第一版全书共 4 章，其中包括杜威 1899 年 4 月作的三次讲演以及当年 2 月作的一次题为《大学初等学校的三年》的讲演；该书 1915 年 7 月第二版，全书共 8 章，第一版中的《大学初等学校的三年》一文被作为"附录"。1976 年出版的由乔·安·博伊兹顿主编的《杜威全集·中期著作第 1 卷》所收录的《学校与社会》共 9 章，《大学初等学校的三年》一文被列为其中的第 4 章（第 42—48 页）。

精神。

"第二版作者说明",系杜威在 1915 年 7 月《学校与社会》第二版出版时所作的简要说明。其中,杜威写道,他愿意相信,本书作为芝加哥大学初等学校这个实验的一个成果,在教育变革中是有影响力的。

《学校与社会》全书可分为五个部分。第一部分:学校、社会和儿童(第1—3章);第二部分:基于心理学的初等学校(第4章,第6—7章);第三部分:对福禄培尔教育原理的论述(第5章);第四部分:初等学校的历史教学(第8章);第五部分:芝加哥大学初等学校的早期发展(附录)。

**(一)学校、社会和儿童**

在这一部分(第1章《学校与社会进步》、第2章《学校与儿童生活》、第3章《教育中的浪费》),杜威阐述了学校、社会、儿童三者以及它们之间的相互关系。由于这一部分源于杜威在芝加哥大学初等学校家长协会所作的三次讲演,因此,他在第三次讲演开始的简短说明中这样指出:"第一讲从社会的角度讨论学校,以及必须作一些必要的调整,使学校在现代社会条件下发挥作用。第二讲讨论学校与各个儿童的生长的关系。第三讲是讨论学校本身作为一种机构与社会和学校自己的成员——儿童——这两方面的关系。这一讲要讨论组织机构问题。"[①] 具体来讲,杜威主要论述了"学校变革乃是社会变化的产物""旧教育和传统学校的主要弊病""学校教育中的最大浪费""学校成为一种雏形的社会""认识儿童的本能和兴趣以及儿童的生活""主动作业在学校中的重要地位"六个方面。

**1. 学校变革乃是社会变化的产物**

(1)教育上的一个新运动的出现

杜威所生活的时代,正是社会变化和教育变革的时代。因此,在全书一

---

① [美] 约翰·杜威. 学校与社会 [M] // 约翰·杜威. 学校与社会·明日之学校. 赵祥麟,任钟印,吴志宏,译. 北京:人民教育出版社,1994:56–57.

开始，杜威就提及教育上的一个新运动，即消除学校和社会生活隔离的"新教育"①，并指出它将成为整个社会变化的重要部分。在杜威看来，我们必须以更为宽广的或社会的观点来讨论这个运动。因为，"教育方法和课程正在发生的变化如同工商业发生的变化一样，乃是社会情况改变的产物，是适应正在形成中的新社会的需要的一种努力"②。面对学校在这个教育革新运动中的变化，杜威强调指出："最令人感兴趣的当然是我们所熟悉的个别儿童的进步，他的体格的正常发展，他的读、写、算能力的提高，他的史地知识的增长，态度以及敏捷、守秩序和勤劳的习惯的改善——我们正是从这类标准来判断学校的工作。"③ 在他看来，学校的一切革新，都在不断地培养学生的观察力、创造力、建设性的想象力、逻辑思维，以及通过直接接触实际而获得的现实感；家庭技艺、木工场、铁工场和磨坊的教育力量，都在学校生活中不断地起着作用。因此，杜威得出了这样的观点：对于把学校形象僵化了的那些人来说，这样的学校变革必定会使他们大为惊讶。

（2）学校变革的原因

杜威认为，学校之所以变革，就在于社会生活发生了变革，其中首先引人注意的是那个笼罩一切甚至支配一切的工业上的变化——科学的应用。因此，杜威明确指出："人们难于相信，在整个历史上有过这样迅速、这样广泛和这样彻底的革命。经历了这个革命，世界的面貌，甚至它的自然形状都在改变着；……各种生活习惯也正发生着惊人的突然而彻底的改变；……因此，认

---

① "新教育"，泛指当时正在欧洲开展的新教育运动（很多新教育家创办了新学校）和正在美国开展的进步教育运动（很多进步教育家创办了进步学校）。

② ［美］约翰·杜威. 学校与社会［M］// 约翰·杜威. 学校与社会·明日之学校. 赵祥麟，任钟印，吴志宏，译. 北京：民教育出版社，1994：28.

③ ［美］约翰·杜威. 学校与社会［M］// 约翰·杜威. 学校与社会·明日之学校. 赵祥麟，任钟印，吴志宏，译. 北京：人民教育出版社，1994：27.

为这个革命对于教育只有形式上的和表面上的影响，那是难以想象的。"① 他还这样指出："根本的状况已经改变了，在教育方面也只有相应地改变才行。我们必须认识到由于这个根本改变所得到的一些好处：宽容精神的增长，社会见识的扩大，对于人性的更多的直接知识，从外在的表现识别人的性格和判断社会状况的敏锐性，适应各种不同人格的准确性，接触更多商业上的活动。"②

这里，杜威既正确地指明了学校和社会的密切关系，又清楚地指出了学校更好地适应社会需要的必要性。他明确指出，在社会的变化下，学校必须随之进行变革。工业革命的直接结果使学校的情况改变了，一场知识的革命已经发生，知识不再是凝固不变的东西。所有的一切意味着，从旧时代承袭下来的学校在课程、教材和教学方法上必须进行改变。但是，在杜威看来，学校的整个改变必须像儿童的生长那样，是逐渐的、觉察不到的。

随着学校变革的进行，杜威也高兴地指出："明显的事实是，我们的社会生活正在经历着一个彻底的和根本的变化。如果我们的教育对于生活必须具有任何意义的话，那么它就必须经历一个相应的完全的变革。这个变革并不是突然出现的，也不是凭着预想的目的在朝夕之间就能完成的。这个变革已经在进行。我们学校制度的那些变革，通常表现为仅是细节上的变更和学校内部机构的改良……实际上这就是发展的标志和证明。采用主动作业、自然研究、科学常识、艺术、历史，把单纯的符号和形式的课程降低到次要的地位，改变学校的道德风尚、师生关系和纪律，引进更生动的、富于表情的和自我指导的各种因素——所有这一切都不是偶然发生的，而是出于更大的社会发展的需要。"③

---

① [美] 约翰·杜威. 学校与社会 [M] // 约翰·杜威. 学校与社会·明日之学校. 赵祥麟，任钟印，吴志宏，译. 北京：人民教育出版社，1994：28-29.

② [美] 约翰·杜威. 学校与社会 [M] // 约翰·杜威. 学校与社会·明日之学校. 赵祥麟，任钟印，吴志宏，译. 北京：人民教育出版社，1994：30.

③ [美] 约翰·杜威. 学校与社会 [M] // 约翰·杜威. 学校与社会·明日之学校. 赵祥麟，任钟印，吴志宏，译. 北京：人民教育出版社，1994：40-41.

但是，杜威也严肃地指出，对于学校的变革和新教育的发展，我们还远远没有认识到全部含义。

**2. 旧教育和传统学校的主要弊病**

杜威在强调学校变革的同时，对旧教育和传统学校进行了批判。他尖锐地指出，这种旧教育"是非常专门化的、片面的和狭隘的。这是一种几乎完全被中世纪的学术观念所支配的教育。这种教育大体上只能投合人性的理智方面，投合我们研究、积累知识和掌握学术的愿望；而不是投合我们的制造、做、创造、生产的冲动和倾向，无论在功利的或艺术的形式上都是这样"①。这里，杜威从三个方面分析论述了旧教育和传统学校的主要弊病。

（1）传统学校教室的弊病

杜威认为，就传统学校教室而言，学生活动的余地是非常少的，学生从事建造、创造和探究的空间是缺乏的，因为其目的就是尽可能管理更多的学生。对于这样的教室情况，杜威进行了一段颇为形象的描述："一排排难看的课桌按几何顺序摆着挤在一起，以便尽可能没有活动的余地，课桌几乎全都是一样大小，桌面刚好放得下书籍、铅笔和纸，外加一张讲桌，几把椅子，光秃秃的墙，可能有几张图画，凭这些我们就能重新构成仅仅能在这种地方进行的教育活动。一切都是为'静听'准备的，因为仅仅学习书本上的课文不过是另外一种'静听'，它标志着一个人的心理依附于另一个人的心理。"②

杜威还提及他自己的例子：他曾在纽约城四处寻找从教育、卫生和艺术的观点看来完全适合儿童需要的课桌椅，但他最后失望而归，因为商人的回答是，他们给学校提供的所有东西都是供学生"静听"用的。

---

① ［美］约翰·杜威. 学校与社会［M］// 约翰·杜威. 学校与社会·明日之学校. 赵祥麟，任钟印，吴志宏，译. 北京：人民教育出版社，1994：39.

② ［美］约翰·杜威. 学校与社会［M］// 约翰·杜威. 学校与社会·明日之学校. 赵祥麟，任钟印，吴志宏，译. 北京：人民教育出版社，1994：42.

（2）传统学校课程和教学方法的弊病

杜威认为，就传统学校课程和教学方法而言，因为一切事情都是以"静听"为基础的，所以，它们是完全整齐划一的，并与社会生活和儿童生活相隔离。与此同时，儿童也没有充分而无拘无束地使用语言和认真思考的机会。杜威强调指出："说得夸张些：消极地对待儿童，机械地使儿童集合在一起，课程和教学法的划一。概括地说，重心是在儿童以外。重心在教师，在教科书以及在你所喜欢的任何地方和一切地方，唯独不在儿童自己的直接的本能和活动。在那个基础上，儿童的生活就说不上了。关于儿童的学习，可以谈得很多，但学校不是儿童生活的地方。"[①] 在该书第 7 章《注意力的发展》中，他还这样指出："过于重视给儿童提供现成的材料（书籍、实物教学课、教师的谈话等等），儿童就这样几乎被完全要求去履行背诵现成材料的赤裸裸的责任……几乎没有考虑根本的需要——引导儿童将一个问题作为他自己的问题去认识，使他自动地去注意以找到它的答案。"[②]

（3）传统学校课堂的弊病

杜威认为，就传统学校课堂的社会性而言，它不仅缺乏社会精神，而且缺乏社会组织的动机和凝固剂。在他看来，整个课堂的状态是学生被动地、呆板地接受，师生关系是拘谨的，学生缺乏鲜明的社会动机。它只追求单纯的知识收获，而对学生的心理、兴趣、需求是忽视的，其结果是阻碍学生的自然发展。

**3.学校教育中的最大浪费**

杜威提出了学校教育中的最大浪费的问题，并讨论了产生这种浪费的主要原因。无疑，杜威提出并讨论的这个问题具有重要的现实意义。

---

① ［美］约翰·杜威.学校与社会［M］//约翰·杜威.学校与社会·明日之学校.赵祥麟，任钟印，吴志宏，译.北京：人民教育出版社，1994：43-44.

② ［美］约翰·杜威.学校与社会［M］//约翰·杜威.学校与社会·明日之学校.赵祥麟，任钟印，吴志宏，译.北京：人民教育出版社，1994：106.

（1）最大的浪费是人的生命的浪费

杜威对学校教师提出了一个十分严肃而值得认真思考的问题：学校教育有没有在浪费人的生命？对此，他尖锐地指出："这个问题不是金钱的浪费或物力浪费的问题。这些问题也算是浪费，但是主要的浪费是人的生命的浪费，儿童在校时的生命的浪费和以后由于在校时不恰当的和反常的准备工作所造成的浪费。"① 在杜威看来，从儿童的观点来看，学校教育中的最大浪费就在于：儿童完全不能把在校外获得的经验完整地、自由地在校内利用，同时他在日常生活中又不能应用在校内学习的东西。

（2）人的生命的浪费产生的主要原因

杜威认为，一切浪费都来源于学校与社会的隔离。传统学校之所以会造成人的生命的浪费，其主要原因是学校教育和社会生活的隔离，以至在教育目的上缺乏统一性，在学科和教学法上也缺乏一贯性。通过对学校制度发展的简要论述，杜威明确指出，在教育的统一性被肢解后，"各门学科变成了离心的，这门学科完全是为了达到这个目的，那门学科完全是为了达到另一个目的，直到全部学科变成完全是互相竞争的目标和互不联系的学科之间的折衷妥协和大杂烩。教育管理方面的重要问题是在一连串多少互不联系而又交叉重复的地方求得整体的统一性，从而减少由于互相摩擦、彼此重复和没有适当的衔接过渡所造成的浪费"②。在他看来，儿童的日常经验和学校提供的教材之间存在着的鸿沟，就是学校教育中人的生命的浪费的根本原因。在谈到初等学校与幼儿园的隔离时，杜威甚至十分幽默地说，为了使两者衔接，教师不得不"翻墙"进去而不是从"大门"进入。

杜威还认为，对于儿童的发展来说，用书本或阅读来代替儿童的经验是

① ［美］约翰·杜威.学校与社会［M］//约翰·杜威.学校与社会·明日之学校.赵祥麟，任钟印，吴志宏，译.北京：人民教育出版社，1994：57.

② ［美］约翰·杜威.学校与社会［M］//约翰·杜威.学校与社会·明日之学校.赵祥麟，任钟印，吴志宏，译.北京：人民教育出版社，1994：61.

有害的。杜威强调指出："我们所要求的是使儿童带着整个的身体和整个的心智来到学校，又带着更圆满发展的心智和甚至更健康的身体离开学校。"① 在他看来，这意味着，学校教育应该更有意识地培养健全心智寓于儿童的强壮身体之中。

**4. 学校成为一种雏形的社会**

杜威设计了四个示意图，用来说明学校制度的发展、学校与社会各个部分的关系以及学校内各个部分之间的关系。在他看来，学校应该成为一种雏形的社会。

（1）学校是一种社会生活的雏形

杜威认为，在新教育的理念下，理想的学校有可能成为一个小型的社会、一个雏形的社会。学校应该以此为起点，持续不断地和有组织地开展各种教学活动。因此，杜威强调指出："把这一切因素组织起来，理解它们的全部涵义，把它们所含的观念和理想彻底地、不妥协地在我们的学校制度中体现出来。这样做意味着使每个学校都成为一种雏形的社会生活，以反映大社会生活的各种类型的作业进行活动，并充满着艺术、历史和科学的精神。当学校能在这样一个小社会里引导和训练每个儿童成为社会的成员，用服务的精神熏陶他，并授予有效的自我指导的工具时，我们将拥有一个有价值的、可爱的、和谐的大社会的最强大的并且最好的保证。"② 当代美国教育史学家克雷明（Lawrence A. Cremin）认为，杜威上述这段话实际上为进步教育（progressive education）的"进步"是什么提供了答案。③

---

① ［美］约翰·杜威. 学校与社会［M］// 约翰·杜威. 学校与社会·明日之学校. 赵祥麟，任钟印，吴志宏，译. 北京：人民教育出版社，1994：66.

② ［美］约翰·杜威. 学校与社会［M］// 约翰·杜威. 学校与社会·明日之学校. 赵祥麟，任钟印，吴志宏，译. 北京：人民教育出版社，1994：41.

③ ［美］克雷明. 学校的变革［M］. 单中惠，马晓斌，译. 济南：山东教育出版社，2013：106.

（2）学校是一个有机的整体

杜威认为，在理想的学校中，儿童能够把日常所获得的经验带进学校，并加以利用；同时，儿童也能够把在学校里学到的东西带回，并应用于日常生活。这样，学校就成为一个有机的整体，能够消除学科之间的隔离以及各个部分之间的隔离，而不是一个相互隔离的各个部分的混合物。因此，他强调指出："如果学校作为一个整体和生活作为一个整体结合起来，那么它的各种目的和理想——文化修养、训练、知识、实用——就不再是各不相同的东西，就不再需要为其中的一个目标挑选某一门学科，为另一个目标挑选另一门学科。"① 在杜威看来，只有使学校成为一个有机的整体，儿童才能与社会生活建立更广阔更有生气的联系，从而更好地推动儿童的生长。

杜威还认为，通过他对学校内各个部分之间关系的构想，可以实现学校成为一个整体的理想。这样，"我们要把一切教育上的事情结合起来，打破把幼年儿童的教育和正在成熟的青少年的教育分割开的障碍，使低年级的教育和高年级的教育统一起来，使它被看起来不存在低级和高级的区分，而仅仅是教育"②。

**5. 认识儿童的本能、兴趣以及儿童的生活**

杜威十分强调儿童的本能和兴趣在教育中的地位：早在 1896 年，他就在全国赫尔巴特学会的《1895 年全国赫尔巴特学会年鉴增刊二》上发表了《与意志训练有关的兴趣》；第二年，他又在《教育评论》1897 年第 13 期上发表了《学校课程的心理学维度》；后来，他在 1913 年又出版了《教育中的兴趣与努力》这本小册子。这里，杜威主要论述了"儿童的本能、冲动和兴趣""学校应该成为儿童生活的地方""大学和大学初等学校两者之间的关系"三个方

---

① ［美］约翰·杜威.学校与社会［M］//约翰·杜威.学校与社会·明日之学校.赵祥麟，任钟印，吴志宏，译.北京：人民教育出版社，1994：71.

② ［美］约翰·杜威.学校与社会［M］//约翰·杜威.学校与社会·明日之学校.赵祥麟，任钟印，吴志宏，译.北京：人民教育出版社，1994：71.

面。

（1）儿童的本能、冲动和兴趣

杜威指出，儿童的本能和冲动可以分成四种：一是社交本能，即交流的冲动。它在儿童的谈话、交往和交流中表现出来，尽管儿童的视野开始并不大，但它会无限扩展。二是语言的本能，即表达的冲动。它是儿童社交表现的最简单的形式，但在一切教育资源中是重要的，甚至是最重要的。三是制作的本能，即建造的冲动。它首先在游戏和运动中表现出来，然后在具体制作中表现出来。四是艺术的本能，即表现性冲动。它是从交流和建造的冲动中产生的，是其精髓和完满表现。它主要是与社交本能联系在一起的。

杜威还指出，儿童的兴趣可以分成四类：一是交谈或交流方面的兴趣，二是探究或发现方面的兴趣，三是制作或建造方面的兴趣，四是艺术表现方面的兴趣。对于儿童的这些兴趣，杜威这样指出："它们是自然的资源，是未投入的资本，儿童的积极生长仰赖于对它们的运用。……我想指出的重要之点是，这样就为真正的学习，为最终能获得知识的探究提供了丰富的机会。因此，当本能主要是对社会方面感兴趣时，儿童对人和他们所做的事的兴趣就被引入一个更广阔的现实世界。"①

（2）学校应该成为儿童生活的地方

与旧学校不是儿童生活的地方不同，杜威十分强调学校应该成为儿童生活的地方。他指出："在这种学校里，儿童的生活成了压倒一切的目标。促进儿童生长所需的一切媒介都集中在那里。学习？肯定要学习，但生活是首要的，学习是通过这种生活并与之联系起来进行的。当我们以儿童的生活为中心并组织儿童的生活时，我们就看到他首先不是一个静听着的人，而是完全相

---

① ［美］约翰·杜威.学校与社会［M］//约翰·杜威.学校与社会·明日之学校.赵祥麟，任钟印，吴志宏，译.北京：人民教育出版社，1994：50-51.

反。"<sup>①</sup> 在杜威看来，最吸引人们的是，使学校成为儿童能够真正生活，并获得他所喜爱的生活经验以及发现经验本身的意义的地方。杜威还在引用德国教育家福禄培尔的一句名言"让我们与儿童一起生活"的同时，强调这种生活不是压制儿童和阻碍他们生长的，而是与儿童当下的生活相联系的。一旦我们信任儿童的生活，那学校的一切都将成为对儿童有感染力的手段和培养想象力的材料，并使儿童的生活变得丰富和有条理。

对于学校成为儿童生活的地方，杜威在该书中写下了教育界广为流传的一段话："现在我们的教育中正在发生的一种变革是重心的转移。这是一种变革，一场革命，一场和哥白尼把天体的中心从地球转到太阳那样的革命。在这种情况下，儿童变成了太阳，教育的各种措施围绕着这个中心旋转，儿童是中心，教育的各种措施围绕着他们而组织起来。"<sup>②</sup> 但就是因为这段话，不少教育学者把杜威称为教育上"儿童中心论"一说的创立者<sup>③</sup>，这个结论性看法是令人遗憾的。

（3）大学和大学初等学校两者之间的关系

杜威认为，大学应该与初等学校有着更密切的联系，要把大学的一切资源供初等学校自由使用。与此同时，初等学校反过来又成为一个实验室，教育专业的大学生可以在这个实验室里看到各种理论和观点得到验证、检验、批判、实施，以及发现新的真理的发展。对于大学初等学校这个实验室来说，"首要的事是要发现真理，是要提供一切必要的便利条件，因为从长远看来，这毕竟是世界上最实际的事情。我们不指望使别的学校刻板地模仿我们

<hr>

① ［美］约翰·杜威.学校与社会［M］//约翰·杜威.学校与社会·明日之学校.赵祥麟，任钟印，吴志宏，译.北京：人民教育出版社，1994：45.

② ［美］约翰·杜威.学校与社会［M］//约翰·杜威.学校与社会·明日之学校.赵祥麟，任钟印，吴志宏，译.北京：人民教育出版社，1994：44.

③ "儿童中心论"一说，实际上是由杜威在约翰斯·霍普金斯大学学习时的老师、美国儿童心理学家霍尔（G. Stanley Hall）创立的，他还提出了"复演说"（个体的发生发展过程是一个复演种系发生发展的过程）。

的做法"①。

### 6. 主动作业在学校中的重要地位

与旧学校是儿童"静听"的地方不同，杜威十分强调主动作业在学校中的重要地位，并把这种作业引进到学校中来。后来，杜威在《明日之学校》（1915）一书中较为具体地论述了主动作业在美国一些学校中的应用情况，又在《民主主义与教育》（1916）一书中的课程与教材部分作了相关的论述。这里，杜威主要论述了"主动作业对儿童发展的作用""主动作业应成为学校生活的联结中心""对'复演说'的看法"三个方面。

（1）主动作业对儿童发展的作用

杜威认为，主动作业之所以对儿童发展是重要的，不仅因为它能生动地吸引儿童，而且因为它能授予儿童用其他方式得不到的东西。因此，他强调指出："这种作业能抓住儿童强烈的自发兴趣和注意力。它使得他们主动、活泼，而不是被动、呆板；它使得他们更有用、更能干，因此，对家庭也更有帮助；它为他们对未来生活的实际责任在某种程度上作好准备……总之，把它们看作是一些方法，通过它们，学校自身将成为一种生动的社会生活的真正形式，而不仅仅是学习功课的场所。"②具体来讲，一是，主动作业可以给儿童提供真正的动机和直接的经验，并使其接触现实。二是，主动作业对科学的教学有帮助，可使儿童获得科学的洞察力；而科学的洞察力乃是自由而主动地参与现代社会生活不可缺少的工具。

杜威还认为，这些主动作业不仅是使儿童切实感受社会生活的一些基本需要的手段，以及是使这些需要得到满足的方式，而且越来越成为儿童理解事物的媒介、工具和手段，成为儿童参与社会生活的不可缺少的工具。由此，他

---

① ［美］约翰·杜威.学校与社会［M］//约翰·杜威.学校与社会·明日之学校.赵祥麟，任钟印，吴志宏，译.北京：人民教育出版社，1994：72.

② ［美］约翰·杜威.学校与社会［M］//约翰·杜威.学校与社会·明日之学校.赵祥麟，任钟印，吴志宏，译.北京：人民教育出版社，1994：31-32.

特别指出："我们应注意关于学校采用各种不同形式的主动作业这一重大的事情，通过它们，学校的整个精神得到新生。"①针对反对学校开展主动作业活动的各种论调，杜威讥讽地指出，持有这种反对论调的人，简直是生活在另一个世界中。

（2）主动作业应成为学校生活的联结中心

杜威认为，早在工厂制度形成之前，各种生产过程已被儿童直接关切甚至实际参与。这不断地培养着儿童的观察力、创造力、想象力和逻辑思维力，以及通过实际接触而不断获得现实感。其中，家庭纺织、木工场、铁工场、磨坊的教育力量都不断地起着作用。在工厂制度形成之后，随着社会生活的根本变化，主动作业开始引入学校，如木工、金工、纺织、缝纫、烹饪等。

在杜威看来，这些主动作业在学校里应该占有显著地位，必须把各种主动作业看作学校生活和学习的方法，而不是各种特殊科目。他这样指出："用教育的术语来说，学校里的这些作业不应该是一般职业的单纯的实际手段或方法，使学生得到较好的专门技术，如厨工、缝纫工或木工那样，而是作为科学地去理解自然的原料和过程的活动中心，作为引导儿童去认识人类历史发展的起点。"②在后面的第6章《作业心理学》中，杜威又指出："通过赋予作业以重要地位，我们应能得到求助于儿童的自发兴趣的卓越的，也许是无与伦比的途径，而同时又保证我们所安排的不是单纯使人愉快的、令人兴奋的或短暂的东西。"③

---

① [美] 约翰·杜威. 学校与社会 [M] // 约翰·杜威. 学校与社会·明日之学校. 赵祥麟, 任钟印, 吴志宏, 译. 北京: 人民教育出版社, 1994: 34.

② [美] 约翰·杜威. 学校与社会 [M] // 约翰·杜威. 学校与社会·明日之学校. 赵祥麟, 任钟印, 吴志宏, 译. 北京: 人民教育出版社, 1994: 35.

③ [美] 约翰·杜威. 学校与社会 [M] // 约翰·杜威. 学校与社会·明日之学校. 赵祥麟, 任钟印, 吴志宏, 译. 北京: 人民教育出版社, 1994: 98.

（3）对"复演说"的看法

对于当时教育界流行的"复演说"，杜威是赞成并接受的。对此，他指出："这种作业提供了一个起点，由此出发，儿童可以循着历史上人类的进步足迹前进，能真正懂得所使用的原料和所包含的机械原理。把这些作业联系起来，就无异于把人类历史的发展过程重演一番。"① 这里，杜威还以棉花和羊毛的纤维制成衣料的过程为例子进行了阐述。

在该书第 5 章《福禄培尔的教育原理》中，杜威还这样指出："儿童所重演的实在事物应当尽可能具有近似的、直接的和真实的性质。主要是由于这个原因，实验学校幼儿园的工作完全是以重演家庭和邻里的生活为中心。"②

**（二）基于心理学的初等学校**

在这一部分（第 4 章《初等教育心理学》、第 6 章《作业心理学》、第 7 章《注意力的发展》），杜威主要论述了"学校应是心理学实验室""新旧心理学的差别""儿童生长的三个时期""作业心理学的两个基本点""儿童反思性注意的发展"五个方面。

**1. 学校应是心理学实验室**

对于大多数公众尤其是家长来说，都很想了解芝加哥大学初等学校的工作。杜威认为，这所初等学校是由芝加哥大学创办的，其工作中最重要的方面是科学的，只有这样，它才能成为与其他科学实验室相媲美的实验室。因此，他强调指出："这样的一所学校是应用心理学的实验室。那就是说，它是研究在儿童身上显露出来和发展了的心理的场所，是探索似乎最可能实现和推进正常生长的条件的材料和媒介的场所。……它不是一所模范学校。它不打算论证

---

① ［美］约翰·杜威.学校与社会［M］//约翰·杜威.学校与社会·明日之学校.赵祥麟，任钟印，吴志宏，译.北京：人民教育出版社，1994：35.

② ［美］约翰·杜威.学校与社会［M］//约翰·杜威.学校与社会·明日之学校.赵祥麟，任钟印，吴志宏，译.北京：人民教育出版社，1994：91.

任何一种特别的观念和学理。"①

在杜威看来，这所大学初等学校的任务，就是按照现代心理学所阐明的原理，来观察儿童的教育问题。当然，儿童教育问题是不可穷尽的。但是，任何一所学校都应该在某些方面作出贡献。为此，学校的条件必须是与观察儿童和研究儿童生长的过程和规律相适应的，而不是阻碍儿童的生长。重要的是，选择最能满足儿童生长需要和能力的教材和方法。具体来讲，一是，保证在自由研究的同时不忽视任何重要的事实；二是，保证具备教育实验赖以进行的各种条件；三是，保证避免传统的和先入之见的歪曲和压抑。杜威认为，正是在这个意义上，这所初等学校将成为教育上的实验室。

### 2. 新旧心理学的差别

杜威认为，传统教育是建立在旧的心理学之上的，新的心理学和旧的心理学之间具有明显的差别。这种差别主要表现在以下三个方面：

（1）人的心理与社会生活

在杜威看来，旧的心理学把心理看作是纯粹与外部世界进行直接接触的个人事务，所关注的是外部世界与心理相互作用的方式；而新的心理学把个人的心理看作是社会生活的功能，需要社会媒介的不断刺激，并从社会的供应中获得营养。他指出："进化论使人们熟悉了一种见解，即不能把心理看作个人的、垄断者的所有物，而是代表了人类的努力和思想的成就，它是在社会环境和自然环境中得到发展的，社会需要和目标是形成心理的最强大的力量……对儿童的研究也同样阐明了这种在社会中获得的遗传性只有在现在的社会刺激的作用下才能在个人身上发生作用。"② 在杜威看来，如果忽视社会生活，那在教材和教材对儿童的感染力上就看不到社会的因素，从而使得儿童生活中的全部

---

① ［美］约翰·杜威.学校与社会［M］//约翰·杜威.学校与社会·明日之学校.赵祥麟，任钟印，吴志宏，译.北京：人民教育出版社，1994：73-74.

② ［美］约翰·杜威.学校与社会［M］//约翰·杜威.学校与社会·明日之学校.赵祥麟，任钟印，吴志宏，译.北京：人民教育出版社，1994：75.

意义得不到保证。

（2）感觉与行动

在杜威看来，旧的心理学是知识心理学、智力心理学，只是关注感觉，几乎不考虑行动，情绪和努力也处于附带和派生的地位。这使得学校中的知识是互相隔离的，是为知识而求知识。与此相对，新的心理学不仅关注感觉，而且关注行动以及来自行动的需要。他指出："如果我们的教育理论支持任何生活的真理，这里就再一次指明了一种教育上的改造。"①

（3）心理是固定的东西与心理是生长的过程

在杜威看来，旧的心理学认为心理自始至终都是一样的：无论儿童的心理还是成人的心理，都具有同类的官能；儿童的心理和成人的心理是一样的，除了形体的大小外，其差别只是数量的总量的差别。但是，新的心理学认为心理是生长着的东西，因而其在本质上是变化的。他把心理看作是一个生长的过程，而不是固定的东西。当然，从生活连续性这个意义上说，这一切都是同一件事情；但从每一个人都有自己的特殊要求和功能上说，这一切又都不相同。因此，杜威强调指出："如果我们再一次认真地对待把心理看作是生长的观点，认为这种生长的各个不同阶段都有不同的典型特征，那就很清楚，这里又一次指明了一种教育的改造。"②

**3. 儿童生长的三个时期**

根据新的心理学，杜威对儿童的生长进行了分析，并阐述了儿童生长的三个时期：第一个时期（4 岁—8 岁）、第二个时期（8/9 岁—11/12 岁）、第三个时期（11/12 岁—13 岁）。

---

① ［美］约翰·杜威.学校与社会［M］// 约翰·杜威.学校与社会·明日之学校.赵祥麟，任钟印，吴志宏，译.北京：人民教育出版社，1994：77.

② ［美］约翰·杜威.学校与社会［M］// 约翰·杜威.学校与社会·明日之学校.赵祥麟，任钟印，吴志宏，译.北京：人民教育出版社，1994：78.

（1）第一个时期（4岁—8岁）

杜威指出，在这一时期，儿童的生长是以直接的社会兴趣和个人兴趣、印象及观念和行动之间的直接关系为特征的。所以，从参与儿童自己的社会环境中的生活状况选择材料，尽量让儿童自己重演接近于社会方式的事情，诸如游戏、竞赛、做作业、讲故事、画图和交谈等。这些材料的提出不是作为学习的功课，而是通过他自己参加的各种活动吸收到他自己的经验中的东西，而这些东西反过来又是直接的媒介，是原动力的形式或表现性的活动。在杜威看来，这一时期的"目标不是让儿童上的学校是一个隔离的场所，而是在学校重演他的校外经验的典型方面，使它扩大、丰富并逐渐系统化"①。

（2）第二个时期（8/9岁—11/12岁）

杜威指出，在这一时期，儿童不再仅仅满足于游戏、竞赛、做作业等活动，开始对行动规律具备认识，并通过制作方法获得技能。所以，引导儿童认识自己的内部发展很有必要性，使他们亲自对付所遇到的问题并尽力发现解决问题的方法，在理智上获得对实现结果的工作方法和探究方法的控制。随着工作的扩大和兴趣的增长，各门学科有了更大的个性和独立性，但那并不是相互分割和隔离的。就这些学科的社会性而言，它们代表过去时代逐渐发展起来的作为儿童理智探索工具的手段，同时它们也代表开启儿童社会资本的财富的钥匙。

杜威还认为，在与此相关的条件上，必须注意两个方面：一是儿童在他自己的生动经验中，需要接触和熟悉社会和自然实际情况的各种背景；二是必须使儿童有更多日常的、直接的和亲身的经验，并从经验中提供问题、动机和兴趣，而为了它们的解决、满足和探求，儿童就必须求助于书本。在杜威看来，这一时期的"目标是认识在儿童身上所发生的变化并对它作出反应，这种变化是来自儿童对于更持久的更客观的结果的可能性、对于为达到这种结果

① ［美］约翰·杜威.学校与社会［M］//约翰·杜威.学校与社会·明日之学校.赵祥麟，任钟印，吴志宏，译.北京：人民教育出版社，1994：80.

所必需的技能而对各种媒介进行控制的必要性的日益增长的意识"①。

（3）第三个时期（11/12 岁—13 岁）

杜威指出，在这一时期，儿童已充分且直接了解了现实的各种形态和各种活动方式，也掌握了与经验的各方面相适应的方法，还掌握了思维、探究和活动的工具。所以，儿童能够为了专门的智力目的而对不同的学科进行专门学习。在杜威看来，这使得儿童生活的视野更为广阔、更为自由、更为开放，但是绝不能牺牲儿童的全面性、精神培育和对专门的学习工具的掌握。

**4. 作业心理学的两个基本点**

杜威认为，作业就是指复演社会生活中进行的某种工作或与之平行的活动方式。作业并不是为了使儿童很好地坐在桌子边，做到不淘气和不懒散。在芝加哥大学初等学校里，这种作业是通过以木块和用具进行的商店工作、烹饪、缝纫以及纺织等来进行的。

就作业心理学而言，它在教育上有两个基本点。

（1）在经验的智力方面和实践方面之间保持平衡

杜威指出，积极的作业不仅通过身体器官表现出来，而且包含对材料的不断观察、制定计划和反思。这样的作业必须与作为一种职业的工作加以区别。其两者之所以不同，就是前者在于观念上的不断相互影响以及在行动中体现的生长，后者在于外部的实利。因此，杜威指出："只要着眼点在于外部的结果而不在于包含在达到结果的过程中的心理的和道德的状况和生长，这种工作可以叫作手工的工作，而没有理由称为一种作业。"②

在杜威看来，这样的作业为感官训练和思维训练提供了理想的机会。对于感官训练来说，如果离开了真实的需要和动因，那就成了纯粹的体操训练，

---

① ［美］约翰·杜威. 学校与社会［M］// 约翰·杜威. 学校与社会·明日之学校. 赵祥麟，任钟印，吴志宏，译. 北京：人民教育出版社，1994：80.

② ［美］约翰·杜威. 学校与社会［M］// 约翰·杜威. 学校与社会·明日之学校. 赵祥麟，任钟印，吴志宏，译. 北京：人民教育出版社，1994：96.

就沦为了对感觉器官的单纯刺激。对于思维训练来说，如果没有对付某种困难的需要，没有思考如何克服困难的需要，那思维训练就仅仅以自身为目的，其具体的行动逻辑就沦为纯思辨的逻辑或抽象探究。

（2）兴趣在学校工作中具有重要的地位

杜威指出，对儿童来说，作业工作无疑应该具有强烈的兴趣。随着这些作业而出现的兴趣，是一种完全健康的、永久的和真正具有教育意义的兴趣。但是，应该注意，"儿童有各式各样的兴趣，有好的，也有坏的，也有不好不坏的。必须确定哪些是确实重要的兴趣，哪些是微不足道的兴趣，哪些是有益的，哪些是有害的；哪些是转瞬即逝的或标志着一时的兴奋，哪些是能持久的、永远有影响的"[①]。

杜威认为，在儿童的兴趣上，需要注意以下三点：

一是，每一个兴趣都是源于某种本能或反过来又最终基于一种原始本能的习惯。但是，在作业中得到表现的本能，必须是一种根本的、具有持久性的本能。二是，一种有历史背景的兴趣一定是一种有价值的兴趣。但是，当这些兴趣在儿童身上得到发展时，它们不仅重演着种族过去的重要活动，而且也再现着儿童当下环境中的活动。他们所见到、听到和感受到的周围事物，使他们的这些兴趣得以增强。因此，这样的兴趣就是使儿童的动机被唤醒或使他的能力受到激励而去行动的兴趣，即对儿童生长有价值的、有持久影响的兴趣。三是，不要破坏儿童生长的连续性和彻底性，并因此导致他的心理系统的崩溃。对于儿童来说，作业必须是连续的，不是持续数天，而是持续数月、数年。如果不把作业扩大为整个学校的核心，那就不能保证兴趣在学校工作中的重要地位。

---

① ［美］约翰·杜威.学校与社会［M］//约翰·杜威.学校与社会·明日之学校.赵祥麟，任钟印，吴志宏，译.北京：人民教育出版社，1994：97.

### 5. 儿童反思性注意的发展

杜威认为，传统教育过于重视给儿童提供现成的材料，诸如书本、实物教学、教师谈话等，并完全要求儿童去背诵现成材料，几乎不去引导儿童将一个问题作为他自己的问题去认识和思考，这必然会阻碍儿童反思性注意（reflective attention）的发展。

（1）反思性注意的含义

就反思性注意而言，杜威明确指出："反省注意[①] 总是包含有作判断、推理、深思熟虑，它意味着儿童有他自己的疑难问题并积极忙着寻求和选择恰当的材料，用以回答这个疑难问题，考虑这种材料的意义和关系——它要求何种性质的解决。问题是他自己的，因而，对注意的原动力和促进因素也是他自己的——它是训练或控制力的获得，即是说，一种考虑问题的习惯。"[②] 在他看来，一个人获得了反思性注意的能力，获得了把握问题和疑难的能力，即为头脑所有、为头脑所用的能力，他就受到了智力的训练。儿童如果能够真正感到问题和疑难的所在，然后自己去寻找相关的材料，去想出解决问题和疑难的方法，这就是他在理智上有了显著的进步。当然，如果儿童头脑中没有某些问题和疑难作为他自己注意的基础，那么反思性注意的发展是不可能的。

杜威还指出，如果教材本身没有吸引力，那教师就会或者通过给教材罩上一件不相干的吸引力外衣来引起或贿买儿童的注意，或者通过各种强制手段（诸如扣分、留级、放学后留校、责骂、不断提醒等），来强迫儿童注意。如果教材本身充满内在的兴趣，那确实会使儿童有直接的、自发的注意，但它并不能使儿童产生思维或内在智力上的控制力量。杜威还特别提到，因为儿童仅仅只是集中注意于他正在做的事情，所以，尽管儿童花了很大精力并专心致志

---

① "反省注意"是我国 20 世纪 20 至 30 年代的旧译，现应译为"反思性注意"。

② ［美］约翰·杜威. 学校与社会［M］// 约翰·杜威. 学校与社会·明日之学校. 赵祥麟，任钟印，吴志宏，译. 北京：人民教育出版社，1994：105-106.

于引人入胜之处，但他并没有自觉的努力和自觉的意图。

（2）儿童注意力的发展

杜威认为，从教育理论观点来看，在儿童注意力发展上应该考虑以下三点：

一是，在人的背景下研究自然的对象、过程和关系。杜威指出："教育上的问题是指导儿童的观察能力，培养他对生活于其中的世界的特点具有同情的兴趣，为以后更专门的学习提供解释性的材料，通过在儿童身上占主导地位的自发情绪和思考为各种各样的事实提供传送的媒介，从而使它们与人类生活结合起来。"① 在他看来，绝不要使环境脱离人类生活而单独成为儿童观察和注意的对象，从而使自然变成一堆没有意义的琐碎的东西。

二是，在"相互关系"的题目之下讨论各种学习材料和儿童正在获得的能力之间的相互作用。杜威指出，这不是通常所理解的相互关系问题，而是儿童如何对待他面前的生活整体及其特征的问题，以便使儿童在智力上、情绪上得到满足和完善。

三是，把儿童已有的经验和他的想象力结合起来。为此，杜威指出："重要之点是不要停留于令人厌烦地重复熟悉的东西，不要以实物教学课为借口使感官针对他们已经熟知的材料，而应当通过利用它去扩大和理解以前所不清楚的和新异的情况，从而使平常的、常识性的、家常便饭的东西变得生动活泼，使之闪闪发光。这也就是培养想象力。有些作者似乎有一个印象，好象只有在古代和远方的神话、童话中或者在编造的关于太阳、月亮和星星的惊人的捏造中儿童的想象力才有出路，他们甚至为一切'科学'的神秘面纱辩护——把它看作满足儿童身上处于支配地位的想象力的方式。"② 他还指出："需要做的

① ［美］约翰·杜威. 学校与社会［M］// 约翰·杜威. 学校与社会·明日之学校. 赵祥麟，任钟印，吴志宏，译. 北京：人民教育出版社，1994：100-101.

② ［美］约翰·杜威. 学校与社会［M］// 约翰·杜威. 学校与社会·明日之学校. 赵祥麟，任钟印，吴志宏，译. 北京：人民教育出版社，1994：103.

事情是提供机会，借此使儿童获得并和别人交换他自己所积存的经验、他的知识范围，校正和扩展他们的新的观察，以便在对新的、庞大的事物的确定、清晰的了解中寻求精神上的支点和满足。"[①]

**（三）对福禄培尔教育原理的论述**

在这一部分（第5章《福禄培尔的教育原理》），杜威主要对德国教育家福禄培尔的教育原理进行了专门的阐释。从整体上看，这是一种颇为概括的论述。具体包括"福禄培尔的教育哲学"与"儿童的游戏及其在幼儿园里的运用"两个方面。

**1. 福禄培尔的教育哲学**

以芝加哥大学初等学校建立幼儿园作为引子，杜威一开始就指出，这所招收4—13岁儿童的学校在整个教育过程中自始至终贯彻了福禄培尔的一些教育原理。概括起来，福禄培尔教育哲学主要体现在以下三点：

一是，学校的首要职责是在合作的和互助的生活中培养儿童。

二是，一切教育活动的首要根基在于儿童本能的冲动和活动，而不在于外部材料的呈现和应用。儿童的自发活动、游戏、竞赛、模仿等，都可能具有教育上的用途，更确切地说，这些都是教育方法的基石。

三是，在合作的生活中组织、指导和运用儿童个人的倾向和活动，并通过制作和建造活动来获得和巩固有价值的知识。

杜威还强调指出，应该把芝加哥大学初等学校这所实验学校看作是福禄培尔教育哲学的体现，该校是符合福禄培尔精神的。

**2. 儿童的游戏及其在幼儿园里的运用**

在肯定福禄培尔对儿童游戏的强调及其在幼儿园里的运用之后，杜威分别对"游戏""象征主义""想象""教材""方法"五个主题进行了阐述。

---

① ［美］约翰·杜威.学校与社会［M］//约翰·杜威.学校与社会·明日之学校.赵祥麟，任钟印，吴志宏，译.北京：人民教育出版社，1994：102–103.

（1）游戏

杜威认为，游戏是指儿童的心理态度，而不是指儿童的外部表现。因此，他明确指出："游戏不等于是儿童的外部活动。更确切地说，它是儿童的精神态度的完整性和统一性的标志。它是儿童全部能力、思想以具体化的和令人满意的形式表现的身体运动，他自己的印象和兴趣等的自由运用和相互作用。"①在杜威看来，如果我们只是崇拜福禄培尔所讨论的外部活动，那就意味着我们不再忠于他的教育原理。

杜威还认为，游戏是儿童生长的重要因素。这可以从消极和积极两个方面来看：从消极方面来看，游戏摆脱了成人的约束；从积极方面来看，游戏意味着最高目的是儿童的充分生长。因此，千万不要因为游戏是儿童玩的，就认为它是微不足道的和幼稚的。由于游戏在幼儿园里受到广泛的运用，因此就有必要对幼儿园的工作程序作出根本性的改变，而不是照搬福禄培尔所收集的游戏。对于幼儿园教师来说，他在游戏方式上只需要对自己提出两个问题：一是，它是否是儿童自己所喜爱的；二是，它是否根植于儿童自己的本能，能否促使儿童表现自己的能力，并使其趋于成熟。

这里，杜威还幽默地写道："他（福禄培尔）一定是第一个欢迎一种更完善的更广博的心理学（不论是普通心理学、实验心理学或儿童研究）的发展的人，他自己一定会运用这种心理学的成果重新解释活动，以更富有批评性的态度讨论这些活动。"②

（2）象征主义

福禄培尔的教育原理具有明显的象征主义特征。杜威认为，福禄培尔的象征主义是其生活和工作两个特殊条件的产物，即他所处时代对儿童生长的认

① [美]约翰·杜威.学校与社会 [M] // 约翰·杜威.学校与社会·明日之学校.赵祥麟，任钟印，吴志宏，译.北京：人民教育出版社，1994：86-87.
② [美]约翰·杜威.学校与社会 [M] // 约翰·杜威.学校与社会·明日之学校.赵祥麟，任钟印，吴志宏，译.北京：人民教育出版社，1994：88.

识不足以及当时德国政治和社会条件下对幼儿园压制的产物。因此，在杜威看来，福禄培尔对游戏价值的许多解释是笨拙的、牵强附会的和矫揉造作的，但它却是对幼儿园的社会意义的一种机智的阐释。杜威还指出，相比福禄培尔时代的德国社会条件，今天美国的社会条件可以使幼儿园做得更加自然、更加直接，可以更加真实地表现当下的生活。

（3）想象

杜威认为，福禄培尔过分重视象征主义，一定会影响儿童对待想象的态度。在他看来，因为真实的事物和行动不能培养儿童的想象力，在幼儿园里就必须避免对于儿童来讲属于真实范畴的事物和行动，这是一种奇异的、几乎是不可理解的倾向。如果儿童所使用的物件和所做的事情愈是自然、简单容易，那就愈是能够唤起并凝聚他的想象力的运用。如果象征性的活动对儿童不是真实的和确切的，那结果必然是矫揉造作的、身心疲惫的和能力减退的。因此，杜威指出："只要机会允许，材料必须尽可能是'真实的'、直接的和简单易懂的。但是，……所象征的实在事物必须是儿童自己的理解能力所能达到的。"[1]

（4）教材

杜威认为，幼儿园提供的教材应该与儿童有着直接的真正的关系，并能以想象的形式再现出来。但是，如果这些教材过于象征性，那就会远远脱离儿童的经验和能力。教师应该抓住各种机会，培养作为儿童注意力和一切智力发展基础的意识，即连续性的意识。重要的是，使儿童连续不断地从生活的一个方面转到另一个方面，注意一种作业接着一个作业，一种关联接着另一种关联。在杜威看来，表面上的、单纯情绪上的提前学习，很可能对儿童产生严重的伤害。

---

① ［美］约翰·杜威 . 学校与社会 ［M］// 约翰·杜威 . 学校与社会·明日之学校 . 赵祥麟，任钟印，吴志宏，译 . 北京：人民教育出版社，1994：90.

（5）方法

杜威认为，模仿起着帮助的作用，而不是起着创造的作用。因此，他强调指出："总的原则是，任何活动都不应根源于模仿。起点应始于儿童本身；然后才可以提供模型或样本以帮助儿童更明确地去想象他真正需要的东西——使他进行思考。模仿的价值在于它不是作为在行动中照搬的模型，而是发展明晰而适当的想象力的指南。"① 在杜威看来，儿童确实具有很高的模仿性并易于接受暗示，但处理不好的话，就会使儿童变成奴性的、依赖的，而不是发展的。

杜威又认为，暗示作为促进儿童生长的因素，必须符合儿童内在生长的方式。他强调指出："要抓住儿童的自然冲动和本能，利用它们使儿童的理解力和判断力提到更高水平，使之养成更有效率的习惯；使他的自觉性得以扩大和加深，对行动能力的控制得以增长。如果不能达成这种结果，游戏就会成为单纯的娱乐，而不能导致有教育意义的生长。"② 在杜威看来，暗示必须仅仅作为刺激，以便使儿童努力去做的事情更充分地产生结果。

杜威还认为，教师的职责就是了解儿童在他发展的某一时期表现出什么能力，以及哪一类活动能使儿童的能力很好地表现出来；然后根据这些情况，给儿童提供他所需的刺激和材料。从心理学观点来看，当教师不得不依赖于对儿童发出一系列指令时，这实际上是使儿童自己失去控制能力，而不是获得控制能力。

**（四）初等学校的历史教学**

在这一部分（第8章《初等教育中历史教学的目标》），杜威主要论述了"历史的含义""历史教学的目标""历史教学的计划"三个方面。

---

① ［美］约翰·杜威. 学校与社会［M］// 约翰·杜威. 学校与社会·明日之学校. 赵祥麟，任钟印，吴志宏，译. 北京：人民教育出版社，1994：93-94.
② ［美］约翰·杜威. 学校与社会［M］// 约翰·杜威. 学校与社会·明日之学校. 赵祥麟，任钟印，吴志宏，译. 北京：人民教育出版社，1994：93.

### 1.历史的含义

杜威认为，不应该把历史只看作是过去的记录，看作是结果和效果的堆积，而应该把历史看作是社会生活的力量和方式的记载，它所描述的主要事件使历史成为前进的、动态的。因此，他这样指出："不管科学的历史学家把历史看作什么，对教育家来说，它应当是间接的社会学，一种揭示社会形成过程及其组织形式的社会研究。"①

以人类的工业史为例，在杜威看来，它既是一个智慧的问题，它所记录的是人怎样学会思考、怎样进行达到某种结果的思考、怎样改变生活条件使生活本身改变的事情；它又是一种伦理的记录，是对人们为服务于自己而坚韧不拔地创造条件的记载。

### 2.历史教学的目标

杜威认为，历史教学的目标就是使儿童了解社会生活的价值。因此，他这样指出："学习历史不是为了聚积知识，而是为了运用知识去描绘出一幅生动的图画，用以表明人怎样和为什么这样做；他们怎样和为什么取得成功和归于失败。"② 在他看来，历史教学的目标不是使学生去学习历史的记录或记载，而是开启对历史的思考或探究。

值得注意的是，尽管杜威强调历史教学的目标，但他还是希望让儿童去接触具有更广阔的范围、更强大的力量、对生活具有更逼真的和更持久的价值的现实生活。因为人怎样生存的问题，实际上是儿童思考和探究历史材料时最感兴趣的问题。由此，儿童会对田野和森林、海洋和山岳、植物和动物感兴趣，进而通过一种他所研究的和人们生活其中的自然环境的观念，掌握他的生活。

---

① ［美］约翰·杜威.学校与社会［M］// 约翰·杜威.学校与社会·明日之学校.赵祥麟，任钟印，吴志宏，译.北京：人民教育出版社，1994：107.

② ［美］约翰·杜威.学校与社会［M］// 约翰·杜威.学校与社会·明日之学校.赵祥麟，任钟印，吴志宏，译.北京：人民教育出版社，1994：107.

杜威又强调了历史和科学之间的自然的相互关系。在他看来，一个人对历史的兴趣会给他自己的自然研究赋予更有人性的色彩和更广阔的意义；一个人拥有的自然知识会给他自己的历史研究提供目的和精确性。此外，杜威又批评赫尔巴特学派经常把历史和文学之间的实际关系弄颠倒。在杜威看来，意识到历史的社会价值，可以防止使历史沦为任何神话、童话或单纯文学描绘。

杜威还强调传记材料在历史教学中的地位。他这样指出："毫无疑问，只有历史材料以个人方式提供出来，只有当它们总结了某些英雄人物的生平和业绩时，历史材料才能最充分最生动地受到儿童的喜爱。"① 在杜威看来，传记就是社会研究的一个元件。

### 3. 历史教学的计划

杜威认为，就整个历史教学计划而言，目的是探索如何能够使儿童在原理和事实两方面对社会生活有更透彻更准确的认识，并使儿童为以后专门的历史学习作好准备。历史教学的计划一般可以分为以下三个时期（或三个阶段）：

第一个时期，概括化的或简单化的历史。它并不涉及严格意义上的历史事件，其目的在于使儿童对各种社会活动进行洞察或产生共鸣。例如，6岁儿童学习现在城乡居民所从事的各种典型的职业活动，7岁儿童熟悉各种发明的发展历史以及它们对生活的影响，8岁儿童接触有关全世界人类的迁徙、探索和发现等大规模的活动。在教学中，可以采用戏剧表演等方式，以伟大的探险家和发明家的口吻进行叙述，等等。

第二个时期，特定群体的乡土条件和确定的活动。其目的在于使儿童不仅接触一般的社会生活，而且接触不同的特殊的社会生活，以及每一种社会生活的特殊意义及其对整个世界历史的贡献。

第三个时期，按年代顺序的历史（包括古代世界史、欧洲历史、美国

---

① ［美］约翰·杜威. 学校与社会［M］// 约翰·杜威. 学校与社会·明日之学校. 赵祥麟，任钟印，吴志宏，译. 北京：人民教育出版社，1994：108.

历史）。

### （五）芝加哥大学初等学校的早期发展

在这一部分（《附录：大学初等学校的三年》），杜威对芝加哥大学初等学校最初 3 年的（1896—1898）运行情况进行了回顾性的阐述，系 1899 年 2 月他在芝加哥大学初等学校家长协会上的讲演。[①] 在整个讲演中，杜威不仅简短回顾了实验开始时的观念和问题，而且大致描述了实验开始后的工作进展。具体包括"大学初等学校的性质及初步成果""大学初等学校教师已经着手的四个问题""在大学初等学校里所运用的一些方法"三个方面。

#### 1. 大学初等学校的性质及初步成果

杜威指出，芝加哥大学初等学校创始于 3 年前（即 1896 年）1 月的第一周。对于整个初等学校来说，一是对进校儿童进行教学；二是处在大学的管理之下，初等学校是大学教育学系工作的组成部分。

芝加哥大学初等学校通常被称为"实验学校"。对此，杜威也明确指出："它是一所实验学校——至少我希望是如此——涉及教育以及教育问题的实验学校。我们试图通过尝试和通过做——而不仅仅是通过讨论和理论——来发现这些教育问题是否可能得到解决，以及如何得到解决。"[②]

虽然芝加哥大学初等学校到 1898 年年末时仅仅运行了约 3 年时间，但在杜威个人看来，这所学校的实验已经取得了一定的成果。因此，在讲演的最后，杜威说了这样的一段话："经过 3 年的时间，我们现在敢这样说，我们当初的一些问题已经得到了肯定的答案。我们的儿童从 15 人增加到近 100 人，实际学费也增长了一倍，这表明父母们已经接受我们这样的一种教育形式，即使个人成长发展成为唯一的目标。……学校的日常工作表明，儿童们在学校内

---

① John Dewey. Three Years of The University Elementary School [M] // John Dewey. The School and Society. Chicago, Illinois: The University of Chicago Press, 1915.

② John Dewey. The School and Society [M] // John Dewey. Collected Works of John Dewey: The Middle Works, Vol.1. Carbondale: Southern Illinois University Press, 1976: 61.

的生活就像在学校外的生活一样，然而他们每天都在发展自己的智慧、善良和服从精神——这样的学习，即使是年幼儿童的学习，也能把握滋养精神的真理本质，还能观察和培养知识的形式（the forms of knowledge）。这样的成长发展可能是真正的和全面的，同时也是令人愉悦的。"①

**2. 大学初等学校教师已经着手的四个问题**

杜威认为，教育的原则和方法是逐步发展的，而不是像固定的设备那样。大学初等学校教师是从一些问题着手的，而不是从固定规则着手的。具体来讲，教师已经着手以下四个问题。

第一个问题是：如何让学校与家庭和邻里生活之间保持紧密的联系，而不使学校成为儿童单纯学习某些课程的场所。在杜威看来，应该清除使学校生活和儿童的日常生活分离的那些障碍，并使儿童在学校里尽可能拥有像他在家庭里一样的理智态度和观点。但这并不意味着，儿童应该在学校里简单地从事和学习他在家庭里已经经历过的事情。因此，这是一个有关儿童的经验、动机和目的如何协调统一的问题，而不是有关儿童的娱乐或者兴趣的问题。

第二个问题是：在历史、科学和艺术教学上，教师能够做什么事情。在杜威看来，历史、科学和艺术对儿童自己的生活具有积极的价值和真正的意义，但它并不代表儿童的智力和道德经验的增长。就儿童的智力和道德经验的增长而言，它是由真正的历史和自然的真理或对现实和美的洞察力所表现的。从严格意义上的教育来看，这始终是学校的主要问题。

第三个问题是：在书写和阅读能力的掌握以及熟练使用数字符号的能力上，如何以日常经验和职业为它们的背景，与其他有吸引力的和更多内在内容的学习形成明确的关联。在杜威看来，如果能够做到这一点，那儿童就会有获得有关技能的重要动机。但这并不是说，让儿童在学校里学习烘焙和缝纫，而

---

① John Dewey. The School and Society [M] // John Dewey. Collected Works of John Dewey: The Middle Works, Vol.1. Carbondale: Southern Illinois University Press, 1976: 66.

在家庭里学习阅读、书写和计算。

第四个问题是：对个人的关注，即关注儿童个人的力量和需要。在杜威看来，儿童的道德、身体和智力都与整个学校的目标和方法密切相关。这是通过分小组（一个班级中有8至10个小组）来保证的，同时通过很多教师系统观察儿童的智力需求、成就、身体健康和成长来实现的。

**3. 在大学初等学校里运用的一些方法**

杜威指出，在初等学校里运用的这些方法，就是为了验证以上四个问题，并给出它们的答案。具体包括：

（1）强调手工作业在学校中的地位

在杜威看来，大量的手工作业是使儿童在学校内外保持同样态度的最容易的和最自然的方法。学校里通常从事三种主要工作：一是使用木料和工具的工场工作，二是烹饪工作，三是使用纺织面料的工作（缝纫和编织）。当然，还有其他与科学相关的手工训练。其最大的价值，就是儿童通过他的身体活动，学会系统的智力作业。儿童不仅在感官、触觉、视觉以及眼睛和手协调的能力上进行了训练，而且还得到了身体的训练。但是，教师应该指导这些活动并使它们系统化和组织化，这样它们就不会像在学校外那样杂乱和任意。

（2）对具体教材给予更多的关注

在杜威看来，那些更年幼的儿童从家庭和家政开始，到高年级时开始学习家庭外的工作，以及更大的社会产业（农业、采矿业、木材等），可以使他们看到生活所依赖的更复杂和更多样的社会产业。其重点应该放在人类进步和前进的道路上。学校的主要工作可以分为：科学、历史、家庭或家庭艺术、狭义的手工训练（即木材和金属）、音乐、艺术（即绘画、泥塑等）和体育。随着工作进入第二个阶段，语言和数学也必然会处于一个更加分化和特殊的地位。

（3）根据儿童的能力进行分组

在杜威看来，这样的分组并不是基于阅读和书写的能力，而是基于心理的态度和兴趣的相似性。以各种方式实现儿童们的混合，即不建立严格的"分级"学校的阶梯体系。也就是说，以各种方式保持整个学校的家庭精神，而不是孤立的班级和年级的感觉。同时，让儿童四处走动，并与不同的教师接触。因为在学校里最有用的做法之一，就是让儿童与不同个性的人建立亲密的关系。

（4）关注教师的组织机构及其作用

在杜威看来，教师通过共同的奉献，以及通过共同忠诚于学校的主要目标和方法，而有助于儿童的最好发展。教师的最好作用，正是通过对劳动、兴趣和训练的自然分工的适当尊重来实现的。这使儿童在与各方面专家接触的训练和知识上具有优势，同时每一位教师都以不同的方式服务于共同的思想，从而使之不断丰富和增强。

（5）关注道德（即纪律和秩序）方面

在杜威看来，学校的理想一直是并将继续是家庭生活的最佳形式，而不是一种严格的分级形式。在学校条件已发生变化的情况下，不仅学校的小群体允许并要求儿童和教师之间有着最亲密的人际交往，而且学校的不同的工作形式也适应着不同儿童的需要。允许儿童有更多的自由，那并不是为了使他们松懈或减少真正的纪律，那是因为儿童多多少少需要承担一些人为责任。这种自由是在如此明智的和同情的监督条件下获得的，它是提升和增强品格的一种手段。


### 三、《学校与社会》的学术影响

《学校与社会》是杜威早期教育著作中最重要的一本著作。他本人相信，这本书作为芝加哥大学初等学校的教育实验的一个成果，在教育变革中是有影响力的。在某种意义上，该书是杜威后来的《民主主义与教育》等长篇幅教育著作的先声。

在《学校与社会》第一版出版后，在 1899 年至 1901 年间共有 6 篇书评发表。这些书评一致称赞这本书及作者。这些书评具体发表在《伊利诺伊儿童研究协会学报》第 4 期（1899 年）、《日晷》第 29 卷（1900 年）、《教育评论》第 20 卷（1900 年）、《芝加哥大学纪事》第 5 卷（1900 年）、《肖托夸》第 30 卷（1900 年）、《教育评论》第 7 卷（1901 年）等刊物上。其中，《日晷》上的书评评论道："虽然篇幅不大，但该书在这一时代的教育著作中将渐渐获得很大名声并非全无可能，正如这所学校在这个国家的众多学校中已享有很大名声一样。"美国密歇根大学教育学教授欣斯戴尔（D. A. Hinsdale）在《芝加哥大学纪事》（*University Record*）上作了这样的评论："现在更多的眼睛聚焦于芝加哥大学初等学校，这所学校超过国内的甚至是世界上的其他初等学校——众多的眼睛正在看着这个令人感兴趣的实验结果。"[①]苏顿（W. S. Sutton）在《教育评论》上写道："杜威善于把握本质的原理，善于把它们置于他的听众或读者面前，既不会陷于陈词滥调，也没有任何盛气凌人。"《伊利诺伊儿童研究协会学报》上的书评作出这样的概括："该书是清晰叙述的典范，是那些对社会或学校发展有兴趣的人们的无价之宝。"[②]

尤其重要的是，在《学校与社会》一书中，杜威首创性地提出了"学校变革乃是社会变化的产物""学校教育中最大的浪费是人的生命的浪费""使每个学校成为一种雏形的社会生活""学校应该成为儿童生活的地方""学校应是心理学实验室""在经验的智力方面和实践方面之间保持平衡""关注儿童反思性注意的发展"等观点，充分体现了该书在学校变革及学校理想上的学术价值和现代意义。

德国教育家凯兴斯泰纳（G. Kerschensteiner）1908 年在他的《公共教育问

① George Dykhuizen. The Life and Mind of John Dewey [M]. Carbondale：Southern Illinois University Press，1973：160.

②［美］约翰·杜威. 杜威全集·中期著作第 1 卷 [M]. 刘时工，白玉国，译. 上海：华东师范大学出版社，2012：260.

题》中提及，他阅读了杜威的《学校与社会》一书后非常欣喜和钦佩；1912
年他又在其教育代表作《劳作学校要义》中引用了《学校与社会》及《教育
中的兴趣与努力》中的观点①。

在杜威 1928 年访问苏联期间，时任苏联国家学术委员会教科部主任、科
学教育学科研所副所长卡拉什尼科夫（А. Г. Калашников）给杜威寄送了他主
编的 3 卷本《苏联教育百科全书》中已出版的前两卷，并在上面题词："您的
著作，尤其是《学校与社会》和《学校与儿童》②对俄罗斯教育学的发展产生
了巨大的影响。在早期革命年代，您是最著名的文人之一。"③

美国杜威研究知名学者戴克威曾（George Dykhuizen）教授对杜威的《学
校与社会》一书作了这样评论："《学校与社会》在 1899 年第一次出版时受到
了少许批评性的注意，后来它引起了教育领导者、学校教师以及普通公众的兴
趣。由于这本书最初是对学生家长和学校资助人的讲演，所以采用了一种简单
的和易理解的语调，本书几乎立即就成了一本畅销书。……除了把杜威的教育
思想传播给更多的公众，《学校与社会》一书也使芝加哥大学初等学校得到了
全国教育者的关注。"④

现代英国哲学家罗素（B. Russell）这样认为，杜威在芝加哥大学任教期
间，"创立了一个革新的学派，关于教育学方面写了很多东西。这一时期他所
写的东西，在他的《学校与社会》一书中作了总结，大家认为这本书是他的

---

① [德]凯兴斯泰纳.劳作学校要义[M]//凯兴斯泰纳.凯兴斯泰纳教育论著选.郑惠卿，译.
北京：人民教育出版社，1993：22，25.
② 杜威的《学校与儿童》收入英国教育家芬德兰（Joseph John Findlay）的《约翰·杜威教
育论文集》（*Educational Essays of John Dewey*），1907 年由伦敦布莱基兄弟出版公司出版。
③ 王森，单中惠.杜威的"苏联之行"及对苏联教育的印象[J].教育史研究，2020（1）：
114.
④ George Dykhuizen. The Life and Mind of John Dewey[M]. Carbondale：Southern Illinois
University Press，1973：98.

所有作品中影响最大的"①。

当代美国教育史学家克雷明在《学校的变革》(*The Transformation of the School*)一书中指出:"《学校与社会》中充满有关教育的新常识,其中包括实验学校一些优秀的教学实例,以及那些有时代感的教师通过观察得到的有说服力的备课资料……但是,在杜威的分析中,什么是新的呢?归根结底,答案就是他的社会改良主义。学校从隔离状态回到了为美好的生活而斗争的中心。杜威认识到一个新的社会正在形成,并设想了一种新的教育。"②

美国教育哲学家、美国教育哲学学会前主席、《杜威全集》编辑顾问委员会成员伯内特(Joe R. Burnett)在《杜威全集》中期著作第1卷的"导言"中这样指出:"《学校与社会》……这部著作很容易被仅仅当作一部关注学校和社会化进程的作品,通常,人们也正是这样来理解它的。但事实上,到1900年为止,杜威正逐渐远离对实践教育学的直接关注。他从未把芝加哥大学实验学校看成是大规模仿效的样板,它只是一所实验学校。……《学校与社会》是《民主主义与教育》、《哲学的改造》、《人的问题》和《共同信仰》等后来大部头著作的先声。……著作的主题清晰响亮:工业化、城市化科学和技术已经带来了一场'历史上从未有过的迅猛、广泛而彻底的'革命——一场学校不可忽视的革命。"③美国克莱蒙特学院研究生院哲学教授拉尔夫·罗斯(Ralph Rose)在《杜威全集》中期著作第7卷的"导言"中指出:"我一直在强调杜威的哲学理论,这些理论与他的教育理论结合起来,并且得到了具体的应用。因为即使在今天,那些认真阅读杜威著作的人也可能要么只读他的哲学著作,要么只读他的教育论著,而不会两者兼顾地阅读。这种方式引起的困惑

① [英]罗素.西方哲学史(下卷)[M].马元德,译.北京:商务印书馆,1976:379.

② [美]克雷明.学校的变革[M].单中惠,马晓斌,译.济南:山东教育出版社,2013:107.

③ [美]约翰·杜威.杜威全集·中期著作第1卷[M].刘时工,白玉国,译.上海:华东师范大学出版社,2012:"导言"9-10.

在 1956 年芝加哥大学出版社再版的平装本《儿童与课程》和《学校与社会》里表现得十分明显。"①

在 1913 年冬至 1914 年春，杜威受到儿童研究联合会（Federation for Child Study）的邀请，作了题为《现代教育中的一些主要思想》（Some Leading Ideas in Modern Education）的讲演。后来，美国学者珍妮·梅里尔（Jenny B. Merrill）在《初级幼儿园杂志》第 26 期（1914 年）上发表了一篇题为《在儿童研究联合会上的演讲》的报道，其中这样提及杜威的《学校与社会》一书："杜威博士似乎把我们带到了一个高山之巅，从那里俯瞰过去世纪发生的宽阔的历史图景，以帮助我们更清楚地看到社会动机在促进建立学校方面的突出的成就，但这一点却在一段时期内被忽视了。他自己就热心倡导现代学校中的社会目标。他所著的《学校与社会》是我们伟大的教育经典，是每个老师书架上必备的书籍。"②

在《学校与社会》和《儿童与课程》这两本书以及一些论文中，杜威指出了在教育思想和实践上新的心理学与他的认知教学理论的关系。尽管从内容上来看，《学校与社会》一书实际上先是杜威的一本讲演集，后是他的一本讲演和论文集，但该书出版后就成了一本畅销书，并被多次重印。其中的《大学初等学校的三年》这篇文章，已成为记录芝加哥大学初等学校早期阶段历史的重要文献。芝加哥大学出版社的莱恩（G. J. Laing）曾这样预言，《学校与社会》1915 年第二版会继续畅销 10 年乃至 15 年。实际上，它的最后一次印刷是 1953 年 5 月的第十七次印刷。杜威本人在 1927 年 3 月 19 日给达顿出版公司总裁约翰·麦克雷（John Macrae）的信中这样写道："我的《学校与社会》尽管差不多是 30 年前出版的，但仍保持每年 1000 本的销量，原因就是把它用

---

① ［美］约翰·杜威.杜威全集·中期著作第 7 卷［M］.刘娟，译.上海：华东师范大学出版社，2012："导言" 14.

② ［美］约翰·杜威.杜威全集·中期著作第 7 卷［M］.刘娟，译.上海：华东师范大学出版社，2012：282.

作学校的教材或者辅助读物。"①1953 年，芝加哥大学出版社又出版了《学校与社会》第三版。1956 年，芝加哥大学出版社把《学校与社会》与杜威的另一本著作《儿童与课程》②合并在一起出版，作为"凤凰图书丛书"之一，共印刷了十一次，发行了 26 万本。与此同时，该出版社还分别出版了《学校与社会》和《儿童与课程》的精装本。

《学校与社会》一书出版后，被翻译成许多国家的语言。其中有：由捷克教育学者詹恩·姆拉奇克（Jan Mrazik）翻译成捷克文（布拉格，1914 年），由德国教育学会会员埃尔西克·古利特（Elsic Gurlitt）翻译成德文（1905 年），由波兰教育学者玛雅·利索斯卡（Marja Lisowska）翻译成波兰文（伦贝格，1924 年），由西班牙教育学者多明戈·巴梅斯（Domingo Barnes）翻译成西班牙文（马德里，1915 年），由土耳其教育学者 B. 阿夫尼（B. Avni）翻译成土耳其文（1923 年），由迪米特里·凯达勒夫特（Dimitri Kandaleft）翻译成阿拉伯文，由荷兰教育学者恰·德伯尔（Tj. de Boer）翻译成荷兰文（格罗宁根，1929 年），由波兰教育学者罗察·克策林斯卡－缪特米尔肖瓦（Roza Czaplinska-Mutermilchowa）翻译成波兰文（华沙，1933 年），由保加利亚教育学者多布洛斯拉夫·米莱蒂（Dobroslav Miletie）翻译成保加利亚文（1935 年），由克罗地亚教育学者 M.范利（M. Vanlie）翻译成克罗地亚文（1935 年）。此外，它还被翻译成俄文和日文。在法文《教育》杂志上，曾刊载了《学校与社会》一书的部分内容。③ 在现代中国，上海中华书局 1935 年出版了由刘衡如翻译的《学校与社会》中文译本。

---

① ［美］约翰·杜威. 杜威全集·中期著作第 8 卷［M］. 何克勇，译. 上海：华东师范大学出版社，2012：387–388.

② 杜威 1902 年出版的《儿童与课程》也是以芝加哥大学初等学校的教育实验为基础的一本教育著作。

③ Paul Arthur Schilpp. The Philosophy of John Dewey［M］. Evanston and Chicago：Northwestern University Press，1939：620.

# 《教育学讲座》导读

*总会有一天，我们所有学校中的每个孩子都认识到，他对值得学习的一切都有动机……我要重申：当这种对目的和目标的保证能被带进全体学校的时候，我们会拥有教育的新生，我们会在课堂中拥有新生命。*

——约翰·杜威

《教育学讲座》（*Educational Lectures*，1901—1902）是美国著名教育家约翰·杜威的一本早期教育代表作。此书系他于 1901 年 6 月 17 至 21 日在美国的杨百翰学院①暑期学校所作的系列讲演，1914 年由杨百翰学院结集出版。在这本早期教育代表作中，杜威对心理学在教育上的应用作了具体的论述。

## 一、《教育学讲座》的出版背景

随着 1896 年芝加哥大学初等学校的创立，杜威的教育实验在美国国内逐渐产生了很大的影响。同时，随着 1899 年《学校与社会》一书的出版，杜威也开始在美国教育界崭露头角，因此，很多院校都邀请他去讲课或讲演。正是在这样的背景下，美国最大的教会学校杨百翰学院代理院长乔治·H. 布林霍尔（George H. Brimhall，早在密歇根大学的课堂上就与杜威相识）1901 年 3 月 25 日写信给杜威，邀请他到杨百翰学院的暑期学校作系列讲演，具体安排是在 6 月的某一周进行十场讲演，旨在强调心理学和教育学之间的联系。在 1901 年 4 月 1 日给布林霍尔的回信中，杜威这样写道："我很高兴 6 月份到你们的暑期学校，同你们在一起，如果日期安排得过来的话。我的主题会以教育心理学

---

① 杨百翰学院于 1875 年建校，即今杨百翰大学，位于美国犹他州的普罗沃市.

为总路线。"①杜威在杨百翰学院的暑期学校所作的系列讲演，主题是心理学在
教育上的应用。对于杜威来说，他对心理学的研究实际上要早于对教育学的研
究。仅在 1900 年之前，他所发表或出版的心理学论著就有很多，这里不妨列
举一些。例如，《康德的心理学》（The Psychology of Kant，1884）、《新的心理
学》（The New Psychology，1884）、《心理学》（Psychology，1887，1891）、《应
用心理学：教育原理和实际引论》（Applied Psychology，An Introduction to the
Principle and Practice of Education，1889）、《幼儿语言心理学》（The Psychology
of Infant language，1894）、《社会心理学》（Social Psychology，1894）、《心
理学中的反射弧概念》（The Reflex Arc Concept in Psychology，1896）、《学校
课程的心理学方面》（The Psychology Aspect of the School Curriculum，1897）、
《心理学与社会实际》（Psychology and Social Practice，1900）等等。因此，作
为美国机能心理学代表人物的杜威，心理学是他进行教育思考和教育实践的一
个重要基础，对他形成具有首创性的教育理论具有重要的意义。

从具体安排来看，杜威在杨百翰学院暑期学校的讲演从 1901 年 6 月 17
日（周一）上午开始，到 6 月 21 日（周五）晚上结束，每天两次讲演。由于
学校所在的普罗沃市距盐湖城约 60 公里，因此，在杨百翰学院讲演期间，杜
威还在 1901 年 6 月 21 日上午骑马游览了位于盐湖城的世界最著名十大峡谷
之一的岩石峡谷（亦称普罗沃峡谷），以及普罗沃东部的山峰。他自己在当
天的讲演中曾提及此事。

在杨百翰学院暑期学校的讲演之后，杜威接着又于 1901 年 6 月 27 日至
8 月 7 日在加利福尼亚大学的暑期课程中上了两门课程，具体为"十九世纪的
伦理思想"和"教育心理学"。

杜威的这次系列讲演后来刊载于杨百翰学院学生出版的半月刊《白与蓝》

---

① [美] 约翰·杜威. 在杨百翰学院作的教育学讲座 [M] // 约翰·杜威. 杜威全集·晚期著
作第 17 卷. 李宏昀，徐志宏，陈佳，等译. 上海：华东师范大学出版社，2015：504.

（*White and Blue*）上，从 1901 年 11 月 1 日至 1902 年 5 月 1 日定期连载，其总标题是《杜威博士的讲演》（*Dr. Dewey's Lectures*）。其中，第一次讲演《大脑是如何学习的？》，刊载于《白与蓝》第 5 卷第 2 期（1901 年 11 月 1 日）；第二次讲演《教育的社会性》，刊载于《白与蓝》第 5 卷第 3 期（1901 年 11 月 28 日）；第三次讲演《想象》，刊载于《白与蓝》第 5 卷第 5 期（1902 年 1 月 15 日）；第四次讲演《成长的各阶段》，刊载于《白与蓝》第 5 卷第 6 期（1902 年 2 月 1 日）；第五次讲演《注意力》，刊载于《白与蓝》第 5 卷第 7 期（1902 年 2 月 15 日）；第六次讲演《技巧阶段》，刊载于《白与蓝》第 5 卷第 8 期（1902 年 3 月 1 日）；第七次讲演《习惯》，刊载于《白与蓝》第 5 卷第 9 期（1902 年 3 月 15 日）；第八次讲演《课程的社会价值》，刊载于《白与蓝》第 5 卷第 10 期（1902 年 3 月 28 日）；第九次讲演《记忆与判断》，刊载于《白与蓝》第 5 卷第 11 期（1902 年 4 月 15 日）；第十次讲演《构成性格的一些因素》，刊载于《白与蓝》第 5 卷第 12 期（1902 年 5 月 1 日）。

在刊载杜威第一次讲演的《白与蓝》第 5 卷第 2 期上，还有一条题注："这十场演讲是去年（1901 年）6 月在杨百翰学院暑期学校发表的。我们州实在非常幸运，争取到这位伟大的现代教育家和哲学家的襄助。爱丽丝·扬（Alice Young）小姐做了记录，尼尔森（N. L. Nelson）教授认真地进行了编辑。"[1]

1914 年，《白与蓝》上刊载的各次讲演被结集出版，书名为《教育学讲座》（*Educational Lectures*），共 241 页。这是杨百翰学院为了分发而出版的。在它被收入《杜威全集》第 17 卷时，其书名改为《在杨百翰学院作的教育学讲座》（*Educational Lectures Before Brigham Young Academy*）。

---

[1] ［美］约翰·杜威. 在杨百翰学院作的教育学讲座［M］// 约翰·杜威. 杜威全集·晚期著作第 17 卷. 李宏昀，徐志宏，陈佳，等译. 上海：华东师范大学出版社，2015：507.

## 二、《教育学讲座》的主要内容

《教育学讲座》一书共 10 章，即十次讲演。全书可分为四个部分，第一部分：教育的社会性与课程的社会价值（第 2 章、第 8 章）；第二部分：心理学原理与儿童的学习（第 1 章、第 3 章、第 5 章、第 7 章、第 9 章）；第三部分：幼儿期的发展与童年期的发展（第 4 章、第 6 章）；第四部分：形成性格的三个因素（第 10 章）。

### （一）教育的社会性与课程的社会价值

在这一部分（第 2 章《教育的社会性》、第 8 章《课程的社会价值》），杜威主要论述了"教育的社会性"与"课程的社会价值"两个方面。

#### 1. 教育的社会性

杜威认为，尽管在教育目的和性质上，教育理论和实践在社会论观点和偏重个人的观点之间摇摆，但教育的社会性是不能否认的。从儿童是社会存在和学校是社会交往领域来看，必须把儿童个人发展和社会性教育结合起来。

（1）教育目的和性质上的两种观点

在杜威看来，在教育目的和性质上，一直以来存在着两种观点。一是社会论观点，主张教育是为个人在社会生活中发挥作用作好准备；另一则是偏重个人的观点，主张教育是个人的智力、体力和道德等所有能力的全面发展。在这两个观点之间，教育理论和实践总是摇摆不定并相互作用。这里，杜威尤其列举了古希腊雅典的例子，指出他们学习的每一个事物都与他们的生活有着最为紧密的联系，在培养个人的各种能力的同时，也逐渐熟悉了社会生活中的各种环境。

杜威还指出，几百年来，特别是自法国思想家和教育家卢梭的时代以来，教育理论家一直坚持认为，教育的目的和目标仅仅是使个人达到完美和谐与全面发展。当然，在社会层面，这种教育的发展带来了显著的直接的社会效益。因为教育中的那些基础学科促进组成社会的个体发展，不仅对于社会交往十分必要，而且还具有直接的社会价值。还有，个体为自身作出判断与选择的思维能力和行动能力也离不开社会性这一中介，并受到社会需求的制约。因此，在教育领域，人们力图去打破学校和家庭之间的隔离，并采用很多方式去建立两者之间的联系。

（2）把儿童个人发展和社会性教育结合起来

在杜威看来，对于儿童来说，看不到学校生活与课堂外的社会生活之间的任何关联，使得学校生活正在失去意义。实际上，每个儿童都是社会存在，对社会影响有依赖性。儿童的完整性体现在他们与社会生活的联系中，校外生活内容也成为他们社会生活的一部分，但学校对此并未给予足够的重视。因此，杜威指出，儿童"获取的知识都来自接触过的事物。现在，如果我们突然打破一切，让孩子进入学校，学习那些在他看来与其社会生活毫无关联的知识，其结果只能是使孩子觉得这些都过于虚假。这是造成许多儿童对学习毫无兴趣的原因之一"[①]。此外，"教育方法应该为学生缺乏学习兴趣承担部分责任。学校让儿童过早地学习太多的知识，而且是以一种技术性的、拼接的教育方式，使他们感觉不到这些学习和日常生活及兴趣有关联"[②]。

杜威还指出，学校是一个社会交往的领域，它的每一门学科都源自社会生活的需求，诸如阅读、书写和算术等都是为了社会目的而发展，并具有直接的社会用途。因此，一所真正的学校必定允许社会性的充分发展，在学校中实行教育社会化改革。实际上，在学校里学到的知识只是校外生活的一部分，因为校内学习和校外学习的对象是统一的。但是，如何把儿童个人发展和社会性教育结合起来，仍然是一个很大的问题。对于这个问题，杜威提出了他的建议："未来教育的伟大任务之一，是打破这些阻碍学校生活和校外更广阔生活

---

[①] [美] 约翰·杜威.在杨百翰学院作的教育学讲座 [M] // 约翰·杜威.杜威全集·晚期著作第17卷.李宏昀，徐志宏，陈佳，等译.上海：华东师范大学出版社，2015：206.

[②] [美] 约翰·杜威.在杨百翰学院作的教育学讲座 [M] // 约翰·杜威.杜威全集·晚期著作第17卷.李宏昀，徐志宏，陈佳，等译.上海：华东师范大学出版社，2015：206.

建立关联的隔阂；只有这样，后者中最有价值的东西才能进入教室，为课堂带来活力，提高学习兴趣，孩子们也会非常愿意将所学的运用到实践中。"①

最后，杜威又列举了他经常讲述的儿童在游泳学校里学游泳却从不下水的例子，并强调指出："我们在学校学习，是为社会生活做准备。如果学校不具备社会性，没有和外面世界接触并建立关联的观念，那么，我们的学校教育不就变得和那所游泳学校没有区别了吗？……如果学校教育能融入社会生活和社会准则，孩子获得的训练将会逐渐提高和扩展，那么，当他最后面对更大的责任时，就不会有现在的这种断层了。真正的生活就是对一个人已经学到的东西的拓宽，就这么简单。"②

**2. 课程的社会价值**

杜威认为，就课程的社会价值来看，它主要体现在课程应该直接同儿童的生活体验相关联，以及课程学习包括的三个部分上。

（1）课程应该直接同儿童的生活体验相关联

在杜威看来，德国教育家赫尔巴特（Johann F. Herbart）及赫尔巴特学派（Herbartians）强调观念的关联。他们的基本见解是：人们的行为是观念的外在表现，因此，只有使观念彼此关联，才能控制我们的行为。他们把学校中的各个学科串联成有机整体。但是，他们所提倡的关联模式在实践上并不成功。因为他们过于简单地将学科关联起来，而不是直接将学科同儿童的校外生活与生活经验相关联。所以，杜威这样指出："我不怀疑将学科彼此联系起来要比将学科完全孤立优越，但我觉得，最好将学科同非学科的东西联系起来，比如

---

① ［美］约翰·杜威.在杨百翰学院作的教育学讲座［M］//约翰·杜威.杜威全集·晚期著作第17卷.李宏昀，徐志宏，陈佳，等译.上海：华东师范大学出版社，2015：207-208.

② ［美］约翰·杜威.在杨百翰学院作的教育学讲座［M］//约翰·杜威.杜威全集·晚期著作第17卷.李宏昀，徐志宏，陈佳，等译.上海：华东师范大学出版社，2015：208.

活动、感觉、情感这些孩子们从校外生活中获得的生活观念。"① 在他看来，因为儿童的各种社会生活经验是他们的观念发展的自然中介，所以，学校中的各个学科应该直接同他们的生活体验相关联。

杜威还先后论述了语言和手工训练的社会价值。就语言而言，从本质上说，语言是一种社会本能。语言首先是一种社会中介，为了彼此交流的需要而发展为一种表达方式。儿童作为一个社会存在，他能够说话，那他就能够同别人进行交流。就手工训练而言，在手工活动的过程中，儿童可以表达他们的兴趣和学到不少东西，其中有许多活动还概括了围绕他们的社会关系。此外，当儿童完成物质活动的时候，这种物质活动也能被提升到精神层次，这种精神层次的提升取决于他们是否意识到行为的社会影响，是否意识到活动的道德意义。正是在这些手工活动中，儿童的视野变得宽广，从而认识到他们的活动的社会价值。

（2）课程学习中的三个部分

在杜威看来，从课程的社会价值来看，课程中的学习包括三个部分："第一部分学习是直接的社会性；第二部分学习则有些偏离，它们是社会生活的背景介绍；第三部分学习则更加有些偏离，正如我说的，是社会沟通交往的技术。"②

第一部分学习，几乎不涉及技术意义上的学习，而是培养对社会意义的认识。具体来讲，一方面，这种学习是儿童的社会直觉的自然表达；另一方面，这种学习可以使儿童了解科学和社会价值。例如，手工课和工业活动提供了了解人类文明进步的宽广视野，使儿童获得了这一方面历史发展的全景。杜威指出："从社会立场看，第一部分学习的目的是把过往社会活动的例子引入

① ［美］约翰·杜威.在杨百翰学院作的教育学讲座［M］// 约翰·杜威.杜威全集·晚期著作第 17 卷.李宏昀，徐志宏，陈佳，等译.上海：华东师范大学出版社，2015：263.
② ［美］约翰·杜威.在杨百翰学院作的教育学讲座［M］// 约翰·杜威.杜威全集·晚期著作第 17 卷.李宏昀，徐志宏，陈佳，等译.上海：华东师范大学出版社，2015：270.

课堂，从而拓展孩子的视野，提升他们的思想。"①

第二部分学习，给予社会生活以背景。这里，杜威特别论述了历史和地理。就历史而言，学校中的历史教学应该成为社会学中的一种实物教学课，让儿童通过感觉来领会而不是通过理智来把握古往今来的社会变迁。杜威指出："只有将历史变成一副道德望远镜，通过它眺望过去社会生活的状况，才能真正将历史融入当下，因为只有通过我们的过去，我们才能更好地理解当下。"②就地理而言，学校中的地理教学应该被视为一种社会研究，着重于它对人类生活的意义以及它的文化价值和人文价值。尽管环境不能完全创造历史，但不能否认自然环境对社会生活有重要的影响。专业性知识在学校中应该得到介绍，但它要转向与社会生活的联系，或者说，要与我们生活中的社会经验相关联。

第三部分学习，包括社会工具、社会中介或社会技能，也就是阅读、写字、拼字、算术的高级形式，即学习处理符号和形式。它们也是社会工具，但不是直接的社会化。人们正是通过技术的社会化，既让儿童在生活中更有能力评价事物和与别人交往，又让儿童更有能力进行社会评价和社会参与，成为社会的参与者和贡献者。

**（二）心理学原理与儿童的学习**

在这一部分（第1章《大脑是如何学习的？》、第3章《想象》、第5章《注意力》、第7章《习惯》、第9章《记忆与判断》），杜威主要论述了"大脑智力的发展""想象的作用和发展""注意力的要素及注意力的集中和敏锐""习惯的形成及习惯的自然来源""记忆的发展及与判断的关系"五个方面。

---

① ［美］约翰·杜威.在杨百翰学院作的教育学讲座［M］//约翰·杜威.杜威全集·晚期著作第17卷.李宏昀，徐志宏，陈佳，等译.上海：华东师范大学出版社，2015：267.
② ［美］约翰·杜威.在杨百翰学院作的教育学讲座［M］//约翰·杜威.杜威全集·晚期著作第17卷.李宏昀，徐志宏，陈佳，等译.上海：华东师范大学出版社，2015：268.

### 1. 大脑智力的发展

杜威认为，人的学习的主体是大脑（mind），人每时每刻都在学习，那是因为儿童具有原初的倾向、本能和冲动。从所有的教育案例中，我们会发现，儿童的学习在很大程度上并不依赖他人的提取，而是儿童自身活动的一种外溢。

### （1）本能和冲动必定会自我展现

在杜威看来，儿童能够学习，既不是因为大脑犹如一张白纸，也不是因为大脑好像一个蜡块，而是因为儿童身上的本能和冲动。当幼儿醒着的时候，他总是非常忙碌，他的大脑会通过身体这个媒介去寻找外部的某个物体。因此，杜威强调指出："儿童生来就带着许多原初的倾向、本能或冲动；一有任何机会，这些本能总能成功地得以表现。除非受到绝对的压制，否则，儿童的本能注定会自我展现出来。……这些本能促使儿童去摸索、探究、试验。"① 他还指出："这些本能会捕捉各种机会表现自身，它们是自发的，必定会自我展现。儿童不会被动地等着被带入某种经历，他会寻求各种经历。在他醒着的每一刻，都表现出这种原初的、自发性的渴望，寻求获得更多经历，从而熟悉这个世界中的各种事物和他周围的人。"②

儿童身上虽有自我展现的本能和冲动，却没有适宜的环境和条件。这好似儿童虽有饥饿感，却缺乏食物一样。为了使儿童最大限度展现自身的本能，很好地引导儿童自发的本能，以及最大限度地让儿童去看、去听、去做，教师或父母真正需要做的就是提供合适的环境和物品，诸如玩具或工具等，以满足儿童的需求。当儿童进入正式学习的学校环境中，教师的任务不仅仅是激起他们的欲望，而且要在智力上和精神上提供适当的养料来满足这些欲望。杜威指出："一个孩子的学习从来不是通过这样一种外在输入、填鸭或灌输的方式进

① ［美］约翰·杜威.在杨百翰学院作的教育学讲座［M］// 约翰·杜威.杜威全集·晚期著作第 17 卷.李宏昀，徐志宏，陈佳，等译.上海：华东师范大学出版社，2015：188.

② ［美］约翰·杜威.在杨百翰学院作的教育学讲座［M］// 约翰·杜威.杜威全集·晚期著作第 17 卷.李宏昀，徐志宏，陈佳，等译.上海：华东师范大学出版社，2015：189.

行的，而是通过他自身的各种冲动的表达。成长需要来自外部的材料，而活动的欲望必须来自儿童自身。"①

（2）本能和冲动具有运动的特性

在杜威看来，在相当大的程度上，儿童的精神生活是通过身体形式（即运动）来表现的，而身体运动则是精神生活的一个极其重要的且不可或缺的部分，也是学习过程中的一个重要部分。而且，从人脑的构造中，可以了解到感觉器官与运动器官之间有着非常紧密的联系。对于儿童来说，每个感觉都是一种刺激、一个信号，并召唤他的回应，即通过身体某些部位的运动作出反应。他的所有的身体活动都表明大脑在活动，并时刻准备获取各种观念。如果画一个圆圈，一半是印象或感觉，代表大脑中的输入；另一半是表达或运动，代表大脑中的输出，即对外在刺激的反应。在这种输入和输出之间，并不存在一个大坝，而应该保持平衡。应该说，儿童在上学之前，就是通过这种方式来学习的。这是一种自然的学习模式，即通过大量使用手、眼睛和耳朵来获取观念的方式。但是，如果儿童在上学之后，没有机会运用所学来做些什么，把脑中的观念付诸实践，那结果只能是一种虚假的表达，因而不能真正从所学中获益。

对于大脑活动来说，还可以有一种表述，即没有建构（construction），就没有教学（instruction）。教学是指吸收（即输入），建构是指输出。在儿童长大一些后，其建构会具有更多的智力因素。一个人在所学的基础上，建构性地表达自己的想法，这样的表达是个性化的、自发性的，因而具有一种创造性。因此，每一次表达都可以作为一次建构性的训练，即能创造出智力的表达。儿童通过实际的动手活动来使用所学到的观念，就会对所学的东西有更好的理解。如果忽视这一方面，那是不利于大脑智力发展的。杜威这样指出："如果

---

① ［美］约翰·杜威.在杨百翰学院作的教育学讲座［M］// 约翰·杜威.杜威全集·晚期著作第17卷.李宏昀，徐志宏，陈佳，等译.上海：华东师范大学出版社，2015：190.

大脑像海绵一样只是吸收信息，那么就有可能因浸水过多而松软无力；这样的大脑所表达出来的，只能是对所吸收的东西的简单输出。"① 他甚至还指出："一项简单的建构性工作，譬如堆砖头或玩多米诺骨牌，经常能在很短的时间里达到一个月机械式的训练无法实现的效果。我想说的是：如果我们能用更多的时间帮助儿童使用学到的观念，那么，将不需要如此费力地让他们机械式的学习。"②

（3）本能和冲动的力量是不断成熟的

在杜威看来，本能和冲动的力量是不断成熟的，并在儿童成长的最初阶段具有强大的能量。从婴儿时期起，儿童会先后表现出触碰和抓握东西的需求、行走和站立的需求以及发音和说话的需求。当儿童的本能处于最活跃的状态或顺应其天性时，他们往往能获得较好的结果。例如，儿童收集东西的本能最初十分盲目，但在某个时期会表现得特别强烈，然后进一步发展为某种自然研究，很好地收集自然标本，以便更加熟悉自然界的事物。在儿童的成长过程中，应该注意将他们的本能和技能更好地转化为智力。

在对儿童有了更多的了解之后，教师应该根据儿童成长中各个阶段的具体需求，提供智力的和精神的营养。我们必须牢记，如同身体需要大量的食物，人的大脑也同样需要大量的食物。当儿童不喜欢学习或反感学习时，必定是哪里出现了某些问题。因此，教师有责任去发现儿童身上具有的各种兴趣和欲望。那些能够激励和打动儿童的教师，会发现儿童身上最重要的精神特质，并为他们的成长和发展提供必要的养料。对此，杜威这样指出："这才是教育的伟大目标。……学习的科目是次要的，儿童才是主要的。善于了解儿童自发性的活动以及他们的想法，并懂得如何提供养料来激励这种成长的教师，即使

① ［美］约翰·杜威.在杨百翰学院作的教育学讲座［M］//约翰·杜威.杜威全集·晚期著作第17卷.李宏昀，徐志宏，陈佳，等译.上海：华东师范大学出版社，2015：192.
② ［美］约翰·杜威.在杨百翰学院作的教育学讲座［M］//约翰·杜威.杜威全集·晚期著作第17卷.李宏昀，徐志宏，陈佳，等译.上海：华东师范大学出版社，2015：193-194.

当其他所有人都消失在远方的雾中，仍然会一直守护在儿童的身边，伴随他们成长。"①

**2. 想象的作用和发展**

杜威认为，"想象"也可以改称为"形象化""想象力"。他所指的想象力，是一种对不在场的事物的理解能力，是一种对不在眼前显现的事物作形象化想象的方式，而不是虚构非真实事物的能力。形象化想象是想象一种确定性的东西，而不是虚构或妄想。

（1）想象的作用

在杜威看来，面对一个人如何能了解并未在眼前出现的事物的问题，其答案是：通过形象描述力，他的大脑构成那些事物的图像。大脑中的图像是有不同种类的，例如，视觉图像、听觉图像、动作图像、触觉图像、动作图像、数字图像等。他这样指出："形象化描述是教师启发学生智力的最主要的手段，它帮助学生理解那些没有直接被他们的感官感知的事实与素材。"② 这里，杜威列举了英国心理学家高尔顿（Francis Galton）在约 25 年前③ 通过问卷调查进行的有关大脑图像的研究。他强调指出："如果不具备这种想象力，外面的世界就会被遮蔽。甚至当我们记住事情时，也是通过形象记住的。我要特别强调这一点：我们对事情的记忆力，是依赖于我们能形象地描述事情。即便当我们思考和运用理性时，同样使用形象。……即使一个人可能具备好的理性能力，但如果他没有形成想象或思考的图像，他的理性活动也就没有工

---

① ［美］约翰·杜威. 在杨百翰学院作的教育学讲座［M］// 约翰·杜威. 杜威全集·晚期著作第 17 卷. 李宏昀，徐志宏，陈佳，等译. 上海：华东师范大学出版社，2015：196.

② ［美］约翰·杜威. 在杨百翰学院作的教育学讲座［M］// 约翰·杜威. 杜威全集·晚期著作第 17 卷. 李宏昀，徐志宏，陈佳，等译. 上海：华东师范大学出版社，2015：209.

③ 指 19 世纪 70 年代。

作对象。"①

杜威也谈到了想象力在各种学科中的价值。他阐述了几何与视觉图像的关系以及算术与数字图像的关系，指出通过想象力这个工具，可以把抽象的术语、符号和公式翻译为各种现实条件，从而有助于学生的学习。此外，他还阐述了想象力或形象思维在地理学、历史、文学中的重要性。例如，在地理学中，想象力可以帮助学生形成对地理名词的想象；在历史中，想象力可以帮助学生想象历史中的人物和场景；在文学中，想象力可以帮助学生想象整首诗呈现的画面。

（2）想象的发展

在杜威看来，学会想象是儿童三四岁时心智发展的最显著的特点，也是他们成长的一个关键点。他在第4章《成长的各阶段》中也指出："通过想象自己在做事，他开始熟悉其中的各个方面和各种关系。想象是一种替代手段，孩子通过它，获得了许多凭借其实际能力本无法体验到的复杂经验。因此，孩子一旦想象力受抑制，游戏时间缩短，他的发展就必然受到阻碍。"②

在想象的发展上，教师应该注意以下三点：

一是，教师应该清楚具体物体和图形想象的关系。在教学中不宜过早教学生抽象的公式，而要从具体的物体开始教起，但同时又要注意引导学生尽快接触图形。也就是说，让学生先熟悉具体的物体，然后再接触这些物体的图形，以便逐渐增强他们的想象力，使他们在学习中更加自如和更加独立。虽然形象思维的训练有很多，但都有一个前提，即学生必须能够借由想象来理解和思考各种条件。

二是，教师应该知道想象和幻想的区别。要求学生发挥想象，但不能让

① ［美］约翰·杜威.在杨百翰学院作的教育学讲座［M］//约翰·杜威.杜威全集·晚期著作第17卷.李宏昀，徐志宏，陈佳，等译.上海：华东师范大学出版社，2015：212.
② ［美］约翰·杜威.在杨百翰学院作的教育学讲座［M］//约翰·杜威.杜威全集·晚期著作第17卷.李宏昀，徐志宏，陈佳，等译.上海：华东师范大学出版社，2015：224.

他们凭空瞎想。不要过多对学生强调想象，最好的方法是给他们建议某个场景并有充分的时间去独立地想象。虽然许多儿童自然地就有很强的视觉想象力，但要注意这种视觉想象力随着年龄的增长会逐渐减弱。

三是，教师应该了解理性和想象的关系，注意运用称之为理性的能力，形成对事实的想象。如果发现儿童很难从逻辑角度理解与解释一件事情，那就应该回到想象，因为这是理性思考的基础。想象更为明确和更为清晰，那理性思考的过程自然就会变得更为顺利。

### 3. 注意力的要素及注意力的集中和敏锐

杜威认为，可以把"注意力"和"心智"这两个术语用作同义词。"注意"实际上代表心智与行为的统一，"注意力"就是心智。

（1）注意力的三个要素

在杜威看来，在某个问题上注意力的充分投入和集中，就意味着把心思放在这个问题上。然而不幸的是，在课堂上有一种注意力是对真实注意力的模仿，儿童学着模拟注意力的外在形式，实际上却把心思放在其他地方。因此，教师需要具有某种判断力和识别力，才能辨别出真实注意力的征兆。如果教师没有认识到注意力的自然的、必要的和不可缺少的条件，那他只会得到注意力的形式而非注意力的实质。

从心理学角度来看，注意力有三个要素。具体来讲，一是，"为了什么"（for-what）。"为了什么"就是目的和目标，是当前的材料或事实所指向的事物。它不是当前，而是未来。在这个意义上，注意力是导向未来的。这个导向未来的要素意指某种目的或目标，它正是引导注意力的基础。因此，如果在儿童的视野内有某个目标、某个需要达到的结果以及某种心智想象，那他就可以把自己的精力导向它。二是，"对着什么"（to-what）。"对着什么"就是为了达到某种目的和目标而对之专注的材料或事实。通过在森林里迷失方向、爬山到达顶峰以及关于橘子的实物课这三个例子，杜威明确指出，注意力的充分条件不仅要有愿意达到的目的和目标，而且要有因达到目的和目标而对之专注的材料和事物。对于注意力来说,其唯一用处是去控制那些需要专注的材料和事实。三是,"带着什么"(with-what)。"带着什么"就是带着旧东西去专注于新东西。也就是说,在心中必须有某个与不熟悉东西近似的东西,以便新的相似性可以连接起来。在某种意义上,专注于熟悉的事物是没有意义的,但专注于完全不熟悉的事物也是没有可能的,因为人们无法注意任何根本不熟悉的事物。

因此,在给学生上课时,教师应该问自己三个问题:第一,有没有给学生一个目的和目标;如果没有的话,那该怎样给他们目的和目标?第二,为了帮助学生解决问题,有没有给学生提供必要的材料或事实?第三,在学生的校内外经验中,有什么东西是对他们有价值的;新问题如何呈现才能与旧问题紧密关联?

(2)注意力的集中和敏锐

在杜威看来,注意力的集中是指把注意力固定在某个事物上,但它并不意味着心智的静止,因为心智必须保持运动。心智的本性是运动,必须从一个事物到另一个事物。由此,注意力的集中并不是对心智运动的抑制。

在谈论注意力时,应该认识到注意力的敏锐和注意力的集中是同等重要的。注意力的敏锐是指机敏地注意观察新的事物。不给儿童提供机会,让他们在自己心里仔细地思考问题,并为答案说出理由,那注意力的敏锐就必定会被扼杀。如果在课堂上,以注意力的敏锐为代价来获得心智的顺从,那就阻碍了心智运动。

最后,杜威强调指出:"真正的、真实的注意力意味着心智的运动,不仅是在个体这一方,而且是在班级这一方。"[1]他还这样指出:"总会有一天,我们所有学校中的每个孩子都认识到,他对值得学习的一切都有动机……让学校

① [美]约翰·杜威.在杨百翰学院作的教育学讲座[M]//约翰·杜威.杜威全集·晚期著作第17卷.李宏昀,徐志宏,陈佳,等译.上海:华东师范大学出版社,2015:240.

的功课麻木，让孩子们躲避它，无非是由于缺乏有控制力的动机，缺乏一个保证某种意义的目标，在他们这一方缺乏问题。我要重申：当这种对目的和目标的保证能被带进全体学校的时候，我们会拥有教育的新生，我们会在课堂中拥有新生命。"①

**4.习惯的形成及习惯的自然来源**

杜威认为，对于人们来说，"习惯"是一个老生常谈的主题。这里，杜威希望从心理学原理的角度来讨论"习惯"这个主题。

（1）成功而非重复形成习惯

人们通常会说，习惯是通过重复形成的。但是，杜威对"通过重复形成习惯"这个理论提出了疑问。他认为，在形成习惯之后才有重复，而不是因为重复才形成习惯。因此，他提出了另一个准则：习惯是通过成功形成的，不是通过重复形成的。如果换一种说法，那就是，习惯应该带着注意力并通过注意力形成。通过学习骑自行车以及在孩提时代完美地记住整个乘法表这两个例子，杜威强调指出："我的观点是：如果我们持续重复最初的做法，就完全无法形成习惯，或者会形成非常笨拙的习惯。实际上，我们形成习惯是通过清除第一次尝试中过多的活动，通过强调特定的活动，它导向我们想走的方向。……在形成一切习惯时，都是这样。选择必须在重复之前，并且始终比重复更加突出。这种选择的基础是什么？成功。"②他还指出："我说成功而非重复是形成习惯的真正原理，就是指这个。在形成习惯时，一个行为如果真正做成了某件事情，而且给孩子留下了做成某件事情的感受，还留下了如何做成的

① [美]约翰·杜威.在杨百翰学院作的教育学讲座 [M] // 约翰·杜威.杜威全集·晚期著作第17卷.李宏昀，徐志宏，陈佳，等译.上海：华东师范大学出版社，2015：240.
② [美]约翰·杜威.在杨百翰学院作的教育学讲座 [M] // 约翰·杜威.杜威全集·晚期著作第17卷.李宏昀，徐志宏，陈佳，等译.上海：华东师范大学出版社，2015：254.

观念，那抵得上一百次乏味的、例行的重复。"①

杜威还指出，除宗教中有无意义的重复外，在学校课堂上也有太多同样的记忆重复或语音重复，他甚至说其中大约四分之三的重复没有内在的必要性。这种机械的重复不仅浪费了学生的宝贵时间，而且不能培养学生集中注意力。其危险在于，习惯在一种固定目的的意义上变得机械了。因此，尽管学生已经获得了阅读、写字、绘图的习惯，却无法使用和应用这些习惯。

然而，杜威也指出，在形成习惯时必须有一定量的重复，但重复要有变化，而不是纯粹的、机械的重复。因为没有真正意义的生活，就没有真正的生命、没有个性、没有情感。如果能够避免纯粹的、机械的重复，那就会有重复的、积极的价值，却没有任何使事情变得纯粹机械的危险。因此，应该用"练习"这个观念来替代仅仅是机械重复的"操练"这个观念。

（2）习惯的自然来源是儿童拥有的本能或冲动

在杜威看来，习惯成了心智能力的一个阶段。习惯是我们的工具，如果我们不带着工具，那就做不了任何事情。就习惯的自然来源而言，它是儿童拥有的本能或冲动，而不是某种从外部强加的东西。可以说，习惯只不过是组织一个人的自然力量和天生倾向，然而是不完美的力量。如果我们把自己的想法和倾向硬塞给儿童，那我们在什么程度上取得成功，儿童就在什么程度上成为机器人。因此，虽然习惯是心智组成中最机械的部分，但只有当习惯处于自由状态而得到培育时，它才对我们真正有益。

杜威还谈到了与习惯紧密相联的模仿。模仿可以被一个人当作一种手段，以此牢记其他人的方法和活动。但是，若他的方法和活动被局限为重现、复制或模仿给定的模板，那模仿就成了一种限制、一种对个性的妨碍。因此，模仿不应该是奴性的、机械的，而应该是为实现与组织儿童自身力量而使用的手段。

① ［美］约翰·杜威.在杨百翰学院作的教育学讲座［M］//约翰·杜威.杜威全集·晚期著作第17卷.李宏昀，徐志宏，陈佳，等译.上海：华东师范大学出版社，2015：254.

在对"习惯"这个主题进行讨论的最后，杜威给人们留下了两点想法："第一点想法是：建立习惯的基础应该是成功，是要选择标明了功绩、成就的东西；重复这个要素应该是次要的，事实上把它称为对选定做法的练习、使用或应用，也许更好。第二点想法是：真正的习惯不仅建立在成功或成就而非重复上面，而且是从自然本能中建立起来的。"①

**5. 记忆的发展及与判断的关系**

杜威认为，记忆和判断这两个主题各有特点但也密切相关，既有对比但也有相似点。于是，在这次讲演一开始，杜威就列举了19世纪英国小说家狄更斯（Charles Dickens）的第一部长篇小说《匹克威克外传》（1836）里的那位主人公匹克威克的做法。匹克威克要写一篇关于中国形而上学的论文，他就先研读中国，再钻研形而上学，最后将这两个主题合而为一。

（1）记忆的发展及多样性

杜威指出，记忆有很多形式，记忆的发展也有很多阶段。在记忆的发展中，首先，第一阶段是"有机记忆"或"生理记忆"。这种有机记忆或多或少是从环境的无意识适应中获得，它存在于记忆的有意识发展阶段中。一般说来，使用"记忆"这个术语仅仅是指有意识的再现或认识。其次，回忆性记忆，是指具有一个依赖于外部联系和建议的特性的记忆。"回忆"这个词表明，回忆是事物的重新构成与联系，从而提取我们经验中的事实，然后将它们整合为一个生动的有机整体。当我们发展记忆时，实际上我们或许只是在训练这种回忆力。

杜威还指出了记忆的多样性。对于特定的事实或真理，人们或有特定的记忆。多种记忆的发展，在很大程度上归因于人们的职业。当人们从事某个方面工作时，他们就在这个方面发展了记忆。一个人可以在某个特殊方面记忆力

---

① ［美］约翰·杜威. 在杨百翰学院作的教育学讲座［M］// 约翰·杜威. 杜威全集·晚期著作第17卷. 李宏昀，徐志宏，陈佳，等译. 上海：华东师范大学出版社，2015：258-259.

很好，但在其他方面的记忆力却很差。尤其当人们岁数大了之后，会认为自己的记忆力退化了，其实只是记忆力专门化了。这里，杜威还描述了他用儿童图画做过的一次实验。记忆既与意象（视觉）的方式、声音（听觉）的方式有关联，也与注意力、观察力和理解力有关联。此外，要考虑儿童不同程度和不同种类的记忆。

（2）回忆、记忆和判断之间的关联

杜威指出，回忆非常近似于思考，在回忆和判断之间只有很小的区别。当我们回忆某个事情，将我们经验的不同部分整合到一起以便正确地组织一个有序的整体时，实际上是在判断并培养我们的判断能力。

但是，记忆和判断关联很少，与判断之间有着巨大的区别，甚至在一定程度上与判断相对立。记忆一直在积累着，但它不能表现也不能给予事物价值；而判断是基于很多事物的积累，并利用事实去前进，因为它是对事物的相对价值的一种感觉。因此，杜威指出："只要事物仅仅存在于记忆里，我们便去注视之、检查之、思考之、反省之。它们是思考的材料，而非知识、智慧或判断。所以，明智的老师要考虑到记忆训练的必要性，要永远记住记忆本身不是目标。我们不要仅仅为了记忆而记忆，或者为了能够回忆而记忆，而是要为判断掌握很多合适的候选材料。……如果观察不够明智且记忆储备不充分，那么就不可能作出正确明智的判断。"[1]

杜威还指出，一种错误的记忆是一种废料袋，里面塞进了一切东西。然而，一种正确的记忆是一种液体，里面溶解了许多东西，一旦恰当的时刻到来，它就取得了判断所需要的形式和分类。对记忆而言，判断是正确的记忆最终送达的终点、天然的仓库或站台。在这个意义上，可以说，记忆和判断之间并没有中间墙或隔离物。因此，杜威这样指出："记忆是处于决断过程中的判

① ［美］约翰·杜威.在杨百翰学院作的教育学讲座［M］// 约翰·杜威.杜威全集·晚期著作第17卷.李宏昀，徐志宏，陈佳，等译.上海：华东师范大学出版社，2015：279.

断，判断是记忆的完成与明确化。记忆是吃下肚的食物，但未被彻底吸收和循环；判断则是让食物进入完整的循环——哪里需要，食物便可被置入哪个过程。"①

最后，在杜威看来，记忆是必要的，但只有在为判断积累候选材料和事实时，记忆才有教育的价值，所以，与判断分离的记忆培养不是正确的记忆培养。在教学中，教师既应该找到一种更好的判断培养方式，也应该找到一种更好的记忆培养方式。

### （三）幼儿期的发展与童年期的发展

在儿童生命中的成长阶段上，杜威首先提及了英国文学家莎士比亚（Shakespeare）划分的七个年龄段：啼哭的婴儿、抱怨上学的男孩、年轻的情人、战士、成熟的成年人、裁判、怀旧的老人（第二个婴儿期），并认为他的这种划分是符合科学的且有较高的文学性。然后杜威提出了他自己的四个年龄段：幼儿期（period of infancy），诞生至六七岁；童年期（period of childhood），六七岁至十三四岁；青少年期（age of adolescence），十三四岁至十八岁；青年期（period of youth），十八岁至二十一岁，并指出人的有意识的教育应在这四个阶段进行。但是，在这一部分（第4章《成长的各阶段》、第6章《技巧阶段》），杜威主要论述了"幼儿期的发展"与"童年期的发展"两个方面。

#### 1. 幼儿期的发展

杜威认为，幼儿期可以分为两个阶段：第一个阶段是幼儿早期（period of early infancy），第二个阶段是幼儿晚期（period of later infancy）。这里，他提及了美国历史学家和哲学家约翰·费斯克（John Fiske）提出的"滞后的幼儿期"（delayed infancy）的观点，即延长幼儿期的重要性与延迟进入成熟期，并指出这使幼儿教育成为可能。

---

① ［美］约翰·杜威.在杨百翰学院作的教育学讲座［M］//约翰·杜威.杜威全集·晚期著作第17卷.李宏昀，徐志宏，陈佳，等译.上海：华东师范大学出版社，2015：280.

（1）幼儿早期

在杜威看来，尤其从教育角度来看，幼儿在幼儿早期这一阶段的大脑发育很值得重视。其最主要的任务是让大脑把身体作为自己的工具来控制。幼儿的巨大依赖性和无助感，使得他自己必须去获得各种能力。他在学会控制自己身体和掌握更多肢体器官的本领的同时，也学会了很多其他的东西。

幼儿在这一阶段要学会看、学会听、学会走路、学会说话，实际上他是在解决一个个问题。他熟悉了许多具体的事物，并了解了它们的用处。对于幼儿来说，他眼前是一个无限的未来能力发展的远景。所以，杜威这样指出："无论我们从对家长和社会的影响的视角来看，还是从对孩子自身成长的作用来看，都可以得出这样的结论：孩子在成长中需要他人指引的长期的无助期或社会依赖期，是一个极其重要的阶段，尤其对于道德和精神发展意义重大。因此，孩子需要学习使用他的肢体器官，学会看、听、走路和说话，这些都蕴含着丰富的意义。"[①]

（2）幼儿晚期

在杜威看来，幼儿在这一阶段开始了解身边的人，意味着他们真正进入了社会世界。在逐步形成一些习惯的过程中，他学到了最基本的社会适应能力；同时，他也必须学会理解他人的意愿和观点，并使自己能适应他人。他需要进行广泛的社会交往关系的学习。所以，在这一阶段，他进入幼儿园的主要目的，就是培养建立与他人的恰当的社会关系。例如，学会和善、礼貌、合作、勇敢等。

在这一阶段，幼儿最根本的成长标志是大脑的发育，也就是幻想力或想象力的发展。对于幼儿来说，只有依靠想象力或形象思维能力，他才能摆脱直接感知力的束缚，开始构建一个更大的世界。想象能使幼儿从一种经验转换到

---

① ［美］约翰·杜威.在杨百翰学院作的教育学讲座［M］//约翰·杜威.杜威全集·晚期著作第17卷.李宏昀，徐志宏，陈佳，等译.上海：华东师范大学出版社，2015：221.

另一种经验，从而极大地拓宽他的世界。幼儿的想象和做游戏、讲故事有着一定关联。但杜威指出，幼儿的这些想象并不等同于在童话或神话故事中听到或看到的。

杜威还指出了游戏（games）和玩耍（play）之间的两点区别：一是，在游戏中，有确定目的，有儿童们称为目标的特定东西；二是，在游戏中，必须有规则，有儿童需要遵守的规则。

此外，杜威还论述了幼儿在幼儿晚期这一阶段出现的两个现象。第一个现象是儿童的撒谎。许多家长发现自己孩子撒谎而忧心忡忡。对此，杜威认为，尽管有些孩子撒谎后果很严重，但从成人的角度来看，许多所谓的撒谎根本不能作为道德败坏的表现；它们只是孩子游戏中的一些现象，产生的原因是孩子不能区分想象和事实。因此，除非孩子为了欺骗而撒谎，我们不要过于质疑孩子的撒谎。第二个现象是，儿童在很大程度上受家长或教师建议的负面影响干扰。家长或教师往往过多地使用"不许干这事""不许干那事""不许爬树"等话语，反复强调"不许""不要"等来警告孩子。对此，杜威认为，完全用负面的方式来引导孩子，其导致的结果是强化了他们头脑中对禁止干的事情的反面暗示。因此，家长或教师应该尽可能给予孩子积极方向上的正面建议，在提建议时应该强调正面的和积极的部分而不是被禁止的部分。

（3）幼儿早期和幼儿晚期之间的区别

在杜威看来，在整个幼儿期，即儿童最初成长的7年，我们应该提供最理想的社会环境，这将确保他沿着一个非常正确的方向很好地成长。当幼儿逐渐具有了能预见明确结果并为实现目的而引导活动过程的能力，就表明儿童从幼儿晚期进入了儿童期。但是，在幼儿早期和幼儿晚期这两个阶段之间，即美国教育家哈里斯（William T. Harris）提出的"象征阶段"（symbolic period）和"习俗阶段"（conventional period）之间，还是存在着区别的。

就一个阶段的根本标志而言，幼儿早期的根本标志是了解使用身体的各个器官，并在此学习过程中开始培养智力和道德；幼儿晚期的根本标志是学会基本的社会适应能力。

就一个阶段的主要任务而言，幼儿早期的主要任务是学会了解自己的身体，幼儿晚期的主要任务是学会了解身边的人。

**2. 童年期的发展**

杜威认为，童年期，即技巧时期（period of technic），既是儿童获取各种技巧的时期，也是对技能、技巧加以掌控的时期。在这一时期，儿童既获取阅读、写字、计算、绘画等技巧，又获取最好的、最有效的、最经济的做事方式。

（1）从儿童心智的整体开始

在杜威看来，儿童的成长和发展自然地从心智的整体开始，不要让他们失去生命和活力。他强调指出："孩子当然必须从心智的整体开始。他实际上无法从这个整体之外的任何东西开始，无论在阅读、写作、绘画、音乐还是地理中，都是一样的。他必须有某个满足心智的东西。……这是无论什么都以自在的完整的形式在孩子那里出现的东西，这样，他就可以从中得到理智和情绪的满足。……当孩子得以认识到他最初的整体的不完美和粗糙特征时，他就感到需要更充足的、更完美的、更确定的整体……"①与此同时，杜威还批评了当时还在流行的分析教学思潮，指出当一切东西都在同样程度上得到分析时，就使得儿童简直失去了看见整体的能力。

（2）培养儿童做事的方法

在杜威看来，在早期生活中，儿童主要对结果本身感兴趣，仅仅附带对得到结果的方法感兴趣；随着年龄增长，儿童对做事的一般方法比对特定的结果更感兴趣。儿童会对做事的方法越来越感兴趣，这在书写、语法、音乐、绘画等科目中都会出现。这时，教师应该很好地利用儿童对做事的最佳方法产生的新兴趣。因此，杜威指出："我要重申，长大的人越来越依赖发现东西的方

---

① ［美］约翰·杜威. 在杨百翰学院作的教育学讲座［M］// 约翰·杜威. 杜威全集·晚期著作第 17 卷. 李宏昀，徐志宏，陈佳，等译. 上海：华东师范大学出版社，2015：246.

法。我们想知道东西要到哪里去找，怎样使用书本来获得它们，但是我们不让记忆和良心承担全世界的重负。我相信，我们应该逐渐承认，对孩子们来说情况也是一样。重大的事情是培养他们学会方法，用来动手解决问题。"①他还指出："我们可以获得更好的结果，只要把更多重心放在培养孩子做事的方法上面，把这当作首要的事情。我以为，假如某个地震毁掉了世界上全部的科学书籍，却留下了拥有探究方法的科学家，就不会是无可挽回的灾难。人可以运用这些方法。"②

（3）打下一定的知识基础

在杜威看来，在这一时期，儿童也需要打下一定的知识基础。因此，他这样指出："在我看来，这两件事——做事情的兴趣和做事情的技能——是我们在基础教育阶段要达到的主要目的。我当然不是说，不期望学生获得一定量的信息。他们必须打下一定数量的基础，学到一定数量的事实，以便掌握资料来进行工作。"③

但是，杜威又指出，要把小学第一年变成幼儿园的一个重要阶段。在上学第一年，不要引入太多的正规教学，以减轻儿童的功课，把获取单纯的技能推迟到儿童自然主动地对获取技能感兴趣的时候。

杜威还指出，教师只期望儿童做会走路的百科全书，强调儿童必须在学校里学会他们一生中要知道的所有东西。对此，他反问道："我们不期望自己能记得全部地理学事实，却要儿童记得它们。……既然我们无法记住一切，为什么不承认如下事实：一些事情比另一些事情更值得记住？"这里，杜威所说

① ［美］约翰·杜威.在杨百翰学院作的教育学讲座［M］//约翰·杜威.杜威全集·晚期著作第17卷.李宏昀，徐志宏，陈佳，等译.上海：华东师范大学出版社，2015：249.
② ［美］约翰·杜威.在杨百翰学院作的教育学讲座［M］//约翰·杜威.杜威全集·晚期著作第17卷.李宏昀，徐志宏，陈佳，等译.上海：华东师范大学出版社，2015：250.
③ ［美］约翰·杜威.在杨百翰学院作的教育学讲座［M］//约翰·杜威.杜威全集·晚期著作第17卷.李宏昀，徐志宏，陈佳，等译.上海：华东师范大学出版社，2015：249.

的观点同英国教育家斯宾塞（H. Spencer）在《教育论》一书中所说的"知识价值比较"何其相似。

### （四）形成性格的三个因素

在这一部分（第10章《构成性格的一些因素》），杜威主要论述了一个容易被忽视的问题，即如何从心理学看形成性格的因素。从心理分析角度看，形成性格的因素可以分为实践执行类、情绪感受类、理智知性类三类，即形成性格的三个重要因素。因此，杜威指出："形成性格的三个重要因素分别如下：第一是好的判断力，或者说对我们身边事物的价值感知力；第二是执行力，或者说是不止步于意愿倾向而是主动积极的行为……第三是对细微情感的感知力。"①

#### 1. 价值的判断力

杜威认为，价值的判断力是形成性格的一部分。判断力是智慧方面的性格，它是一种相对的价值感或价值观。换句话说，它就是以合理的价值处理事物的能力。但是，它只有在知识化为智慧后，才能通过反思和评估转化为我们的能力，进而成为我们性格中的一部分。因为我们有自己的判断就不会是模仿者或其他人的跟随者。

但是，杜威也指出，除非积累知识可以让一个人自主地形成相对的价值观，让他知道应该选择什么和摈弃什么，否则就不是教育。从学术观点来看，学校教育当然是最能形成价值判断力的途径。

#### 2. 行为的执行力

杜威认为，行为的执行力就是将想法付诸实践的能力。对于一个人来说，如果尚未达成结论（即选择），那表明判断还未完成，就不可能有行为的执行力。姑且不论外部因素，杜威在这里使用了这样的三句话来表示一个人的行为

---

① ［美］约翰·杜威. 在杨百翰学院作的教育学讲座［M］//约翰·杜威. 杜威全集·晚期著作第17卷. 李宏昀，徐志宏，陈佳，等译. 上海：华东师范大学出版社，2015：289.

的执行力:"当人作出选择时,他就真正地行动了。""一个真正作出了选择的人,会立刻开始行动。""真正作出的选择,会立即变为行动并以某种方式在人的行为上留下印记。"①有时会出现作出了选择但又不开始行动的情况,在杜威看来,这在很大程度上是一种道德偏差。

杜威又认为,在行为的执行力训练上,首先,应该按顺序来进行训练,给儿童试验的空间、选择和判断的机会以及在选择基础上行动的自由。但是,如果遵循传统教育的做法,那就不仅可能使我们形成执行力的范围变小、机会变少,而且也可能使冲动的天然决断力变得很少。因此,杜威这样指出:"孩子在学校总是不被鼓励主动执行,而总是被要求和严令禁止——'站好','别乱动','别说话','别做这个','别弄那个','坐好了,学习书本上的知识'——尽管孩子心怀一些不安分的愿望,这些命令还是投射进了他的内心。这是最成功地毁掉执行力的方式,它将孩子完全变得不会主动行动。"②其次,应该使儿童有机会不仅努力学会教师所教的东西,而且自己去发现这样做的原因,在这种基础上的所有重复就都可以变成对行为的执行力的有效训练。因此,杜威指出:"对于改革来说,最首要也是最关键的就是学校的精神。有些特定的构建和试验形式无法在缺乏合适材料的情况下实施,无法'在实验室'探索。但是,没有任何一个学校是封闭的,还是有机会鼓励孩子去体验而非仅仅接受。"③

杜威还认为,行为的执行力也意味着积极地对自己的行为负责任,而自由和责任总是紧密地联结在一起的。对于儿童来说,他们可以实现在责任范围

① [美] 约翰·杜威. 在杨百翰学院作的教育学讲座 [M] // 约翰·杜威. 杜威全集·晚期著作第17卷. 李宏昀,徐志宏,陈佳,等译. 上海:华东师范大学出版社,2015:284.
② [美] 约翰·杜威. 在杨百翰学院作的教育学讲座 [M] // 约翰·杜威. 杜威全集·晚期著作第17卷. 李宏昀,徐志宏,陈佳,等译. 上海:华东师范大学出版社,2015:284-285.
③ [美] 约翰·杜威. 在杨百翰学院作的教育学讲座 [M] // 约翰·杜威. 杜威全集·晚期著作第17卷. 李宏昀,徐志宏,陈佳,等译. 上海:华东师范大学出版社,2015:286.

之内的自由。剥夺儿童的所有自由是不正确的，但给予他们太多的自由是更加不正确的。因此，杜威这样指出："真正应该提出的问题是：孩子在课堂中能承受多少自由度？我们没有权利给他们过多的自由，因为他们仅仅是孩子，还缺乏经验。要知道，不是为了给他们自由而给他们自由，因为实践表明：只有通过自由，我们才会懂得责任。很多学校的纪律，其实只是将孩子和责任剥离开的诡计。"①

### 3. 情感的感知力

杜威认为，情感的感知力也是形成性格的一个因素。在某种意义上，感受是一个人性格最深处最私密的东西。感受是一个人实际经历的"旋律"，没有实际经历也就无法感受这种"旋律"。对于每个儿童来说，他都会有自己的情感，诸如情绪感受、情绪态度、情绪因素等。

杜威还认为，在所有性格训练中，情感训练是最重要的一部分。其中，以音乐、绘画等呈现的艺术教育是唯一让儿童直接接触情感的方式，可以培养他们审美上敏锐的洞察能力和欣赏能力，从而把审美艺术当作生活的享受。此外，环境是培养儿童情感的最佳方式，通过自然的和合适的情境训练，一个合适的环境必然会唤起儿童的情感，而不是运用道德武器逼迫儿童将感情公布于众。但是，杜威也指出，如果我们过早训练儿童的一些情感，那将会阻碍他们未来更全面的发展；如果我们过早将一些情感压迫在儿童身上，那将会把他们培养成伪君子。

在论述形成性格的三个因素之后，杜威最后强调指出："我们应该认识到形成性格的因素的复杂性。我们正在运用我们的教材和方法，努力使我们的学校真正成为我们的家，以训练和培育男女学生在形成他们的个性中成为卓越的

---

① ［美］约翰·杜威. 在杨百翰学院作的教育学讲座［M］//约翰·杜威. 杜威全集·晚期著作第17卷. 李宏昀，徐志宏，陈佳，等译. 上海：华东师范大学出版社，2015：286-287.

和完美的人。"①

### 三、《教育学讲座》的学术影响

《教育学讲座》是杜威的一本有关心理学和教育学的早期教育著作，对心理学在教育上的应用进行了具体的论述，揭示了心理学和教育之间的联系。尤其重要的是，在《教育学讲座》中，杜威首创性地提出了"把儿童个人发展和社会性教育结合起来""学校是一个社会交往的领域""为课堂带来活力""儿童的本能和冲动必定会自我展现""没有建构就没有教学""真正的注意力意味着心智的运动""在课堂中拥有新生命""成功而非重复形成习惯""记忆和判断之间没有隔离物""给儿童提供最理想的社会环境""从儿童心智的整体开始""价值的判断力、行为的执行力和情感的感知力是形成性格的三个因素"等观点，充分体现了该书在心理学和教育学的关系以及课堂改革上的学术价值和现代意义。特别值得注意的是，杜威所强调的"新生命课堂"观念，对当代教育学者和学校教师无疑是有重要启迪的。

但是，因为《教育学讲座》一书的内容仅仅是在杨百翰学院学生出版的半月刊《白与蓝》上刊载，后来也只是由杨百翰学院把所有的讲演结集出版后发行，所以，它并没有引起当时及后来的教育学者们的广泛关注。在整个《杜威全集》中，《教育学讲座》被收入了最后一卷，即晚期著作第 17 卷，这一卷主要收入此前各卷未被收入的著作。

实际上，《教育学讲座》是一本值得教育学界和心理学界关注的教育著作，在当今学校教育中仍具有重要的现实价值。早在刊载杜威第一次讲演的

---

① John Dewey. Educational Lectures Before Brigham Young Academy［M］// John Dewey. Collected Works of John Dewey: The Later Works of John Dewey，Vol.17. Carbondale: Southern Illinois University Press，1990：347.

《白与蓝》第5卷第2期上，就有一个题为《杜威博士：当今的心理学家》(*Dr. Dewey*, *the Psychologist of Today*) 的声明，其中这样写道："对于现代教育者，杜威博士的思想中有一页比以往思想家们的典籍更有价值。这听上去像是夸张，但是真相就在其中：杜威博士不仅具有以往哲学的本质，而且拥有人们关于当今所作的最好思考。仍然固守旧有培养原则的教师会把进步倒转，忘记他们生活在一个运动着的世界里。这些演讲从这一期开始出版。我们从中感到，我们正在订阅者面前摆出一些书本上找不到的东西——一些新鲜的东西，出自我们当中一位最伟大者的心灵。"① 从这个声明中，我们可以看到并领悟到，《教育学讲座》一书正是杜威这位伟大教育家的心灵感悟。

---

① ［美］约翰·杜威.在杨百翰学院作的教育学讲座［M］//约翰·杜威.杜威全集·晚期著作第17卷.李宏昀，徐志宏，陈佳，等译.上海：华东师范大学出版社，2015：506.

# 《儿童与课程》导读

*儿童和课程仅仅是构成一个单一的过程的两极。正如两点构成一条直线一样，儿童现在的观点以及构成各种课程的事实和真理，构成了教学。从儿童的现在经验进展到以有组织体系的真理即我们称之为各种科目为代表的东西，是继续改造的过程。*

*——约翰·杜威*

《儿童与课程》（*The Child and the Curriculum*，1902）是美国著名教育家约翰·杜威的一本早期教育代表作。这是他在 1896 年创办芝加哥大学初等学校（1902 年后通称"杜威学校"）之后，直接以这所实验学校为基础而撰写的另一本重要的教育著作。在这本早期教育代表作中，杜威对他的课程教材思想进行了专门的论述。

## 一、《儿童与课程》的出版背景

19 世纪 90 年代之后，随着欧洲新教育运动和美国进步教育运动的兴起，以及新教育思想和进步教育思想的发展，在课程教材上产生了两个不同学派理论的冲突。传统教育学派（旧教育）强调课程教材的学科一端，注重经验的逻辑方面；现代教育学派（新教育）强调课程教材的儿童一端，注重经验的心理方面。实际上，这种冲突就是学科课程论与经验课程论之间的冲突。从冲突双方所主张的观点来看，二者存在着一种共同的偏见，即把课程教材的逻辑程序和课程教材的心理程序完全对立起来，也就是说把课程教材与儿童完全对立起来。

因此，在世纪之交的芝加哥大学初等学校的教育实验中，课程教材问题自然成了杜威本人所思考和实践的一个重要方面。实际上，早在 1895 年，即芝加哥大学初等学校创立的前一年，杜威就撰写了《大学初等学校的组织计划》（*Plan of Organization of the University Primary School*）。在这个计划的一开始，他就明确写道："所有教育的最终问题是协调心理的和社会的因素。心理的因素要求个体自由运用他的个人能力，因此，要进行个体的研究，掌握他自己的相关结构。社会的因素要求个体熟悉他生活于其中的社会环境，熟悉所有重要的关系，在活动中接受与这些关系相关的训练。"①接着，杜威从"社会学的原则"和"心理学的原则"两个方面进行论述，并对教育上的应用提出了这样的观点："问题在于社会因素和心理因素的协调上。更明确地说，这意味着以这种协调的方式推动儿童的本能和能力去进行表达活动。这样的话，儿童的冲动、能力和活动等可以服务于他将实现的社会目的；由此，儿童的愿望和能力也有了表现的方向。"②应该说，从 1896 年创立芝加哥大学初等学校到 1902 年出版《儿童与课程》一书，杜威经过了大约 6 年时间的思考和实践，对儿童与课程的关系问题逐步形成了自己的观点。在某种意义上，《儿童与课程》一书就是杜威课程教材思想的具体阐述。

由芝加哥大学出版社 1902 年出版的《儿童与课程》一书，共 40 页。该书是杜威和美国教育家埃拉·弗拉格·扬（Ella Flagg Young）③合编的"芝加哥大学教育贡献丛书"（*University of Chicago Contributions to Education*）的第 5 卷。

---

① ［美］约翰·杜威. 大学附属小学的组织计划［M］// 约翰·杜威. 杜威全集·早期著作第 5 卷. 杨小微，罗德红，等译. 上海：华东师范大学出版社，2010：170.

② ［美］约翰·杜威. 大学附属小学的组织计划［M］// 约翰·杜威. 杜威全集·早期著作第 5 卷. 杨小微，罗德红，等译. 上海：华东师范大学出版社，2010：174.

③ 埃拉·弗拉格·扬（1845—1918），美国教育家，曾在杜威指导下进行教育研究。1900 年，在芝加哥大学获得博士学位，在进步教育运动和社会活动中很活跃。曾担任美国全国教育协会的第一任妇女主席（1910—1911）。

## 二、《儿童与课程》的主要内容

尽管《儿童与课程》一书篇幅不长、字数不多，整个阐述中也没有分章节列标题，但全书可分为四个部分。第一部分：儿童的生活和儿童的世界；第二部分：儿童与课程上的两派教育理论；第三部分：必须摆脱旧教育的一些偏见；第四部分：课程教材上的弊病和课程教材心理化的障碍。

在《儿童与课程》一书的开始，杜威就明确指出，理论上的深刻分歧从来不是无理由的或虚构的，其产生于真实问题的各种相互冲突的因素之中。无论什么意义深长的问题，都包含着相互冲突的各种因素，于是在观点上就产生了不同的派别。在儿童与课程上，也是如此。因此，"我们在儿童与课程、个人的天性与社会的文化这些问题上，就看到这种情况。一切教育主张的其他分歧都包含着这种对立的情况"①。

### （一）儿童的生活和儿童的世界

在这一部分，杜威简要论述了"儿童生活的特点"与"被分类的学科割裂和肢解了儿童的世界"两个方面。

#### 1. 儿童生活的特点

杜威认为，儿童的生活就是儿童自己的世界。就儿童生活而言，它具有两个特点：一是，儿童生活在个人接触十分狭窄的世界里，一般讲，其他各种事物很难进入到他的经验中。杜威这样指出："儿童的世界是一个具有他们个人兴趣的人的世界，而不是一个事实和规律的世界。儿童世界的主要特征，不是什么与外界事物意义相符这个意义上的真理，而是感情和同情。"二是，儿童的生活是一个整体、一个总体。他的生活可以从一个主题或场所到另一个主题或场所，而不会意识到有什么中断、割裂和区别。杜威这样指出："由于他

---

① ［美］约翰·杜威.儿童与课程［M］//约翰·杜威.学校与社会·明日之学校.赵祥麟，任钟印，吴志宏，译.北京：人民教育出版社，1994：116.

的生活所带来的个人的和社会的兴趣的统一性，是结合在一起的。凡是在他的心目中最突出的东西就暂时对他构成整个的宇宙。那个宇宙是变化的和流动的，它的内容是以惊人的速度在消失和重新组合。但是，归根结底，它是儿童自己的世界。它具有儿童自己的生活的统一性和完整性。"①

**2. 被分类的学科割裂和肢解了儿童的世界**

杜威认为，相比儿童所生活的世界，学校中所提供的主要是无限地回溯过去的课程教材，极大地压抑了儿童的记忆力和狭窄的知识领域。学科的分类也脱离了儿童亲身的各种经验，使得学校中诸如地理、算术、语法等多种多样的学科实际上割裂和肢解了儿童的世界。因此，杜威强调指出，在学校里，所有的材料"必须在一个完全抽象的和理想的新的中心重新汇集起来。所有这一切，意味着一种特殊的、智慧的、兴趣的发展。它意味着不偏不倚地和客观地观察事实的能力；那就是不问这些事实在儿童自己的经验中的地位和意义怎样。它意味着分析和综合的能力。它意味着高度成熟的智慧的习惯和科学研究的特定技术和设备的运用。一句话，已经归了类的各门科目是许多年代的科学的产物，而不是儿童经验的产物"②。

因此，在杜威看来，儿童和课程之间的明显脱节表现在三个方面：一是，儿童个人狭隘的世界与时空无限扩大的非个人的世界之间的脱节；二是，儿童生活的统一性和全神贯注的专一性与课程的专业性和归类之间的脱节；三是，儿童生活的实践和情感的联结与抽象的逻辑分类和排列之间的脱节。

**（二）儿童和课程上的两派教育理论**

由于教育中冲突的因素，因此产生了各种不同的教育理论派别。在这一部分，杜威简要论述了"一派主张课程教材比儿童自己的经验重要""一派主

①［美］约翰·杜威.儿童与课程［M］// 约翰·杜威.学校与社会·明日之学校.赵祥麟，任钟印，吴志宏，译.北京：人民教育出版社，1994：116.

②［美］约翰·杜威.儿童与课程［M］// 约翰·杜威.学校与社会·明日之学校.赵祥麟，任钟印，吴志宏，译.北京：人民教育出版社，1994：117.

张儿童发展和生长比课程教材重要""两个学派在儿童和课程对立中的最初命题"三个方面。

**1.一派主张课程教材比儿童自己的经验重要**

杜威认为，这一学派主张，把注意力放在课程教材方面，因为课程教材以极其丰富的和复杂的意义揭示了一个广阔世界。相比之下，儿童的生活是琐碎的、狭隘的、粗糙的、自我中心的和冲动的，儿童的经验是混乱的、模糊的、不稳定的、表面的和偶然的。因此，通过课程教材的安排，并通过一系列步骤，儿童可以一步一步地掌握每一个部分，最后遍及整个领域。对于这一学派来说，"重点就放在教材的逻辑的分段和顺序性上。教学的问题是采用具有逻辑的段落和顺序的教科书的问题，是以类似确切的和渐进的方式在课堂上提供各部分教材的问题。教材提供目的，同时也决定方法。儿童只不过是未成熟而有待于成熟的人；是知识浅薄而有待于加深的人；他的经验狭窄而有待于扩大。他的本分是被动地接纳或接受。当他是驯良的和服从的时候，他的职责便完成了"①。

**2.一派主张儿童发展和生长比课程教材重要**

杜威认为，这一学派主张，对于儿童的发展和生长来说，一切课程教材都是处于从属的地位，都是工具，其价值以服务于生长的各种需要来衡量。因此，教材不是从外面灌进去的；学习是主动的，包含着心理的积极展开。于是，在儿童的生活和经验从属于课程教材的情况下，学校里就会出现僵死的、机械的和形式主义的东西，一堂课就等于一种苦役。对于这一学派来说，"儿童是起点，是中心，而且是目的。儿童的发展、儿童的生长，就是理想所在。只有儿童提供了标准。……毫不夸张地说，我们必须站在儿童的立场上，并且

---

① ［美］约翰·杜威.儿童与课程［M］//约翰·杜威.学校与社会·明日之学校.赵祥麟，任钟印，吴志宏，译.北京：人民教育出版社，1994：118.

以儿童为自己的出发点。决定学习的质和量的是儿童而不是教材"①。

### 3.两个学派在儿童和课程对立中的最初命题

杜威认为，对于上述两派对立的观点，可以用一系列学术词语来表述。对主张课程教材比儿童自己的经验重要这一学派，可以用"训练""指导和控制"等学术词语；对主张儿童个性和性格比课程教材重要这一学派，可以用"兴趣""自由和主动"等学术词语。杜威明确指出："前者的观点是逻辑的，后者的观点是心理的。前者强调教师必须有充分的训练和学识，后者强调教师必须具有对儿童的同情心和关于儿童的天赋本能的知识。"②

在杜威看来，人们对这两个学派在儿童与课程上的对立，常常是畏缩不前和徘徊摇摆的，因而只好把这个问题交给教育理论家。但是，理论和实际结合的需要，提醒我们回到最初的命题，即教育过程中一些因素的相互作用和适应的问题。实际上，在该书的一开始，杜威就提及了这个问题："教育过程中的基本要素是未成熟的、没有发展的人和在成人的成熟的经验中体现出来的某些社会的目的、意义和价值。教育过程就是这些因素应有的相互作用。作为促进最充分的和最自由的相互作用的这样一种相互联系的概念，便是教育理论的主要之点。"③

### （三）必须摆脱旧教育的一些偏见

杜威明确指出，在儿童和课程问题上，就是要摆脱旧教育的一些偏见。这些偏见认为，在儿童经验和构成课程的各种不同形式的教材之间，存在着某些性质上的鸿沟，而不是程度上的鸿沟。所以，为了摆脱这种偏见，在杜威看

---

① [美] 约翰·杜威.儿童与课程 [M] // 约翰·杜威.学校与社会·明日之学校.赵祥麟，任钟印，吴志宏，译.北京：人民教育出版社，1994：118-119.

② [美] 约翰·杜威.儿童与课程 [M] // 约翰·杜威.学校与社会·明日之学校.赵祥麟，任钟印，吴志宏，译.北京：人民教育出版社，1994：119.

③ [美] 约翰·杜威.儿童与课程 [M] // 约翰·杜威.学校与社会·明日之学校.赵祥麟，任钟印，吴志宏，译.北京：人民教育出版社，1994：115.

来，在儿童方面，应该看到儿童经验本身早已包含着组织到系统化课程中去的那些事实和真理，更应该看到它早已包含着有助于教材发展和组织的那些态度、动机和兴趣。在各种课程方面，应该以儿童生活中的起着作用的各种力量的结果去解释课程，并发现介于儿童的现有经验和课程的更为丰富的成熟状态之间的那些步骤。

在这一部分，杜威主要论述了"儿童和课程是构成一个过程的两极""对'解释'和'指导'两个概念的探讨""经验的逻辑方面和经验的心理方面""教师的课程教材观和科学家的课程教材观"四个方面。

### 1. 儿童和课程是构成一个过程的两极

旧教育的偏见在于，把教材当作固定的和现成的东西，当作在儿童经验之外的东西；同时，把儿童经验当作一成不变的东西。

但是，杜威认为，应该把儿童经验看作是某些变化的、形成中的和有生命力的东西。他强调指出："儿童和课程仅仅是构成一个单一的过程的两极。正如两点构成一条直线一样，儿童现在的观点以及构成各种科目的事实和真理，构成了教学。从儿童的现在经验进展到以有组织体系的真理即我们称之为各门科目为代表的东西，是继续改造的过程。"[1]

杜威还在课程教材上提出了两点看法。一是，尽管诸如算术、地理、语法、植物等各种课程本身就是经验，但它们是种族经验（race-expression）。它们并不是一堆零碎的片断的经验，而是以一些条理化的和系统化的方式（反思性思维）呈现的经验，体现了人类世代所积累起来的成果。因此，进入儿童的现有经验里的事实和真理以及包含在各种课程教材里的事实和真理，就是一个现实的起点和终点。把这两方面对立起来，就是把儿童的幼年和成年对立起来，就是把儿童的天性和要达到的目的对立起来。二是，各种课程代表了

---

[1] ［美］约翰·杜威. 儿童与课程［M］// 约翰·杜威. 学校与社会·明日之学校. 赵祥麟，任钟印，吴志宏，译. 北京：人民教育出版社，1994：120.

儿童直接而粗糙的经验中的发展可能性，但它们并不是直接的现实生活的一部分。之所以要重视它们，就在于一旦用遥远而没有意义的目标来界定现有的行动方向，它便开始具有重大的意义。因此，课程教材不是有待于完成的遥远而渺茫的结果，而是用于对付现实的一种指导方法。

**2. 对"解释"和"指导"两个概念的探讨**

在儿童和课程上，杜威对"解释"和"指导"这两个概念，以及有关教材在"解释"和"指导"上的应用进行了较为深入的探讨。

（1）对"解释"概念的探讨

在"解释"概念上，旧教育的偏见首先在于：把目光仅仅限于儿童此时此地的表现，把儿童生长的各个阶段看作是某些不相联系的和固定的东西，因而就不能理解儿童经验的意义。在道德上和理智上，或是对儿童极端轻视，或是对儿童过于热情地理想化。旧教育的偏见其次在于：在未成熟的儿童和成熟的成年人之间进行了极不合理的比较，把未成熟的儿童看作是尽快和尽可能要摆脱的东西。

杜威认为，儿童每日每时都在变化着。就儿童的倾向和行为而言，它们应该被看作是萌芽的种子、含苞待放的蓓蕾及其所结的果实。他指出："儿童现在的经验决不是自明的。它不是终极的，而是转化的。它本身不是完成了的东西，而只是某些生长倾向的一种信号或标志。"①

杜威还认为，成人经验的价值在于：既可以对儿童当下生活的直接表现进行解释，也可以继续对儿童生活进行指导。只有这样，我们才能有鉴别力。但应该注意，在人类的活动中，各种不同的因素具有不同程度的价值。杜威这样指出："这些活动，如果加以选择、利用和重视，也许标志着对于儿童的整

---

① ［美］约翰·杜威.儿童与课程［M］//约翰·杜威.学校与社会·明日之学校.赵祥麟，任钟印，吴志宏，译.北京：人民教育出版社，1994：121.

个一生有益的一个转折点；如果忽视了，机会一去，不复再来。"①

更值得注意的是，杜威还特地指出了新教育在"解释"这一概念上的危险，那就是：把儿童现在的能力和兴趣本身看作是具有最终意义的东西。在杜威看来，儿童的兴趣和能力并不是已经完成了的东西，其价值在于它们为儿童发展所提供的一种力量、一种推动力。这正是要努力做到的事情。

（2）对"指导"概念的探讨

在"指导"概念上，旧教育的偏见在于：不仅轻视儿童的能动天赋和现有经验所固有的发展力量，而且认为指导不过是武断地把儿童置于既定的道路上，并强迫他在那里行走。

但是，杜威认为，若要儿童自己进行思维和创造，那就要提供必需的环境条件。儿童的能力和兴趣必须起作用，但如何起作用将完全取决于他周围的刺激物，以及其起作用所凭借的材料。因此，杜威强调指出："指导的问题就是选择对本能和冲动的适当的刺激的问题。在获得新的经验中是需要运用这种刺激的。至于哪种新的经验是合宜的，因而哪种刺激是必需的，除非对于所要达到的发展有所理解。"②

更值得注意的是，杜威还特地指出了新教育在"指导"这一概念上的危险，那就是：完全以形式化和空洞的方式来理解发展的观念。在杜威看来，期望儿童的幼小心灵发展成一个宇宙，那是徒劳的。因为发展并不是指仅仅由心灵获得某些东西，而是指经验的发展，是让真正需要的东西成为经验。但是，如果没有教育媒介使所选择的有价值的能力和兴趣发生作用，那这种发展是不可能的。

---

① ［美］约翰·杜威. 儿童与课程［M］// 约翰·杜威. 学校与社会·明日之学校. 赵祥麟，任钟印，吴志宏，译. 北京：人民教育出版社，1994：122.

② ［美］约翰·杜威. 儿童与课程［M］// 约翰·杜威. 学校与社会·明日之学校. 赵祥麟，任钟印，吴志宏，译. 北京：人民教育出版社，1994：125.

（3）有关教材在"解释"和"指导"上的应用

杜威认为，有关教材在"解释"上的应用和有关教材在"指导"上的应用，是同一思想的不同体现。解释一种事实，就是在充满活力的运动中去审视它，就是在它与生长的关系中去审视它。将它看作是正常的生长的一部分，就等于获得了对它指导的基础。因此，指导并不是从外部的强加，而是把生活过程释放出来，以使其自身达到充分的展现。

在杜威看来，在"解释"和"指导"上的两种偏见都犯了同样的根本性错误。那就是，它们都没有看到，发展是一个特定的过程，有着它自己的规律，只有在适当和正常的条件具备时才能实现。因此，杜威明确指出，看到介于这两个极端之间的发展的整个历史，就是看到儿童在现在和在这里需要采取什么步骤，并看到儿童需要怎样使用他的盲目冲动，以便使它明朗起来并获得力量。①

### 3. 经验的逻辑方面和经验的心理方面

旧教育的偏见在于：把对经验加以系统化的结果与生长的过程对立起来，把经验的逻辑方面和经验的心理方面对立起来。

杜威认为，尽管经验的逻辑方面和经验的心理方面之间有所区别，但它们也是相互联系的。他强调指出："也许有必要把经验的逻辑的方面和心理的方面区别开来并相互联系起来——前者代表教材本身，后者代表教材和儿童的关系。"②

杜威还专门对经验的逻辑方面作了论述，认为其价值并不在于它自身，而在于它的立场、观点和方法。它使得过去的经验成为对未来的经验来说最有用的、最有意义的和最有成果的东西。但是，杜威又认为，在最广泛的意

---

① ［美］约翰·杜威.儿童与课程［M］// 约翰·杜威.学校与社会·明日之学校.赵祥麟，任钟印，吴志宏，译.北京：人民教育出版社，1994：124.

② ［美］约翰·杜威.儿童与课程［M］// 约翰·杜威.学校与社会·明日之学校.赵祥麟，任钟印，吴志宏，译.北京：人民教育出版社，1994：125.

义上，逻辑的立场本身就是心理的，其根据就是它在保证未来的生长中起着一定的作用。因此，他这样指出："需要把各门学科的教材或知识各部分恢复到原来的经验。它必须恢复到它所被抽象出来的原来的经验，它必须心理化（It needs to be psychologized）……"①

**4. 教师的课程教材观和科学家的课程教材观**

旧教育的偏见在于：把课程教材的两个方面，即教师的课程教材观和科学家的课程教材观完全对立起来。

但是，杜威认为，课程教材的两个方面绝不是对立的或互相冲突的，但又不是完全相同的。在科学家看来，教材只是一定的真理，可以用来找到新问题和确定新研究，并得出可证实的结果。科学的教材自身是独立的，科学家把其中不同部分相互参照和归类，并联系新的事实进行印证。但是，在教师看来，所教的科目能否增加新的事实，能否提出新的假说或证实它们，并不是他要关心的。教师所考虑的是科学的教材代表经验的某一阶段或状态，他的任务是引导儿童获得一种生动的个人体验。教师所关注的是这样一些问题，例如，怎样使教材变成经验的一部分，怎样使儿童现有的经验与教材发生联系，怎样用教材的知识去解释儿童的需要和行动，怎样在确定的环境中使儿童的成长获得适当的指导，等等。因此，杜威强调指出："作为教师……他考虑的不限于教材本身，他是把教材作为在全部的和生长的经验中相关的因素来考虑的。这样来看，就是使教材心理化。"②

**（四）课程教材上的弊病和课程教材心理化的障碍**

在这一部分，杜威主要论述了"课程教材上的三个典型弊病"与"使课程教材和儿童心理之间建立联系"两个方面。

---

① ［美］约翰·杜威. 儿童与课程［M］// 约翰·杜威. 学校与社会·明日之学校. 赵祥麟，任钟印，吴志宏，译. 北京：人民教育出版社，1994：127-128.

② ［美］约翰·杜威. 儿童与课程［M］// 约翰·杜威. 学校与社会·明日之学校. 赵祥麟，任钟印，吴志宏，译. 北京：人民教育出版社，1994：128.

**1.课程教材上的三个典型弊病**

杜威认为，由于课程教材处在儿童的现有经验之外，与儿童现有的经验没有直接的联系，因此，它不仅在理论上是有害的，而且在实践上也是有害的。由此，在课程教材上产生了三种典型弊病。

（1）教材成为单纯的形式和符号

在杜威看来，就形式和符号而言，它们是人们用来最可靠地和广泛地伸展到未被探讨的领域中的工具，是用来使过去研究中已经成功获得的东西在现实中发生作用的工具，也是用来代表或总结人们所经历过的实际经验的工具。可以说，真正的形式和实在的符号乃是掌握与发现真理的方法。但是，由于教材与儿童已经看到的、感觉到的和所喜爱的东西缺乏有机的联系，因此，教材成为单纯的形式和符号。这样的形式和符号是空洞的或纯粹的东西，也就是僵死的和乏味的东西。任何教材，无论是算术和语法，还是历史和地理，如果不与儿童生活经验有所联系，那它们只是记录过往现实的形式和符号。在这样的情况下，还一味地要求儿童学习和强记，它将"始终是折磨心灵的无用的古董，是加给心灵的可怕的重担"[①]。

（2）学习动机的缺乏

在杜威看来，属于儿童自身的目的，将推动他获得达到目的的方法。把心理化的教材看作是儿童现有的各种倾向和活动的结果，才能看清智力上、实践上和伦理上的某些障碍。如果更适当地处理这些障碍，那就产生了掌握这种真理需要，而这样的需要就提供了学习的动机。但是，从外部提供的以课堂学习形式呈现的教材，显然不存在需要和目的之间的联系，因而会使儿童没有需要、没有要求、没有热情，也就是没有动机。杜威指出："我们所说的机械的和死板的教学，就是缺乏这种动机的结果。所谓有机的和生动的意思就是它们

---

① ［美］约翰·杜威.儿童与课程［M］//约翰·杜威.学校与社会·明日之学校.赵祥麟，任钟印，吴志宏，译.北京：人民教育出版社，1994：129.

的相互作用——就是指精神的需要和材料的提供之间的相互作用。"①

（3）教材真正激发思想的特性的失去

在杜威看来，以外加的和现成的方式呈现给儿童的教材，即使它是用最有逻辑的形式整理的最科学的教材，也会失去其优点。因此，他指出："那些真正激发思想的特点被遮掩起来了，而且那种组织的功能也不见了。或者，正象我们通常说的，儿童的推理能力、抽象的和归纳的才能没有充分地发展。因此，教材的逻辑的价值被舍弃了。尽管它只是从逻辑的观点构成的东西，但只是作为'记忆'用的材料而提供出来。这是一种矛盾：儿童既得不到成人的逻辑的系统阐述的好处，也得不到他自己固有的领悟和反应的能力的好处。因此，儿童的逻辑被阻碍和抑制了……"②

### 2. 使课程教材和儿童心理之间建立联系

杜威认为，在课程教材上，必须使课程教材和儿童心理之间建立联系，关注儿童的学习动机。这就是课程教材心理化。因为，"心理化的教材是有兴趣的——这就是把教材放在整个有意识的生活之中，以便它分享生活的价值。但是那种外部提供的教材，它所设想的和所产生的观点与态度与儿童没有丝毫关系，它所产生的动机对儿童也格格不入"③。

在杜威看来，对于求助外部方式赋予教材某些心理意义的做法，有三个方面需要注意④：

一是，如果外在条件持续地导向某种旧的机械的方式而排斥另一种方式，

① ［美］约翰·杜威. 儿童与课程［M］// 约翰·杜威. 学校与社会·明日之学校. 赵祥麟，任钟印，吴志宏，译. 北京：人民教育出版社，1994：130.

② ［美］约翰·杜威. 儿童与课程［M］// 约翰·杜威. 学校与社会·明日之学校. 赵祥麟，任钟印，吴志宏，译. 北京：人民教育出版社，1994：130.

③ ［美］约翰·杜威. 儿童与课程［M］// 约翰·杜威. 学校与社会·明日之学校. 赵祥麟，任钟印，吴志宏，译. 北京：人民教育出版社，1994：131.

④ ［美］约翰·杜威. 儿童与课程［M］// 约翰·杜威. 学校与社会·明日之学校. 赵祥麟，任钟印，吴志宏，译. 北京：人民教育出版社，1994：132-133.

那么，人的心灵也可能会渐渐地对它产生兴趣。杜威指出："形式地理解符号和反复记忆的兴趣，在许多学生中成为对现实的那种原始的、生动的、兴趣的代替品，这一切都由于课程教材同个人的心理具体状况缺乏联系。于是对某些使教材和心理保持有效关系的代用的结合物必须加以发现和仔细研究。"

二是，对照效应。所谓"训练"中很多所采用的东西，往往都是从"兴趣"的相反方面（诸如恐吓、对各种痛苦的厌恶等）引起的。杜威指出："教材并不引起兴趣，也不能引起兴趣；它并不发生在生长的经验中，也没有产生什么结果。因此，要利用无数的外部的和不相关的东西，这些东西全凭遭受挫折而重新振作起来，也许有助于把经常在那里游荡的儿童心理推回到教材中去。"

三是，人性往往在愉快中而不是忧愁中、在乐趣中而不是痛苦中寻求动机。为了使儿童的思想集中到课程教材上来，正确的解决方法就是改变这种教材，使它心理化，即在儿童的生活氛围内吸收它和发展它。杜威指出："心理的类化是意识的问题；而且，如果注意力不曾直接用于实际的材料，那么这些材料就不能为儿童所领悟，更不能对儿童的能力起什么作用。"

在《儿童与课程》一书的最后，杜威简要讨论了对"儿童与课程"这一争论的处置和裁定。在他看来，面对这一争论，我们的根本错误就在于：要么放任儿童按照他自己的无指导的自发性去发展，要么从外部把命令强加给他，除此之外没有其他的选择。尽管一切活动的发生都是在一个生活环境里、在一个情境里，并需要一定的条件，以及一切都依赖于心灵自身在回应外部事物时所经历的活动，但从现在的课程教材构成及其首要价值来看，它主要是为教师的，而不是为儿童的。

由此，杜威写下了该书的最后一段话："儿童与课程这一争论问题，是儿童的问题。儿童要使他现有的能力表现出来，要使他现有的才能发挥作用，要使他现有的态度得到实现。但是，如果教师不了解——不能机智而彻底地了解在我们所谓的课程里所包含着的种族经验（race-expression），那么，教师就既不能了解儿童现有的能力、才能和态度，也不能了解怎样使它们表现出来、发挥作用并得到实现。"① 无疑，这是杜威在《儿童与课程》一书中所表达的关键观点。

### 三、《儿童与课程》的学术影响

尽管在杜威所有的教育著作中，《儿童与课程》一书是篇幅最短、字数最少的一本，甚至在第一次出版时没有一份期刊对它作过评论，但是这本书至今仍被各国教育研究学者广泛地阅读和应用。尤其重要的是，在《儿童与课程》一书中，杜威首创性地提出了"被分类的学科割裂和肢解了儿童的世界""儿童和课程是构成一个过程的两极""经验的逻辑方面和经验的心理方面""课程教材心理化就是使课程教材和儿童心理之间建立联系"等观点，充分体现了该书在课程理论上的学术价值和现代意义。特别值得注意的是，杜威所强调的"课程教材心理化"，实际上吹响了当代世界课程改革的号角。应该说，在芝加哥大学初等学校的教育实验中，心理发展原则具有头等重要的意义，杜威正是根据这个原则进行其课程教材的改革。

作为现代教育学派（新教育）的代表人物，杜威在《儿童与课程》一书中对传统教育学派（旧教育）在课程教材上的一些偏见及典型弊病进行了批判性分析，但他更强调经验的逻辑方面和经验的心理方面之间的联系，以及课程教材的逻辑程序和课程教材的心理程序之间的联系。这显现出杜威与其他现代教育学派人物在课程教材理论上的不同。

应该看到，《儿童与课程》一书在课程教材理论上具有重要的现代意义。杜威的学生、美国哲学家和教育家胡克（Sidney Hook）就认为，《儿童与课程》一书具有当代性影响。他在《杜威全集》中期著作第 2 卷的"导言"中

---

① John Dewey. The Child and Curriculum［M］// John Dewey. Collected Works of John Dewey: The Middle Works of John Dewey. Vol. 2. Carbondale：Southern Illinois University Press，1976：291.

这样指出："虽然他在《儿童与课程》一文中的语言反映的是世纪之交的学术用语和日常用语，但其所表达的观念尤其是关于课程中组织化教材（subject-matter）的必要性或不可或缺性，对于当前的讨论仍然具有很大的意义。"①美国哲学家、纽约市立学院院长史蒂文·卡恩（Steven M. Cahn）也强调指出："早在 1902 年的《儿童与课程》中，杜威就已经确定了他那时称为'旧教育'与'新教育'的弱点……简而言之，'旧教育'让儿童服从课程，'新教育'让课程依从儿童。'旧教育'要求教师主动，而学生被动；'新教育'则要求学生主动，而教师被动。"②

《儿童与课程》一书出版后曾被二十五次印刷，每次印数都是 1000—2000 本。在杜威生前，这本书在 1902 年至 1950 年间总共发行了超过 27 000 本。

正因为《儿童与课程》一书存在重要价值，所以它还被翻译成许多国家的语言。其中，由西班牙教育学者洛伦索·卢佐瑞加（Lorenzo Luzuriaga）翻译成为西班牙文并撰写前言（马德里，1925 年），由瑞典教育学者埃格涅斯·雅各布森－乌恩顿（Agnes Jacobsson-Unden）翻译成瑞典文（隆德，1912 年）。此外，它还被翻译成俄文、匈牙利文。③在现代中国，上海中华书局 1931 年出版了由郑宗海翻译的《儿童与课程》中文本，译名为《儿童与教材》。

1907 年，英国著名教育学者约瑟夫·约翰·芬德兰（Joseph John Findlay）所编的一本杜威教育论文选，书名为《学校与儿童》（*The School and the Child*），全书共 128 页。该书的内容均选自杜威的教育论著，其中的《儿童与课程》

---

① ［美］约翰·杜威.杜威全集·中期著作第 2 卷.张留华，译.上海：华东师范大学出版社，2012："导言" 7.

② ［美］约翰·杜威.杜威全集·晚期著作第 13 卷.冯平，刘冰，胡志刚，等译.上海：华东师范大学出版社，2015："导言" 4.

③ Paul Arthur Schilpp. The Philosophy of John Dewey［M］. Evanston and Chicago：Northwestern University Press，1939：623.

又被重印（该书第 17-47 页）。1934 年，芬德兰的《学校与儿童》还被翻译成西班牙文，在马德里出版。

1956 年，芝加哥大学出版社把《儿童与课程》和《学校与社会》合在一起结集出版，作为"凤凰图书丛书"之一，已印刷十一次，售出 26 万本。同时，该出版社还分别出版了《儿童与课程》和《学校与社会》的精装本。

# 《教育中的道德原理》导读

> *道德原理也在同一个意义上是实际的，它们是社区生活中和个人活动的结构中所固有的。……依据这种信心去行动的教师就会看到，每一门学科、每一种教学方法、学校中的每一偶发事件都孕育着培养道德的可能性。*

——约翰·杜威

《教育中的道德原理》（*Moral Principles in Education*，1909）是美国著名教育家约翰·杜威的一本中期教育代表作。在他的所有教育著作中，这是专门论述道德和道德教育的一本重要著作。

## 一、《教育中的道德原理》的出版背景

杜威的《教育中的道德原理》一书是他到哥伦比亚大学任教之后于1909年出版的。1904年4月28日，已离开芝加哥大学的杜威接受了哥伦比亚大学哲学系的一个职位，同时也在哥伦比亚大学师范学院（Teachers College）任教。因为去欧洲旅游的缘故，他实际上从1905年2月1日起才开始在哥伦比亚大学执教。随后，杜威发现自己在哥伦比亚大学处于一种具有激励作用的学术氛围中，他与具有不同哲学视野的同事们之间也形成了激励性关系。无疑，这种愉悦而富有批判性的学术环境和氛围对杜威的教育学术人生是十分有益的。总之，对于杜威来说，他在哥伦比亚大学任教的主题就是——更加充分而清晰地发展工具逻辑理论与经验观。

早在1897年，杜威的《构成教育基础的伦理原理》（*Ethical Principles Underlying Education*）一文便刊载于《全国赫尔巴特学会第三年鉴》（1897年，

第7—33页）。这是他发表的关于"伦理原理"的首篇文章。这篇文章包含两个没有标题的部分，从内容上来看，第一部分是论述学校集体和课程教材给予的伦理训练，第二部分是论述伦理训练的心理学方面。在这篇文章中，杜威对学校的主要功能是"服务于个体的兴趣"还是"服务于社会的需要"都没有表示赞同，而是强调学校及学校管理者的道德责任是对社会负责，反对教育中知识和道德的分离，并首创性地提出了"学校道德三位一体"的观点。杜威特别指出："学校在社会方面的伦理责任，也必须用最广泛和最自由的精神予以解释；对儿童的训练……使他适应正在进行的变革，还要使他具备形成和指挥这种变革的力量。"[①] 他还指出："在教育中，我们需要的是真正地而不是有名无实地相信存在能够有效加以运用的道德原则。"[②] 作为一本单独的小册子，杜威的这篇文章在 1903 年至 1916 年期间被重印六次。

就《教育中的道德原理》一书而言，这是杜威 1909 年为哥伦比亚大学师范学院的同事亨利·苏扎卢（Henry Suzzallo）教授主编的"河畔教育专论"（*Riverside Educational Monographs*）丛书而撰写的，由波士顿的霍顿·米夫林出版公司出版。在本书出版之前，杜威曾于 1909 年 11 月在北伊利诺伊教师协会的会议提纲上发表了《公立学校课程的道德意义》（*The Moral Significance of the Common School Studies*）一文，指出学校的课程教材具有道德价值。本文在内容上也提供了《教育中的道德原理》一部分的简要版。相比之下，《教育中的道德原理》这本书是在《构成教育基础的伦理原理》一文的基础上，对道德和道德教育进行的一个更为详细的阐述。杜威自己认为，《教育中的道

---

① ［美］约翰·杜威. 构成教育基础的伦理原则［M］// 约翰·杜威. 杜威全集·早期著作第 5 卷. 杨小微，罗德红，等译. 上海：华东师范大学出版社，2010：45.

② ［美］约翰·杜威. 构成教育基础的伦理原则［M］// 约翰·杜威. 杜威全集·早期著作第 5 卷. 杨小微，罗德红，等译. 上海：华东师范大学出版社，2010：62.

德原理》是根据他先前发表的《构成教育基础的伦理原理》而提取出来的。①
对此，南伊利诺伊大学哲学与教育学教授、《杜威全集》编辑顾问委员会成员
麦肯齐在《杜威全集》早期著作第 5 卷的《导读：思维和行动的统一》中指
出："杜威大量地修改了《构成教育基础的伦理原理》这篇文章的内容，以便
撰写《教育中的道德原理》一书。虽然在《教育中的道德原理》和《构成教
育基础的伦理原理》之间有相当多的相似部分，但它们彼此独立地收录在杜
威著作集中。在《构成教育基础的伦理原理》的内容基础上，杜威修改和重
新安排了一部分，删除了一部分，重新撰写了一部分。假如把二者放在一起，
会使读者难以区分。而且，《构成教育基础的伦理原理》甚至在《教育中的
道德原理》出版之后还在持续出版，这表明前者在一段时期内具有一定影响
力，还是应该完整地呈现。"②美国杜威研究知名学者戴克威曾教授也这样指出：
"《教育中的道德原理》是一些年前（即 1897 年）在《全国赫尔巴特学会第
三年鉴》上发表的《构成教育基础的伦理原理》这篇论文的一个更为详尽阐
述的改写本。"③

与《构成教育基础的伦理原理》相比，《教育中的道德原理》一书表现
出以下几个不同：一是，经过了精心的修改和梳理。将《教育中的道德原理》
全书分为 5 章，并列出了每章的标题。二是，为《教育中的道德原理》增加
了不少新的内容，例如第 1 章《学校的道德目标》等。三是，对《构成教育
基础的伦理原理》一文的具体内容进行了删节，并对论述的次序进行了调整。
四是，增加了"河畔教育专论"丛书主编亨利·苏扎卢教授的《〈教育中的

---

① 参见［美］约翰·杜威. 杜威全集·中期著作第 4 卷［M］. 陈亚军，姬志闯，译. 上海：
华东师范大学出版社，2012：280.

② William R. McKenzie. Introduction: Toward Unity of Thought and Action［M］// John Dewey.
Collected Works of John Dewey: The Early Works of John Dewey, Vol.5. Carbondale：Southern Illinois
University Press，1972：473.

③ George Dykhuizen. The Life and Mind of John Dewey［M］. Carbondale：Southern Illinois
University Press，1973：138.

道德原理〉的纲要》。

## 二、《教育中的道德原理》的主要内容

《教育中的道德原理》一书除"编辑导言"外，全书共 5 章，最后还附有"编辑大纲"。全书可以分为四个部分，第一部分：学校的道德目的（第 1 章）；第二部分：学校中的道德训练（第 2—3 章）；第三部分：学科的社会性质（第 4 章）；第四部分：道德教育的心理学方面（第 5 章）。

在"编辑导言"中，"河畔教育专论丛书"主编亨利·苏扎卢教授论及了四个方面：

第一，教育是什么。苏扎卢教授从两个角度来谈论这一方面，即教育主要是一种公众事务，然后才是一种专门职业。首先，教育是公众的事业。作为一种公众事务，教育具有改变社会秩序的力量。在一定程度上，除了国家本身以外，任何其他机构都没有这个特点。其次，教育是专门的职业。学校教育工作有它自己的专业性，有它自己的知识和技能，没有经过训练的外行是不能洞察的，因此需要有更多的专业认识。

第二，专家意见和公众意见的关系。教育在很大程度上是专家的事情，公众有权表达意见，但也完全有理由尊重教育上所需要的卓越的知识和技能。此外，在学校管理上，公众有理由决定适合的目的，并有权判断结果的效用。

第三，道德教育的讨论。对教育是公众的事业和教育是专门的职业两者之间区分的有效性，最清楚地表现在公众对学校中的德育工作的讨论上。公众的错误观点不仅表现在对学校的道德目的和直接的伦理教学的看法上，而且也表现在处理学校教学方法的无能上。

第四，对于教育中的道德原理的根本理解。没有什么事情比理解公众和专家各自的职能更有价值，没有什么东西比讨论教育中的道德原理那样触及教育思想的根基。

最后，亨利·苏扎卢教授这样写道："我们乐于呈现一位对教学法改革的影响比同时代的任何人的影响都大的思想家关于这些问题的论述。在他关于道德教育的社会因素和心理学因素的讨论中，有很多将提示应由舆论作决定的是什么，有很多将指出哪些事应留给训练有素的教师和学校官员。"[①]

**（一）学校的道德目的**

在这一部分（第1章《学校的道德目的》），杜威主要论述了"道德观念和关于道德的观念"与"道德教育和直接的道德教学"两个方面。

**1.道德观念和关于道德的观念**

杜威认为，所谓"道德观念"（moral ideas），指的是能够影响行为，并使行为有所改进和改善的观念。道德观念是品格的一部分，因而也对行为起动机作用。教育者使儿童和青少年获得的道德观念，在指导行为的过程中具有推动力和原动力。这种要求和动机使得道德目的在一切教育中存在，并居于主导地位。然而，所谓"关于道德的观念"（ideas about morality），指的是与道德无关的观念，即对行为没有影响的，既不使它变得更好、也不使它变得更坏的观念，或是道德的，或是不道德的。"关于道德的观念"都是惰性的和无效的。

在杜威看来，"道德观念"和"关于道德的观念"之间的区别，给我们指明了校内教师和校外教育评论家之间在道德教育上一直不断出现争论和误解的一个根源。对于道德教育的讨论来说，弄清楚它们的区别是十分重要的。

**2.道德教育和直接的道德教学**

杜威认为，所谓"道德教育"（moral education），指的是通过学校生活的一切媒介、手段和材料而进行的品格训练。它是一种更大范围的、间接的和生动的道德教育。然而，所谓"直接的道德教学"（direct moral instruction），或

---

[①] ［美］约翰·杜威.教育中的道德原理［M］//约翰·杜威.学校与社会·明日之学校.赵祥麟，任钟印，吴志宏，译.北京：人民教育出版社，1994：141.

者更精确地说，即"关于道德的教学"（instruction about moral），指的是没有把道德成长领域作为一个整体考虑的道德教学。即使这种道德教学处在最佳的状态，其在数量上也相对较少，在影响上也相对较弱。

在杜威看来，尽管校外教育评论家认为学校没有为道德教育留出任何位置，断言学校在品格训练上什么事也没有做，而教师则认为学校不仅"教道德"，而且一周五天每时每刻都在"教道德"，但更重要的是，要看到"直接的道德教学"的局限性。

**（二）学校中的道德训练**

杜威认为，学校中的道德训练有两种：一种是学校集体给予的道德训练，另一种是来自教学方法的道德训练。在这一部分（第2章《学校集体给予的道德训练》、第3章《来自教学方法的道德训练》），他主要论述了五个方面："学校伦理原则和社会伦理原则""学校的道德目的和参与社会生活的关联""学校的道德训练和智力训练"（以上三个方面是学校集体给予的道德训练），以及"道德教育的基本因素和教学方法的一般精神""被动的个人吸收和主动的社会服务"（以上两个方面是来自教学方法的道德训练）。

**1. 学校伦理原则和社会伦理原则**

杜威认为，对于学校来说，它的整个结构，特别是它的具体工作，需要联系学校的社会地位和职能来考虑。学校和学校管理者在道德上的责任，就是对社会的责任。学校作为由社会所建立的一种特殊机构，如果没有认识到它所承担的伦理责任，那就是不负责任和玩忽职守。因此，学校伦理原则和社会伦理原则是同一的。杜威强调指出："不能有两套伦理原则，一套是为校内生活的，一套是为校外生活的。因为行为是一致的，所以行为的原则也是一致的。"①

---

① ［美］约翰·杜威.教育中的道德原理［M］// 约翰·杜威.学校与社会·明日之学校.赵祥麟，任钟印，吴志宏，译.北京：人民教育出版社，1994：144.

在杜威看来，儿童在智力上、社会性上、道德上和身体上是一个有机的整体。从整体上讲，公立学校制度的道德工作和价值就需要用它的社会价值去衡量。必须从最广义上把儿童看作是社会的一个成员，学校所做的任何事情都必须使儿童能够理智地认识和参与维护他的一切社会关系；必须教育儿童既能领导，又能服从。但是，要把儿童培养成良好的社会公民和家庭成员，仅仅通过一门特殊的学科是无法达到的。因此，在整个社会的变化下，"必须以最广阔、最自由的精神解释学校对社会所负的任何责任。这就是对儿童的培养要能培养他的自制，使他能照管自己；使他能不仅适应正在发生的变化，而是有能力去形成变化，指导变化"①。

**2. 学校的道德目的和参与社会生活的关联**

杜威认为，如果我们在社会关系之外来讨论一个教育观念，诸如教育的目的是个体所有能力的和谐发展等，那我们就无法理解它的含义，不知道什么是能力，不知道什么是发展，不知道什么是和谐。因此，学校的道德目的和参与社会生活是关联的。杜威指出："离开了参与社会生活，学校就既没有道德的目标，也没有什么目的。只要我们把自己禁闭于成为孤立机构的学校，我们就没有指导原则，因为我们没有目标。……只有当我们联系到与学校有关的更大范围的社会活动来解释学校活动时，我们才能真正找到判断它们的道德上的意义的任何标准。"②

在杜威看来，在更大程度上讲，学校本身必须是一个生气勃勃的社会机构。如果学校不能在校内重现典型的社会生活，那学校就不能成为社会生活的预备。这里，杜威列举了他在一些著作中多次重复提及的在游泳学校里学习游泳的例子，那里只是教儿童在岸上反复练习游泳的各种动作，而不到水池里去

---

① ［美］约翰·杜威.教育中的道德原理［M］//约翰·杜威.学校与社会·明日之学校.赵祥麟，任钟印，吴志宏，译.北京：人民教育出版社，1994：146.

② ［美］约翰·杜威.教育中的道德原理［M］//约翰·杜威.学校与社会·明日之学校.赵祥麟，任钟印，吴志宏，译.北京：人民教育出版社，1994：146-147.

游泳，其结果是儿童掉进水里就沉下去了。这个例子清楚地表明了学校生活和社会生活之间的关系。因此，"准备社会生活的唯一途径就是进行社会生活。离开了任何直接的社会需要和动机，离开了任何现存的社会情境，要培养对社会有益和有用的习惯，是不折不扣在岸上通过做动作教儿童游泳"①。

### 3. 学校的道德训练和智力训练

杜威认为，正是因为没有把学校看作是和建设成其本身具有社会生活的一种社会机构，所以，这就造成了学校中道德训练和智力训练之间的分隔，以及培养性格和获得知识之间的分隔。而且，这使得学校中的道德训练是形式化的，即学校所强调的道德习惯是被专门创造出来的，因而它所坚持的道德习惯或多或少是不真实的。还有，这使得学校中的道德训练是专横的，教师不注重儿童性格的健康成长，只是提出错误的标准并导致扭曲和反常，而儿童缺乏正确行为的动机。

因此，必须看到，在作为特殊的社会生活机构的学校中，道德训练和智力训练之间应该是联系的。杜威这样指出："除非学校尽量成为典型的社会生活的胚胎，道德训练必然部分是病态的，部分是形式上的。当重点放在矫正错误行为而不是放在养成积极有用的习惯时，训练就是病态的。"②

### 4. 道德教育的基本因素和教学方法的一般精神

杜威认为，在呆板的和机械的教学中，几乎没有机会让儿童完成他自己特有的东西，也没有机会参与和分享其他儿童的创造。所有儿童只是做同样的工作，并生产出同样的产品。因此。他们的社会精神不仅得不到培养，而且因为缺乏使用而衰退。他们在道德上的缺乏，也和智力上的缺乏一样严重。

在杜威看来，儿童生来就有要做事、要建构、要服务的天赋倾向，当这

① ［美］约翰·杜威.教育中的道德原理［M］// 约翰·杜威.学校与社会·明日之学校.赵祥麟，任钟印，吴志宏，译.北京：人民教育出版社，1994：147.
② ［美］约翰·杜威.教育中的道德原理［M］// 约翰·杜威.学校与社会·明日之学校.赵祥麟，任钟印，吴志宏，译.北京：人民教育出版社，1994：148.

些天赋倾向没有被利用时，不仅不能培养儿童的社会精神，而且会形成他们的反社会精神。因此，以学校的社会性质这个基本原则作为既定道德教育的基本因素，也可以应用于教学方法的一般精神上。由此，教学方法的着重点应该放在建构和发表上，而不是放在吸收和单纯的学习上。

此外，外部的动机和外来的标准虽然能够刺激儿童用心于他的功课，但其行为上是惧怕失败、惧怕失去别人的称赞、惧怕惩罚，以致形成精神上的病态，逐渐失去对自己能力的信任。因此，杜威指出："不论在何种情况下，儿童应当逐渐从相对说来属于外部的动机中摆脱出来，乐于去理解他所做的工作的社会价值，因为它与生活有更广阔的联系，而不是被束缚于两三个人。"[1]

**5. 被动的个人吸收和主动的社会服务**

杜威认为，被动的个人吸收的错误在于无休止地强调为遥远的未来作准备，这会在按外部的结果去评价时提出错误的判断标准，从而导致儿童能力和活力的浪费，以及道德上的损失。但是，主动的社会服务使学校采用各种方法，提供交流、合作和积极的成就个人的机会，把学和做结合起来，把教学和品格结合起来，从而能够在学习过程中体现真正的道德效果，养成与学习相关的社会性习惯，使道德训练不再是一种拘泥于形式的、专横的和过于重视防止犯规的训练。因此，杜威强调指出："对儿童的活动能力，对他在建造、制作、创造方面的能力有吸引力的每一种教学法的采用，都标志着把伦理的重心从自私的吸收转移到社会性的服务上来的机会。"[2]

**（三）学科的社会性质**

在这一部分（第4章《学科的社会性质》），杜威主要论述了"学科是使儿童认识社会活动的工具""各门学科只是社会生活的各个方面""学校道德

---

① ［美］约翰·杜威. 教育中的道德原理［M］// 约翰·杜威. 学校与社会·明日之学校. 赵祥麟，任钟印，吴志宏，译. 北京：人民教育出版社，1994：150.

② ［美］约翰·杜威. 教育中的道德原理［M］// 约翰·杜威. 学校与社会·明日之学校. 赵祥麟，任钟印，吴志宏，译. 北京：人民教育出版社，1994：152.

三位一体"三个方面。

**1. 学科是使儿童认识社会活动的工具**

杜威认为，在很多方面，在学校生活中既决定学校的普遍气氛又决定教学方法和原则的，就是学校所使用的学科教材。因此，怎样把道德价值的社会标准应用于学校的教材上，应用于学生学习的所谓"学科"上，就成为一个最重要的问题。

在杜威看来，应该把学科看作是儿童认识社会活动的一个工具。由此，他提出了选择教材的三种价值标准：一种是文化修养的价值，一种是知识的价值，还有一种是训练的价值。实际上，这些价值标准只是与社会生活的解释有关。文化修养、知识、训练只有与社会生活相关，才是教育性的。

**2. 各种学科只是社会生活的各个方面**

杜威认为，每一种教材都是按照某一个在社会生活中占主导地位的典型目标或过程来安排材料的。在对材料进行分类时，一部分材料被贴上了"地理"的标签，一部分材料被贴上了"历史"的标签，一部分材料被贴上了"科学"的标签。这种社会标准不仅是为了区分学科之间的区别，而且是为了掌握划分每种学科的理由，即学科的动机。这里，杜威还提出了一个普遍原则："当一个学科是按照了解社会生活的方式去教的时候，它就具有积极的伦理上的意义。"[1]

这里，杜威以"地理""历史""科学"这三种学科作为例证，来简要说明各种学科只是社会生活的各个方面。

（1）地理

在杜威看来，与人类生活和自然的相互作用有关的社会生活的一切方面都与地理有关联。或者说，地理与作为社会交互作用场景的世界有关联。具

---

[1] ［美］约翰·杜威.教育中的道德原理［M］// 约翰·杜威.学校与社会·明日之学校.赵祥麟，任钟印，吴志宏，译.北京：人民教育出版社，1994：157.

体来说，地理有四种形式：社会地理、政治地理、自然地理、数学地理。他指出："凡是与人对自然环境的依赖性有关或者与通过人的生活在这个环境里引起的变化有关的任何事实，都会成为地理的事实。"① 在杜威看来，在任何时候，地理与社会生活之间联结的链条都不会断裂。

（2）历史

在杜威看来，如果把历史仅仅看作是过去事情的思维记录，那它必然是机械的和遥远的。但是，历史教学的伦理价值，就是根据过去的事情理解现在的工具能达到什么程度，即为现今社会的结构和运行提供什么洞察力来衡量的。历史还可以使儿童了解社会的发展以及社会进步的伟大。从社会学的角度出发，可以判断历史对儿童来说是生动的还是呆板的。因此，杜威指出："一切都仰赖于从社会的立场看待历史，把它看作是曾经影响社会发展的各种媒介的证明，看作是社会生活在其中表现自己的典型组织机构的描述。"② 此外，杜威还特别提及，通过传记的方式，儿童很容易对从传记的角度来描述的历史感兴趣。

（3）科学

在"科学"方面，杜威以数学举例。在杜威看来，数学能否完成它的全部目的，就在于是否把数学作为一个社会性的工具。尽管儿童对数学缺乏学习动力，但如果让儿童认识到数学实际上有什么用处以及实际上为了什么，那问题就解决了一半，因为在对合理用途的认识中无疑就包含了社会性的目的。杜威这样指出："数学课一旦离开了它在社会生活中的应用方面所占的地位，就会变成即使在纯智力方面也过于抽象的东西，它就会以没有任何目的和用途

① ［美］约翰·杜威.教育中的道德原理［M］// 约翰·杜威.学校与社会·明日之学校.赵祥麟，任钟印，吴志宏，译.北京：人民教育出版社，1994：154.

② ［美］约翰·杜威.教育中的道德原理［M］// 约翰·杜威.学校与社会·明日之学校.赵祥麟，任钟印，吴志宏，译.北京：人民教育出版社，1994：156.

的、专门研究关系和公式的东西被提出来。"①

杜威还认为，数学就其本质来说，主要是社会学的。对此，他甚至这样写道："数学要么与相关社会现实的学习结合起来，要么被完全删除掉。"②这里可以看到，杜威的这种语调似乎与法国教育家卢梭在《爱弥儿》一书中的语调有一点相似。

### 3. 学校道德三位一体

杜威认为，我们的道德教育观念太狭隘、太形式化、太病态了。我们把"伦理"一词和某些特殊的行为分离开来，这些特殊行为不仅已被从大量的其他行为中分离出来并贴上了"美德"的标签，而且更大程度上脱离了正在践行这些美德的儿童的惯常意向和冲动。然而，道德教育应与这些美德的教学联系在一起，或是与同这些美德相关的情感灌输联系在一起，因此，道德被看作是非常伪善的东西。

由此，杜威提出了"学校道德三位一体"（the moral trinity of the school）。其需求是社会智慧、社会能力和社会兴趣。具体包括三个方面：一是本身就是一个社会机构的学校生活，二是学习和做事的方法，三是学校的课程教材。杜威这样指出："只要学校本身在精神上能代表真正的社会生活；只要我们所称的学校纪律、管理、秩序等等是这种固有的社会精神的表现；只要所用的方法对积极的建造能力有吸引力，允许儿童发表，因而允许他服务；只要课程的选择与组织能提供材料使儿童认识他必然在其中起一份作用的世界，认识他必须

---

① ［美］约翰·杜威. 教育中的道德原理［M］// 约翰·杜威. 学校与社会·明日之学校. 赵祥麟，任钟印，吴志宏，译. 北京：人民教育出版社，1994：157.

② John Dewey. Moral Principle in Education［M］// John Dewey. Collected Works of John Dewey：The Middle Works of John Dewey，Vol.4. Carbondale：Southern Illinois University Press，1977：284.

满足的需要；只要这些目的都达到了，学校就是组织在伦理的基础上。"①

**（四）道德教育的心理学方面**

在这一部分（第5章《道德教育的心理学方面》），杜威主要论述了"品格发展是一个活动的或动态的过程""品格的必要的构成要素""检验学校工作的道德标准""道德原理的实践性"四个方面。

**1. 品格发展是一个行动的或动态的过程**

杜威认为，品格的发展是一切学校工作的目的。从心理学观点来看，品格发展应该是一个活动的或动态的过程。把行为看作是个人行动的方式，就意味着从道德的社会方面转到了道德的心理学方面。

首先，一切行为都产生于天赋的本能和冲动。因此，必须知道这些天赋本能和冲动是什么，以及它们在儿童发展的某一特定阶段的表现及特征。如果忽视这一点，那就会导致对道德行为的外部的机械模仿。而且，不要把儿童的自发性行为看作是因为教育者的努力而形成的固定的道德形式，这将会对儿童造成损害。

其次，由于儿童只是为我们提供了实现道德理想的手段和工具，因此，伦理原理需要用心理学的术语来进行说明。无论课程教材多么重要并经过了如何审慎的挑选，在把它转变成个人自己的行动、习惯和欲望的术语之前，它是没有确定的道德内容的。

**2. 品格的必要的构成要素**

杜威认为，对于品格形成来说，有三个必要的构成要素。

**（1）力量**

在杜威看来，力量就是有效践行的能力，或公开行动的能力。我们希望通过教育培养的那种品格，不是仅仅有良好意向的品格，而是能坚持实现其意

---

① ［美］约翰·杜威. 教育中的道德原理［M］//约翰·杜威. 学校与社会·明日之学校. 赵祥麟，任钟印，吴志宏，译. 北京：人民教育出版社，1994：158-159.

向的品格。因此，有效践行的能力或公开行动的能力，无疑是品格所必需的一个要素。在社会生活的冲突中，个人必须有主动性、坚持性、坚定性、勇气、勤勉等，也就是说，他必须具有"品格力量"所包含的一切东西。

（2）理智

在杜威看来，理智就是判断力，即良好的辨别力，也就是对个别价值或均衡价值的辨别力。单纯的知识和判断力之间的区别就在于，前者只是被掌握了，但没有得到应用。因此，对于个人来说，如果仅仅抽象地知道什么是正确的，仅仅是一般地遵循正确的意向，那无论其本身多么值得称赞，都不可能拥有这种经过训练的判断力。

（3）情绪

在杜威看来，情绪就是敏感性、灵敏反应。当个人能根据他自己的判断去行动时，他必须有机灵的个人灵敏反应，即情绪上的反应。否则，个人的判断力就不能得到很好的发展和应用。实际上，没有这种敏感性，他就不是一个具有良好判断力的人。但是，情绪上的这种特性，是难以用言语表达的。

**3. 检验学校工作的道德标准**

杜威认为，对学校工作的检验有三个道德标准。

（1）学校对自发的本能和冲动有足够的重视，并为其提供足够的机会

在杜威看来，现在学校的教学方法不能经受这一标准的检验，因而就不能取得令人满意的道德上的效果，儿童也不能取得积极的品格力量的发展。尽管禁止是重要的，但仅仅禁止是没有用处的。杜威这样指出："我们不能窒息和压抑儿童的能力，或使它们渐渐夭折（由于没有运用的机会），然后又期望他们有主动性的、一般勤勉的性格。"①

---

① ［美］约翰·杜威. 教育中的道德原理［M］// 约翰·杜威. 学校与社会·明日之学校. 赵祥麟，任钟印，吴志宏，译. 北京：人民教育出版社，1994：162.

（2）学校提供形成良好的判断所必需的条件

在杜威看来，判断力包含着选择和鉴别的能力。如果教学方法的重点只是在于知识的获得，那判断力是不能得到发展的。对于学校来说，"除非学校工作的重点放在理智的活动上，放在积极的探究上，它就没有为作为良好品格构成成分的判断力提供必要的条件"；对于儿童来说，"除非儿童在形成和检验判断力中不断得到锻炼，他是不可能获得判断力的。他必须有机会为自己作选择，有机会尝试把他的选择见诸实行，他才能经得起最后的检验，即行动的检验"①。

（3）学校注重教育的非正式社会性方面

在杜威看来，从学生敏感性和灵敏反应的需要来说，审美的环境和影响是十分重要的。因此，学生之间、师生之间应该进行自由的社会交往，而不应该以狭隘的功利主义为借口把学生限制在读写算以及与之相关的正规学科上，而排斥诸如文学、历史等学科的活力，以及诸如建筑学、音乐、雕塑、绘画等学科的精华。

**4.道德原理的实践性**

杜威认为，在教育上所需要的是，真正相信能够有效应用的道德原理的存在。例如，道德规则、道德法则等。但是，道德原理不是专断的，不是超自然的。我们必须使道德原理与日常生活事务发生联系，并用社会学和心理学的术语把它们表述出来。同时，我们还必须把道德转译成社区生活的环境和力量，转译成个人的冲动和习惯。

在教育中的道德原理问题上，杜威最后指出了我们必须做的一件事情，那就是："象其他力量是实际的一样，道德原理也在同一个意义上是实际的，它们是社区生活中和个人活动的结构中所固有的。……依据这种信心去行动的

①［美］约翰·杜威.教育中的道德原理［M］//约翰·杜威.学校与社会·明日之学校.赵祥麟，任钟印，吴志宏，译.北京：人民教育出版社，1994：163.

教师就会看到，每一门学科、每一种教学方法、学校中的每一偶发事件都孕育着培养道德的可能性。"①

### 三、《教育中的道德原理》的学术影响

由于杜威的《教育中的道德原理》一书在道德和道德教育方面阐述了许多具有首创性的观点，并显示出它的现代意义，因此，这本书在 1909 年出版后就受到众多教育学者的关注，不仅受到评论者们的一致赞扬，而且立即被公认为道德教育上一个清楚的重要宣言。例如，美国教育学者卡尔·西肖尔（Carl Seashore）在《教育心理学杂志》（*Journal of Educational Psychology*）1910 年第 1 期上作了这样一个简要的分析："这本有说服力而又合理的小册子中的论证……是对与学校中的道德教育相关的心理学、伦理学和社会学的一个阐明。"美国教育学者弗兰克·曼尼（Frank Manny）在《初等学校教师》（*Elementary School Teacher*）1909 年第 10 期上指出，这本书是"我们所拥有的论述道德教育这个主题最重要的著作"。《推荐书目》（*Booklist*）1909 年第 6 期把这本书称为"一个有说服力的宣言"。② 杜威自己在 1910 年 5 月 10 日给法国教授 F. 罗伯特（F. Robert）的信中这样写道："我个人的专著《教育中的道德原理》最后一点并非详尽无遗，但我想涵盖的基本事实有充分的代表性。"③

尤其重要的是，在《教育中的道德原理》一书中，杜威首创性地提出了"'道德观念'和'关于道德的观念'""学校道德三位一体""学校生活中的每一个事情都孕育着道德的可能性""品格的构成要素""道德原理的实践性"

---

① ［美］约翰·杜威. 教育中的道德原理［M］// 约翰·杜威. 学校与社会·明日之学校. 赵祥麟，任钟印，吴志宏，译. 北京：人民教育出版社，1994：164.

② 参见［美］约翰·杜威. 杜威全集·中期著作第 4 卷［M］. 陈亚军，姬志闯，译. 上海：华东师范大学出版社，2012：281.

③ John Dewey to F. Robert, 10 May, 1910. Butler Library.

等观点，充分体现了该书在道德和道德教育上的学术价值和现代意义。

《教育中的道德原理》一书在1909年出版后的21年里，进行了十六次印刷，销售约2万册。1975年，南伊利诺伊大学出版社又出版了《教育中的道德原理》一书新的平装版，杜威的学生、美国哲学家和教育家胡克为该书撰写了序言，其中指出道德是一个具有持久性和重要性的主题。

值得注意的是，虽然《教育中的道德原理》一书的大部分内容是对1897年《构成教育基础的伦理学原理》的重写，但后一本书1916年由芝加哥大学出版社重印这一点，却是人们对这两本书持续需求的一个清楚的标志。

德国教育家凯兴斯泰纳1909年在《南德意志月刊》上发表的《女子学校改革》一文中就运用了杜威同年出版的《教育中的道德原理》中的内容。后来，他在1923年出版的《国民教育的概念》中，又提及了杜威的这本书。①

在《教育中的道德原理》一书出版后，由捷克教育学者F.帕维拉克（F. Pavlasch）翻译成捷克文，米洛斯拉夫·斯格雷帕（Miloslav Skorepa）撰写了前言（布拉格，1934年）。在现代中国，上海中华书局1921年出版了由元尚仁翻译的该书的中文译本，上海商务印书馆1930年出版了由张铭鼎翻译的该书的中文译本，它们的译名都是《德育原理》。

---

① ［德］凯兴斯泰纳.国民教育的概念［M］//凯兴斯泰纳.凯兴斯泰纳教育论著选.郑惠卿，译.北京：人民教育出版社，1993：226.

# 《教育中的兴趣与努力》导读

　　*实际上，全然诉诸努力是毫无意义的。……一旦外部的压力中止时，儿童那从束缚中摆脱出来的注意力立即就会飞向使他感兴趣的事情。……没有一点兴趣而要引起任何活动，从心理学上说是不可能的。努力的理论只是以一种兴趣替代另一种兴趣。*

——约翰·杜威

　　《教育中的兴趣与努力》（*Interest and Effort in Education*，1913）是美国著名教育家约翰·杜威的一本中期教育代表作。在他的所有教育著作中，这是一本专门论述兴趣和努力之间关系的重要著作。

## 一、《教育中的兴趣与努力》的出版背景

　　在教育中，兴趣与努力的关系是一个十分重要的问题。不同时代的教育家对这个问题都作过不同的论述，有些教育家注重"兴趣"，有些教育家强调"努力"。在某种意义上，"兴趣"和"努力"分别成了"现代教育学派"和"传统教育学派"各自的标志。

　　杜威在 1894 年担任芝加哥大学哲学、心理学和教育学系主任之后，尤其是 1896 年创立芝加哥大学初等学校之后，就一直关注和思考教育中兴趣与努力的关系问题。早在 1896 年，杜威的《与意志训练有关的兴趣》（*Interest as Related to Training of the Will*）便刊载于《全国赫尔巴特学会 1895 年年鉴增刊二》（第 209—255 页）。全国赫尔巴特协会 1895 年年鉴由该协会秘书、美国著名赫尔巴特研究学者查里斯·A. 麦克默里（Charles A. McMurry）主编。1896 年 2 月 20 日，在佛罗里达州的杰克森维尔召开了全国赫尔巴特协会会员

参加的圆桌会议。杜威的这篇论文就是为他所主持的圆桌会议所写的，除"引言"和"结论"外，共分四个部分。其具体内容是：一、兴趣对努力的教育诉讼；二、兴趣心理学；三、康德和赫尔巴特关于欲望和意志的理论；四、与教师和儿童有关的兴趣。后来因杜威生病不能参加，这次圆桌会议改由全国赫尔巴特教育科学研究会执行委员会委员、美国教育家查理斯·德加谟（Charles De Garmo）主持。众多与会者事先阅读了杜威的这篇论文，并在圆桌会议上进行了热烈的讨论。1899 年，《与意志训练有关的兴趣》又由芝加哥大学出版社以单行本形式出版了修订第二版，共 40 页。在这本单行本出版之前，杜威对该书 1896 年版本进行了仔细的修订、删节和重写；还写了"第二版序言"，其中特别提到人们对第一个版本的反应以及他自己在该书出版后的 3 年中断断续续的思想变化。

1897 年，杜威的《努力的心理学》（The Psychology of Effort）一文首次发表在《哲学评论》（Philosophical Review）第 6 期（1897 年 1 月）上。在这篇文章的一开始，杜威就提出了"人在努力时感受到的心理特质是什么"这一问题；之后，他又从心理学角度对有关努力的理论进行了阐述，而有意识地避免用注意来解释努力。

从时间上说，杜威 1913 年的这本传播广泛的《教育中的兴趣与努力》一书是在他到哥伦比亚大学任教之后出版的。与《教育中的道德原理》一样，《教育中的兴趣与努力》这本书也是杜威为他哥伦比亚大学师范学院的同事亨利·苏扎卢教授主编的"河畔教育专论"丛书撰写的，由波士顿的霍顿·米夫林出版公司出版，共 101 页。

从主题和内容来看，《教育中的兴趣与努力》一书是杜威以他 1896 年的《与意志训练有关的兴趣》一文为主要基础写成的。美国杜威研究知名学者戴克威曾教授就指出："《教育中的兴趣与努力》是对在《1895 年全国赫尔巴特学会年鉴增刊二》（1896 年）上发表的《与意志训练有关的兴趣》中已论述过的主题的一个扩展的论述。"① 有的学者则把《教育中的兴趣与努力》这本书看作是《与意志训练有关的兴趣》和 1897 年的《努力的心理学》的合并修订版。

在撰写《教育中的兴趣与努力》的同时，杜威还在美国教育史学家孟禄（Paul Monroe）主编的《教育百科全书》（A Cyclopedia of Education，1912—1913）中撰写了不少条目。其中，在"多种兴趣"这个条目中，他这样写道："我在《教育中的兴趣与努力》一文里提到，'兴趣'的客观意义是指生命中典型和重要的关怀——科学、政治、宗教和艺术等等。赫尔巴特把教育的目的定义为发展多种兴趣，亦即发展对人类的所有重要价值的尊重。'兴趣'这一术语显然表明，自我与这些关怀积极的和敏捷的合一，'多种'指的是非单一的感受性。从现实的角度说，这一观念与当前教育的理想目标是一致的，即所有个人能力全面和谐的发展。"②

## 二、《教育中的兴趣与努力》的主要内容

《教育中的兴趣与努力》一书除"编辑导言"外，全书共 5 章，最后还附有"编辑大纲"。全书可以分为四个部分，第一部分：兴趣对努力的教育诉讼（第 1 章）；第二部分：兴趣心理学与教育性兴趣的类型（第 2 章、第 4 章）；第三部分：努力、思维和动机（第 3 章）；第四部分：兴趣观念对教育理论的贡献（第 5 章）。

在"编辑导言"中，"河畔教育专论"丛书主编亨利·苏扎卢教授论及了三个方面：

---

① George Dykhuizen. The Life and Mind of John Dewey［M］. Carbondale：Southern Illinois University Press，1973：138.

②［美］约翰·杜威. 杜威全集·中期著作第 7 卷［M］. 刘娟，译. 上海：华东师范大学出版社，2012：205.

第一，在"编辑导言"的一开始，亨利·苏扎卢教授怀着莫大的荣幸推荐《教育中的兴趣与努力》这本书，指出没有什么争论比该书对于兴趣与努力在教育中的作用的论述更为重要。该书推荐的价值在于："如果老师和家长们想要熟知一本关于教育方法方面的专著，那么，除了这本书之外，我们不知道还有什么别的书能够在一本书的范围内有效地指引他们获得出色教学工作所必需的观点、思想态度和工作方法。"①

第二，指出学校所面临的主要困难是，教学工作没有把儿童吸引到学校及其学习中来，不能充分地调动儿童对学习的兴趣和活力。因此，教师需要通过一种能够吸引儿童兴趣的方式，让他们积极参与学校的活动；同时，必须根据儿童的兴趣、能力和才智来选择活动。否则，就可能虽然儿童在身体意义上出现在学校，但在精神意义上却离开了学校。

第三，指出学校的目的是使一个知识贫乏、能力不强、不成熟的儿童变成一个负责任的、有足够能力应对错综复杂的现代生活的公民。但是，整个公共教育政策的成败，就在于是否有能力使学校生活对儿童具有吸引力，是否可以保证他们在心智意义上待在学校里。如果不注意学习过程的基本作用和本质，那就不可能达成公共教育的目标。

### （一）兴趣对努力的教育诉讼

在这一部分（第1章《统一的活动与分离的活动》），杜威主要论述了"兴趣的理论""努力的理论""兴趣和努力是紧密相关的"三个方面。

#### 1. 兴趣的理论

在兴趣对努力的教育诉讼中，作为原告方的兴趣理论声称，兴趣是注意力的唯一保证。如果我们在提供事实和观念时能够引起兴趣，那儿童就会集中注意力去学习这些事实和观念；如果我们在道德训练或行为方式上能够引起兴

---

① ［美］苏扎卢.教育中的兴趣与努力·编辑导言［M］//［美］约翰·杜威.杜威全集·中期著作第7卷.刘娟，译.上海：华东师范大学出版社，2012：349.

趣，那儿童的活动就会变得有序。

但是，在杜威看来，假定儿童做一个他不愿意做的工作时，会比做自己愿意做的工作时在智力上和精神上得到更多的训练，这是愚蠢可笑的。但与此同时，如果在儿童时期不断地求助于兴趣理论，那就会分散他的注意力，这种过度刺激也会使意志永远不起作用。这样，对于儿童来说，一切事情都裹上了糖衣或加上了虚构的兴趣的装饰，而使他自己的目的归于失败。对付这种情况的唯一方法，只能是通过努力，通过不受外来诱惑影响而独立地进行活动的能力。

### 2. 努力的理论

在兴趣对努力的教育诉讼中，作为被告方的努力理论声称，非自愿的注意力应该比自发的注意力更为重要。在生活中充满了不得不面对的缺乏兴趣的各种事情，以及不得不应付的毫无兴趣的各种情况。而且，生活不仅仅充满愉快的或不断满足个人兴趣的事情。因此，人们必须进行刻苦训练，以养成一种应对生活艰辛的习惯。

但是，在杜威看来，全然诉诸努力实际上是毫无意义的。从心理学上说，没有一点兴趣而要引起任何活动是不可能的。努力的理论只是以一种兴趣替代了另一种兴趣，即以害怕教师的惩罚或希望将来得到奖励的不纯粹的兴趣替代了对所提供的材料的纯粹兴趣。尽管努力理论总是向我们展现出一个强有力的和精力充沛的人，但实际上却是一个被挤干了自发兴趣的生命之力的人。

### 3. 兴趣和努力是紧密相关的

杜威认为，只要对作为原告方的兴趣理论和作为被告方的努力理论双方的声称稍加思考，就可以看到，每一种理论的长处都不在于它自己所陈述的主张，而在于它对对方理论的弱点所作的激烈攻击。但是，在外表上看来互相极端对立的两种理论，都不自觉地假设有一个共同原则。这个共同原则假设，对于自我来说，要去控制的对象、观念或目的都是外在的。因此，或者为了要使外在于自我的对象、观念或目的变得有趣，就必须提供人为的刺激物和虚假的诱导物；或者就必须诉诸纯粹的意志力量，因没有兴趣而要作出努力。实际上，兴趣理论和努力理论双方都忽略了事实、行为与自我的统一，在智力上和道德上都是有害的。

在杜威看来，兴趣和努力双方是紧密相联的。因为儿童自身存在着要求发展的活力，而在试图充分发展、促进和完善这些活力的过程中，努力也就自然而然地产生了。这种努力绝不会退化为单调乏味的工作或呆板的生活。因为兴趣始终是存在的，并且充分考虑了自我，在这个意义上兴趣就是统一的活动。所以，真正的兴趣就是自我通过行动与某一对象或观念融为一体的伴随物。如果学习者想要成就自己，那么兴趣是必需的。

**（二）兴趣心理学与教育性兴趣的类型**

在这一部分（第 2 章《直接的兴趣与间接的兴趣》、第 4 章《教育性兴趣的类型》），杜威主要论述了"兴趣的含义""兴趣的特性""直接兴趣和间接兴趣的区分""教育性兴趣的类型"四个方面。

**1. 兴趣的含义**

杜威认为，就兴趣的含义而言，大致包括以下三个方面：

一是，兴趣主要是一种自我表达的活动形式。兴趣不是一种孤立的东西，它代表着这样的事实：一个活动过程、一项工作或职业能够完全吸引一个人的力量。真正的兴趣是能够促进发展的。真正有兴趣的活动意味着能力的发展和情感的发展。

二是，兴趣能够揭示自我与活动过程的结合。有兴趣的活动既需要所依赖的材料、内容和条件，同时还需要自我的某种倾向、习惯和能力。哪里有真正的兴趣，哪里就有自我与活动过程这两方面的结合。

三是，兴趣总是标志着力量集中在一种事业或追求上。任何对于兴趣的真正解释，都必须把兴趣理解为一种向外表现的活动，也就是有着一个力所能及的、有直接价值的对象。一切兴趣都必然是对促进活动的客体的兴趣，或是对标志着活动的完满完成的客体的兴趣，因此兴趣的性质是以这些客体的性质为转移的。

**2. 兴趣的特性**

杜威认为，从兴趣心理学角度来看，兴趣具有三个特性。

（1）兴趣是积极的、推进的、动态的

在杜威看来，对任何事物的兴趣就是积极地与那个事物发生关联。个人的冲动和倾向绝对不会不偏不倚地指向各个方面，而是指向某个特定的方面。某种进行中的活动往往偏好一个方面，而不偏好其他方面。在任何时候，如果一个人是完全清醒的，那他总会对某一方面感兴趣，而对其他方面不感兴趣。完全没有兴趣，或者毫无偏向地分配兴趣，那是一种虚构的情况。因此，兴趣不是被动的、惰性的、静态的，也不是消极地等待来自外部的刺激。

（2）兴趣是客观的

在杜威看来，一个人有很多兴趣，但每一种兴趣都从属于一个相关的范围或对象。例如，画家对画笔、颜料和绘画技巧等感兴趣，商人对供需关系、市场动态等感兴趣，等等。对于任何兴趣来说，如果没有兴趣所关注的具体对象，那兴趣本身就会消失。某一个外在事实（诸如某一个轮子、某一根绳子、某一个数字）并不会使人感到有兴趣，只有当它作为实现某种欲望的工具时，才可能产生兴趣。因此，凡是能够促进行动的和有助于精神活动的东西，都是有兴趣的。

（3）兴趣是个人的

在杜威看来，兴趣表示着对相关的范围或对象的直接关切，表示着对某些有利害关系的事情的承认，也表示着某些事情的结果对个人来说是很重要的。它既有情感表现的一面，也有行为表现的一面。就兴趣的价值评价而言，兴趣不仅是客观的，而且也是主观的。因此，兴趣主要是自我表现活动的一种形式，即通过作用于萌芽状态的倾向而出现生长的一种形式。

**3. 直接兴趣和间接兴趣的区分**

杜威认为，尽管兴趣可以分为直接兴趣和间接兴趣，但必须认识到两者之间没有严格的界线。

（1）直接兴趣

在杜威看来，直接兴趣，也称即刻的兴趣。儿童之所以产生兴趣，就在于他面前所呈现的对象和事物是有趣的，使他马上把自己的注意力集中于此。所有活动都具有直接性的特征，并不存在方法和目的之间的鸿沟。一般地，持续时间很短的活动或简单的活动会形成直接兴趣。

（2）间接兴趣

在杜威看来，间接兴趣，也称转移的兴趣或起中介作用的兴趣。对象和事物本身是枯燥无味的和令人反感的，但因为其呈现出我们以前并不知道的某种关系和联系而变得有趣，从而使我们产生了兴趣。因此，对象和事物是否有趣，就是一个关系问题。例如，数学理论是令人厌烦的，但通过学习工程学，发现数学理论是必需的工具，就对数学理论产生了极大的兴趣。这就是"使事物变得有趣"的观念所在。

实际上，"使事物变得有趣"这个问题，就是一个将事物的内在联系作为吸引力的问题。这个问题也可以说是方法和目的之间的关系问题。杜威这样指出："任何不令人感兴趣的或令人讨厌的事物，当人们把它看作是能达到已经支配着注意的目的的方法时，或者当人们把它看作是一个目的……它就变得有兴趣了。"[1] 同时，杜威也指出，在正常的生长中，对方法的兴趣和对目的的兴趣在外部并不是紧密联系的。在整个过程的每一个阶段，方法和目的都有其充分的意义和兴趣。行动过程中外在的目的和方法与行动过程中内在的目的和方法之间的区别，有助于我们去理解愉快和幸福之间的区别。因为愉快是当下的和瞬间的反应，而幸福则是与生长和发展过程相伴随的情感。

---

① ［美］约翰·杜威.教育中的兴趣与努力［M］//约翰·杜威.学校与社会·明日之学校.赵祥麟，任钟印，吴志宏，译.北京：人民教育出版社，1994：180.

（3）直接兴趣和间接兴趣的关系

在杜威看来，在直接兴趣和间接兴趣之间，没有严格的不可逾越的界线。随着活动变得复杂和活动过程的延长，不仅对目标的直接兴趣会自然而然地逐渐转化成间接兴趣，而且在活动过程中，间接价值也能转变成直接价值。因此，间接兴趣的培养只是把简单活动发展成为复杂活动的一个标志。

最后，杜威概括性地指出："我们的结论不单纯是说，有些兴趣是好的，有些兴趣是坏的；而是说，真正的兴趣表明某些材料、对象、技巧模式（或者无论什么）被理解的基础乃是它在实现某种由人投身其中的行动中所起的实际作用。简言之，真正的兴趣只是意味着人已经投身于其中的或者发觉自己已身在其中的某一行动过程。因而他与那个过程成功地进行中所包括的任何对象和技巧是融为一体的。这个过程包括的时间或长或短，视情况而定，特别是视有关人员的经验和成熟程度而定。指望一个幼小儿童从事的活动象年龄较大的儿童所从事的活动那样复杂，或者指望年龄较大的儿童所从事的活动象成人所从事的活动那样复杂，这是可笑的。但是，持续一段时间的活动的延伸也是必要的。"①

**4. 教育性兴趣的类型**

杜威认为，教育性兴趣体现了兴趣与教育实践的关系。其类型是随年龄的差异、个人天赋的差异、前置经验的差异、社会机会的差异而有所不同。具体来说，可以分为身体兴趣、发现兴趣、理智兴趣、社会兴趣四种类型。

（1）身体兴趣

在杜威看来，身体兴趣，即对身体活动的兴趣，是第一种类型的兴趣。对幼儿必须学习这一事实的反思，表明人类的后代在学习做这些事情的过程中，产生了学习其他事情的需要并获得了学习的习惯，却经常忽视它们对于身

---

① ［美］约翰·杜威. 教育中的兴趣与努力［M］// 约翰·杜威. 学校与社会·明日之学校. 赵祥麟，任钟印，吴志宏，译. 北京：人民教育出版社，1994：189.

体活动的影响。由此，可以得到一个结论："只要身体的活动是必须学习的，它在性质上就不仅是身体的，而且是心理上的、智力上的。给幼年的人出的第一个问题是学习互相结合地运用感觉器官——眼、耳、触摸等——和运动器官——肌肉。"[①] 正是在这种身体活动中，儿童不仅获得了身体上的能力，而且获得了智力意义上的学习。

儿童在入学之前，已经开始了这个生长时期。在初等学校的教育中，包括知觉和运动在内的各种活动都具有重要的意义。即使在精神活动中，也需要感觉器官和运动器官的参与。然而，很多学校采用各种强制性的训练方式来压制儿童的一切身体活动，并使学习脱离对天生的运动器官的运用，因而变得既困难又繁重。针对这种忽视身体活动的情况，瑞士教育家裴斯泰洛齐首先提出了实物教学理论，德国教育家福禄培尔继而提出了游戏和作业理论，特别是后者的原则代表了教育发展的巨大进步，指出了身体活动在生长中的重要价值。杜威指出："只是在上一代人的时期以内，科学和哲学的发展才使人们认识到行动的直接价值和对游戏与作业活动的更自由的利用。"[②]

（2）发现兴趣

在杜威看来，发现兴趣，即创造兴趣（create interest）或对发现活动的兴趣，是第二种类型的兴趣。当我们使用某些工具去控制外部物体时，当我们把一种材料应用于另一种材料时，就可以发现更高级的活动。尽管它与直接活动并无显著的区别，但工具的介入或能量的使用是重要的。因为，"身体的器官——特别是双手——可以看作是一种工具，它的用途需要通过尝试和思考去学习。工具可以看作是身体器官的延伸。但是后者不断增加的用途为发展开辟

---

① ［美］约翰·杜威.教育中的兴趣与努力［M］//约翰·杜威.学校与社会·明日之学校.赵祥麟，任钟印，吴志宏，译.北京：人民教育出版社，1994：200.

② ［美］约翰·杜威.教育中的兴趣与努力［M］//约翰·杜威.学校与社会·明日之学校.赵祥麟，任钟印，吴志宏，译.北京：人民教育出版社，1994：203.

了一个新方向，这种发展是如此重要，值得对它加以特殊认识"①。可以说，正是身体器官之外的那些工具的发现和使用，使得复杂的活动有可能被延长和推迟，因而要求更多地使用才智。

在工具介入的活动中，儿童会使他的"工具"如想象中的魔杖一样去实现自己的目的。对于这样的活动，最好称之为"工作"（work）。当然，应该把工作与"劳动"（labor）、"劳作"（toil）和"苦工"（drudgery）区别开来，也应该把工作与更为自发的"游戏"（play）区别开来。在工作中，有理智的因素，也有一个在时间上遥远的目的指引或调节着一系列活动。杜威指出："如果孩子为学习做好了准备并按照这个观念进行活动，然而不引导他去做，那就是对孩子发展的粗暴束缚，就是强制性地把孩子的活动限制在感官刺激的水平上。一种活动形式在其自身发展阶段是完全正常的，但是当孩子成熟到可以从事那些包含更多思考活动的时候，如果还坚持这样一种活动形式，就会阻碍孩子的发展。"②应该说，这种学习包括了所有需要使用作为中介的材料和工具的活动，包括了所有为达到目的而有意识地使用的技能形式，包括了所有使用材料和工具去进行的表现和建造，也包括了需要动手的科学探究。

（3）理智兴趣

在杜威看来，理智兴趣，即对理智活动的兴趣，是第三种类型的兴趣。一旦发现兴趣（创造兴趣）受到重视，就能发展理智兴趣。在为了发现某些事物而进行的活动中，理智兴趣就表现出来了。任何人对一个问题产生的原因发生了兴趣，并为解决这个问题而去探究和学习，这种兴趣就是具有理智特点的兴趣。以前处于从属地位的理智兴趣得以发展，并占据了主导地位，因而就变成了直接的兴趣。

---

① ［美］约翰·杜威.教育中的兴趣与努力［M］// 约翰·杜威.学校与社会·明日之学校.赵祥麟，任钟印，吴志宏，译.北京：人民教育出版社，1994：203.

② ［美］约翰·杜威.教育中的兴趣与努力［M］// 约翰·杜威.杜威全集·中期著作第7卷.刘娟，译.上海：华东师范大学出版社，2012：142.

但是，无论在理论上还是在实践上，在发现活动和理智活动两者之间并没有明显的分界线。因此，预先作出计划，注意发生的事情，将发生的事情和努力达到的事情联系起来，这一切都是理智的或有目的的活动的组成部分。至于教师如何办，杜威这样指出："教育家的任务就在于看到表现实际兴趣的情况是否能鼓舞活动的这些理智方面的发展，因而促使它逐渐向理论性的兴趣转变。"①

（4）社会兴趣

在杜威看来，社会兴趣，即对社会活动的兴趣，是第四种类型的兴趣。社会兴趣就是对人的兴趣，这是一种强烈而特殊的兴趣。社会兴趣与前面三种兴趣是联结在一起的。这种社会兴趣意味着，孤立的儿童活动是没有的，他的活动是与他人的活动紧紧地联系在一起的。由于社会性本能的作用，儿童与他人的接触是连续的。正是通过直接地或想象地参与他人的活动，儿童才能发现他的全部经验中最重要的和最有益的经验。在这个意义上，儿童的兴趣似乎比一般成人的兴趣更富有社会性。

与此同时，这种社会兴趣也充满在对事物的兴趣中，其兴趣来自他人对事物做了什么和怎么处理事物的观念。应该说，这些事物对儿童来说是有兴趣的。但是，一些纯粹抽象的学科知识并不能引起儿童的兴趣，其原因是给他们提出的事物孤立于人类关系和社会生活之外，因而他们没有被自己所熟悉的东西所触动。

此外，社会兴趣与道德兴趣之间存在着密切的关系。这是因为，社会兴趣对儿童具有强烈的吸引力，通过交往，这种支配力量就会转化为道德方面所需要的力量。

---

① ［美］约翰·杜威. 教育中的兴趣与努力［M］// 约翰·杜威. 学校与社会·明日之学校. 赵祥麟，任钟印，吴志宏，译. 北京：人民教育出版社，1994：207.

### （三）努力、思维和动机

在这一部分（第3章《努力、思维和动机》），杜威主要论述了"努力的意义""努力与思维的联结""动机与目的或目标的关系"三个方面。

#### 1. 努力的意义

杜威认为，努力并不单纯是活动的紧张或能量耗费的增加。实际上，要求作出努力，就是要求在面对困难时能够坚持下去，为实现目的而奋斗。但是，在努力上我们要避免的事情，就是为努力而努力。因为，只有在人类推进一个活动，使之完成并实现目的时，努力才有意义。杜威强调指出："努力和兴趣一样，只是在它与行动的过程联结起来时才有意义，这个行动由于它的发展要经过相续的各个阶段，完成它要费时间。离开了所要达到的目的，努力就不过是短暂的紧张或一连串这样的紧张。它是要避免的一件事，这与其说是由于它的令人讨厌，不如说是因为除暴露于精疲力竭和意外事件的危险之中以外，它不会产生任何结果。但是，如果行动是发展着的、生长的行动，努力将精力用于整个活动的任何一点的愿望，就是衡量作为一个完整事务的活动对人具有的吸引力的标准。"[①]

就努力而言，需要考虑以下两点：一是，在努力的过程中，会存在着精神压力的情况，也会遇到障碍阻止前进的情况。在这种情况下，作为一种精神体验的努力恰恰是两种相互矛盾的倾向，即离开的倾向与前进的倾向、厌恶与渴望的特殊结合。二是，努力或紧张的情绪，是去思考、去考虑、去反思、去探究、去调查困难的预先告知。在这种情况下，思考也可能是沿着完全不同方向进行，它不是重新考虑目的，而是去寻求新的方法，也就是去发现（discovery）和创造（invention）。杜威指出，第二点甚至比第一点更为重要，因为它决定着所发生的事情。

---

[①] ［美］约翰·杜威. 教育中的兴趣与努力［M］// 约翰·杜威. 学校与社会·明日之学校. 赵祥麟，任钟印，吴志宏，译. 北京：人民教育出版社，1994：191.

### 2.努力与思维的联结

杜威认为,在努力的体验中,真正重要的是要把努力与思维联结起来。在一定程度上,困难和阻力只会激起斗志,起着一种激励的作用。每一个正常人都需要去克服一定程度的困难,使他更清楚地意识到自己所从事的活动,从而对这个活动具有更浓厚的兴趣。杜威这样指出,遇到困难能够使一个人更明确地规划其活动的后期与完善阶段,使其行动过程的目的变得更为自觉。他现在是思考他所做的事情,而不是出于本能或习惯而盲目地做事情。结果变成了一个自觉的目标,变成了一个有指导作用和激励作用的目的,成了一种欲望的对象,也就是成了一个努力的对象。①

以一个男孩制作一只风筝为例,杜威还指出,这种指导作用和激励作用,即唤起人的努力,是通过两种方式表现出来的。一是,使个人更加明确他的活动目的和意图;二是,使个人的精力从盲目的或不加思考的蛮干变成经过思考的判断。当然,一个活动过于容易,会使思维在活动中无法发挥作用;一个活动过于困难,又会阻碍活动的进行。对此,教育者要以最大限度的判断力、机智以及理智的同情心,根据不同的学科来进行具体处理。

这里,杜威还提出了"有教育意义的努力"的观念。他认为,良好的教学是一种需要思维——理智性努力的教学,即一种有教育意义的教学。杜威强调指出:"总之,努力的教育意义、它对教育性生长的价值,是在于它能激发出更多的认真思考,而不在于它有更大的压力。教育性的努力是从比较盲目的活动(不管是冲动性的还是习惯性的)转变成更有意识的思考性活动的标志。"② 在他看来,这种有教育意义的努力绝不是兴趣的敌人。它实际上是从直接兴趣发展成为间接兴趣的活动过程中的一个组成部分。随着目的变得更加遥

---

① [美]约翰·杜威.教育中的兴趣与努力[M]//约翰·杜威.学校与社会·明日之学校.赵祥麟,任钟印,吴志宏,译.北京:人民教育出版社,1994:193.

② [美]约翰·杜威.教育中的兴趣与努力[M]//约翰·杜威.学校与社会·明日之学校.赵祥麟,任钟印,吴志宏,译.北京:人民教育出版社,1994:196.

远，活动的完成需要更长的时间，以及有更多的困难需要克服，也就需要更多的努力。此时，如果教育者能够把困难、努力与思维的深度和广度结合起来，那就绝不会出现什么错误。

### 3. 动机与目的或目标的关系

杜威认为，"动机"是可以控制和推动活动的目的或目标的代名词，也是为达到目的或目标所具备的积极主动的能力的代名词。因此，与人的活动有着极其重要联系的目的或目标，就是动机。目的或目标的动力作用及其所具有的兴趣，同样体现了既定活动所具有的生命力和深度。但是，不能把动机观念的理解太个人化，也就是说，个人的动机不能与目的或目标分离。

在杜威看来，把动机观念的理解太个人化将会产生两个后果：一个后果是，用对抽象动机的讨论代替对具体教材的考虑。问题并不在于发现动机，而在于发现适合训练活动的内容和条件。另一个后果是，对教材的使用和作用的狭隘的和外在的理解。实际上，教材的使用和作用就是为了促进个人能力的发展。

### （四）兴趣观念对教育理论的重要意义

在这一部分（第5章《兴趣在教育理论中的地位》），杜威主要论述了"对兴趣观念的总结性概述"与"兴趣观念对教育理论的积极贡献"两个方面。

#### 1. 对兴趣观念的总结性概述

杜威认为，尽管兴趣是多种多样的，但各种兴趣在原理上都是一样的。这就是说，凡是能够产生一个目的，而这个目的又能够推动一个人为实现它去努力，如此，每一个冲动和习惯都会变成兴趣。从"兴趣"一词的情感意义来说，兴趣就表明一个人对一个目标的投入、忙碌、专心、关注、忘我和激动的方式。

在杜威看来，无论在实践上还是在理论上，对于"兴趣"的一切误解都是源于不了解或否定兴趣所具有的活动的和发展的性质。以"兴趣"的名义养成一种毫无意义的兴奋习惯，这实际上是一种对持续的思维和努力最有害的习惯，恰恰败坏了兴趣的名声。因此，仅仅激起活力是不够的，重要的是活力发展的方向及其产生的结果。

**2. 兴趣观念对教育理论的积极贡献**

杜威认为，如果兴趣包含着生长和发展，那兴趣就是正常的，教育上对它的依赖也是合理的。兴趣观念对教育理论的积极贡献主要表现在以下两个方面：

（1）使我们摆脱仅仅是内在的心理概念

在杜威看来，兴趣应该被理解为向目的前进的、不断思考这个目的并寻找达到目的的方法的活动。而且，心理是一种理智的、有目的活动。如果没有提供一个理智思考和处理事物的情境，而与一种不切实际的学习内容相伴随，那么其结果必然是使学生缺乏"兴趣"，缺乏集中注意力和刺激思维的力量。由此，我们就不会把心理看作是孤立的内在世界，因而摆脱了仅仅是内在的心理概念。

（2）使我们摆脱仅仅是外在的教材概念

在杜威看来，教材应该被理解为经验的理智发展的手段和目的。因此，必须找到一些方法以克服心理和教材之间的分隔。兴趣的理论旨在提醒我们，应该提供合适的条件，使本能冲动和获得的习惯能够达到合乎本性需要的目的。也就是说，兴趣使心理和一种正在发展的活动的材料和方法达成一致。由此，我们就不会把教材看作是必须掌握的某些现成的和固定的东西，因而摆脱了仅仅是外在的教材概念。杜威最后指出，如果把兴趣单独作为一种目的和方法，那就将一事无成。兴趣并不是通过对它的思考或有意识的引导而获得的，而是通过思考和引导它背后的那些激发它的条件获得的。因此，"教育家、教师、家长和国家的问题就是要提供一个能促成教育性的和发展性的环境，哪里出现了这种环境，教育所需要的唯一的事情就具备了"①。

---

① ［美］约翰·杜威.教育中的兴趣与努力［M］//约翰·杜威.学校与社会·明日之学校.赵祥麟，任钟印，吴志宏，译.北京：人民教育出版社，1994：213.

### 三、《教育中的兴趣与努力》的学术影响

《教育中的兴趣与努力》是杜威以 1895 年的《与意志训练有关的兴趣》一文为主要基础写成的。令人感到奇怪的是，这本后来声名显赫的著作却在初版时被当时众多的评论家所忽略。然而，后来《教育中的兴趣与努力》一书被重印了许多次，在 1913 年至 1943 年的 30 年间销售了将近 24 000 本。1975 年，南伊利诺伊大学出版社又出版了《教育中的兴趣与努力》一书新的平装本。

《教育中的兴趣与努力》一书出版后，也被翻译成其他一些国家的语言。例如，由巴西教育学者恩吉奥·泰绍尔（Ansio Taixeira）翻译成葡萄牙文（圣保罗，1930 年）；由克罗地亚教育学者 M. 阿泽尼杰维克（M. Aersenijevic）翻译成克罗地亚文。在现代中国，上海商务印书馆 1923 年出版了由张裕卿和杨伟文合译的《教育中的兴趣与努力》一书的中文译本，其译名为《教育上兴味与努力》。

尤其重要的是，在《教育中的兴趣与努力》一书中，杜威首创性地提出了"兴趣和努力是紧密相联的""直接兴趣和间接兴趣之间没有严格的不可逾越的界限""教育性兴趣""有教育意义的努力"等观点，充分体现了该书在教育理论上的学术价值和现代意义。

美国克莱蒙特学院研究生院哲学教授拉尔夫·罗斯（Ralph Ross）认为，《教育中的兴趣与努力》是我们能够阅读到和感觉到的关于杜威教育的最好著作。在《杜威全集》中期著作第 7 卷的"导言"中，他指出："《教育中的兴趣与努力》很好地说明了杜威思想的性质，这也是他拥有大批追随者的原因所在。这本书是对杜威信念的直陈和阐明，其论述没有偏移、离题或犹豫。它就像是由绳子所绕成的一个绳球，只有当这个绳球被解开之后，我们才会看到一条完整的直线。读者在完全理解这篇经过详细论证的文章之后，一定会感到特别的满足。因为这篇文章里的论点非常有力，其中没有任何试探性的东西。

行文充满了自信的措辞，诸如'这是荒唐的'、'事实上'、'这是错误的'。"①

　　在杜威 1905 年 2 月到哥伦比亚大学任教后的那一段时期，他依然非常关注教育，并为"民主主义与教育"这一主题进行最完备的论述作准备。在这种准备中，具体包括：他 1913 年出版的《教育中的兴趣与努力》一书，以及此前有广泛影响的一些著作，诸如《学校与社会》（1899）、《儿童与课程》（1902）、《教育中的道德原理》（1909）等。事实上，正是在《教育中的兴趣与努力》这本书出版 3 年之后，杜威出版了《民主主义与教育》这本巨著。

---

　　① ［美］约翰·杜威.杜威全集·中期著作第 7 卷［M］.刘娟，译.上海：华东师范大学出版社，2012："导言"11–12.

# 《明日之学校》导读

*把单纯积累知识和教育等同起来乃是荒唐的。……在学校中获得知识的真正目的是，当它需要的时候，寻求怎样获得知识，而不是知识本身。*

——约翰·杜威

《明日之学校》（*Schools of Tomorrow*，1915）是美国著名教育家约翰·杜威与他的女儿伊夫琳·杜威（Evelyn Dewey）合著的一本中期教育代表作。这是杜威父女（以下简称杜威）的一本对当时美国一些进步学校情况进行翔实描述的教育著作，在某种意义上可以说是一本有关进步教育运动初期的进步学校实验的案例集。

## 一、《明日之学校》的出版背景

在自19世纪70至80年代开始兴起的美国进步教育运动中，美国各地的进步教育家创办进步学校，并开展了各种各样的教育革新活动。其中，在进步教育运动初期主要有：马萨诸塞州帕克（F. W. Parker）的昆西学校（1875）、威斯康星州斯陶特（J. H. Stout）的梅诺莫尼学校（1889）、伊利诺伊州库克（F. J. Cooke）的弗兰西斯·帕克学校（1901）、密苏里州梅里亚姆（J. L. Meriam）的密苏里大学附属小学（1905）、阿拉巴马州约翰逊（M. Johnson）的费尔霍普学校（1907）、印第安纳州沃特（W. A. Wirt）的葛雷学校（1907）、纽约市普拉特（C. Pratt）的游戏学校（1914），以及一些对课程进行改组的学校，诸如印第安纳波利斯市第45公立学校、芝加哥市的公立学校、印第安纳州的因特雷肯男生学校、伊利诺伊州的里弗赛德村舍学校、康涅狄格州的格林威治森林小学、密苏里州哥伦比亚市的密苏里小学等等。其区域之广泛和形式之多样，在美国教育史上是前所未有的。作为一次教育改革运动，进步教育运动的矛头主要针对传统学校教育，同时试图在教育理论和方法上进行革新。

对于进步教育运动和进步学校实验，杜威是热情支持和充分肯定的。他自己在芝加哥大学创办的那所实验学校甚至也被看作是一所进步学校。美国教育学者奥恩斯坦（Allan C. Ornstein）在《美国教育学基础》（*An Introduction to the Foundations of Education*）一书中这样指出："杜威在芝加哥大学实验学校的开拓性的工作，指明了二十世纪前半期进步教育改革的道路。"① 由于杜威同进步教育家一样，反对传统学校中令人讨厌的形式主义以及批判传统的教育理论和方法，因此，当看到越来越多的进步学校在美国各地出现，并认真地试图按照它们已具体拟定的基本的教育原理对儿童进行最好的教育时，杜威高兴地欢呼：这些进步学校以各种方法使学校工作更有生气和活力，其所显示的各种倾向正体现了时代的特征。《明日之学校》一书就是一个具体的例证。

对于杜威的教育学术人生来说，1915 年是他的论著高产年。除发表了15 篇论文和杂文外，还出版了 3 本著作，其中包括：《德国的哲学与政治》（*German Philosophy and Politics*）、《学校与社会》第二版以及《明日之学校》。

1915 年，《明日之学校》一书由纽约的达顿出版公司出版，共 316 页。同年，该书也由伦敦的登特兄弟出版公司出版。有关《明日之学校》一书的撰写情况，达顿出版公司教育部经理伯吉斯·约翰逊（Burges Johnson）曾作过这样的回忆："我向公司领导建议，有关那些新的'进步'学校的一本书，我们可以去问一下约翰·杜威教授。为了完成这样的一本书，我去看望了杜威博士。我带着一个已确定下来的书名，希望能够说服杜威接受这个书名——'Schools of Tomorrow'（明日之学校）。就这些进步学校的情况，以及这本书可

---

① ［美］奥恩斯坦.美国教育学基础［M］.刘付忱，姜文闵，陈泽川，等译.北京：人民教育出版社，1984：64.

能采取的方向，我与杜威之间谈得很充分。我知道，如果我带着一个具体的计划，无论它好或坏，相比完全没有计划，我将更可能得到一些东西。杜威喜欢这本书的书名和目的，但他说他已经决定在一段时间内不再出版任何著作了，并对我说写得太多的危险，容易把教师们搞得晕头转向。但是，当我在听杜威说话时，我突然有了一个想法，也就是说，可以用另一种方式完成这本书。我问杜威，他是否有在演讲中或在学术期刊上还没有完成的章节。杜威认真思考后说：'我想这本书已经写了一半了。'在我们约定的时间，《明日之学校》一书的手稿放在了我的办公桌上。在审读完手稿后，我又去哥伦比亚大学找杜威。杜威安静地听着我说，然后和蔼地对我说：'你说的话使我很感兴趣。我写了第一章，我的女儿伊夫琳写了第二章。'"①

在《明日之学校》一书中，杜威在翔实描述那些进步学校实验的同时，还对法国教育家卢梭、瑞士教育家裴斯泰洛齐、德国教育家福禄培尔以及意大利教育家蒙台梭利的教育思想进行了很好的批判性分析。在《明日之学校》的最后一章，他这样指出："选择这些已被描述的学校，并不因为丝毫深信它们代表了目前这个国家正在从事的所有最出色的工作，而不过因为它们说明了当前教育的一般趋势，并且因为它们似乎完全是几种不同类型的学校的代表。无疑地，可以用来证明与所列出的学校具有同样启发意义的大量材料出于不得已被省略了。……我们关心的是教育中更为根本的改革和唤醒学校认识它们的工作应该是为儿童将要在世界上过的生活作准备这样一个事实。"② 在该书的最后，杜威还写了这样一段话："学校正如我们这本书中已经讨论的——它们正迅速地在全国各地大量成为现实——正在显示这个全民平等机会的理想如何变

---

① Burges Johnson. As Much as I Dare: A Recollection [M]. New York: Ives Washburn, 1944: 186-187.

② [美] 约翰·杜威. 明日之学校 [M] // 约翰·杜威. 学校与社会·明日之学校. 赵祥麟, 任钟印, 吴志宏, 译. 北京: 人民教育出版社, 1994: 378.

为现实。"①

《明日之学校》一书出版后，成为一本很受欢迎的、销量显著的持续畅销书。1915年第一版印刷了1500本，后来的10多年一共销售了24 000本。但之后，由于该书的销量发生了锐减，达顿出版公司总裁约翰·麦克雷（John Macrae）在1927年3月21日给杜威的信中这样写道：根据《明日之学校》问世以来教育的灵感和机制已发生了巨大变化，建议增加一章作为"序"。但是，杜威对于这个建议并没有回复。稍后，麦克雷总裁又在他1930年4月14日给杜威的信中提出了更为广泛的建议："《明日之学校》……对其问世的那个时代的教育者产生了深刻的影响；在其有生之年，它对英语世界的教育产生了非常重要和深远的影响。在我看来，此书可以全面修订。您可能认为此书不必修订，而是另写一部新书，从今天的角度讨论明天的学校。"虽然杜威立即回了信："我将与伊夫琳商讨用新材料来修订《明日之学校》的可能性。"但是，对《明日之学校》的修订始终没有进行。②

无疑，在《明日之学校》一书中，杜威的"教育理论及实践"主题得到了很好的阐述。杜威的学生、美国哲学家和教育家胡克就指出，《明日之学校》"描述了当时一些运行中的学校，尤其是描述了这些学校所体现的理想，描述了杜威重建初等教育、中等教育的建议。人们将从该书中听到新时代的强音。就此而言，该书的书名可以换成《今天的学校》"③。

---

① ［美］约翰·杜威.明日之学校［M］//约翰·杜威.学校与社会·明日之学校.赵祥麟，任钟印，吴志宏，译.北京：人民教育出版社，1994：393.

② ［美］约翰·杜威.杜威全集·中期著作第8卷［M］.何克勇，译.上海：华东师范大学出版社，2012：387–388.

③ ［美］约翰·杜威.杜威全集·中期著作第8卷［M］.何克勇，译.上海：华东师范大学出版社，2012："扉页".

## 二、《明日之学校》的主要内容

《明日之学校》一书除"序言"外，共 11 章，分为六个部分。第一部分：教育与自然生长（第 1—3 章）；第二部分：课程（第 4—5 章）；第三部分：自由与个性（第 6 章）；第四部分：学校与社会（第 7—8 章）；第五部分：工业教育（第 9—10 章）；第六部分：民主主义与教育（第 11 章）。该书还附有 29 张杜威所描述的学校和幼儿园的照片与插图。

在"序言"中，杜威在感谢他访问过的学校教师和校长的帮助、关心及支持的同时，主要阐述了三个观点：

首先，在"序言"的一开头，杜威就明确指出，本书试图描述各所学校用自己的方法进行实践时实际上发生了什么，并希望给读者指出一些教育改革家的已经被广泛认识和认可的观点的实际意义。因此，"本书不试图发现一种完整的教育理论，也不考察任何'体系'或讨论杰出的教育家的观点。这不是一本教育学教科书，也不是学校教学新方法的说明，企图给显得困乏的教师和不满意的家长显示教育应当怎样进行"①。

其次，杜威指出，越来越多的学校正试图提出明确的教育理论。在他访问过的作为本书例证的所有学校里，教师极其认真地按照他们所认定的教育原理对儿童进行了最好的教育。因此，"本书的作用就在于指出这些要求是怎样从它们的理论和对于这个国家的教育目前似乎在起着作用的那种趋势中产生的。……为了指出现代教育的某些需要和满足这些需要的途径，我们对理论方面作了详细的叙述"②。

最后，杜威指出，本书用来作为例证的学校或多或少是随意选择的。因

---

① ［美］约翰·杜威.明日之学校［M］// 约翰·杜威.学校与社会·明日之学校.赵祥麟，任钟印，吴志宏，译.北京：人民教育出版社，1994：378.
② ［美］约翰·杜威.明日之学校［M］// 约翰·杜威.学校与社会·明日之学校.赵祥麟，任钟印，吴志宏，译.北京：人民教育出版社，1994：219.

此，"它们毫不代表今天正在进行的使儿童的生活增添活力的所有学校。具有类似特点的学校在全国各地都可以找到"①。但是，这些学校所显示的倾向和特征，似乎是进步教育时代的象征。

**（一）教育与自然生长**

在这一部分（第1章《教育即自然发展》，第2章《教育即自然发展的一个实验》，第3章《自然生长中的四个因素》），杜威主要论述了三个方面："对卢梭教育思想的评述""约翰逊的费尔霍普学校实验"以及"梅里亚姆的密苏里大学附属小学实验"。

**1.对卢梭教育思想的评述**

在全书的一开始，即第1章《教育即自然发展》的一开始，杜威就直接引用了法国教育家卢梭在他的《爱弥儿》一书的"原序"中所写的一段有代表性的话："我们对儿童是一点也不理解的：对他们的观念错了，所以愈走就愈入歧途。那些最聪明的著作家专门论述一个人应知道什么，却不问一个儿童能够学习什么，他们总是把小孩子当大人看待，而不想一想他还没有成人呢。"②

紧接着，杜威就强调指出："卢梭所说的和所做的一样，有许多是傻的。但是，他的关于教育根据受教育者的能力和根据研究儿童的需要以便发现什么是天赋的能力的主张，听起来是现代一切为教育进步所做的努力的基调。他的意思是，教育不是从外部强加儿童和年轻人某些东西，而是人类天赋能力的生长。从卢梭那时以来教育改革家们所最强调的种种主张，都源于这个概念。"③这一段话表明了杜威对卢梭教育思想的总体评价，并在第1章的标题《教育

---

① ［美］约翰·杜威.明日之学校［M］// 约翰·杜威.学校与社会·明日之学校.赵祥麟，任钟印，吴志宏，译.北京：人民教育出版社，1994：220.

② 参见［法］卢梭.爱弥儿（上卷）［M］.李平沤，译.北京：商务印书馆，1978："原序"2.

③ ［美］约翰·杜威.明日之学校［M］// 约翰·杜威.学校与社会·明日之学校.赵祥麟，任钟印，吴志宏，译.北京：人民教育出版社，1994：221.

即自然发展》上得到了清楚的体现。

（1）教育就是自然的正常生长

杜威认为，教育就是自然的正常生长。"如果教育就是各种自然倾向和能力的正常生长，那么注意在生长过程中每天每天所进行的特殊形式，是保证成年生活的种种成就的唯一方法。人的成长是各种能力逐渐生长的结果。"[①]

杜威赞成卢梭提出的"遵循自然""尊重儿童时期"以及"自然希望儿童在成人之前就要像儿童的样子"的主张，并明确指出："尊重儿童时期就是尊重生长的需要和时机。我们可悲的一种错误，就是急于得到生长的结果，以致忽视了生长的过程。"[②]在他看来，儿童时期的真正含义就是，它是生长和发展的时期。儿童的成熟要经过一定的时间，如果操之过急的话，那就会导致对儿童的伤害。为了成年生活上的成就而不顾儿童实践的能力和需要，那是自杀性的。

但是，杜威也认为，卢梭的主张使教育者们把学校中的学习夸大了，以致他们常常忘记一个事实，即学校中所学的东西至多不过是教育中的一小部分。为此，我们必须纠正这种夸大，去发现学校中最好的学习方法。以儿童入校最初几年的学习为例，杜威强调指出，儿童的学习是同他们自身能力所提供的动机以及他们的周围环境所激起的各种需要密切联系的。

杜威还指出："如果我们要明白教育怎样才能最有效地进行，那么让我们求助于儿童的经验。在那里，学习是必需的事情，而不是求助于学校里的做法，因为这种学习大部分是一种装饰品，一种多余的东西，甚至是一种不受欢迎的强迫接受。"在他看来，这是教育的一个正确原则。然而，许多学校的教育总是朝着与这个原则相反的方向进行。例如，不研究儿童在生长中究竟需要

---

① ［美］约翰·杜威.明日之学校［M］//约翰·杜威.学校与社会·明日之学校.赵祥麟，任钟印，吴志宏，译.北京：人民教育出版社，1994：223.

② ［美］约翰·杜威.明日之学校［M］//约翰·杜威.学校与社会·明日之学校.赵祥麟，任钟印，吴志宏，译.北京：人民教育出版社，1994：224.

什么，只是拿成人所积累的知识（即与儿童生长的迫切需要毫不相关的东西）强加给儿童；又如，忘记学习是对付种种现实情况的一种不可缺少的事情，以为儿童天然地厌恶学习。因此，杜威坚定地指出："如果我们能够真正相信，注意当前生长的需要，就可以使儿童和教师都忙于工作，并且对将来需要的学习能够给予最好的可能的保证，那么，教育观念的革新也许能早日完成，而其他所期望的变革多半能满意地进行。"①

（2）身体生长和智力生长的关系

在这一点上，杜威明确指出："身体的生长和智力的生长不是同一个东西。但两者在时间上是吻合的。而且一般说来，后者没有前者是不可能的。如果我们尊重儿童时期，那么我们第一个特殊的原则，就是保证身体的健全发展。"②

因此，在杜威看来，无论从心智的发展与肌肉和感觉的发展关系来看，还是从健全发展的内在价值与有效行动和快乐的源泉的关系来看，儿童的首要任务都是保存自我，不仅是自己生命的保存，而且是作为一个生长和发展中的人的自我保存。正是通过身体的活动，儿童熟悉了自己所生活的世界，学习使用自己的能力以及了解自己能力的限度。总之，健全的身体是正常智力的发展的一个条件，感觉和运动器官的活动是智力开发的积极动因。

这里，杜威又引用了卢梭所阐述的关于体育活动有助于身体健康和精神发育相互作用的几段论述，并指出，卢梭远远不是把身体的发展看作一个唯一的目的，他的关于感觉同认识关系的概念远远超出他那个时代的心理学。

（3）指导自然生长的教学

杜威认为，应该注意指导自然生长的教学和强行注入成人造诣的教学之

---

① ［美］约翰·杜威.明日之学校［M］//约翰·杜威.学校与社会·明日之学校.赵祥麟，任钟印，吴志宏，译.北京：人民教育出版社，1994：222–223.

② ［美］约翰·杜威.明日之学校［M］//约翰·杜威.学校与社会·明日之学校.赵祥麟，任钟印，吴志宏，译.北京：人民教育出版社，1994：224.

间的更深层的区别。具体来讲，指导自然生长的教学所注重的是，要真切而广泛地亲自熟悉少数典型的情境，以求掌握处理各种问题的方法，而不是积累知识；强行注入成人造诣的教学所注重的是，积累许多符号形式的知识，所强调的是知识的量而不是知识的质，所要求的是表现作业的成绩而不是个人的态度和方法。

通过卢梭论述的儿童学习地理的例子，杜威指出，你以为你在教儿童世界是什么样子，实际上他不过是在学习地图。因此，我们懂得或自以为懂得一些词语的意义，但儿童并没有获得同样的理解。这样做的后果是，不仅使他们造成思想的混乱而失去原有的内在信心，而且逐渐削弱他们辨别实际事物的能力。

杜威还强调指出，随着科学知识的日益发展，我们可以更加确信，把单纯积累知识和教育等同起来乃是荒唐的。因此，"我们必须以较好的理想，彻底地研究少数典型的经验，代替这种无用的和有害的目标，用这样一种方法来掌握学习的工具，并提供一些环境，使学生渴望获得更多的知识。按照传统的教学方法，学生学习地图不是学习世界——是符号而不是事实。学生真正需要的并不是关于地形学的精密知识，而是自己怎样去寻求。"在杜威看来，指导自然生长的教学真谛就是："在学校中获得知识的真正目的是，当它需要的时候，寻求怎样获得知识，而不是知识本身。"[1] 这里，杜威显然提出了当代世界教育界所强调的"如何学习"的教育观念。

在对卢梭教育思想进行评述之后，杜威接着就详细地论述了约翰逊的费尔霍普学校实验（即第 2 章《教育即自然发展的一个实验》）和梅里亚姆的密苏里大学附属小学实验（即第 3 章《自然生长中的四个要素》）。杜威指出，就教育应该遵循儿童的自然发展这一根本思想来说，这两所学校是完全一致的，但它们的实际组织和具体措施有着很大的不同。

---

① ［美］约翰·杜威.明日之学校［M］//约翰·杜威.学校与社会·明日之学校.赵祥麟，任钟印，吴志宏，译.北京：人民教育出版社，1994：229.

### 2. 约翰逊的费尔霍普学校实验

杜威认为，卢梭关于教育即自然生长过程的学说对约翰逊以后的教育理论发展有很大的影响，但对学校工作实践影响较小。然而，有一些教育家在卢梭的教育学说的基础上进行了实验。这里，杜威对美国进步教育协会创建者之一、阿拉巴马州的约翰逊（Marietta Pierce Johnson）1903 年创办的费尔霍普学校① 进行了较为详细的描述，并称之为"教育即自然生长的一个实验"。杜威还曾经在费尔霍普学校中短暂地度过了一个圣诞节。

（1）身心两方面发展的根本原则

根据杜威的描述，费尔霍普学校的根本原则就是卢梭的教育学说。杜威用以下的话进行了概括："儿童是成年人生活的最好准备，而且儿童享有他的儿童时期的权利。因为他是继续生长的动物，他必须发展得在成年后的世界里能成功地生活；不应当做任何事情干涉他的生长，所做的一切事情应当有助于他的身心圆满和自由的发展。身心两方面的发展相辅而行，两者是不可分离的过程，而且必须经常记住两者是同样重要的。"②

由此，约翰逊批评了当时传统学校的错误，例如，只考虑教师安排的方便，无视学生目前的需要，让学生去适应静听的方式，不顾学生的充分发展，不考虑学生的全面生长，不培养学生个人的一种坚毅的能力和创造性的活动，等等。在这样的学校里，儿童没有生长和自己发现的机会，被束缚在狭小的范围内，身心都受到压迫，因而他的好奇心变得迟钝，他的身体对学习厌倦，于是他四处寻找从他的小监狱里逃离的方法。

因此，杜威明确指出："儿童对学校的厌恶就是这样一些错误的自然和必

---

① 约翰逊曾撰著了《费尔霍普的教育观念》（*The Fairhope Idea in Education*）一书. 就费尔霍普学校实验而言，可以参见 ［美］克雷明:《学校的变革》［M］.单中惠，马晓斌，译. 济南: 山东教育出版社，2012: 131–136.

② ［美］约翰·杜威. 明日之学校［M］// 约翰·杜威. 学校与社会·明日之学校. 赵祥麟，任钟印，吴志宏，译. 北京: 人民教育出版社，1994: 230.

然的结果。……儿童在身体和精神两方面都是迫切地要求活动的。儿童的个别活动如同身体的发展和精神的发展必须同步前进一样。他的身体的活动和心智的觉醒是相互依存的。"①

（2）给予个人发展最大限度自由的计划

根据杜威的描述，约翰逊在给予个人发展最大限度自由的计划下，继续家庭里已开始的自然进程，从一个有趣的事物转移到另一个有趣的事物，不仅研究这些事物的意义，而且首先去探索不同事物之间的联系。于是，一个发现引起了另一个发现，爱好研究的兴趣激发儿童自己主动地从事探索，并进行严格的理智训练。循着这种自然生长的途径，凭着儿童自己求知的愿望，把他们引导到学习阅读、书写、计算、地理等中去。

因此，在费尔霍普学校里，学校的目的在于为儿童提供每个发展阶段必需的作业和活动，有利于每个阶段的发展。它不是一开始就学习阅读和书写，也没有强迫的作业、指定的课程和通常的考试。学生分班的依据是他们的一般发展，而不是获得知识的数量，因而被称为"生活班"。没有一个儿童被迫去做没有吸引力的工作，但他们必须坚持工作，还要不干扰他们的工作和必要时对他们的工作提供帮助。因为遵循学生的自然生长，所以，约翰逊称她自己的教育方法是"有机的"。

（3）由各种活动组成的学校课程

根据杜威的描述，在费尔霍普学校里，运用以下的活动代替一般课程，例如，体育活动和体育比赛、自然研究、音乐、手工、烹饪、泥塑、木工、缝纫、野外地理、画地图和地形地理、讲故事、感觉训练、数的基本概念、戏剧表演等等。每门课都是具有一定目的的一种具体经验设计，对于儿童都是值得渴望而有吸引力的。其重点放在儿童的发展上。

---

① ［美］约翰·杜威.明日之学校［M］// 约翰·杜威.学校与社会·明日之学校.赵祥麟，任钟印，吴志宏，译.北京：人民教育出版社，1994：231.

除自然研究、野外地理和地形地理在室外进行，各门课都在一个课堂里进行，且保持必要的安静和秩序。这里，约翰逊对体育活动、自然研究、地形地理、野外地理、手工劳动，以及讲故事、戏剧表演、数的基本概念、感官训练等，进行了较为详细的论述。

（4）品格培养体现积极的道德价值

根据杜威的描述，在费尔霍普学校里，不仅要使儿童都快乐，而且要使他们爱这所学校。尽管儿童此时对道德和不道德、正确和错误还没有辨别力，但要给予儿童充分的健康的活动，减少一些迫使儿童逃避责任或隐瞒、欺骗、说谎的行为。当儿童对工作感兴趣时，就不必用无意义的束缚和繁琐的禁令去阻止他们完成这个工作；当儿童乐意工作时，他们自然就会把工作和学习联系起来。在杜威看来，这使儿童在精神和道德上摆脱了自我意识，激起他们的首创精神、热情以及自然学习的愿望，这无疑具备积极的道德价值。

例如，在手工课上，儿童制作东西正好给予他所需要的刺激。一再重复思考与手和眼睛的同步努力，使他在这个过程中进行了真正的自我控制。对此，杜威强调指出："如果他是一个具有创造和发明才能的儿童，他可以为自己的精力找到一条自然的和快乐的出路。如果他爱空想或不切实际，他可以学会关心手工劳动并获得某些东西，成为全面发展的人。"①

（5）费尔霍普学校实验的结果

杜威指出，通过学校实验，费尔霍普学校的学生比普通公立学校的学生强，这是一个明显的成功。② 在约翰逊本人看来，她的工作原则同样可以适用

---

① ［美］约翰·杜威.明日之学校［M］// 约翰·杜威.学校与社会·明日之学校.赵祥麟，任钟印，吴志宏，译.北京：人民教育出版社，1994：239.

② 杜威曾应费尔霍普联盟的邀请，参观了约翰逊夫人的学校。在返回的时候，他认为，"毫无疑问，这所学校是做得很好的"。杜威14岁的儿子陪伴他进行了参观。在第一天参观结束之后，杜威的儿子说，与他交谈过的所有孩子都"非常喜欢这所学校"。在参观结束之前，他请求父亲让他也留在费尔霍普。（参见《杜威教授关于费尔霍普（阿拉巴马）的有机教育实验的报告》，杜威全集·中期著作第7卷.上海：华东师范大学出版社，2012：287.）

于中学生。对此，杜威最后进行了这样的一段描述："当他们由于某种原因作出改变时，他们总是同他们年龄相同的儿童一起工作，不需要特别的努力。他们易于身体强健和更能使用双手，同时他们真正热爱书本和学习，这使他们在纯粹的文化方面的功课方面一样出色。……让儿童在学校里过着他们在校外时良好的家庭里过着同样自然的生活；在学校里身体的、智力的和道德的进步而没有人为的强迫……他们得以充分掌握知识和书本学习的工具——读、写、算——而能独立地运用它们，这些已证明对儿童是可能的。"①

**3.梅里亚姆的密苏里大学附属小学实验**

杜威对美国进步教育家、密苏里大学教育学院梅里亚姆（Junius L. Meriam）教授领导的密苏里大学附属小学进行了较为详细的描述。② 这所学校在1905年建立后已进行了8年时间的实验，被杜威称为"自然生长中的四个因素"。

（1）学校生活应该同儿童的校外生活一样

根据杜威的描述，在批判过去的传统学校太注重向儿童传授成人知识的基础上，梅里亚姆强调学校里的生活应该同儿童在校外的生活一样，应该是儿童工作和游戏的场所，应该享有学校生活的快乐。通过学校所提供的活动，儿童所学习的东西既是令人愉快的，又是与日常生活密切联系的，因而能得到很好的发展。儿童被允许自由走动和互相交谈，只要他们不妨碍其他儿童。此外，梅里亚姆还相信，如果能够对学校课程进行彻底的改组，一定会有很好的效果。其目的旨在通过培养完整的个人来帮助整个社会，以便为教育实验的成功或失败提供真正的检验。

（2）学校一天活动的四个阶段

根据杜威的描述，在密苏里大学附属小学里，学校的目的就是满足儿童

---

① ［美］约翰·杜威.明日之学校［M］//约翰·杜威.学校与社会·明日之学校.赵祥麟，任钟印，吴志宏，译.北京：人民教育出版社，1994：241-242.

② 梅里亚姆曾撰著了《儿童生活与课程》（*Children Life and Curriculum*）一书。

和小组的各种需要。因此，梅里亚姆把学校一天的活动分成四个阶段，分别进行观察、游戏、讲故事和做手工等基本活动。

在观察阶段，让儿童专门研究某一课题，可以只用一个早晨的时间，也可以持续几个星期的时间。对气候的研究就是终年不断的，观察一年四季的气候变化，并认识气候和他们周围的动植物生长的关系。在儿童研究他们自己的问题时，教师则提供一些帮助。只有当儿童自己感到需要读、写、算以便扩大他们的工作范围时，或者只有当读、写、算能直接有助于儿童正在从事的活动时，他们才学习读、写、算。

在游戏阶段，儿童的游戏允许形式多样、活动自由。其游戏多半带有竞争的性质。虽然在儿童游戏时，教师仅仅是一位观察者，但他会把一些事情记录下来。当儿童的游戏结束时，他们发现上了一堂阅读课，或一堂书写课，或一堂英语课。

在讲故事阶段，儿童等于在上阅读课和书写课。他们喜爱听优美动听的故事，不仅教师讲故事，而且儿童也讲故事。儿童讲他们知道的、听过的或读过的东西。为了讲好故事，儿童就自然地要阅读故事书。而且，歌曲成为故事的另一种形式，唱歌也成为故事活动的一部分，因为歌中有乐趣、歌中有故事。

在做手工阶段，手工作业成为课程的一个正式部分，其中包括木工、缝纫、编织等。每天应安排一小时时间从事这项活动。随着儿童年龄的增长，以及随着他们对工具渐渐熟练，手工作业的种类和复杂程度也相应地增加。同低年级儿童研究周围环境一样，四年级儿童研究他们周围的各种产业，五六年级儿童在研究世界上主要的产业的同时要到图书馆寻找相关产业的资料，而七年级（最高的年级）儿童则研究与衣食住行相关联的产业史。

（3）对一切课程都相同的研究方法

根据杜威的描述，在密苏里大学附属小学里，梅里亚姆在一切课程上都采用了这样的研究方法。首先，在教师的帮助下，儿童就他们开始研究的问题陈述自己所了解的一切。例如，如果是研究食物，那每个儿童就有一次机会说出他所能想到的与食物有关的任何东西。其次，教师带领儿童进行实地参观。例如，全班儿童与教师一起参观食品店，看看每个儿童能发现多少东西。在参观之前，教师先要让他们注意一个事实，即出售东西的度量单位；在参观过程中，教师要鼓励他们注意和比较各种东西的价格；最后，当儿童回到教室后，教师组织他们讨论所看到的东西。能够写的儿童要把自己能记得的食品价格列出一个单子，或者由教师记录下儿童的口述。

杜威还指出，在密苏里大学附属小学里，可以运用上述同样的方法研究其他问题。例如，周围的住宅问题，服装问题，居民的娱乐问题，大楼消防问题，邮局问题，等等。梅里亚姆认为，对儿童所生活的社会进行研究对他们具有教育价值，同时也提供了不断读算和练习英语口语的机会。

（4）密苏里大学附属小学实验的结果

杜威指出，通过学校的变革，密苏里大学附属小学取得了梅里亚姆所期望的结果。例如，各年级儿童在学年结束时都具备了升级的条件；从学校毕业生的成绩记录来看，不仅大部分人进入了密苏里大学附属中学，对通常的大学预备课程不会有特别的困难；而且他们在从事艰苦的正规学习方面的能力超出了其他公立学校的学生。

在杜威看来，密苏里大学附属小学给予学生的任何手工技能，或者他们日常的生活作业中的任何乐趣，以及文学艺术所提供的最好的东西，都是能被直接观察到的和衡量到的更为确切的收获。

（5）杜威对教育实验目的的阐述

结合密苏里大学附属小学实验的结果，杜威对教育实验的目的进行了深刻阐述，这种阐述无疑是具有普遍意义的。他这样指出，对于教育实验来说，"实验的目的，不是在于发明一种方法，使教师能在同样的时间内教儿童更多的东西，或者甚至使儿童更愉快地为大学的课程作准备。实验的目的，更确切地是要给儿童一种教育，这种教育能使他展现自己的各种能力，并且如何在他所处的世界中从物质的和社会的两方面练习这些能力，使他成为一个更好、更幸福、更有用的人。如果当一所学校想方设法为学生做到这一点，与此同时又能把他们在一所更为传统的学校所能学到的一切教给学生，那么我们可以确信，这种实验是不会失去什么的"[①]。

**（二）课程**

在这一部分（第4章《课程的改组》、第5章《游戏》），杜威主要论述了六个方面："对裴斯泰洛齐教育思想的评述""杜威对学校课程组织的论述""进行课程改组的学校案例""对福禄培尔教育思想的评述""杜威对儿童游戏活动的论述""强调游戏活动的幼儿园或学校案例"。

这里，杜威首先对裴斯泰洛齐和福禄培尔这两位教育家作了简单的评述。他强调指出，继法国教育家卢梭之后，瑞士教育家裴斯泰洛齐和德国教育家福禄培尔就是最热心地将从卢梭那里得到的启迪应用于具体的课堂教学活动的教育家。尽管前者由于感到需要而注重理论，后者由于天性而注重理论，但他们都尽最大的努力将其理论应用于实际。因此，裴斯泰洛齐创造了各种行之有效的教学方法，福禄培尔创办了幼儿园。他们的理论和实际的结合体现了两个特征：一是推进教育即自然生长的思想；二是提供人人都能上学的教学计划，并采用有效的教学方法。

**1. 对裴斯泰洛齐教育思想的评述**

（1）人的自然发展是一种社会发展

杜威指出，尽管裴斯泰洛齐强调人的自然发展，但他认识到人与人的关系比人与自然的关系更为重要，因为自然是为了社会关系并依靠社会关系来教育人的。由此，家庭生活是教育的中心，并为每一个教育机构提供了模式。以具有社会用途的事物为媒介的教育，无论对智力发展还是对道德发展都是必要的。在杜威看来，裴斯泰洛齐从他个人经验中所得到的独到见解是他对教育的

---

① ［美］约翰·杜威.明日之学校［M］// 约翰·杜威.学校与社会·明日之学校.赵祥麟，任钟印，吴志宏，译.北京：人民教育出版社，1994：252.

重要而积极的贡献，这一贡献不仅超越了卢梭，而且把卢梭教育学说中的真理置于一个稳固的基础上。

（2）学校应采用实物教学方法

杜威指出，裴斯泰洛齐强调的实物教学是把事物呈现于感官。在初等教育中，通过教师呈现实物来代替通过个人活动得到的发展，表明儿童对事物的社会利用转向依赖于实物。在实物教学中，儿童应该学习物体的空间和数的关系，并掌握表达它们性质的词汇。在杜威看来，裴斯泰洛齐推动了实物教学在初等教育中的广泛运用。

（3）教学程序在于从简单到复杂的进行

杜威指出，裴斯泰洛齐强调从每门科目中都可以找到着手观察的 ABC，即能被置于感觉面前的最简单的要素，然后转到复杂的要素。例如，数学、音乐和绘画的教学都能先从感官所能接触到的简单要素着手，再按照一定的程序学习更为复杂的形式。尽管裴斯泰洛齐本人将其称为"教学的心理学化"，但杜威认为，更确切地说这应该是教学的程序化。

（4）裴斯泰洛齐教育思想的实际影响

对于裴斯泰洛齐教育思想的实际影响，杜威作了这样的评价，其"实际影响局限于：摒弃了学校那种依靠记忆与实物毫无联系的单词的方法；把直观教学引进学校；把每个科目分解成若干要素或 ABC，然后逐步进行"[①]。

与此同时，杜威还明确指出了裴斯泰洛齐教育思想存在的不足。例如，实物教学中儿童结合实物学习名称比仅仅学习几个单词好一些，但它还是远离真正的发展；这种正确性和完美性是以脱离儿童的日常经验为代价而取得的。

**2. 杜威对学校课程组织的论述**

杜威认为，通过对近代教育改革方面的尝试进行回顾，自然就会发现这

---

① ［美］约翰·杜威. 明日之学校［M］// 约翰·杜威. 学校与社会·明日之学校. 赵祥麟，任钟印，吴志宏，译. 北京：人民教育出版社，1994：259.

种教育改革的重点在课程上。由此，他对学校课程的组织进行了以下论述。

第一，儿童不仅必须得到发展，而且是自然的发展。就自然而言，既包括儿童所处的复杂的物质环境，又包括各种社会关系。因此，儿童和课程是两种有效的力量，两者相互发展、相互作用。学校教师感兴趣的以及对他们有帮助作用的就是各种课程、方法和儿童上课的方式，即形成儿童及其所处环境之间关系调整的方式。

第二，"从做中学"，几乎可以用来作为许多教师正在试图实施儿童和他的环境之间关系调整的方式的一般描述。实践的方法本身就是作为解决这一问题的最方便和最适当的方式。如果儿童学不好实践课，那么再多的书本知识也补偿不了。当然，从做中学并不是指用手工作业来代替对课本的学习。

第三，不同的学科本身就是各种各样的经验，但不能把它们同儿童的日常经验对立起来。"把这两者相对立，就是把同一个正在生长的生命的婴儿时期与成年时期相对立；把同一种力的运动方向与其最终的结局相对立；也就是要使儿童的本性与其将来的命运彼此发生冲突。"①

第四，任何书本都不能代替儿童个人的经验。如果教师忽视儿童身上的充满生机的冲动，并经常压抑和阻止儿童的好动倾向，那教学对儿童来说就成了一种缺乏意义和目的的外在提示。但是，如果教师采用与儿童获得最初经验尽可能相似的方法来扩大他们的经验，那显然会极大地提高教学效果。

第五，一切教材都是分门别类的和编排好的。教材可以成为儿童的向导，但不能被用作唯一的材料。任何材料如果不是从先前在儿童生活中占据重要地位的事情中引出，那就会流于贫乏和没有生命力。但是，这并不意味着教材必须废除，而是教材的功能改变了。

---

① ［美］约翰·杜威.明日之学校［M］//约翰·杜威.学校与社会·明日之学校.赵祥麟，任钟印，吴志宏，译.北京：人民教育出版社，1994：260.

ᐟ

ᐟ

### 3. 进行课程改组的学校案例

这里，杜威对进行课程改组的一些学校案例进行了描述。其中，主要包括6所学校：印第安纳波利斯市第45公立学校、芝加哥市的公立学校、印第安纳州的因特雷肯男生学校、伊利诺伊州的里弗赛德村舍学校、康涅狄格州的格林威治森林小学、密苏里州哥伦比亚市的密苏里小学。除此之外，杜威还提及了纽约市的普拉特游戏学校的"课程改组"，以及印第安纳州葛雷学校的"英语应用课"、芝加哥市弗朗西斯·帕克学校和伊利诺伊州的里弗赛德村舍学校的"英语写作课"、布林莫学院附属菲比索恩实验学校的"英语语法课"。

（1）印第安纳波利斯市第45公立学校

根据杜威的描述，印第安纳波利斯市第45公立学校进行了"从做中学"的实验。整个学校的工作几乎都是以对儿童有内在意义和价值的活动为中心的，从这个意义上说，该校学生是从做中学的，大多数活动还是他们自己首先发起的。例如，五年级的班级活动围绕盖一个平房进行。在手工课上，让学生起草盖房计划、计算房子面积等；英语课以盖平房为中心；拼字课以建房时用到的词汇为中心；图画课从盖房和装饰房子的活动中引出。又如，三年级的班级活动围绕建立一个包裹邮政系统进行，英语课和计算课以此为依据，同时学习地图及度量衡的用法。再如，在一堂地理课上，教师努力激发学生对研究巴拿马运河的兴趣。此外，教师在教学时所列举的例子都来自学生的实际生活，并适应学生所从事的活动；而且，在教学时，还鼓励班上学生互相提问，遇到问题时自己独立思考，并找出解决问题的方法。

此外，杜威还指出，这所学校对于园艺活动的价值也很重视，并想方设法激起儿童对园艺的兴趣。例如，七年级和八年级都开设了园艺课，学习园艺的理论和进行园艺实践，并获得了大量的体验。又如，从一年级起，学校就统计哪些儿童家里有园地、种些什么等。

（2）芝加哥市的公立学校

根据杜威的描述，芝加哥市的公立学校试图以各种方法使工作更有生气，把儿童自己能处理的材料引入课程，使儿童从中理解自己的功课。其大部分手工作业并不是为了职业目的，而是阐明"从做中学"的原理。在这些学校中，有的学校还采用沙盘来帮助教学。例如，三年级在学习早期芝加哥历史时，学生在沙盘上用沙子堆成一个粗略的立体区域地形图。又如，高年级学生在学习市政管理时，利用沙盘来说明市政府的各个部门。还有的学校把所在地区划分成许多小区域，让四年级以上的学生组成许多公共俱乐部，每一个俱乐部负责其中一个区域，进行测量后制成地图，并决定要为自己的区域做些什么。此外，许多学校还进行了英语课的实验，改变了原来的教学方法，激发了儿童学习英语的兴趣。

此外，杜威还指出，芝加哥市许多校内有园地的学校把园地作为学习自然的基础，使所有学生都有机会从事真正的园艺工作。在这个过程中，学生可以获得科学的阐释，并发展他们的审美力。儿童对园艺的兴趣，将会促使整个社会逐渐对园艺产生很大的兴趣。

（3）印第安纳州的因特雷肯男生学校

根据杜威的描述，因特雷肯男生学校提出了"教孩子们生活"，这是"从做中学"的另一种说法。具体来讲，就是通过专门设计来使课程更有活力和更具体，即给儿童提供一个充满要做的有趣事情的环境，取消教科书以及改变原来的传统师生关系。整个学校的建造是通过学生自己的劳动来完成的；还有一个600亩的农场供学生工作。学生自己编辑和印刷反映地方和学校新闻的周刊。对自然研究课进行改革，不仅使课程富有生气，而且真正学到了一些科学知识。对此，杜威这样指出："所有这一切，都具有教育的影响，它们能培养技能、创造性、独立性和体力——一句话，能培育人的性格和知识。"①

---

① ［美］约翰·杜威.明日之学校［M］//约翰·杜威.学校与社会·明日之学校.赵祥麟，任钟印，吴志宏，译.北京：人民教育出版社，1994：269.

（4）伊利诺伊州的里弗赛德村舍学校

根据杜威的描述，里弗赛德村舍学校很重视自然研究课。在学校中，有一块园地供儿童种植各种蔬菜，诸如锄草、浇水和收获等园地劳动都由他们自己承担。他们还饲养一些动物，如鸟类、山羊等。教师鼓励学生去照看这些动物并报告这些动物以及他们在森林中所发现的动物的情况。

（5）康涅狄格州的格林威治森林小学

根据杜威的描述，格林威治森林小学也很重视自然研究课。室外作业是全校组织的基础，其中自然研究起着很大的作用。无论什么季节和天气，都组织学生去研究树木花草的不同形态；还辨别各种鸟类及其习性以及观察天上的星星。学生在户外的学习研究，使他们获得了大量有关自然界的知识，这被称为"森林知识"。让学生经历一些在森林中生活的人所要做的事情，就是要培养一种强壮、健康、独立和充分发展的品格，以及培养对自然美的深刻感受。自然研究将逐步引导儿童一步一步接近自然，并有助于学生认识自然界的情况以及进行观察力和欣赏力训练。

（6）密苏里州哥伦比亚市的密苏里小学

根据杜威的描述，在密苏里小学，儿童所使用和学习的有关自然的材料，都是从学校附近或他们家里得到的。他们不仅研究季节及气候的变化，而且还研究自己居住的城市以及衣食住行等。因此，这种研究的基础不是教师所给予的教学，而是儿童自己通过观察得来的见闻。因为这些材料与儿童的生活直接相关，所以，对于教会儿童怎样生活就更为有效。对此，杜威这样指出："无论儿童或成人，通过理解自己的生活环境，就可以学会评判自然之美及其秩序，并且尊重真正的成就；与此同时，他也在为自己控制环境打下基础。"①

结合上述一些学校开展的自然研究，杜威强调指出："尽管研究自然的目

---

① ［美］约翰·杜威.明日之学校［M］// 约翰·杜威.学校与社会·明日之学校.赵祥麟，任钟印，吴志宏，译.北京：人民教育出版社，1994：276.

的是要灌输科学原理，但是，其主要用途是培养一种富于同情心的理解，即理解动植物在生命中也占一定地位，同时还要发展情感和审美的志趣。"① 与此同时，杜威还考虑到城市环境和农村环境的不同，指出城市学校要使自然研究中的科学问题生动有趣是困难的。就像农村儿童所能接触到的自然事实一样，为城市儿童找到可供他们观察的材料确实是一个严峻的问题。

**4. 对福禄培尔教育思想的评述**

杜威认为，在强调儿童游戏活动的教育家中，最突出的是古代的柏拉图和近代的福禄培尔。早在他的《学校与社会》(1915 年版) 一书中，杜威就在该书第 5 章《福禄培尔的教育原理》中，专门论述过德国教育家福禄培尔的教育哲学。这里，他又对福禄培尔教育思想进行了以下评述。

(1) 遵循儿童自然发展的法则

杜威指出，从卢梭和裴斯泰洛齐那里，福禄培尔学到了教育作为一种自然发展的原理。所谓自然发展，就是将已经蕴藏在儿童身上的东西逐步显现出来。因为在儿童身上有很多东西是自然的，所以，他不仅提出了自然发展的法则，而且不管条件的变化和儿童经验的不同都必须遵循这一法则。

(2) 儿童自发游戏的教育价值

杜威指出，福禄培尔强调儿童自发的游戏，其教育价值就在于这是全人类的某种法则的象征。例如，儿童游戏时应该站成圆圈，那是因为圆圈是无限的象征，有助于唤起儿童心灵中无限的潜在力量。

(3) 儿童有必要参加社会活动

杜威指出，福禄培尔同裴斯泰洛齐一样，也强调儿童有必要参加社会活动。对于每个儿童来说，从生活中得来的经验，从活动中得来的知识，是他印象最深刻的、理解最容易的、影响最持久的和进步意义最大的。

---

① [美] 约翰·杜威. 明日之学校 [M] // 约翰·杜威. 学校与社会·明日之学校. 赵祥麟，任钟印，吴志宏，译. 北京：人民教育出版社，1994: 274.

（4）福禄培尔教育思想的影响

对于福禄培尔教育思想的影响，杜威作了这样的评价：福禄培尔教育思想的精华部分是他的永恒贡献，他的精神实质也在他创办的幼儿园中得到了体现。但杜威也明确指出，福禄培尔不仅对神秘的形式主义多少有点偏爱，而且在他的理论和实践中可以发现一些前后不一致的地方。

### 5. 杜威对儿童游戏活动的论述

杜威认为，当时美国的学校都在利用儿童的游戏本能，把以游戏动机为基础的制作活动等列为课程的一部分。由此，他在第 5 章《游戏》中专门对儿童的游戏活动进行了以下论述。

第一，游戏对于儿童的发展和教育具有重要的意义。在杜威看来，"任何时代任何人，对于儿童的教育，尤其是对于年幼的儿童的教育，无不在很大程度上依赖于游戏和娱乐"[1]。

第二，游戏是幼儿的主要活动。在杜威看来，年幼儿童自发的游戏欲望最为强烈。因此，"幼儿生活中的最主要时间，是消磨在游戏上的，不是从事他们从大点的儿童那里学来的游戏活动，就是玩他们自己发明的游戏。这些发明的游戏通常也不外是对年长点的人的活动的模仿。……的确，做游戏的快乐，多半出于寻找和制造必要的东西的过程之中"[2]。

第三，游戏能使儿童熟悉他们所生活的世界。在杜威看来，"整个游戏也就成为一幅相当精确地反映他们家长日常生活的画面，不过赋予了儿童的语言和举止。通过游戏，他们了解了成人世界的工作和娱乐。除了看到构成这个世界的种种要素外，他们认识了许多保持这个世界前进所必需的种种活动和过

---

① ［美］约翰·杜威.明日之学校［M］// 约翰·杜威.学校与社会·明日之学校.赵祥麟，任钟印，吴志宏，译.北京：人民教育出版社，1994：277.

② ［美］约翰·杜威.明日之学校［M］// 约翰·杜威.学校与社会·明日之学校.赵祥麟，任钟印，吴志宏，译.北京：人民教育出版社，1994：279.

程"①。

第四，现代的幼儿园开始更多地运用游戏。他们不仅把游戏作为一种使工作对儿童更有吸引力的方法，而且使游戏所包含的活动能赋予儿童有关日常生活的正确观念和思想。

第五，模仿性游戏也有一些缺陷。虽然它能使儿童注意他们的环境以及维持环境所需要的某些过程，但它往往会使儿童的生活成为他们家长生活的重演，在不好的环境中会使儿童学到坏的习惯及错误的思维和判断方式等。

### 6. 强调游戏活动的幼儿园或学校案例

这里，杜威对强调游戏活动的一些案例进行了描述。其中主要包括：哥伦比亚大学师范学院附属幼儿园、纽约市的普拉特游戏学校、芝加哥市的弗朗西斯·帕克学校、芝加哥市的豪兰学校。除此之外，杜威还提及了匹茨堡市立大学童年学校的"儿童游戏活动"，以及印第安纳波利斯市第45公立学校、伊利诺伊州的里弗赛德村舍学校和斯派尔学校的"戏剧表演"。

（1）哥伦比亚大学师范学院附属幼儿园

根据杜威的描述，为了寻找有真正价值的东西，哥伦比亚大学师范学院附属幼儿园进行了各种实验，其中包括：儿童自发的活动能否用作有公认价值起点的活动，在儿童自发的活动中如何保持儿童的个性和自由，如何激发儿童游戏，等等。实验结果表明，当儿童的本能活动与社会利益和社会经验结合起来时，其获得的成效最大。对于年幼儿童来说，与他们个人有关联的东西是最为重要的。

例如，对布娃娃的兴趣可以成为儿童活动的一种直接的起点。以此为动机，他们就有无数事情想做。在为布娃娃做衣服时，需要知道如何剪出衣服纸样、如何选择和裁剪布料、如何缝纫衣服等。无论衣服做得怎样，所有儿童都

---

① ［美］约翰·杜威.明日之学校［M］//约翰·杜威.学校与社会·明日之学校.赵祥麟，任钟印，吴志宏，译.北京：人民教育出版社，1994：280.

会从这个做衣服的过程中得到无穷的乐趣。为布娃娃盖住房以及为布娃娃做家具的过程，是与为布娃娃做衣服相似的一个过程，不仅使他们自己学会了一定的技能，而且懂得做事情应该先有一定的目的。又如，各种户外游戏，诸如打弹子、玩陀螺、放风筝等等，都提供了能够满足他们需要而制作的动机。通过这样的制作，不仅使儿童培养了主动性和训练了自主能力，而且通过对问题的思考培养了思维的条理性。

因此，杜威指出："儿童的兴趣，从需要一个娃娃起，不知不觉地发展到需要一个娃娃的家庭，到需要一整个娃娃的社会。……事实上，儿童的这种游戏，要比学校里上课时间提供了更多的制作东西的机会。这种建设性的工作，不仅使儿童充满了他们在做任何有趣的游戏时都要表现出来的兴趣和热情，而且教他们懂得了工作的用处。"①

（2）纽约市的普拉特游戏学校

在第4章《课程的改组》和第5章《游戏》中，杜威都论述了纽约市的普拉特游戏学校。根据杜威的描述，美国进步教育家普拉特②（Caroline Pratt）在纽约开办的游戏学校规模不大，也进行了课程改组的实验。在这所学校里，把儿童在街上和在家里所看到的东西，诸如上公园、种花或养动物等，作为他们游戏的材料。所有这些东西与儿童的关系更为密切，因此他们理解这些东西的意义以及与自己生活的关系就更为重要。这些工作不仅能够激起儿童的好奇心和观察力，而且能够为他们今后学习科学和地理打好基础，还能够向他们展示一些在今后的学习中会得到进一步解释的社会生活原理。

此外，根据杜威的描述，这所学校的整个工作都是围绕儿童的游戏活动

① ［美］约翰·杜威.明日之学校［M］// 约翰·杜威.学校与社会·明日之学校.赵祥麟，任钟印，吴志宏，译.北京：人民教育出版社，1994：283.

② 普拉特曾撰著了《我向儿童学习》（*I Learn from Children*，1948）一书.就普拉特的游戏学校而言，可以参见［美］克雷明的《学校的变革》（济南：山东教育出版社，2012：181-186）。

组织起来。具体来讲，把一些知识结合有关的玩具和积木，应用于各个游戏活动之中。儿童在教室内的一个小工作间，可以制作或改造游戏活动所需要的各种物品。儿童还可以使用他挑选来的所有材料，进行一些较大规模的建造活动，例如，建造火车轨道和车站、洋娃娃的房子、小城镇或小农场等，一项建造活动可能要持续几天。这些建造活动几乎都是儿童日常所看到的那些东西的缩影。教师的作用就是教儿童掌握各种工具及使用顺序，以及在每个儿童活动时进行观察并在适当的时候给予指导和激励。

（3）芝加哥市的弗朗西斯·帕克学校

根据杜威的描述，弗朗西斯·帕克学校利用学生的戏剧表演兴趣来帮助历史课教学。例如，四年级学生在学习希腊历史时，开展了其他活动，如盖一个希腊式房屋、穿希腊式衣服、扮演雅典人或斯巴达人、玩希腊游戏、写一些有关希腊神话的诗歌等。用这种方式教历史，能够使儿童学到历史的意义并得到情感上的满足，使他们懂得希腊的精神和造就这个伟大民族所必需的东西。通过这种活动，历史成为儿童生活的一部分，他们把历史作为个人的经历保留下来，而不是死记硬背课本知识。此外，这所学校在早操典礼中也充分体现戏剧表演的社会价值，任何年级的学生只要觉得各科学习中有什么事情会引起其他儿童的兴趣，都可以利用早操典礼把这些事情表演出来。戏剧表演必须简单明了、思路清晰、表达顺畅，否则观众就不能理解。因此，当学生通过动作来表现他们从课本上学到的东西时，所有人都分别扮演一个角色，这样他们就能在社交方面学会珍惜自己的表达能力，以及发展自己的表演能力和情感形象能力。

（4）芝加哥市的豪兰学校

根据杜威的描述，豪兰学校是芝加哥市的一所公立学校，该校排演了一部大型纪念话剧，讲述意大利航海家、新大陆发现者哥伦布的故事。该剧由校长编剧和指挥排练，全体学生都参加了演出。大部分角色的演出服装都是学生自己制作的。整个话剧表演呈现了一幅极为壮观的美国历史轮廓的画面，不仅使学生了解了美国精神，而且也对社区居民产生了影响。

为此，杜威指出："用这样的练习来度过纪念日或纪念节，比起以前在这种场合下的娱乐方式，如儿童独自背几首诗，大人发一些言，要有趣得多，也有价值得多，因为这些方式集中于一点，即向社会表达学校的工作。社会对于学校的兴趣因之增加，因为家长们知道，他们自己的孩子也参加了作品的创作；儿童的兴趣也因之增加，因为他们在小组里正从事着一些有趣的活动，他们对这些活动负有责任。……按照这种计划排出的戏剧、庆祝节目以及表演是非常之多的；因为这样的材料——这些材料给予儿童在阅读、拼写、历史、文学或者甚至某些地理知识方面的训练，决不比从那种呆板的课本中得到枯燥乏味的事实效果要差——总是有可能找得到的。"①

**（三）自由与个性**

在这一部分（第6章《自由与个性》），杜威主要论述了两个方面："'自由'对'纪律'的争论"与"对蒙台梭利教育思想的评述"。

**1."自由"对"纪律"的争论**

杜威认为，在教育上存在着"自由"对"纪律"的争论。其中，一些人主张严格管束纪律，另一些人主张发展个性自由。对于这种争论的实质，杜威这样指出："学校中'自由'对'纪律'的争论，归根结底就是这么一个问题，即究竟怎样来理解教育。"②

（1）严加管束的纪律

在杜威看来，严格管束纪律主要体现在以下方面：

一是，"学校"与"纪律"是同义词。这意味着必须保持安静，意味着一排排儿童一动不动地坐在课桌旁，静静地听着教师的讲课，不能随意讲话，只

---

① ［美］约翰·杜威.明日之学校［M］// 约翰·杜威.学校与社会·明日之学校.赵祥麟，任钟印，吴志宏，译.北京：人民教育出版社，1994：292-293.

② ［美］约翰·杜威.明日之学校［M］// 约翰·杜威.学校与社会·明日之学校.赵祥麟，任钟印，吴志宏，译.北京：人民教育出版社，1994：295.

有当教师要他说话时才能开口。同时，儿童需要一遍又一遍地复述教师讲过的东西，直到教师认为他已经记住了这些东西。

二是，通过严加管束来达到服从。严加管束是对付儿童并使他们服从的唯一方法。因为没有管束，就会出现纪律的真空，儿童就会变得随心所欲、高声喧哗、粗暴无礼、无法无天以及破坏财物等。

三是，自由就是对儿童的放纵。错误地理解儿童的自由，因而认为"自由"和"纪律"是两个互相矛盾的概念，而坚决反对学校中的自由。实际上，自由并不意味着排除自然和人类加在每个生活在社会中的人的各种约束，以便个人放纵违背社会利益的冲动。

（2）发展个性自由

在杜威看来，发展个性自由主要体现在以下三个方面：

一是，自由就是给儿童提供机会。也就是说，使儿童能有机会尝试对于周围的人和事的各种冲动和倾向，从中发现这些冲动及倾向的特征，以便避免那些有害的冲动和倾向，从而发展对他自己和别人有益的冲动及倾向。杜威指出："给儿童以自由，使他在力所能及的和别人所允许的范围内，去发现什么事他能做、什么事他不能做，这样他就不致于枉费时间去做那些不可能的事情，而把精力集中于可能的事情了。儿童的体力和好奇心能够引导到积极的道路上去。教师将会发现，学生的自发性、活泼和创造性，有助于教学，而不是象在强迫制度之下那样成为要被抑制的讨厌的东西。"[①]

二是，不要把身体的自由与道德和智力的自由混为一谈。如果要促进儿童生长，那就必须允许他们的身体得到足够的自由，即他们的身体必须有活动和伸展的空间，有锻炼肌肉的空间，并在疲倦时得到休息。在杜威看来，传统学校中的直背式课桌以及对行动的约束，无疑限制和妨碍了儿童的身体功能。

---

① ［美］约翰·杜威.明日之学校［M］// 约翰·杜威.学校与社会·明日之学校.赵祥麟，任钟印，吴志宏，译.北京：人民教育出版社，1994：298.

但不能以为,儿童在活动中,他们的思想一定也是松散的,他们的道德和智力也决不会比他们的身体更受约束。

三是,每个儿童都有很强的个性。在学校中,教师不能千篇一律地对待儿童,而需要去了解每一个学生。当教师的角色已转变为帮助者和观察者时,在每个儿童的发展成为教育目的的地方,自由是必不可少的。杜威指出:"只要千篇一律地对待儿童,就不可能建立一个真正科学的教育学。每个儿童都有很强的个性,同样任何科学都必须对本科学的所有材料作出判断。每个学生都必须有机会显露他的真实面目,这样教师就能发现学生在成为一个完全的人的过程中需要干些什么。教师只有熟悉她的每个儿童,她才有指望理解儿童,而只有当她理解了儿童,她才有指望去发展任何一种教育方案,使之或者达到科学的标准,或者符合艺术的标准。如果教育家不了解每个学生的实际状况,他们就决不可能知道自己的假定计划是否有价值。"[1]

**2. 对蒙台梭利教育思想的评述**

当时,人们对意大利幼儿教育家蒙台梭利的"儿童之家"以及她的追随者在美国创办的学校谈论得最多,因为在那里,自由已成为儿童工作时不可缺少的东西。蒙台梭利之所以坚持教室中的自由,是因为自由是她的教育方法的基础。所以,杜威强调指出:"在传播对任何真正的教育都不可少的自由的福音方面,蒙台梭利已成为一个最重要的人物。"[2]为此,他花了不少篇幅对蒙台梭利教育思想进行了较为详细的评述,并超过对卢梭、裴斯泰洛齐和福禄培尔教育思想分别进行评述的篇幅。

**(1)自由是教育的真正基础**

杜威指出,蒙台梭利认为要创造一种科学的教育,就必须给予儿童自由。

---

① [美]约翰·杜威.明日之学校[M]//约翰·杜威.学校与社会·明日之学校.赵祥麟,任钟印,吴志宏,译.北京:人民教育出版社,1994:297.

② [美]约翰·杜威.明日之学校[M]//约翰·杜威.学校与社会·明日之学校.赵祥麟,任钟印,吴志宏,译.北京:人民教育出版社,1994:311.

与误解学校功能的传统学校束缚儿童的身体相反，科学的教育把自由作为教育的真正基础。同时，蒙台梭利还相信，如果教师要了解每个儿童的需要和能力，如果儿童在学校中要受到能使他们的身体、智力和性格的全面发展的训练，那么教室中的自由是必不可少的。最重要的是，每个儿童可以选择他想做的事情，并且他做事情的时间由他自己决定，他还可以随意走动而不会觉得厌倦。

（2）建立一种积极训练的方法

杜威指出，蒙台梭利认为活动是生活的基础，训练儿童活动就是训练他们生活。训练儿童的目的就是训练他们独立做事的能力，而不是去压抑他们的种种自发的冲动。当教师第一次向儿童提出忠告时，绝不采取训斥的态度，而是轻轻地告诉他：他做的事不对或者他做的事妨碍了别人，然后告诉他应该怎样做才能受到同伴的欢迎，或者把他的注意力引导到某个工作上。在蒙台梭利看来，这是一种积极训练的而不是消极训练的方法。

（3）以自由为基础的活动是指导原则

杜威指出，蒙台梭利认为教育的真正目的在于给儿童的生活提供积极帮助，使他们得到正常的发展。在儿童的活动上，实际生活练习是为了教会儿童独立，不仅能满足自己的需要，而且能熟练地进行各种活动。例如，保持教室整洁，清洗和端送餐具，收拾和整理教具，管理园地和饲养家禽，等等。

同时，蒙台梭利提出的感官训练，就是为了发展儿童的各种官能。儿童自由地使用教具材料，既没有一定的程序，也没有限定时间。每个年龄的儿童都需参加活动。这里，杜威介绍了蒙台梭利所设计的一些供儿童发展触觉、听觉、色觉的教具，例如，圆柱体或立体嵌入物、搭建宝塔或楼梯的大小不一的木块、几何图形卡片、砂纸字母表、系列小铃铛、各种颜色小纸板等。蒙台梭利还设计了供儿童肌肉练习的各种器械。

（4）教师的作用是做到与自由的协调

杜威指出，蒙台梭利所强调的自由既体现在教室中的儿童自由上，又体现在儿童对待教具材料的使用上，而教师的作用就是要做到与这种自由的协调。教师不要干预儿童的任何自发活动，也不要强迫儿童去注意他不能自然注意到的东西。蒙台梭利所设计的教具材料也具有自我矫正的性质。因此，对于儿童来说，教师是一个观察者。

（5）蒙台梭利教育思想的贡献

杜威指出，自蒙台梭利 1909 年撰著的《运用于"儿童之家"的科学的幼儿教育方法》一书在美国出版[1]后，她的教育思想开始在美国教育界产生影响，她提出的具有说服力的教育观点也得到了美国教育者的欢迎和赞赏。杜威这样写道："美国教育家认识到，蒙台梭利坚持把用手触摸与肌肉运动相关作为学习读和写的一个要素，这是对初等教育的方法的一个真正的贡献。""随着对智力上和道德上的自由的意义的广泛理解，随着消极和强迫训练的观念的破除，教师不能运用自己的力量去观察和实验的主要障碍将会消失。需要个人观察、反思和实验活动的科学兴趣，将增进教师对于儿童的幸福怀有同情的兴趣。学与做相结合的教育将会取代传授他人学问的被动的教育。……与当代教育中自由的理想相一致的呼声竟然从意大利发出，这正表明民主精神的广泛发展的重要性。"[2]

但是，杜威也指出，蒙台梭利的方法与美国教育革新家的观点之间存在着不同，其分歧在于对如何最好地利用自由有着不同的认识。例如，每个儿童都可以独立地运用教具材料进行工作，但不允许他有创造的自由；儿童可以自由选择他将使用的教具材料，但不能选择他自己的目标，也不能把教具材料按照他自己的计划去使用。又如，儿童运用教具材料进行感官训练，但这样的练习并不代表生活本身；教具材料的范围还应该有足够的变化。

---

[1] 蒙台梭利这本书 1912 年由在美国纽约创办第一所蒙台梭利学校的乔治（Anne E. George）翻译成英文本在美国出版，其书名改为《蒙台梭利方法》（*The Montessori Method*）。

[2] ［美］约翰·杜威.明日之学校［M］// 约翰·杜威.学校与社会·明日之学校.赵祥麟，任钟印，吴志宏，译.北京：人民教育出版社，1994：311.

## （四）学校与社会

在这一部分（第 7 章《学校与社会的关系》、第 8 章《作为社会改良的学校》），杜威主要论述了四个方面："学校必须适应现今社会的需要和理想""旧式学校必须进行三个方面的变革""沃特的印第安纳州的葛雷学校实验""瓦伦丁的印第安纳波利斯市第 26 公立学校实验"。应该注意到，在对葛雷学校和印第安纳波利斯市第 26 公立学校进行描述之后，杜威这样指出，这两所学校"为了从身体、精神和社会等方面满足社会上儿童的特别需要，已经实现了完全的改革。这两所学校都怀有一个远大的社会理想……尽管要实现这个理想，首先必须改变社会条件，但是这些学校相信，它们所提供的这样一种教育，是帮助实现改革的一种自然的方法，也许就是最为可靠的方式"①。

### 1. 学校必须适应现今社会的需要和理想

杜威认为，学校不能忽视科学的民主的社会需要和理想，这是一个均衡的、幸福的和繁荣的社会的必要条件。他强调指出："学校与近邻环境的这种密切联系，不仅丰富学校的活动，增强学生的动力，而且还能增加给予社会的服务。"②

### （1）各种职业的结果是必须有一种社会教育

在杜威看来，人们所从事的各种职业就是基本的社会生活，即人类生活。这些职业都是为了满足人类的种种需要和目的，并维持着各种事物之间的关系。没有各种职业，人类文明就无法延续下去。与这一社会结构有关的一切，都决定于人们成功地合作工作的能力。因此，为了使每个人学会使自己适应他

---

① ［美］约翰·杜威.明日之学校［M］//约翰·杜威.学校与社会·明日之学校.赵祥麟，任钟印，吴志宏，译.北京：人民教育出版社，1994：345.
② ［美］约翰·杜威.明日之学校［M］//约翰·杜威.学校与社会·明日之学校.赵祥麟，任钟印，吴志宏，译.北京：人民教育出版社，1994：334.

人和整个社会，就必须有一种社会教育。

（2）科学的民主的社会需要一种新教育

在杜威看来，儿童进入学校虽然是系统学习社会生活所必需的各种职业，但绝大部分学校在教学内容和教学方法上却忽视这一社会生活的基础。这使得学校提供的教育是经院式的，即非社会化的。在美国拓荒时代，学校课程主要致力于使学生的眼光转向过去。公立学校创建后，其首要任务变成使学生在适应社会方面有个良好的开端。正在进行的学校变革，既是对学校适应社会需要和社会理想的重视，也是对旧式学校教育的抗议。其旨在建立一种以儿童所生活的那个世界为基础的新教育。

（3）教育是社会更新和发展的最好手段

在杜威看来，所有追随卢梭的教育改革家都反对封建的和拓荒时代的教育观念，而把教育看成是更新社会的最好手段。他们主张教育的社会化，不仅实施一种与社会生活相联系的教育，而且使学校成为真正的实际生活的一部分，以便每个人都培养一种社会精神。只有社会化的学校，才能发展社会精神和兴趣。

**2. 旧式学校必须进行三个方面的变革**

杜威认为，"一切教育改革的主要努力是引起现有的学校机构和方法的重新调整，使它能适应社会的和智力的条件的变化"①。如果学校要成为现代社会的反映，那么旧式学校就必须进行教学内容、教学方法以及学习方法三个方面的变革。

（1）教学内容的变革

在杜威看来，教学内容的变革并不是改变阅读、书写、计算和地理的名称，而是它们的内容要有很大的改变和扩展。首先，要懂得身体的发展和心灵

①［美］约翰·杜威.明日之学校［M］//约翰·杜威.学校与社会·明日之学校.赵祥麟，任钟印，吴志宏，译.北京：人民教育出版社，1994：347.

的发展同样重要，使学校成为儿童学会身体健康生活和精神健康生活的场所；其次，要把教学内容同最简单的日常生活联系起来，考虑社会的新元素和新需求。这样，就可以使儿童的眼界得到开阔，使儿童的同情心得到激发。

（2）教学方法的变革

在杜威看来，面对任何一个学科的知识剧增以及知识的浩如烟海，教师必须改变他们的教学方法。因为独断的方法不仅在现代社会中是无效的，而且实际上会阻碍社会的最大潜力的开发。为了发展最完善的教育，就需要采用使人的能力得到和谐发展的教学方法。因此，教师应该要确保学生获得适当的材料，并让他们在实际生活中使用这些材料。这样，教师的作用必须从一个向导和指挥者变为一个观察者和帮助者。

（3）学习方法的变革

在杜威看来，随着教学方法的变革和教师作用的变化，儿童的学习方法也必须进行变革。在学习的过程中，他们应该观察和接触事物。杜威这样指出："由于教师注意到每个学生而着眼于允许每个人最大限度地发展思维和推理能力，并且利用读、写、算的课作为训练儿童判断力和活动能力的工具，因此儿童的作用也必然发生改变。它变成了主动的而不是被动的，儿童成为询问者和实验者。"[1]

**3. 沃特的印第安纳州的葛雷学校实验**

沃特是杜威在芝加哥大学任教时很喜欢的一个学生。在第7章《学校与社会的关系》中，杜威对沃特在担任印第安纳州葛雷市教育局局长时所主持的葛雷市的公立学校（以下简称葛雷学校）[2]进行了详细的描述。在后面的第10章《工业教育》中，杜威又从"工业教育"的角度对葛雷学校进行了较多

① [美]约翰·杜威.明日之学校[M]//约翰·杜威.学校与社会·明日之学校.赵祥麟，任钟印，吴志宏，译.北京：人民教育出版社，1994：316.

② 就沃特的葛雷学校而言，可以参见[美]克雷明的《学校的变革》（济南：山东教育出版社，2012：137-142）。

的描述。

（1）葛雷学校实验的目的

根据杜威的描述，葛雷学校作为葛雷市的公立学校，其具体任务是：使当地的儿童在结束他们的学习之后，每个人都能找到自己的工作并做得很成功。但是，对于沃特的理想目的来说，"不是要传授每个人具体工作可能需要的知识，而是要保持儿童童年的自然兴趣和热情，使每个学生能够驾驭自己的身心，并保证他能够为自己做其他的事情"[①]。与此同时，沃特本人也觉得有责任把葛雷学校办成最可行的学校。

在决定达到这个理想目的的最好方法时，沃特从整体上考虑了许多因素，其中包括：每个儿童的特点，担任教学任务的教师情况，儿童所生活的环境，出钱资助办学的社区情况，等等。在他看来，每一个因素都应该起到积极的作用，忽视哪一个因素都会影响实际效果。

（2）葛雷学校的组织和作息制度

根据杜威的描述，葛雷学校是一个小社会，一个民主的社会。在工作安排得当的葛雷学校里，儿童一进学校就觉得如同在家里一样，具有同样的兴趣和责任感。儿童与学校相处得很融洽。学校要求每位教师尽可能熟悉自己所负责的区域的所有儿童。每所学校都把学生分成若干小组，班级的规模比大多数公立学校小。同时，每所学校都有一个由学生们推选出来的学生会。

葛雷学校从早开到晚，要使儿童在上课时间内保持愉快和繁忙的状态。葛雷学校实施班级轮流上课的制度，因而既需要师生之间的合作精神，也需要良好的校务管理。此外，它还开设夜校、周六特别班以及夏季学期。

（3）葛雷学校的教学计划及课程

根据杜威的描述，葛雷学校的教学计划每两个月调整一次，学生可以在

---

[①] ［美］约翰·杜威.明日之学校［M］// 约翰·杜威.学校与社会·明日之学校.赵祥麟，任钟印，吴志宏，译.北京：人民教育出版社，1994：318–319.

其中的任何时候改变他自己的计划。为了管理上的方便，学校仍然保持分年级制；但基于儿童的自然生长，按"快班""普通班"和"慢班"三种类型来划分。

葛雷学校在课程方面，除工业教育外，还有法语、德语、历史、数学、文学、公民教育、体育、音乐、艺术、自然研究和科学等。每所学校都设有健身房、游泳池和操场，以进行体育活动。此外，还组织学生开展各种活动，例如，健康卫生活动，处理牛奶活动，学校礼堂活动，等等。特别值得注意的是，葛雷学校开设了一小时的应用课，它对通常的课堂教学起到了补充作用。

（4）葛雷学校实验的实际效果

根据杜威的描述，葛雷学校原来的条件并不理想，例如，学校经费不比其他相似的城市多，聘请的教师水平一般，学生大多来自不能给子女提供训练的家庭，家长也正在使自己适应完全新的环境，等等。但是，葛雷学校却在节约经费的情况下，在教育改革上做了很多事情。在纪律、社会生活及课程方面，葛雷学校不仅尽其所能，而且与社区、教会和家庭合作，以达到最好的教育目的。就学业成绩而言，在葛雷学校实验的 8 年中，其所有毕业生中的三分之一升入州立大学学习；此外，其在工业教育方面的一些做法也被其他学校所采纳。因此，杜威明确指出："沃特先生一直在进行的一种制度是多么的成功，它能满足学生的需要，对社会也有吸引力，以致人们希望这种制度继续下去，并获得比仅仅需要日常必需东西更多的教育。"① 他还指出："在校园和操场所体现出来的葛雷制的这些效果，聪明而愉快的学生，以及学生在校期间和毕业以后所取得的进步的统计资料，这一切之所以令人倍受鼓舞，就因为取得这些成绩所依赖的各种条件，是任何一所公立学校都能达到的。"②

---

① [美]约翰·杜威.明日之学校［M］//约翰·杜威.学校与社会·明日之学校.赵祥麟，任钟印，吴志宏，译.北京：人民教育出版社，1994：328.

② [美]约翰·杜威.明日之学校［M］//约翰·杜威.学校与社会·明日之学校.赵祥麟，任钟印，吴志宏，译.北京：人民教育出版社，1994：333.

#### 4.瓦伦丁的印第安纳波利斯市第26公立学校实验

杜威几乎用了一整章的篇幅（第8章《作为社会改良的学校》），对瓦伦丁（Valentine）担任校长的印第安纳波利斯市第26公立学校进行了详细的描述。他把位于印第安纳波利斯市非裔人口众多的贫困地区的这所学校称为"一个社会改良机构"，指出它体现了学校与社会的密切联系。在对这所学校进行描述之后，杜威还提及了伊利诺伊州里弗赛德村舍学校的学生组成的"市民同盟"。

（1）印第安纳波利斯市第26公立学校实验的目的

根据杜威的描述，印第安纳波利斯市第26公立学校的实验是一个与人们平常所知的完全不同的实验。用瓦伦丁校长自己的话来说，学校实验的目的是：努力使这所学校变成一所真正的学校。在这所学校里，社区的儿童都能成为健康、幸福并具有经济和社会能力的人，并且儿童和家长都能直接认识到教育与社会生活的联系。

具体来讲，实验中采取的手段有，弥补学生家庭生活中的种种缺陷，给学生提供各种能为较好的前途作准备的机会，提供社会需要的各种专门课程和举办范围较广的活动，提供大量健康有益的活动和娱乐项目，使学校可以为改善周围的环境而作出迅速反应。

（2）印第安纳波利斯市第26公立学校的课程及实施

根据杜威的描述，这所学校开设了手工训练课、烹饪和家政课、校外活动、操场、图书馆、学校庭园、储蓄银行、晚间聚会等等。此外，学校还设有木工车间、缝纫室、健身房、活动室等。所有这些活动都是学校日常工作的一部分，并且大部分是在上课时间内进行的。活动的安排适应了学生个人的需要。例如，在手工训练上，男孩学习木工，女孩学习缝纫或烹饪和家政。在活动中，学生可以从教师那里得到帮助和指导。

学生所做的工作不仅仅是学习如何使用工具、如何制作东西和如何提高制作技能，而且也考虑所制作东西的实际用处和价值。例如，装修房间时，在指导教师的带领下，除掉墙上的旧报纸和碎石灰，拆掉地板，重铺地板并刷上油漆，装房门，修窗户，配家具，等等，都由学生自己承担。又如，家政课不仅教女孩怎样做家务，而且教她们学会过一种舒适和自重的生活，因而这门课成为她们的一个社交中心。

（3）印第安纳波利斯市第26公立学校与社区的联系

根据杜威的描述，作为人们所需要的一个自然的和合乎逻辑的社会中心，这所学校考虑为整个社会的公共福利做一些事情。例如，为社区的成人开设夜校，并允许其使用学校的教室和工场；把对学校工作热心的人组成一个俱乐部；为社区儿童开设暑期班；组织家长俱乐部和茶话会；等等。由于这所学校几乎与当地的所有家庭都建立了联系，因此开展社会活动非常容易。

（4）印第安纳波利斯市第26公立学校实验的实际效果

杜威认为，作为一个社会中心，印第安纳波利斯市第26公立学校是做得很成功的。在这所学校里，学生通过他们的学校生活，不仅得到了教育的机会，而且得到了社会的机会。学校改变了学校与学生的关系，学生乐于上学了，学校纪律改进了，学生也意识到自己对社会和邻里的责任感。此外，这所学校对附近社区的家庭也产生了十分显著的影响。在杜威看来，这所学校实验的成功，使得它在解决种族问题和贫困地区所面临的具体问题方面向前迈进了一步。因此，杜威最后指出："由于社会化的教育的尝试取得如此的成功，并且又如此地唤起儿童的热情，所以，这种尝试作为教育手段的价值已得到确认，因而让社区的人们切实参与学校里的各种活动并使用学校的设备，就成为了一种最为可靠的方式。通过这样的方式就能培养社区公民一种更为明智的公共精神，并唤起他们对这块土地上的青年人的教育权利给予更大的关注。"①

---

① ［美］约翰·杜威.明日之学校［M］// 约翰·杜威.学校与社会·明日之学校.赵祥麟，任钟印，吴志宏，译.北京：人民教育出版社，1994：346.

### （五）工业教育

在这一部分（第9章《工业与教育再整顿》、第10章《工业教育》），杜威主要论述了三个方面："自由教育与职业教育""教育的再整顿""最好的最出色的工业教育实例"。

#### 1. 自由教育与职业教育

杜威从"学校"一词的希腊文词源"闲暇"开始谈起，进而探讨了"自由教育"和"职业教育"两个方面。

（1）自由教育

杜威认为，"学校"在希腊文中意味着"闲暇"，因此，想要有一种真正的自由教育或人文教育，就必须有一种闲暇的环境。对于有闲的上层阶级来说，自由教育就是一种为自由人所提供的教育。所有那些极少运用身体活动的或纯粹运用心智的学科，才算是自由的学科。例如，哲学、神学、数学、逻辑学、文学、语言学、文法、修辞学等。这种自由教育是有闲的上层阶级所享有的特权，是闲暇和富贵的标记。

（2）职业教育

杜威认为，职业教育强调学科的实用性。它能够使个人自立地生活，并能够在变化的商业条件下提供更好的经济服务。但是，从根本意义上说，这种职业教育从未被人们看作是教育。与自由教育或人文教育相比，职业教育或实用教育被人们轻视，因为它们的目的是为他人服务。

#### 2. 教育的再整顿

在教育的再整顿上，杜威论述了"教育再整顿的缘起""教育再整顿的目的"两个方面。

（1）教育再整顿的缘起

杜威认为，教育的再整顿可以归于三个原因：

一是，尽管产生自由教育和职业教育之间区别的社会条件早在18世纪时已开始消退，但这种自由教育观念和思想在教育理论和实践中却被长期保留了下来。因此，公立学校的课程和方法的发展，也受到了残存的闲暇阶级教育观的严重影响。"知识是由他人已经发现的现成材料所构成，掌握语言就是接近这个知识仓库的方法。研究学问不过是要从这一现成的仓库中拨些东西出来，而不是由自己去发现什么东西。"①

二是，旧的教育观念使得学校的教学内容和教学方法无法跟上社会变化的步伐。但是，对于现在的学校教育来说，只有与现代社会生活保持一种密切的联系，才能给学生提供一种所需要的训练，把他们所学到的知识与社会活动联系起来，使他们成为有效的和自尊的社会成员。

三是，从工业的角度来说，教育的再整顿是一个最重要的问题。这一方面一般可以概括为三条道德原理：第一，从来没有像现在这样重要的是一个人应该能够自尊、自立、明智地工作；第二，从来没有像现在这样一个人的工作能够对别人的利益产生这么广泛的影响；第三，从来没有像现在这样，工业方法和过程更依赖于自然科学和社会科学的事实与原理。

（2）教育再整顿的目的

教育的再整顿意味着，要对所有的教育进行改革，以适应现代社会生活条件的变化。对于这一问题，杜威明确指出："问题似乎那么广泛和复杂，以致很难解决。不过我们必须记住，我们所要处理的是再整顿的问题，而不是什么创新。完成这个宜逐步进行的再整顿，要花很长的时间。现在最主要的事情就是要着手进行，并沿着正确的方向进行。总结以前已经进行的各种实验因而是十分重要的。而且我们必须记住，通过改革所带来的最必要的东西，不是积累更多的资料，而是要形成一定的态度和兴趣、观察事物和研究事物的方法。"②

---

① ［美］约翰·杜威.明日之学校［M］//约翰·杜威.学校与社会·明日之学校.赵祥麟，任钟印，吴志宏，译.北京：人民教育出版社，1994：351.

② ［美］约翰·杜威.明日之学校［M］//约翰·杜威.学校与社会·明日之学校.赵祥麟，任钟印，吴志宏，译.北京：人民教育出版社，1994：356.

就教育再整顿的具体目的来说，不是单纯的知识多少的事情，而是学习动机和目的的事情；不是训练每个人从事某种特定的职业，而是使他们对未来从事的职业具有极大而真诚的兴趣；不是训练人去谋生，而是令人能够明智地处理一切社会事务。因此，杜威所希望的是，使学生养成一种能把他们所获得的知识和生活中的各种活动联系起来的习惯，并把有限的人类活动与活动取得成功所必须依赖的各种科学原理结合起来的能力。

很有意思的是，杜威最后提出，教育再整顿必须在古老的书本教育和狭隘的实用教育这两者之间前行。

### 3. 最好的最出色的工业教育实例

杜威认为，政治上、智力上和道德上的变化，使得与工业教育有关的问题成为了当时美国公共教育中的最为重要的问题。一些城市学校在工业教育上提供了最好的、最出色的实例。这里，杜威有选择地对印第安纳州的葛雷学校、芝加哥市的技术中学以及俄亥俄州辛辛那提市的学校进行了不同程度的描述。

（1）对印第安纳州的葛雷学校的描述

杜威在前面的第7章《学校与社会的关系》中，曾对葛雷学校进行过详细的描述。这里，他又从工业教育的角度对葛雷学校进行了描述。杜威指出，葛雷学校建立了一个全面的教育制度，并以一种几乎完美的形式运行起来。工业教育在葛雷学校中做得比其他任何地方都完善。

一是，开设不同的工场。每一个儿童都能亲眼见到设备齐全的工场，而且到了足够年龄还承担保持校舍清洁的实际工作。学校具体设有午餐室、缝纫室、印刷所、木工场、电工场、金工场、机械工场等，供学生在教师指导下进行工作和研究。

二是，学生从事有利于身心发展的工作。最低的三个年级的学生每天要花一小时进行手工训练和绘画，更高的五个年级的学生要花更多的时间。工场和科学课程在一学年中仅仅占三分之一的时间，还有五周的见习课。学生在教师的建议下选择他们将去哪个工场，但到工场五周后还可以另作选择。因此，"从一个工作换到另一个工作，他们就能学到他们这个年龄所能理解的工业原理，同时也保证了一种全面的肌肉和感官训练"[①]。

三是，有机会为一种职业作准备。杜威描述了葛雷学校儿童从幼儿园到中学毕业的各个阶段的情况。例如，最低的三个年级的学生在打好文化知识初步基础的同时，在职业训练方面也开始迈出最初的步子；四年级学生的手工训练时间有所增加；五六年级学生除工场工作外，还可以学习初步的簿记和行政管理；七年级学生开始专门在某一工场工作。这些工作都是职业性质的。

四是，职业训练课程与学术方面课程的地位完全相同。学生学习的课程不仅包括打字、速记、簿记、档案管理等，而且也包括英语、语法、拼写、历史、地理、科学等。由于一切工作都具有生产价值，这使得学生职业训练的价值也极大增加了。此外，由于手工训练激发了学习动机，学生的书本知识比过去学得更好。

五是，实验室有助于科学基础的学习。所有学生都要学习科学概论课程，还结合园艺课、化学实验课、电学实验课等学习相关的科学基础知识。这样，学生不仅逐渐理解了现代工业的基础，而且对自己的环境也有了一个总体的认识。

（2）对芝加哥市的技术中学的描述

根据杜威的描述，芝加哥市有 5 所技术中学（technical high school），其中四所是为男生建立的，一所是为女生建立的。这些技术中学开设了职业预备课程，对象是那些已达到毕业年龄而因各种原因未能毕业但又不愿留校的学生，包括六年级、七年级和八年级学生。学生在不忽视书本学习的同时，进行手工技能的训练。在女子技术中学里，学生所学习的东西同职业中学差不多，

---

[①]［美］约翰·杜威.明日之学校［M］// 约翰·杜威.学校与社会·明日之学校.赵祥麟，任钟印，吴志宏，译.北京：人民教育出版社，1994：362.

只是学得更为全面，例如，烹饪、市场营销、蔬菜种植、家政、缝纫、艺术装饰等。在男子技术中学里，学生继续学习通常的学术课程，同时还在装备很完善的工场里工作，例如，印刷、木工、金工、机械制图、锻造等。

杜威指出，职业预备课程被证明对于城市儿童日常生活的实际训练具有重要价值，使技术中学毕业生对他们将来所从事的工作有更充分的准备。在他看来，"理论与实际的结合不仅使理论具体化和易于理解，而且避免了手工劳动的单调和狭隘。当一个学生圆满地解决了那样一个问题时，他就增添了知识和力量"①。

（3）对俄亥俄州辛辛那提市的学校的描述

根据杜威的描述，在俄亥俄州的辛辛那提市，学校儿童的四分之三在14岁时就离开了学校，但他们只适于从事最容易和最呆板的工作，其工作报酬也很低。因此，辛辛那提市的学校董事会尝试给该市的学生提供一种较好的教育，使他们为将来做好准备。于是，学校引进手工训练和工业教育。例如，实施一项全面合作计划的试验，更多地利用当地工厂的工业教育价值。在这个计划中，市里工厂的车间成为学生的实习场所，学生利用工厂车间获得手工技能和进行必要的实际练习。许多工厂表示，愿意与市里进行合作。这个合作计划是如此成功，对教育具有重要的价值，也具有很大的启发价值。

如果这个合作计划得到进一步的发展，那么除工厂外，商店、医院以及市政府各部门也能为学生提供试验基地。在试验过程中，学生可以这一周在试验基地工作，以丰富自己的职业经验；下一周又回到学校学习，学习英语、历史、数学、自然科学和绘画等。从职业指导的角度看，相比以前的固定工作的方式，隔周轮换的方式具有明显的优点。这样，"学生有了一个试验他自己的兴趣和能力的机会，并且考察他对它们的判断是否正确。如果判断不正确，他

① [美]约翰·杜威.明日之学校[M]//约翰·杜威.学校与社会·明日之学校.赵祥麟，任钟印，吴志宏，译.北京：人民教育出版社，1994：373.

就有了一点科学依据，并在这个基础上形成一种更为正确的判断"①。

杜威的描述还提及，根据俄亥俄州的法律要求，儿童需留在学校直到他们年满 16 岁，除非他们去工作，但学生又必须等找到工作时才能离开学校。如果因为某些原因学生停止了工作，那学校就要与该学生保持接触，并设法使他重返学校学习。此外，辛辛那提市还建立了成人业余补习学校（continuation school），规定离校后无力重返学校的工人每周必须到这种成人业余补习学校上几小时的课程，接受他们所从事的工作的理论训练。

在杜威看来，俄亥俄州辛辛那提市的学校的目的是，给学生一些关于职业和工业方面实际情况的知识，从而使他们具有作出最终的明智选择的标准。但是，这并不是利用工厂车间的经验作为目的本身，而是作为实现这些更广泛的目的的一种手段。

### （六）民主主义与教育

在这一部分（第 11 章《民主主义与教育》），杜威主要论述了两个方面："实施教育改革的学校的相似之处"与"对民主与教育之间关系的认识的传播"。

#### 1. 实施教育改革的学校的相似之处

杜威认为，对于所有实施教育改革的学校来说，尽管不同的学校之间有着很大的差异，但这些学校中的某些相似的东西比差异的东西更为重要。而且，这些相似之处大部分在卢梭所提倡的教育观点里可以看到。杜威强调指出："相似的东西所以更为重要，那是因为它们阐明了正在进行的教育改革的方向，并因为它们中有许多是近代科学和心理学导致我们观察世界的方式改变的直接结果。"②

---

① ［美］约翰·杜威.明日之学校［M］// 约翰·杜威.学校与社会·明日之学校.赵祥麟，任钟印，吴志宏，译.北京：人民教育出版社，1994：376.

② ［美］约翰·杜威.明日之学校［M］// 约翰·杜威.学校与社会·明日之学校.赵祥麟，任钟印，吴志宏，译.北京：人民教育出版社，1994：379.

实施教育改革的学校的相似之处主要表现在以下四个方面：

（1）注意儿童身体健康的重要性

在杜威看来，无论从社会的角度还是从个人的角度，健康都是重要的，因此，一个有成就的社会更有必要关注这个问题。在这一问题上，不仅教育界的先行者已认识到，在没有运用身体培养心灵和没有运用心灵训练身体的教育制度下，就不能保证儿童有全面的智力；而且现代心理学也已指明，人的一切本能都是通过身体表现出来的，因此，抑制身体活动的教育就是抑制本能，从而妨碍自然发展的学习方法。杜威指出："它还是认识到儿童身体健康的重要性后的合乎逻辑的结果，而且必然带来课堂教材上的变化。"[①]

（2）儿童必须从事有教育意义的活动

在杜威看来，对于儿童来说，他从事的这些活动应该能够再现真实的生活情境。例如，儿童学习度量时，书本上有关度量的陈述是有价值的和可信的，因为那是一种经验、一种事实。又如，在一个学校厨房里，准备午餐以及进行烘烤或烧煮的儿童是在学习许多新的事物，使他们自己的智力继续生长，厨房变成了一个研究人类生活的基本要素的实验室。因此，杜威指出："当一个学生从做中学的时候，他精神上和身体上都在体验某种被证明对人类有重要意义的经验；他所经历的心理过程，与最早做那些事情的人所经历的心理过程完全相同。由于他做了这些事情，他明白了结果的价值，也就是说事实的价值。"[②]

（3）自由是儿童智力和道德发展的一种积极因素

在杜威看来，在传统学校里，学生往往处在一种完全被动的态度之中，会把记忆作为获得知识的主要工具。于是，高分和奖赏成为人为追求的目标，

---

① ［美］约翰·杜威.明日之学校［M］// 约翰·杜威.学校与社会·明日之学校.赵祥麟，任钟印，吴志宏，译.北京：人民教育出版社，1994：380.

② ［美］约翰·杜威.明日之学校［M］// 约翰·杜威.学校与社会·明日之学校.赵祥麟，任钟印，吴志宏，译.北京：人民教育出版社，1994：381.

从而使儿童习惯于期望得到他们从事的工作的成果价值之外的某些东西，并使他们更多地依赖于真正的道德行为之外的动机。但是，如果采用主动的教学方法以及用实际活动来取代通常孤立的书本学习，那就需要给儿童更大的自由。这种自由是儿童智力和道德发展的一种积极因素，以取得积极的道德效果。对儿童来说，他的学习出于对学习本身的热爱，而不是为了得到奖励或因为害怕惩罚。因此，杜威指出："活动需要积极的品质——有活力、主动性、创造性，这些品质比在执行命令中所表现的最完美的忠诚更有价值。学生看到了他的学习价值，因而也看到了自己的进步，这激励他去追求进一步的结果。"①

（4）发现使儿童感兴趣的工作

在杜威看来，儿童的兴趣在过去被看作是一个极不重要的问题，因而往往强迫他们去做一件对他们缺乏吸引力的事情。但是，教育改革是一种更具有根本性质的变革，是建立在正确的心理学理论之上的。兴趣应该是选择的基础，因为儿童对他们需要学习的东西是感兴趣的。例如，儿童会花很长的时间反复做同一件事情。当然，其中也必须包含坚韧和专心。因此，杜威指出："凡是儿童感兴趣的事情就是他需要去做的。那么，为任何一群儿童选择工作，从儿童的环境中，从当时能够唤起他们的好奇心和兴趣的一些事物中选择工作，也是智慧的一部分。"②

**2. 对民主与教育之间关系的认识**

杜威认为，对于教育改革来说，传播对民主与教育之间关系的认识是其最为有趣的和最有意义的一个方面。他强调指出："声称机会均等为其理想的民主制度需要一种教育，这种教育把学习和社会应用、观念和实践、工作和对

---

① ［美］约翰·杜威. 明日之学校［M］//约翰·杜威. 学校与社会·明日之学校. 赵祥麟，任钟印，吴志宏，译. 北京：人民教育出版社，1994：384.

② ［美］约翰·杜威. 明日之学校［M］//约翰·杜威. 学校与社会·明日之学校. 赵祥麟，任钟印，吴志宏，译. 北京：人民教育出版社，1994：386.

所做工作的意义的认识，从一开始并且始终如一地结合起来。"①

（1）民主社会需要一种新的教育

在杜威看来，传统的教育形式强调训练儿童温顺和服从，并强迫他们在命令下去完成某个工作，这种教育形式是适合于专制社会的。与此相反，在民主社会中，需要对学校教育工作进行重新组织。我们的理想并不是把学校作为现存的工业制度的工具，而是为了学校的重新组织来利用工业制度。这种新的教育不能对一部分人进行过分的书本教育，而对另一部分人进行过分的实用教育。在消除阶层分化问题上，公立学校制度是唯一的根本有效的教育机构。但是，绝不能把这种学校制度分离开，一部分采用附带作一些改进的传统方法，另一部分采用培养未来体力劳动者的方法，这是不符合民主社会的精神的。

（2）民主和科学在教育中的影响

在杜威看来，在过去的150年里，有两大变化改变了人类的生活和思维习惯。其中，一个变化是民主思想的发展，另一个变化是科学发现的进步。前者要求教育上的变革，后者会在课堂教学上得到反映。随着民主思想的传播以及随之而来的对社会问题的觉醒，人们开始认识到：每个人都有权要求一种能够满足他自己需求的教育，而国家必须满足这种需求。随着科学发现的进步导致的社会的各种变化，人们开始认识到：学校中不仅要教授各种科学原理和定律，而且要用实际活动来取代单纯的书本教育。

（3）把工业教育的价值放在首位

在杜威看来，教育者应该坚持把工业教育的价值放在首位。这不是因为教育者本身的利益，而是因为这种价值代表了社会，尤其是在一种民主基础上组织起来的社会的根本利益。工业在教育中的地位，并不是为了使学生为各自的职业作准备，而单纯地进行职业训练。工业教育应该给每个学生具备的理论

---

① ［美］约翰·杜威.明日之学校［M］// 约翰·杜威.学校与社会·明日之学校.赵祥麟，任钟印，吴志宏，译.北京：人民教育出版社，1994：393.

知识赋予实践价值，并且给予他一种对周围环境和制度的理解能力。无论对于儿童的利益，还是对于社会的利益，极其需要的就是使儿童与他周围的环境尽可能完善地和明智地联系起来。如果工业教育被分解了，那就会导致民主与教育两方面的损害。

### 三、《明日之学校》的学术影响

《明日之学校》一书1915年出版后，尽管很难评估该书对当时美国各地学校课程改革所产生的直接影响，但它作为一本畅销书，受到了众多教育学者和学校教师的欢迎。出版《明日之学校》一书的达顿出版公司的麦克雷总裁在1917年4月20日给杜威的信中很兴奋地写道："这本书的销售非常令人满意。这本关于教育主题的非凡的好书持续畅销。"三天后，杜威在给他的回信中表达了这样的心情："对于此书持续畅销，我当然非常高兴，并要对您在出版此书时所付出的努力表示感谢。销量持续高居不下，实在令人满意。"①

随着《明日之学校》的问世，仅仅在1915年和1916年，就出现了14篇关于《明日的学校》一书的评论。例如，《现代学校》（*Modern School*）杂志第2期（1915年）的评论者这样写道："约翰·杜威终于成就了一本深受欢迎的书。"《新共和》（*New Republic*）周刊（1915年6月26日）的评论者写道："杜威教授用他大师的方式展现了美国学校完整的历史场景。……该书风格上通俗易懂，绝无矫揉之感，也许是他平生所著之最有用的著作。读者不可能从别人那里获得如此强烈的感觉：洞若观火，把握形势，内容广泛，阐释切题，一以贯之，而这些恰恰正是他的禀赋。"美国教育学者拜尔（T. P. Beyer）在《日晷》（*Dial*）杂志第59期（1915年）上这样写道："作者用明白易懂、一以贯之的理论来表现并汇集具体事情，学问成熟，逻辑严密，颇为合理，技艺

---

① John Dewey to John Macrae, 23 April, 1917. Butler Library.

高超，使《明日之学校》成为一个极其重要的贡献。"①美国哲学家穆尔（Ernest C. Moore）在《调查》（*Survey*）杂志上也发表了这样的评论，《明日之学校》一书是"对新的教育精神的一种更加完善的和更有说服力的展示。我把这本书的问世看作是 1915 年的一个最有教育意义的事件"②。

杜威之所以研究和分析这些新型的实验学校，就是希望在一个民主的社会，所有儿童都有权享受一种可使儿童发展达到最充分和最理想程度的学校教育。确实，正是通过《明日之学校》一书的出版以及杜威本人的热情赞扬，很多教育学者和学校教师对那些进步学校的实际情况有了更多的了解和认识，才能得以充分挖掘和赞扬那些学校实验的价值。例如，教育革新比较激进的费尔霍普学校实验原先在美国教育界并没有多大影响，但在杜威对它的详细论述之后，它才引起了人们的广泛关注。

尤其重要的是，在《明日之学校》一书中，杜威首创性地提出了"教育就是自然的正常生长""学校必须适应现今社会的需要和理想""儿童必须从事有教育意义的活动""自由是儿童智力和道德发展的一种积极因素"等观点，充分体现了该书在学校教育改革上的学术价值和现代意义。

日本教育家小原国芳 1929 年创建的玉川学园就受到了杜威《明日之学校》的影响。当杜威生前知道他在这本书中提出的主张在玉川学园的实践中开花结果，他兴奋不已并想亲自进行访问，后因年事已高未能如愿，但杜威夫人在他去世后曾 7 次访问玉川学园。因此，日本冈山大学副教授梶井一晓指出："杜威研究最大的特征是可沟通理论和实践。像日本的小原国芳和中国的陶行知都是从杜威研究走向教育改革实践，从教育学家成长为教育家。"③

---

① ［美］约翰·杜威. 杜威全集·中期著作第 8 卷［M］. 何克勇，译. 上海：华东师范大学出版社，2012：386-387.

② Ernest C Moore. A Prophet among Schoolmasters［J］. Survey, 8 January, 1916.

③ ［日］梶井一晓. 日本关于杜威的研究的特征和课题：如何批判地吸收杜威的思想［M］// 涂诗万.《民主主义与教育》：百年传播与当代审视. 北京：教育科学出版社，2016：106.

美国杜威研究知名学者戴克威曾教授对杜威的《明日之学校》一书作了这样的评论:"《明日之学校》把对基于儿童自然发展的教育原理的阐述和对一些把这些原理付诸实施的学校的描述结合起来。……这本书得到了进步教育者的广泛赞誉,一位评论者认为,这本书是对从未有过的新的教育精神的更好的或更令人信服的一种呈现。"①

当代美国教育史学家克雷明在《学校的变革》一书中用了很长一段话,对杜威的《明日之学校》给予了高度评价:"确实,没有其他书籍比《明日之学校》更雄辩地证明了进步教育运动初期的丰富性和多样性。《明日之学校》集中描述了一些令人振奋的教育实验……上述每个例子都提出了指导理论,并描述了将这种理论付诸实践的各种方法。这本书基本上采用了新闻报道的写法,尽力去描述而不是赞扬或批评。《明日之学校》作为一种进步教育运动及其在1915年前后情况的记录,其资料是非常珍贵的。它通篇生动地描述了明日之学校中的体育、自然研究、手工劳动、工业训练以及许许多多社会化活动,令人振奋地论及了儿童的自由、对个人生长和发展的更大关注、文化和学习的广泛民主化。它比任何书籍都更引人注目地表达了进步教育运动的信念和乐观主义。"②

杜威的学生、美国哲学家和教育家胡克也指出:"《明日之学校》,体现了他对教育的看法。无论在兴趣、影响还是深度方面,这些看法都更有代表性。可以毫不夸张地说,见多识广的读者将从该书中听到时代的强音。"他还强调指出:"《明日之学校》今天依然具有重要的意义,它对比了它问世时占支配地位的传统教育和后来被称为'进步的'那种类型的教育。无论怎样评价,进步教育的理想和实践对今天称为传统教育的教育产生了巨大的影响。该

① George Dykhuizen. The Life and Mind of John Dewey [M]. Carbondale:Southern Illinois University Press,1973:177.

② [美]克雷明.学校的变革[M].单中惠,王强,译.济南:山东教育出版社,2012:136.

书值得关注，因为除去别的方面，它表明，对于自己所倡导的教育改革，杜威深知其任务之繁重和任务之艰巨。"①美国教育哲学家、美国教育哲学学会前主席伯内特（Joe R. Burnett）也对《明日之学校》一书作了这样的评价："《明日之学校》一书所说到的那些学校，在各种不同的意义上和程度上就是杜威所理解的那种'实验'性质的学校。但是，没有一所是彻底的实验学校。确实，有些学校在培养学生充分参加社会生活和就业方面做了些初步的准备。"②

对于杜威的《明日之学校》一书，强调传统的要素主义教育代表人物巴格莱（William C. Bagley）在《学校与家庭教育》（*School and Home Education*）杂志第 35 期（1915 年）的"社论"中也作出了这样的评价："美国的当代教育理论由美国杰出的哲学家约翰·杜威主导。杜威不仅仅是杰出的哲学家，而且我们相信，他对教育理论的贡献也是自裴斯泰洛齐、福禄培尔、赫尔巴特那一代教育家以来最为重要的。他的近著《明日之学校》概述了一类具有代表意义的学校。由他提出的理论，在这些学校得以实施。不过，杜威为人谦逊，对此事实避而不谈。……杜威认为，教育的作用仅仅限于生长或者发展方面。他的这本书（就他对教育理论的阐述而言）对自由、兴趣和作为达到目的的手段的活动进行了发人深省的论述。"③但是，巴格莱又对杜威在《明日之学校》中所阐述的观点作了贬义的分析："杜威在书中突出了许多如何提高教学方法的建议，美国教育从中获益良多。不过，正是他的一些基本假设包含着严

① ［美］约翰·杜威. 杜威全集·中期著作第 8 卷［M］. 何克勇，译. 上海：华东师范大学出版社，2012："导言"20–21.
② ［美］伯内特. 如何评价杜威？［M］// 陈友松. 当代西方教育哲学. 北京：教育科学出版社，1982：188.
③ ［美］约翰·杜威. 杜威全集·中期著作第 8 卷［M］. 何克勇，译. 上海：华东师范大学出版社，2012：369.

重的危机。"①

对于巴格莱的评价，杜威 1915 年 9 月 20 日在《学校与家庭教育》杂志第 35 期上发表了《给威廉·巴格莱及〈学校与家庭教育〉全体编辑的信》，给予了直接的回应："我要声明，书中所描述的尝试并非是我的功劳，这不是出于谦逊，而是出于对事实的尊重，出于对一种认识的尊重；因为我认识到，这些形形色色的实验的重要意义在于，实验是在方方面面的支持下自主地涌现出来的。……我之所以致力于为在校学生创造机会，使其能够获取直接而积极的经验，主要就是为了让他们能够更好地'吸收他人的经验'——达到这个目标非常重要，同时也非常困难。"②

在《明日之学校》一书出版后，它被翻译成其他一些国家的语言。其中，由西班牙教育学者洛伦索·卢佐瑞加（Lorenzo Luzuriaga）翻译成西班牙文（马德里，1930 年）；由法国教育学者迪蒂（R. Duthil）翻译成法文（巴黎，1931年）；由罗马尼亚教育学者 G. I. 希梅昂（G. I. Simeon）翻译成罗马尼亚文（布加勒斯特，1937 年）；此外，它还被翻译成俄文。③ 在现代中国，由李小峰和潘梓年合译的《明日之学校》部分译文从 1921 年 8 月 4 日至 10 月 20 日在《民国日报·觉悟》上连载；上海商务印书馆 1923 年出版了由朱经农和潘梓年合译的《明日之学校》中文译本。

当然有点令人遗憾的是，《明日之学校》一书是杜威与他的女儿伊夫琳·杜威合著的，虽然杜威在该书的"序言"里特别声明他女儿"负责撰写本书描述性的章节部分"，但是，该书的评论者却往往都会把该书全部记在杜

---

① ［美］约翰·杜威. 杜威全集·中期著作第 8 卷［M］. 何克勇，译. 上海：华东师范大学出版社，2012：371.

② ［美］约翰·杜威. 杜威全集·中期著作第 8 卷［M］. 何克勇，译. 上海：华东师范大学出版社，2012：327–328.

③ Paul Arthur Schilpp. The Philosophy of John Dewey［M］. Evanston and Chicago：Northwestern University Press，1939：635.

威名下，甚至有时根本就不提伊夫琳·杜威的名字。

还值得注意的是，《明日之学校》一书的最后一章有一个重要的标题：《民主主义与教育》（Democracy and Education），也许这并不是偶然的。美国哲学家和教育家胡克在《杜威全集》中期著作第 8 卷的"导言"中就指出，对于民主与教育问题的观点，"《明日之学校》只是简单地勾勒出一个纲要。杜威用更加系统的方式提出了教育理论，不过，这些理论的哲学基础则在他后来出版的《民主主义与教育》时才得以亮相"①。确实，在《明日之学校》一书出版后的第二年，杜威就出版了那本举世闻名的教育经典著作《民主主义与教育》，这是他整个教育学术人生中最重要的一本教育著作。

---

① ［美］约翰·杜威.杜威全集·中期著作第 8 卷［M］.何克勇，译.上海：华东师范大学出版社，2012；"导言"21.

# 《民主主义与教育》导读

民主政治热心教育，这是众所周知的事实。……一个流动的社会，有许多渠道把任何地方发生的变化分布出去，这样的社会，必须教育成员发展个人的首创精神和适应能力。否则，他们将被突然遇到的种种变化所迷惑，看不出这些变化的意义或关联。

——约翰·杜威

《民主主义与教育》（*Democracy and Education*，1916）一书是美国著名教育家约翰·杜威的一本中期教育代表作，标志着他构建的实用主义教育思想体系的确立。该书的副标题为《教育哲学导论》（*An Introduction to the Philosophy of Education*）。这是杜威整个教育学术人生中最重要的一本教育著作，既是对他的实用主义教育思想进行最系统的综合性阐述的一本重要著作，也是他的教育著作中篇幅最长字数最多的、学术地位最重要的、学术影响最广泛的一本经典著作。

## 一、《民主主义与教育》的出版背景

杜威之所以能够在 1916 年出版《民主主义与教育》一书，显然是有其背景的。美国教育史学家、哥伦比亚大学师范学院前院长克雷明（Lawrence A. Cremin）在杜威生前曾与他有过直接的交往。他在《美国教育史：城市化时期的历程（1876—1980）》一书中这样写道："杜威有一次曾提到，他的早期教育著作是针对普遍社会的，而晚期教育著作则是针对特定地点和特定时间的特定社会的。"①

**（一）《民主主义与教育》一书的形成背景**

就《民主主义与教育》一书的形成背景而言，可以归纳为三个方面：一是芝加哥大学初等学校的教育实验活动，二是杜威在哥伦比亚大学师范学院任教后的理论研究，三是当时正在美国如火如荼地开展的进步教育运动。

**1. 芝加哥大学初等学校的教育实验活动**

在杜威漫长的教育学术人生中，他亲自参加中小学教育工作实践的经历主要是：在石油城中学和莱克维尤高级中学当老师、在密歇根大学期间参与中学教师培训工作以及在芝加哥大学初等学校参与教育实验活动。其中，在芝加哥大学初等学校的长达 8 年（1896—1904）的教育实验活动，对他的包括《民主主义与教育》在内的一些教育著作的形成起着最为重要的作用。因此，芝加哥大学初等学校自 1902 年后也被称为"杜威学校"（Dewey School）。杜威女儿简·杜威（Jane Dewey）在《杜威传》中就指出："杜威后来在哥伦比亚大学写成的《我们如何思维》和《民主主义与教育》，是他的芝加哥实验的直接成果。他自己的工作以及与其他人的交往，促使他的教育思想和哲学思想在这两本著作中融合了起来。"②

在《美国人民教育史》一书中，美国纽约大学教授迈耶（Adolphe E. Meyer）也指出："1903 年结束芝加哥大学实验学校后的第二年，杜威去纽约的哥伦比亚大学教哲学。此后的 10 多年里，杜威的智力本身大部分用于哲学，仅仅把有限的一些精力放在教育上。1916 年他出版了《民主主义与教育》，这本书几乎立刻使他进入了美国教育哲学家的前列。……在《民主主义与教育》

---

① Lawrence A. Cremin. American Education：The Metropolitan Experience，1876–1980［M］. New York：Harper & Row Publishers，1988：187.

② John Dewey. Biography of John Dewey. ［M］// Paul Arthur Schilpp. The Philosophy of John Dewey. Evanston and Chicago：Northwestern University，1939：33.

中，杜威写下了他的哲学理论和它们的教育推断。"① 美国纽约纳萨雷特学院教授雷比（Joseph Mary Raby）在《约翰·杜威与进步教育》一文中甚至这样强调杜威的《民主主义与教育》一书与芝加哥大学初等学校两者的关系："《民主主义与教育》……确实表述了杜威关于教育设计的全部。……人们会这样想，这本著作也许完全打上了'杜威学校'的印记。"②

**2. 在哥伦比亚大学师范学院任教后的理论研究**

1904 年杜威离开芝加哥大学，应聘于哥伦比亚大学哲学系和师范学院。在哥伦比亚大学期间，尽管杜威把他的很多精力用在哲学上，但他继续对教育理论进行了深度思考，这在很大程度上促使了他的《民主主义与教育》一书的形成。

美国纽约大学教授塔利斯（Robert B. Talisse）在 2000 年出版的《杜威》（*On Dewey*）一书中认为，通过与哥伦比亚大学师范学院的联系，杜威继续研究教育理论。这种研究的结果是 1910 年出版的产生了广泛影响的《我们如何思维》一书，以及 1916 年出版的教育哲学经典之作《民主主义与教育》一书。③ 当代美国教育史学家克雷明在《美国教育史：城市化时期的历程（1876—1980）》一书中更是明确指出了《民主主义与教育》与哥伦比亚大学两者的关系："正是在哥伦比亚大学期间，杜威作为美国最杰出的和最有影响力的哲学家而赢得了世界性声誉。在 30 多年里，他出版了一系列的重要著作，并提出了更为成熟和更为完善的实验主义教育理论。……杜威 1915 年与他的女儿伊夫琳·杜威一起出版了《明日之学校》……以及 1916 年出版了《民主主义与

---

① Adolphe E. Meyer. An Educational History of the American People [M]. New York: McGraw-Hill Book Company, 1957: 254.

② Joseph Mary Raby. John Dewey and Progressive Education [M] // John Blewett. John Dewey: His Thought and Influence. New York: Fordham University Press, 1960: 105.

③ [美] 塔利斯. 杜威 [M]. 彭国华, 译. 北京: 中华书局, 2002: 8.

教育》。"①

值得注意的是，克雷明教授还特别提到了20世纪20年代以哥伦比亚大学师范学院的杜威及其学生克伯屈为核心而形成的杰出的教育理论家群体，他们以《民主主义与教育》所阐述的理论为共同方向。从杜威的学生、哥伦比亚大学师范学院教授克伯屈的《回忆杜威与他的影响》一文中可以看到，杜威在撰写《民主主义与教育》一书的过程中，曾征询了克伯屈的意见，并吸收他的一些建议。美国教育学者、纽约布鲁克林学院教授特南鲍姆（Samuel Tenenbaum）在他的《威廉·赫德·克伯屈：教育中的开拓者》（*William Heard Kilpatrick：Trail Blazer in Education*）一书中这样写道："克伯屈曾希望杜威更努力地使他自己正在撰写的一本书的行文更为流畅，因为他期望杜威的这本书成为一本经典著作。克伯屈的判断被证明是对的。杜威的这本书后来以《民主主义与教育》的书名出版，并成为了一本经典著作。"②

### 3. 当时正在美国如火如荼地开展的进步教育运动

20世纪前半期，美国开展了一个全国范围且影响很大的进步教育运动。在这次教育革新运动中，美国各地的进步学校进行了新的形式、新的内容和新的方法的种种实验。无疑，这场教育革新运动不仅对美国的学校教育产生了广泛的影响，而且对包括杜威在内的很多美国教育家产生了很大的冲击。克雷明教授在他的《学校的变革》一书中就明确指出，《民主主义与教育》一书"像任何的名著一样，这部著作既是那个时代的反映，又是对那个时代的批判。它把进步教育许多不同的方面和谐地结合到一种范围广泛的理论之中，并使它们统一，为它们指出方向。正是它的出版，为教育革新运动带来了新的活力"③。

---

① Lawrence A. Cremin. American Education：The Metropolitan Experience，1876–1980［M］. New York：Harper & Row Publishers，1988：171–172.

② Samuel Tenenbaum. William Heard Kilpatrick，Trail Blazer in Education［M］. New York：Harper & Brothers Publishers，1951：76.

③［美］克雷明. 学校的变革［M］. 单中惠，马晓斌，译. 济南：山东教育出版社，2013：109.

值得注意的是，与此同时，西方教育学者也指出，在美国进步教育运动对杜威的教育思想发展以及《民主主义与教育》的形成产生了重要的影响的同时，杜威也对美国进步教育运动作出了关键性贡献。正是由于《民主主义与教育》这本经典著作的出版，杜威很快就被视为进步教育运动的领袖。澳大利亚悉尼大学教授康内尔（William F. Connell）在他的《20世纪世界教育史》一书中就强调指出，杜威"对于进步教育运动的主要贡献是关键性的，因为他为进步教育运动提供了一个系统的理论。《民主主义与教育》是对20世纪前半期美国学校教育改革政策的主要阐释"[1]。美国亚利桑那州立大学教授韦布（L. Dean Webb）在《美国教育史：一场伟大的美国实验》中也指出，杜威的"经典之作《民主主义与教育》不仅对其教育理论提供了强有力的陈述，而且也为一代进步教育家提供了理论依据。杜威不仅对哲学和教育，而且对法律、政治理论和社会改革也产生了影响。杜威为进步教育提供了智力基础，也被认为是进步主义时代美国知识分子的真正代言人"[2]。

**（二）《民主主义与教育》一书的出版前后**

1911年7月21日，杜威与美国麦克米伦出版公司签署合同，准备出版一本教育哲学的教科书（即《民主主义与教育》），作为由美国教育家孟禄（Paul Monroe）教授主编的"师范学院教育读本系列"（*The Series of College Normal School Texts in Education*）中的第8卷（即最后一卷）。这本著作于1916年出版，共434页。由于忙于其他的工作，杜威本人常常把这本书的撰写搁置在一旁，因此，从签署合同到正式问世，该书前后经历了四五年时间。杜威的工作从不间断，即使是全家人1909年在罗得岛上的亨廷顿农场度夏的时候。由于他习惯于反复改写稿子，有时候甚至是完全放弃初稿，因此，他通常有大量的

---

① W. F. Connell. A History of Education in the Twentieth Century World［M］. New York：Teachers College Press, Columbia University, 1980：89.

② ［美］韦布. 美国教育史：一场伟大的美国实验［M］. 陈露茜, 李朝阳, 译. 合肥：安徽教育出版社. 2010：266.

写作工作在同时进行。例如，杜威在已经开始写作《民主主义与教育》一书的 1911 年 9 月 2 日给他的学生克拉普（Elsie R. Clapp）写了一封信，信中写道："当由于下雨而不得不停下花园里的工作时，我在笔记本上已为想好的《教育哲学》写了 8000 字。"① 在 1915 年 6 月 9 日给出版公司编辑斯卡德·克莱斯（Scudder Klyce）的信中，杜威这样写道："我零零散散地在教育哲学方面的撰写已有四五年时间了，但我本人保证这个夏天（即 1915 年夏天）一定能完成这项工作，否则就要中止这项工作。"据一些美国学者推断，这本著作杜威之所以选用"民主主义与教育"这一具有吸引力的书名，可能是为了在杜威的追随者中吸引更广泛的读者群。无疑，在《民主主义与教育》这本著作中，杜威第一次系统而完整地论述了教育与民主的关系，对需要重新构想的教育理论进行了独创性的和最详尽的阐述。

早在密歇根大学期间，杜威便承担了走访全州中学、调查其教育质量的任务。"这件事情第一次使他决定要研究'民主与教育'这个具有普遍意义的问题。"② 后来，杜威开始萌生了撰写教育哲学方面著作的想法。他在 1899 年 1 月 5 日给纽约麦克米伦出版公司编辑的信中提及，他非常希望自己的教育哲学讲课手稿能够作为著作出版③。

因此，在 1905 年到哥伦比亚大学任教后，杜威就在为对"民主主义与教育"这一主题进行最完备的阐述作准备。这种准备无疑包括了他从 1899 年到 1915 年出版的一些著作，例如，1899 年的《学校与社会》、1902 年的《儿童与课程》、1908 年的《实用主义对教育的影响》、1909 年的《教育中的道德原理》、1910 年的《我们如何思维》、1913 年的《教育中的兴趣与努力》、1915 年的《明日之学校》等，此外还包括了他为自己的同事、美国教育史学

---

① John Dewey to Elsie Ripley Clapp, Sep. 2, 1911. Butler Library.
② Max Eastman. John Dewey [J]. The Atlantic Monthly, December, 1941:675.
③ John Dewey to Macmillan Co., 5 January, 1899. Butler Library.

家孟禄（Paul Monroe）主编的《教育百科全书》5 卷本（1911—1913）撰写的
"教育哲学"等词条。实际上，从 1911 年起，杜威就开始撰著《民主主义与
教育》一书。在《民主主义与教育》出版之际，他在 1916 年 3 月 13 日给麦
克米兰出版公司总裁布雷特（G. P. Brett）的信中还这样写道：他更希望撰著
一本更简明的教育哲学著作 ①。正如美国克莱蒙特学院研究生院咨询教授拉尔
夫·罗斯（Ralph Ross）所指出的："杜威的《民主主义与教育》一书完稿于
1915 年……这本书更多地延续了他早期著作中的思想而非一种断裂……" ②

这里，特别要提及杜威发表在《进步教育杂志》（Progressive Journal of
Education）第 1 卷第 2 期（1908 年 12 月）、第 3 期（1909 年 1 月）及第 4 期
（1909 年 2 月）上的《实用主义对教育的影响》（The Bearings of Pragmatism
upon Education）一文 ③。美国南伊利诺伊大学教授、《杜威全集》编辑顾问委
员会主席哈恩（Lewis E. Hahn）指出："《实用主义对教育的影响》是对实用
主义在教育方面的意义的一个简单的、基本的说明，也是《民主主义与教育》
的一个有趣的准备。" ④

因为《民主主义与教育》一书的出版，杜威在教育和哲学两方面成为了
当时在美国具有全国性标志的人物。值得注意的是，在杜威《民主主义与教
育》一书出版的当年（即 1916 年），美国教育评论家拜尔（T. P. Beyer）就在
《什么是教育？》一文中，以十分肯定的语调写道："可以同等看待杜威的《民
主主义与教育》、柏拉图的《理想国》和卢梭的《爱弥儿》，这三本著作在

---

① John Dewey to George Platter Brett, 13 March, 1916. Butler Library.

② ［美］约翰·杜威.杜威全集·中期著作第 7 卷［M］.刘娟，译.上海：华东师范大学出版社，
2012："导言" 14.

③ ［美］约翰·杜威.杜威全集·中期著作第 4 卷［M］.陈亚军，姬志闯，译.上海：华东师范
大学出版社，2012：142–151.

④ ［美］约翰·杜威.杜威全集·中期著作第 4 卷［M］.陈亚军，姬志闯，译.上海：华东师范
大学出版社，2012："导言" 14.

教育哲学史上代表了具有划时代意义的阶段。"①杜威本人在 1916 年 7 月 1 日给美国教育学者卡伦（Horace Kallen）的信中这样写道："虽然这本著作取名为《民主主义与教育》，但它却凝聚着我对自己的整个哲学立场进行总结的最大努力。"②1930 年，杜威又在自己的《从绝对主义到实验主义》一文中再次指出："我的哲学在题为《民主主义与教育》的一本著作中得到了最充分的阐述。"③

很多西方教育学者对杜威的《民主主义与教育》一书进行了高度的评价。美国著名教育哲学家、耶鲁大学教授布鲁巴克（John S. Brubacher）在《教育问题史》一书中明确指出："在 20 世纪，也许最有影响的教育事件就是 1916 年杜威出版了划时代的著作《民主主义与教育》。这无疑是自柏拉图的《理想国》之后，在教育政治理论或社会理论方面最主要的著作。"④英国教育史学家、利兹大学教授柯蒂斯（S. J. Curtis）和博尔特伍德（M. E. A. Boultwood）在《1800 年以来的英国教育简史》一书中指出："当第一次世界大战结束时，约翰·杜威已快 60 岁，但他的最著名的著作《民主主义与教育》仅仅在一战结束后的第二年就在美国出版了。这本系统阐述和确立他的教育理论体系的著作几乎使他延续了 20 年的影响，在今后的 30 年里他在教育界将仍然保持着影响力。"⑤澳大利亚教育家、悉尼大学教授康内尔在他的《20 世纪世界教育史》一书中专门刊印了《民主主义与教育》1916 年英文版的封面（见此书第 79 页），并这样写道："1916 年，20 世纪最重要的教育著作出版了，这就是约翰·杜威

---

① T. P. Beyer. What Is Education? ［J］. Dail Vol. 61，1916：101.

② John Dewey to Horace Kallen，1 August，1916. Butler Library.

③ John Dewey. From Absolutism to Experimentalism ［M］// George P. Adams and William P. Montague. Contemporary American Philosophy，Vol. II. New York：Macmillan，1930：23.

④ ［美］布鲁巴克. 教育问题史 ［M］. 单中惠，王强，译. 济南：山东教育出版社，2013：52.

⑤ S. J. Curtis and M. E. A. Boultwood. An Introductory History of English Education Since 1800 ［M］. London：University Tutorial Press Ltd.，1966：246.

的《民主主义与教育》。它是阐述教育与民主主义之间关系的一次精心而深思的尝试。……它使教育与当代生活联系起来，并促使了对管理、教学和课程设计的整个结构的重新思考。无论对美国教育家还是对整个民主世界的教育家来说，这本著作已经成为一个重要的且有广泛参考价值的理论著述。杜威写作《民主主义与教育》一书的时候已是 57 岁，这时他的学术生涯早已因为他对哲学、心理学以及教育理论和实践的贡献而知名。"①

《民主主义与教育》一书在 1916 年出版后，立即受到美国教育界乃至世界教育界的广泛欢迎。尽管该书是作为一本教科书而出版的，但评论家们认为它并不仅仅是一本教科书。美国教育学者穆尔（Addison Moore）在《国际伦理学杂志》（*International Journal of Ethics*）1916 年第 26 期上撰文评论道："这本著作的副题不妨题为'教育哲学的重建'——它的重建不只是对教育系和教育学院的学生而言的，更是对所有对我们日常生活中的问题以及我们世界民主的未来感兴趣的人而言的。"②

正是因为《民主主义与教育》一书出版后受到了广泛欢迎，所以，当时的美国出版公司纷纷争取出版杜威的著作，尤其是杜威在教育方面的著作。曾于 1915 年出版《明日之学校》一书的达顿出版公司编辑伯吉斯·约翰逊（Burges Johnson）在 1916 年 8 月 2 日给杜威的信中，甚为遗憾地埋怨杜威与麦克米兰出版公司签署新的合同出版了《民主主义与教育》。对此，杜威两天后马上回信解释说：《民主主义与教育》一书的合同实际上是在五六年前就签署的。于是，达顿出版公司也邀约杜威撰写另一本长篇幅的教育著作，但杜威并没有接受。杜威在 1916 年 10 月 16 日给达顿出版公司总裁麦克雷（John Macrae）的信中这样写道："我不得不说，目前我对撰写教育方面的著作已有

① W. F. Connell. A History of Education in the Twentieth Century World [M]. New York: Teachers College Press, Columbia University, 1980: 72-73.

② [美] 约翰·杜威. 杜威全集·中期著作第 9 卷 [M]. 俞吾金，孔慧，译. 上海：华东师范大学出版社，2012：295-296.

些倦怠了。近期，我无法再写教育方面的著作。"以后的情况也证明了这一点，杜威并没有再撰写出版一本像《民主主义与教育》那样长篇幅的教育著作。[①]

## 二、《民主主义与教育》的主要内容

《民主主义与教育》一书除"序言"外，全书共 26 章。根据杜威自己的逻辑顺序[②]，全书可分为五个部分，第一部分：教育性质（第 1—6 章）；第二部分：教育目的（第 7—10 章）；第三部分：教育过程（第 11—17 章）；第四部分：教育价值（第 18—23 章）；第五部分：教育哲学（第 24—26 章）。

杜威自己撰写的"序言"很简短，但表述得却很明确。在这个十分简短的"序言"中，他开门见山地指出："本书体现我探索和阐明民主社会所包含的思想，以及把这些思想应用于教育事业的许多问题所作的努力。讨论的内容包括从这个观点来考察，提出公共教育的建设性的目的和方法，并对在早先的社会条件下形成、但在名义上的民主社会里仍在起作用以阻碍民主理论充分实现的有关认识和道德发展的各种理论，进行批判性的评价。从本书可以看到，本书所阐明的哲学，把民主主义的发展和科学上的实验方法、生物学上的进化论思想以及工业的改造联系起来，旨在指出这些发展所表明的教材和教育方法的变革。"[③]

此外，杜威还对在他撰写过程中提出批评意见和建议的哥伦比亚大学师

---

① ［美］约翰·杜威. 杜威全集·中期著作第 9 卷［M］. 俞吾金，孔慧，译. 上海：华东师范大学出版社，2012：294-295.

② ［美］约翰·杜威. 民主主义与教育［M］. 王承绪，译. 北京：人民教育出版社，1990：337-339.

③ ［美］约翰·杜威. 民主主义与教育［M］. 王承绪，译. 北京：人民教育出版社，1990："序言".

范学院的古德塞尔（Willystine Goodsell）[①]博士、克伯屈[②]教授、克拉普（Elsie Ripley Clapp）[③]小姐以及历届学生表示感谢。

**（一）教育性质**

在这一部分（第1章《教育是生活的需要》、第2章《教育是社会的职能》、第3章《教育即指导》、第4章《教育即生长》、第5章《预备、展开和形式训练》、第6章《保守的教育和进步的教育》），杜威阐述了教育与社会生活的需要和作用，以及教育就是通过传递的过程使经验的意义得到更新的过程。具体来讲，杜威主要论述了"教育与生活""教育与环境""教育与生长""教育与经验的改造""对五种教育观念和理论的分析"五个方面。

**1.教育与生活**

早在1897年的《我的教育信条》中，杜威就提出了"教育即生活"（education as life）的观点。在《民主主义与教育》第1章《教育是生活的需要》中，他又从最广泛的意义上论述了教育与生活的关系。

**（1）生活的更新必须通过传递**

杜威认为，生物和非生物之间最明显的区别，就在于生物通过更新来维持自己，不断地生长。因此，生活的延续就是生物对环境的不断地重新适应。他指出："生活就是通过对环境的行动的自我更新过程。……'生活'这个词乃是用来指明个人的和种族的全部经验。……'生活'包括习惯、制度、信仰、

---

① 古德塞尔，美国教育史学家孟禄（Paul Monroe）教授在哥伦比亚大学师范学院指导的教育史博士生，其博士学位论文题目为《人文主义教育思想史》，1910年获得博士学位后在哥伦比亚大学师范学院任教。

② 克伯屈，美国教育家。杜威在哥伦比亚大学师范学院教导过的学生，后来是哥伦比亚大学师范学院教授。

③ 克拉普，杜威在哥伦比亚大学师范学院教导过的学生，后来是他所讲授的"教育哲学"课程的助教。克拉普1952年出版了《教育资源的使用》一书，杜威为她撰写了该书的"引言"，这是杜威生前的最后一篇文章。

胜利、休闲和工作。"① 在杜威看来，正是在生活的延续中，个人的和种族的经验得到不断的更新，并通过这种不断更新来延续任何的经验。

（2）社会的继续生存必须通过教育

杜威认为，社会群体的每一个成员的生命延续决定了教育的必要性。如果组成社会的成员继续生存下去，那他们就能教育新生的成员。因此，必须通过教育来实现个人的和种族的经验的不断更新。杜威强调指出："在最广泛的意义上，教育乃是社会生活延续的工具。"② 在他看来，要使社会继续存在下去，教育就是一件必需的事情。因为教育具有两个作用：一是传递经验，二是交流经验。社会群体中的个人总是要离去的，但社会群体的生活经验可以通过教育而继续不断地传递下去；社会群体中的个人生活经验总是有限的，但社会群体的生活经验是可以通过教育不断地丰富和发展起来的。社会生活本身的经久不衰需要教育，共同生活过程本身也具有教育作用。因为，这种共同生活可以扩大并启迪经验，刺激并丰富想象。

（3）正规教育与非正规教育

杜威认为，教育分成两种：一种是非正规教育，即通过与他人共同生活而获得的教育。这种教育是出于偶然的，但它是自然的和重要的。另一种是正规教育，即专门为青少年准备和提供的教育，也就是直接的教导或学校教育。这种正规教育是有意识的和直接的，需要通过学校这个专门机构来进行。如果没有学校提供的正规教育，那就不可能传递一个复杂社会的一切资源和成就。

尽管学校教育能够通过一种有意识的和有目的的训练，使青少年获得社会生活经验，养成有效地参与社会生活的能力，但杜威认为，这种正规教育存在着一种危险，那就是学校的教材与生活经验的材料脱节。他强调指出："我们有了这样一个通常的教育概念：这种概念忽视教育的社会必要性，不顾教育

---

① ［美］约翰·杜威.民主主义与教育［M］.王承绪，译.北京：人民教育出版社，1990：3.
② ［美］约翰·杜威.民主主义与教育［M］.王承绪，译.北京：人民教育出版社，1990：3.

与影响有意识的生活的一切人类群体的一致性，把教育和传授有关遥远的事物的知识，和通过语言符号即文字传递学问等同起来。因此，教育哲学必须解决的一个最重要的问题，就是要在非正规的和正规的、偶然的和有意识的教育形式之间保持恰当的平衡。"① 正因为如此，所以杜威最后指明了发展专门的学校教育上的一个难题，那就是：如何避免通过非正规教育所获得的知识和通过正规教育所获得的知识之间的割裂。

因此，在确定教育与生活之间的密切关系之后，杜威得出了一个结论：教育乃是生活所必需的；如果没有教育，那人类生活就会停止。这种教育首先通过沟通进行传递，而沟通就是一个共同生活的过程、一个共同参与经验的过程。

**2. 教育与环境**

在第 2 章《教育是社会的职能》和第 3 章《教育即指导》里，杜威主要论述了"教育与环境的关系""社会环境的教育作用""学校是一种典型的特殊环境""学校环境不能脱离校外环境"四个方面。

（1）教育与环境的关系

在杜威看来，所谓环境，包括促成或阻碍、刺激或抑制生物的特有的活动的各种条件。其不仅指个人周围的环境，而且更主要的是指能够促进或阻碍人的某种活动的情境。人总是在一定的环境中活动，接受某种刺激，作出某种反应。就环境而言，它可以分成两种：一种是自然环境，包括气候、山川、物产等；另一种是社会环境，即人类生活环境。杜威对此指出："当一个人的活动与其他人的活动发生关系时，他就有了一个社会环境。"② 其中，一个人的活动会激励其他人的活动，同时其他人的活动反过来也会影响这个人的活动。

---

① ［美］约翰·杜威．民主主义与教育［M］．王承绪，译．北京：人民教育出版社，1990：10.

② ［美］约翰·杜威．民主主义与教育［M］．王承绪，译．北京：人民教育出版社，1990：14.

在杜威看来，离开环境就没有教育，因此，教育必须充分利用环境的作用。因为一切信仰、情感和知识都要利用环境的作用，实施有意义的教育。他强调指出："教育乃是一个抚养、培育和教养的过程，其所使用的这些词都意味着教育具有注意生长条件的含义。"①

（2）社会环境的教育作用

杜威认为，社会环境是有教育作用的。对于个人来说，社会环境会产生教育的和塑造的影响。如果儿童的天赋冲动与社会习俗不符，那就需要加以指导（direction）、控制（control）或引导（guidance）。社会环境的教育作用之一就是指导。每一种刺激一般都指导着个体的活动，不仅引起活动，而且指导活动趋向一个目标。然而，在指导、控制或引导的过程中，必须要重视儿童个体生长的需要。杜威强调指出："儿童终究还是认同他们自己的行动所采取的指导。在严格的意义上，我们不能强加给儿童什么东西，或迫使儿童做什么事情。忽视这一事实，就意味着曲解和误解人的本性。"②

在杜威看来，因为没有共同的理解，就没有社会生活，所以，真正的明智指导，就是使儿童参与社会活动。社会环境能够通过人所进行的各种活动，自然地、不知不觉地形成个人行为的理智和情感倾向，使他自己的行为与社会环境保持一致。例如，语言习惯、仪表、美感和美的欣赏、价值判断等等。个人参与社会生活到什么程度，社会环境就有多少的教育影响和效力。杜威得出结论："真正的社会控制就是要养成一定的心理倾向，就是要理解事物、事件和行为的一般方法，使我们能够有效地参与各种联合的社会活动。"③

---

① ［美］约翰·杜威.民主主义与教育［M］.王承绪，译.北京：人民教育出版社，1990：12.

② ［美］约翰·杜威.民主主义与教育［M］.王承绪，译.北京：人民教育出版社，1990：28.

③ ［美］约翰·杜威.民主主义与教育［M］.王承绪，译.北京：人民教育出版社，1990：30–40.

（3）学校是一种典型的特殊环境

杜威认为，如果成人要有意识地控制青少年所接受的教育，那么唯一的方法就是控制他们的环境，让他们在成人所控制的环境中行动、思考和感受。因为有意识的教育就是一种特别选择的环境，所以，这种特别选择的环境就是学校。当很多的社会经验用文字记载下来，并通过书面符号进行传递时，学校就产生了。对于学校来说，它应该做的事情，就是为共同参与的社会活动提供各种工具。早在1899年的《学校与社会》中，杜威就提出了"学校即社会"（school as society）的观点。这里，他又强调指出："我们从来不是直接进行教育，而是间接地通过环境进行教育。……学校是一种典型的特殊环境，以便更好地影响学生的理智的和道德的倾向。"[1]

与日常的生活相比较，学校这个特殊的社会群体模式具有三个比较重要的功能：

第一个功能是，提供一种简化的环境。由于文明知识过于复杂，因此，必须逐步地、分层次地以及一部分一部分地吸收。在学校这个简化的环境里，建立一种递进的秩序，使学生由易到难地学习和吸收，从而能够进一步了解更为复杂的事物。

第二个功能是，提供一个纯粹化的环境。学校这个环境应该尽可能地排除现存环境里无价值、无关紧要以及不良的东西，选择一些能够促进社会进步和个人发展的最优秀的东西给学生学习，把社会有助于未来更美好的全部成就传递和保存下来。

第三个功能是，提供一个平衡的环境。学校应该保证每个儿童都有机会广泛地接触社会环境的各个方面，并和更广阔的环境建立充满生气的联系。学校应该注意对儿童所受到的不同影响进行协调，并使儿童不受狭隘的和偏颇的

---

① ［美］约翰·杜威.民主主义与教育［M］.王承绪，译.北京：人民教育出版社，1990：21.

社会环境所限制。

因此，杜威在第 2 章最后的概要中就明确指出："随着社会变得日益复杂，就有必要提供一个特殊的社会环境，特别关心培养未成年人的能力。这个特殊的社会环境具有三个比较重要的功能：一是简化和安排个人所要发展的倾向的许多因素；二是净化现有的社会习惯并使其观念化；三是创造一个更加广阔和更加平衡的环境，使青少年不受原来环境的限制。"①

（4）学校环境不能脱离校外环境

杜威认为，文明进步就是把大量自然力量和自然事物转化为行动的工具，转化为达到目的的手段。面对生活中的无数刺激，有意识的和特别选择的学校环境绝不能脱离校外环境中有效的教育条件，否则学校就必然会拘泥于书本学习，并用伪理智的精神替代社会的精神。尽管学生可能由此获得诸多学科方面的能力，但他们无法学到一种智慧，以指导这种能力达成有用的目的。

在杜威看来，过分强调学校是一种典型的特殊环境存在着危险，这种危险不在理论上，而在实践中。因此，在第 3 章最后的概要中，他明确指出："学校为了充分发挥其效率，就应该有更多的联合活动的机会，使受教育者参与这些活动，以便他们可以使自己的能力以及所使用的材料和工具获得一种社会意义。"②

### 3. 教育与生长

在第 4 章《教育即生长》里，杜威提出了"教育即生长"（education as growth）的观点。他强调指出："生活即发展；发展，生长，即生活。""因为生长是生活的特征，所以，教育即生长；除它自身之外，没有别的目的。"③ 这

① ［美］约翰·杜威.民主主义与教育［M］.王承绪，译.北京：人民教育出版社，1990：25.

② ［美］约翰·杜威.民主主义与教育［M］.王承绪，译.北京：人民教育出版社，1990：44.

③ ［美］约翰·杜威.民主主义与教育［M］.王承绪，译.北京：人民教育出版社，1990：57.

里，杜威明确地阐述了"学生发展"的思想。

（1）生长的首要条件及主要特征

杜威认为，生长就是向着一个后来的结果逐渐往前发展的运动。生长的首要条件是未成熟的状态，但是，这种未成熟的状态有着生长的可能性。它并不是虚无，更不是缺乏，而是潜力，即一种积极的、向前发展的能力。因此，杜威强调指出："不能把生长的实现视为已完成的生长，因为那就是说不生长了，即不再继续发展了。这种假设是毫无价值的。"①

生长具有两个主要特征：一是依赖性，人依赖于周围的环境而生长。从社会的观点看，依赖性是指一种力量，它包含相互依赖的意思。二是可塑性，人以从前经验的结果为基础来改变自己的行为。可塑性是未成熟的人为生长而具有的一种特殊能力，也就是说，人所具有的各种能力并不是一成不变的。这种特殊能力主要是指从经验中学习的能力，是发展各种倾向的力量，也是获得习惯或发展倾向的能力。在杜威看来，在人类生活中，依赖性和可塑性是很重要的。

（2）习惯是生长的结果和表现

杜威认为，在生长的过程中，儿童能够利用环境，养成某种习惯，形成某种倾向。所以，习惯也就是生长的结果和表现。习惯是人利用环境达到自己目的的一种能力，是人能够使自己适应环境的一种能力，也就是"从经验中学"的能力。这种能力能够使人保持并使用过去经验里面可以用于改变后来活动的种种要素，能够使人适应变化着的环境。总之，作为生长表现的习惯，既是过去经验生长的产物，也是现在经验继续生长的方法。对于人类来说，更重要的是养成学习的习惯，学会如何学习。

因此，教育常常被人们解释为获得能使个人去适应环境的种种习惯。在

---

① ［美］约翰·杜威.民主主义与教育［M］.王承绪，译.北京：人民教育出版社，1990：46.

杜威看来，所谓适应，既是我们的活动对环境的适应，也是环境对我们的活动的适应。习惯的养成使人具有各种变化反应，直到发现一种适应有效的行动方法的能力。当然，主动的习惯包括思维、发明以及使自己的能力应用于新的目的的首创精神。

（3）教育就是发展

杜威认为，应该把生长的理论应用于教育实际。从"生长"的含义出发，教育就是发展。所谓发展，就是将能力引导到特定的道路上，以养成各种习惯，诸如执行的技能、明确的兴趣、观察和思维的特定对象。对于正常的儿童和成人来说，他们都是在不断生长的，不断发展的。他们的区别不是生长和不生长的区别，而是他们各有适合于不同情况的不同的生长方式。其关键在于，给儿童提供适当的环境和适当的新刺激，提供儿童生长的条件，使儿童的各种能力不断发展。因此，就发展概念的教育意义而言，杜威强调指出："我们的最后结论是，生活就是发展；而不断发展，不断生长，就是生活。用教育的术语来说，就是：第一，教育的过程除它自身之外，没有别的目的，它就是它自己的目的；第二，教育的过程是一个不断改组、不断改造和不断转化的过程。"[①]

这里，杜威又提及了先前分析过的"把未成熟状态看作是缺乏发展""把发展看作是对环境的呆板静止的适应""把习惯看作是僵硬的东西"这三种错误观点，指出它们都否认生长就是目的。因此，杜威明确指出："它们在教育上的相应错误就是：第一，不考虑儿童的本能的或天赋的能力；第二，在应付新的环境时缺乏主动精神；第三，过分强调以牺牲个人知觉为代价来获得自动技能的训练和其他方法。总之，它们把成人的环境作为儿童的标准，并按照这个标准来培养儿童。"[②]

---

① ［美］约翰·杜威.民主主义与教育［M］.王承绪，译.北京：人民教育出版社，1990：54.

② ［美］约翰·杜威.民主主义与教育［M］.王承绪，译.北京：人民教育出版社，1990：55.

在杜威看来，教育是继续不断的乃至终生的。除了更多的生长，没有别的东西是与生长相关的；除了更多的教育，没有别的东西是教育所从属的。从这个观点出发，他明确指出："学校教育的目的在于通过组织保证生长的各种力量，以保证教育得以继续进行。使人们乐于从生活本身学习，并乐于把生活条件造成一种境界，使人人在生活过程中学习，这就是学校教育的最好的产物。……因此，教育就是不问年龄大小，提供保证生长或充分生活的条件的事业。"[①] 在杜威看来，如果抛弃了这种见解，那我们就会把教学看作是硬把知识灌入等待注满的心理和道德的洞穴。

正因为"教育即生长"，所以，杜威认为，教师和父母应该注意儿童的冲动，既不要把成人作为固定的标准来衡量儿童时代，也不要把儿童时代理想化。教育的过程是一个继续不断的生长过程，在生长的每个阶段都是以发展生长能力为目的。教师和父母应该注意儿童的冲动向着什么方向发展，而不是注意他以往的冲动。

### 4. 教育与经验的改造

在第 6 章《保守的教育和进步的教育》的第 3 节里，杜威在分析了各种教育学旧说之后，又提出了"教育即改造"（education as reconstruction）的观点。他指出，对于"教育即生长"的理想来说，"归结为这样的观点，即教育是经验的继续不断的改组和改造"[②]。

#### （1）教育即改造

杜威认为，所谓"教育即改造"，即教育是经验的不断改组和改造，而所有的经验或活动都是有教育作用的，因为一切教育都存在于这种经验之中。这里，杜威列举了一个他在其他著作中多次提及的儿童伸手触碰火光的例子：

---

① ［美］约翰·杜威. 民主主义与教育［M］. 王承绪，译. 北京：人民教育出版社，1990：55-56.

② ［美］约翰·杜威. 民主主义与教育［M］. 王承绪，译. 北京：人民教育出版社，1990：81.

一个儿童伸手去碰火光被烫痛了，由此他知道了可以把某个接触活动和某个视觉活动联系起来，这意味着烫和痛；或者知道了火光就是热的来源，于是火光就获得了意义。因此。在教育的专门定义上，杜威这样指出："教育就是经验的改造或改组。这种改造或改组，既能增加经验的意义，又能提高指导后来经验过程的能力。"[1]应该说，这个说法集中地表达了杜威教育理论中一个最基本的观点。在他看来，教育的根本问题，在于能否不断地改组和改造经验。当然，经验的改造可以是个人的，也可以是社会的。

（2）目的和过程合一

与各种教育学旧说不同，杜威还认为，目的（即结果）和过程是合一的。经验的过程就是生长的过程、发展的过程，也是教育的过程。一个具有教育意义的活动，既能使人认识到过去未曾感觉到的联系，又能增加后来的指导或控制的能力。正是通过经验的意义的增加，以及指导经验的能力的加强，人得以逐步达到完满。因此，应该考虑经验的整体对具有教育意义的倾向的养成，而不应该把经验的目的和过程人为地分隔开来，从而阻碍经验的生长。

**5. 对五种教育观念和理论的分析**

在第5章《预备、展开和形式训练》和第6章《保守的教育和进步的教育》里，杜威从他对教育性质的看法出发，对当时在教育学上仍然占有很大势力的五种观念和理论进行了分析。具体来讲，杜威在第5章里对"预备说"（preparation）、"展开说"（unfolding）、"形式训练说"（formal discipline）作了分析；在第6章里对"塑造说"（formation）、"复演与回顾说"（recapitulation and retrospection）作了分析。

（1）对"预备说"的分析

在杜威看来，以英国教育家斯宾塞（H. Spencer）为代表的"教育即预

---

① ［美］约翰·杜威.民主主义与教育［M］.王承绪，译.北京：人民教育出版社，1990：82.

备"，主张教育只是为将来的生活作准备，而与现在的生活无关。斯宾塞把教育看作是对某种将来的职责或权利的预备。如果把教育建立在"教育即预备"的基础上，那就会产生诸多的不良后果，例如，缺乏发展的原动力，助长犹豫不决和拖延，忽视个人的特殊能力，求助于外在的动机，等等。对此，杜威强调指出："把教育看作为将来作预备，错误并不在于对预备将来的需要考虑太多，而在于把它作为现在努力的主要动力。预备的需要对一种继续发展的生活来说是重要的，但我们应该注意用全部精力使儿童现在的经验尽可能丰富和尽可能有意义。只有这样，随着现在不知不觉地进入将来，将来也就被顾及到了。"[①] 他还讥讽主张"预备说"的人，他们自以为成功的地方、自以为将来作了准备的地方，实际上正是他们最失败的地方。

（2）对"展开说"的分析

在杜威看来，以德国教育家福禄培尔（F. W. A. Froebel）为代表的"教育即展开"，主张教育只是一种内在潜力或理性地向着一个固定不变的目标展开，而不是继续不断地生长，因而没有看到不断地生长就是生长、不断地发展就是发展。福禄培尔把教育仅仅看作是从内部的展开。对此，杜威强调指出，"展开说"所提出的"一个完全展开的目标是遥远的，用专门的哲学术语来说，是超越经验的。这就是说，这种目标是同直接的经验和知觉没有关系的"[②]。在他看来，"展开说"从逻辑上说就是"预备说"的变种，两者都不注意儿童的直接经验。

尽管如此，杜威在分析中还是肯定地指出："福禄培尔承认儿童天赋能力的重要性，他对儿童的热情关怀，以及他在引导他人研究儿童方面所起的作用，也许是近代教育理论中使生长的概念得到普遍承认的一种最有效的力

---

① ［美］约翰·杜威.民主主义与教育［M］.王承绪，译.北京：人民教育出版社，1990：60.

② ［美］约翰·杜威.民主主义与教育［M］.王承绪，译.北京：人民教育出版社，1990：62.

量。"① 应该说，这一分析评论与他之前在《学校与社会》《明日之学校》中对福禄培尔所作的分析评论是一致的。

（3）对"形式训练说"的分析

在杜威看来，以英国教育家洛克（J. Locke）为代表的"教育即官能训练"，主张把教育看作是各种天赋官能的训练，教育的结果应该是养成使人成功的专门能力。洛克所谓的"训练"，既指经过训练的能力的结果，也指通过反复练习而获得的训练方法。这一主张在教育上很有影响。但是，这种理论的基本错误是它的二元论，即把人的各种能力相互分离，以及把人的活动和能力与所使用的材料分离开来。因此，杜威把这种"形式训练说"看作是一种尽管有影响力但又存在缺点的理论。他这样指出："这种理论把教材视为比较外在的和无关紧要的，以为它的价值仅仅是有助于一般能力的练习。……这种理论在实际中的结果，将是使人偏重狭隘的专门技能的训练，因而牺牲了主动能力、创造能力以及重新适应的能力——这些能力有赖于各种特殊活动的广泛的和连续的相互作用。"②

（4）对"塑造说"的分析

在杜威看来，以德国教育家赫尔巴特（J. F. Herbart）为代表的"教育即塑造"，主张教育是从外部提供适当的教材，通过教学活动来发展儿童的心智。赫尔巴特否认天赋官能的存在，强调从外部提供的教材对发展智力和道德的独特作用。无论教什么，无论学生的年龄大小，一切科目的教学完全使用统一的方法。在19世纪70年代后，"塑造说"的影响实际上比其他教育理论的影响都大。对此，杜威肯定了赫尔巴特及其"塑造说"的贡献，他指出："赫尔巴特的伟大贡献就在于使教学工作脱离成规陋习和全凭偶然的领域。他把教学带进

① ［美］约翰·杜威.民主主义与教育［M］.王承绪，译.北京：人民教育出版社，1990：62.

② ［美］约翰·杜威.民主主义与教育［M］.王承绪，译.北京：人民教育出版社，1990：73.

了有意识的方法的范围，使它成为具有特定目的和过程的有意识的事情，而不是一种偶然的灵感和屈从传统的混合物。而且，教学和训练的每一件事，都能明确规定……赫尔巴特在注意教材问题方面比任何其他教育哲学家都有更大的影响。"但是，杜威又提出了尖锐的批评："赫尔巴特的教育理论对有关教育的所有事情都考虑到了，但唯独没有考虑教育的本质——青少年寻求机会有效地实际运用的充满活力的能量。"① 在他看来，"塑造说"的基本错误，就是忽视人所具有各种主动的和专门的机能以及接受新事物的天赋能力，只注意教材而不注重活动。

（5）对"复演与回顾说"的分析

主张"教育即复演与回顾"的人认为，教育在本质上是回顾性质的，主要是向儿童复演以往世代的文化；其目的在于使人按照动物生活和人类历史的演进次序掌握文化历史遗产。然而，杜威指出，教育必须从一个人的禀赋（遗传）着手，但教育并不是重蹈前人的足迹而亦步亦趋地去重演；而且，过去的文化知识遗产只有和现在发生关系，才会有巨大的意义。因此，"从教育上说，儿童未成熟状态的最大优点是我们能够解放儿童，而无需使儿童重复走过去的老路。所以，教育的任务就是使儿童从复演与回顾中解放出来，而不是引导他们重演以往的事情。如果忽视当下环境对儿童的指导性影响，就是放弃教育的功能。"② 在杜威看来，"复演与回顾说"的错误主要是：所凭借的生物学基础是错误的；对遗传概念的误用，导致把遗传的影响和环境的影响对立起来；把生长的过程和结果分离开来，导致隔断现在和过去的重要联系。

**（二）教育目的**

在这一部分（第7章《教育中的民主概念》、第8章《教育的目的》、

---

① ［美］约翰·杜威.民主主义与教育［M］.王承绪，译.北京：人民教育出版社，1990：75-76.

② ［美］约翰·杜威.民主主义与教育［M］.王承绪，译.北京：人民教育出版社，1990：78.

第9章《自然发展和社会效率作为教育目的》），杜威讨论了民主社会的教育，并以民主主义的标准论述了教育的目的。具体来讲，杜威主要论述了"教育与民主主义""对教育目的的论述""对三种教育目的论的分析"三个方面。

**1. 教育与民主主义**

在第7章《教育中的民主概念》里，杜威论述了教育与民主主义的关系，并对历史上三种有代表性的教育哲学（古代的柏拉图主义、18世纪的个人主义和19世纪的国家主义）进行了批判性分析。

（1）教育与民主主义的关系

杜威认为，教育批判和教育建构的标准包含一种特定的社会理想。衡量一种社会生活有多大价值，其标准有两个要素：一是团体的利益为其所有成员享受到什么程度；一是团体与团体之间的相互影响，充分和自由到什么程度。这也是衡量民主社会的标准。因此，在杜威看来，共同参与的事业范围扩大，以及个人各种能力的自由发展，就是民主主义的特征。在民主主义社会中，必须有一种理想的教育，即为社会的全体成员提供以平等和宽广的条件获得知识的机会。

在教育与民主主义的关系上，杜威强调指出："民主政治热心教育，这是众所周知的事实。根据表面的解释，一个民主的政府，除非选举人和受统治的人都受过教育，否则这种政府是不能成功的。民主的社会既然否定外部权威的原则，就必须用自愿的倾向和兴趣来替代它；而自愿的倾向和兴趣只有通过教育才能形成。但是，还有一种更为深刻的解释：民主主义不仅是一种政府的形式；它首先是一种联合生活的方式，是一种共同交流经验的方式。人们参与一种有共同利益的事，每个人必须自己的行动参照别人的行动，必须考虑别人的行动，使自己的行动有意义和有方向，这样的人在空间上大量地扩大范围，就等于打破阶级、种族和国家之间的屏障，这些屏障过去使人们看不到他们活动的全部意义。"① 为了使教育与民主主义密切联系起来，杜威不仅要求有适当的学校设施，并辅以青少年能够利用的家庭教育，而且要求对传统的文化理想、传统的学校课程以及传统的教学方法进行必要的改革。在他看来，除非民主主义的教育理想能够越来越多地支配我们的共同教育制度，否则这种理想只是一种可笑而又可悲的幻想。与一个仅仅通过社会本身的风俗习惯而延续下去的社会相比，一个不仅进行着教育变革，而且有着社会变革理想的社会，将会有不同的教育标准和教育方法。

（2）对历史上三种代表性的教育哲学的分析

为了更好地讨论民主主义社会的教育理论，杜威在论述了教育与民主主义的关系之后，又回顾了思想史，并依据他所主张的民主主义教育哲学，对古代的柏拉图主义、18 世纪的个人主义和 19 世纪的国家主义进行了批判性分析。

一是，对古代的柏拉图主义的分析。

杜威认为，古希腊哲学家柏拉图（Plato）的教育哲学强调了社会组织在教育上的重要性，认为要达成社会的公正或合理，须个人各尽其才，各尽其职。柏拉图之所以比其他任何人都更好地表达了教育的任务，就在于他善于发现一个人的禀赋，循序渐进地加以训练，并应用于社会。但是，柏拉图所理想的社会只有三个阶级，才能的鉴别只分三类（智、情、欲），因而没有理解个人的独特性，以致压抑了个人的发展。而且，柏拉图寄希望于出现"哲人王"来创立理想国，而没有认识到教育能够改良社会以及社会能够改进教育的相互关系，因而受静止的理想的束缚，想不出解决问题的方法。因此，杜威指出："柏拉图哲学的失败……就是他不信任教育的逐步改进能造成更好的社会，然后这种更好的社会又能改进教育，如此循环进步以致无穷。"②

---

① ［美］约翰·杜威.民主主义与教育［M］.王承绪，译.北京：人民教育出版社，1990：92.

② ［美］约翰·杜威.民主主义与教育［M］.王承绪，译.北京：人民教育出版社，1990：97.

二是，对 18 世纪的个人主义的分析。

杜威认为，法国教育家卢梭（J. J. Rousseau）虽然受到柏拉图的很大影响，但卢梭敏锐地意识到自然教育是确保一种更有社会精神的社会的第一步。卢梭旨在使个人不受社会的束缚，而得以充分地发展。他批判当时的社会由于限制人的自由能力而产生的种种弊病，主张教育应顺应"自然"，并提供相应的教学目标和方法，以实现个人才能的多样化和个性多方面的自由发展。早在1915 年的《明日之学校》一书中，杜威就对卢梭的教育思想进行了充分的肯定；但是，他还指出，卢梭把"自然"与"社会"相对立，未能看到民主社会的出现，因此取消教育这一理念，缺乏发展其理想的相应的机构。

三是，对 19 世纪的国家主义的分析。

杜威认为，国家主义教育理论主张把教育作为实现国家政治目的的手段，通过教育来造就国民，从而促进国家教育事业的发展，提高教育的社会效率。国家发展了一个广泛的、有稳固基础的公共教育制度，不仅提出公共教育的目的，而且提供公共教育的工具。但是，在杜威看来，这种理论把教育过程看作是纪律训练的过程，而不是个人发展的过程；而且它忽视了个人的价值，使受教育者最终成为国家的机械工具，而没有真正获得自由的发展。因为国家主义的目的和更广阔的社会目的之间存在着冲突，从而提出了为民主主义社会设定的教育理想。但是，杜威指出："这种理想的实现也许要在遥远的将来。除非民主主义的教育理想能越来越大地支配公共教育制度，否则，这种理想只是一种可笑而又可悲的幻想。"①

### 2. 对教育目的的论述

在第 8 章《教育的目的》和第 9 章《自然发展和社会效率作为教育目的》里，杜威又专门讨论了有关教育目的的问题。在之前的第 4 章《教育即生长》

---

① ［美］约翰·杜威.民主主义与教育［M］.王承绪，译.北京：人民教育出版社，1990：104.

中，杜威即对教育的目的作过一些论述。

在第8章一开始，杜威就指出，在民主主义社会中，"我们探索教育目的时，并不要到教育过程以外去寻找一个目的，使教育服从这个目的。……我们所要做的，是要把属于教育过程内部的目的和从教育过程以外的目的进行比较"①。

（1）目的的性质及良好目的的标准

杜威认为，因为目的总是和结果联系着的，所以，在讨论目的时要注意三点：一是注意所指定的工作是否具有内在的连续性；二是注意目的对达到结果的各个步骤的影响；三是注意有目的的行动和明智的行动的一致性。这完全表明了有目的的行动的价值，即这种行动在经验中的作用。

在正确地决定良好目的时，应该考虑三个标准：第一，所决定的目的必须是现有情况的产物；第二，最初出现的目的只是一种试验性的草图，只有可以实现这个目的的行动才能检验它的价值；第三，所决定的目的必须使活动自由展开。

（2）良好的教育目的的特征

杜威认为，教育本身并无目的，人（即教师和家长）才有目的。即使能以文字表达的最正确的教育目的，也只是给教育者的建议。随着儿童的生长，随着教育者经验的增加，教育目的也会有所变化。因此，杜威强调指出："如果农民不顾土壤、气候以及植物生长的特点等条件，规定一个农事目的，那就是荒谬的。……教育者也是这样，不管是家长还是教师。如果家长或教师提出他们'自己的'目的，作为儿童生长的正当目标，这和农民不顾环境情况提出一个农事理想，同样是荒谬可笑的。"②

---

① ［美］约翰·杜威.民主主义与教育［M］.王承绪，译.北京：人民教育出版社，1990：106.

② ［美］约翰·杜威.民主主义与教育［M］.王承绪，译.北京：人民教育出版社，1990：113.

　　杜威还认为，在民主主义社会中，一切良好的教育目的都应该具有以下三个特征：第一，教育目的必须依据受教育者个人固有的活动和需要（包括天赋的本能和获得的习惯）而制定。因此，教育者不考虑受教育者的现有能力，以及忽视受教育者个人的特殊能力和需要，那将是错误的。第二，教育目的必须能够转化为与受教育者的活动进行合作的方法，通过受教育者的活动来加以实现。即必须提供一种解放和组织他们的能力所需要的环境。如果教育者把外部的目的强加于儿童，那就会使儿童处在两种目的（一种是符合他们自己经验的目的，另一种是别人要他们默认的目的）的冲突之中而无所适从。第三，必须警惕所谓一般的和终极的教育目的。因为这种目的是外部强加给活动目的的，是固定的、呆板的、遥远的，并不直接和受教育者现在的活动发生联系。这种目的不能激发一种更自由、更平衡的活动，反而会阻碍活动的进行。

　　总之，在杜威看来，良好的教育目的能够拓宽人们的眼界，对现在活动的领域进行广泛的观察，激发他们考虑更多的结果（即联系）。这种教育目的是与从外部强加的教育目的截然相反的。因此，他最后指出："在教育上，由于这些从外面强加的目的的流行，才强调为遥远的将来作准备的教育观点，使教师和学生的工作都变成机械的、奴隶性的工作。"①

　　有些教育学者认为，杜威在教育目的上提出了"教育无目的"，实际上他们误解或曲解了杜威的观点。按照杜威本人的原意，所谓"教育无目的"，指的是教育目的就是教育过程自身，目的和过程是合一的，因而反对来自教育过程之外的、从外部强加给教育活动的目的。

　　**3. 对三种教育目的论的分析**

　　在论述自己的教育目的论的同时，杜威在第9章里分别对"自然发展

---

　　① ［美］约翰·杜威.民主主义与教育［M］.王承绪，译.北京：人民教育出版社，1990：117.

论""社会效率论"以及"文化修养论"这三种教育目的论进行了分析。然而，杜威也强调指出，如果对这三种教育目的论阐述不全面，那它们就会互相冲突；但它们并非是截然相反的，而是相辅相成的。因为这三种教育目的论是实现完全的教育目的所不可缺少的，所以，应当把这三者协调起来，而不要偏重于其中的一个而遗弃其他。

（1）对自然发展论的分析

杜威认为，自然发展论主张，教育是一个自然发展的过程。以"自然发展"作为教育的目的，这其中包含着真理的要素，诸如使教育者重视儿童的身体器官与健康的需要、重视儿童的身体活动、重视儿童的个别差异，以及注意儿童的爱好和兴趣等。但是，杜威同时又指出，自然发展论过于偏激，把自然与社会对立起来，完全否定了社会环境的教育作用。因为，"自然的或天赋的能力提供一切教育中的起发动作用和限制作用的力量，但它们并不提供教育目的"①。所以，"我们的结论不是要离开环境进行教育，而是要提供一个环境，使儿童的天赋能力得到更好的利用"②。

在分析自然发展论的过程中，杜威对法国教育家卢梭进行评论的一段话还是蛮有意思的："仔细研究卢梭的话有很大的收获。他的话包含历史上曾经讲过的有关教育的基本的真理，同时也有一点奇特的偏见。"③

（2）对社会效率论的分析

杜威认为，社会效率论主张，以"社会效率"作为教育的目的，使学校更好地训练个人，培养有用的公民，以便有效地为社会服务。因此，"必须牢

---

① ［美］约翰·杜威.民主主义与教育［M］.王承绪，译.北京：人民教育出版社，1990：121.

② ［美］约翰·杜威.民主主义与教育［M］.王承绪，译.北京：人民教育出版社，1990：125.

③ ［美］约翰·杜威.民主主义与教育［M］.王承绪，译.北京：人民教育出版社，1990：120.

记，社会效率最终恰好就是平等参与接受经验的能力。这种能力，包括使个人的经验对别人更有价值，以及使他能更加有效地参与别人有价值的经验的能力。……在最广泛的意义上，社会效率就是心智的社会化，可以更主动地使各人的经验相互交流……"[1] 但是，杜威同时又指出，社会效率论的错误在于把社会效率理解得过分狭隘，使个人的自然能力受制于社会的主宰，而不是利用自然能力去获得效率。因此，如果用社会效率论来否定自然发展论所包含着的真理要素，那显然是错误的。

（3）对文化修养论的分析

杜威认为，文化修养论主张，以"文化修养"作为教育的目的，给每个人提供了发展特殊能力的机会，以便激发每个人的理想和鉴赏力，形成每个人的人格。文化修养论表明了教育的作用在于，使受教育者从粗野的自然状态改变为文雅的完美状态。因为，"文化就是不断地扩大一个人对事物意义理解的范围，增加理解的正确性的能力"[2]。但是，杜威同时又指出，文化修养论的错误是使文化和效率对立起来，既使教育者偏重与社会无关的那些东西，又使文化趋于成为一种外在的装饰而没有实际的价值。其结果是，只有少数富裕的社会上层家庭的子弟才有机会和闲暇去接受这种教育和文化。

**（三）教育过程**

在这一部分（第 10 章《兴趣和训练》、第 11 章《经验与思维》、第 12章《教育中的思维》、第 13 章《方法的性质》、第 14 章《教材的性质》、第15 章《课程中的游戏和工作》、第 16 章《地理和历史的重要性》、第 17 章《课程中的科学》），杜威主要论述了"兴趣与训练""思维与教学""课程与教材"三个方面。

---

[1] ［美］约翰·杜威. 民主主义与教育［M］. 王承绪，译. 北京：人民教育出版社，1990：128.

[2] ［美］约翰·杜威. 民主主义与教育［M］. 王承绪，译. 北京：人民教育出版社，1990：131.

### 1. 兴趣与训练

早在 1896 年的《与意志训练有关的兴趣》和 1913 年的《教育中的兴趣与努力》中，杜威就对兴趣理论进行了很多的论述。杜威在第 10 章《兴趣和训练》里，又阐述了教育上的"兴趣"和"训练"这两个观念以及它们两者的关系。

（1）兴趣的意义

杜威认为，就"兴趣"一词的原意来说，本指"居于中间的事物"，即把两个本来有距离的东西联系起来的事物。"兴趣"通常有三种意义：一是表示对某种职务或事业的爱好，二是表示使活动向前发展并达到所预见的和所欲得的结果，三是表示个人的感情倾向。实际上，兴趣与我们所要达到的目的或要做到的事情是相关联的。

在杜威看来，兴趣在教育上是十分重要的。他强调指出："兴趣是任何有目的的经验中各种事物的动力，不管这些事物是看得见的，还是呈现在想象中的。具体来说，承认兴趣在有教育意义的发展中的能动地位，其价值在于使我们能考虑每一个儿童的特殊的能力、需要和爱好。"① 如果教师能够认识到这一点，那么他就能注意每一个儿童的个性和能力。当儿童学习时，必须有一种促使他们乐意学习的事物，唤起儿童的兴趣，使他觉察这件事的关联；当进行某门学科教学时，教师必须把它与儿童想学习这门学科的动机联系起来。教师在教学工作中如果不顾儿童的兴趣和对教育的期望，那肯定不能收到满意的效果。这里，杜威还引用了一位美国幽默家的说法：只要儿童不喜欢你给他的东西，无论你教他做什么，都没有什么区别。总之，"把学习的一个对象和一个论题与推动一个有目的的活动联结起来，始终是教育上的一种真正的兴趣理论

---

① ［美］约翰·杜威.民主主义与教育［M］.王承绪，译.北京：人民教育出版社，1990：138.

提出的定论"<sup>①</sup>。

（2）训练的意义

杜威认为，所谓"训练"，就是具有运用自如的能力，能支配现有的资源，以实现所从事的行动。"训练"包含着两个基本要素：一是对于结果的预见性，二是能够坚定不移地去达到所预见的结果。训练是与意志或努力密切联系的，因为在一个活动的开始和完成之间，要运用很多手段和经历很多有障碍的地方，需要进行审慎的思考和持久的努力。

在杜威看来，训练在教育上也是十分重要的。训练可以分为机械训练和智能训练两种。其中，机械训练是外部的，是服从他人旨意和指导的反复练习和操作；智能训练是内部的，是有自己的目的的智力方面的训练。应该说，在学校里这两种训练都是重要的，但如果偏重于外部的机械训练，那实际上就会有碍于内心的智能训练。

（3）兴趣与训练的关系

杜威认为，在有目的的活动中，兴趣与训练并不是对立的，而是相互联系和互相补充的两个方面。如果教学活动不能使儿童产生兴趣，那必然就不能指望他努力学习，因而这种教学往往是肤浅的和敷衍塞责的。对一个人来说，他要有坚毅的执行能力，尤其不能缺少兴趣。因此，杜威强调指出："我们对于兴趣和训练须有正确的观念，这是十分重要的。一个人通过运用事物和事实去应付有目的的活动（无论是游戏还是作业），既扩充他的兴趣，又训练他的智能，那么，其结果就不至于在学校里只是学习与实际无关的、呆板狭隘的知识，也不至于只是养成偏于'实用的'习惯。"<sup>②</sup>

在杜威看来，这种使兴趣与训练相互联系的教育，就是改良社会状况最

① ［美］约翰·杜威.民主主义与教育［M］.王承绪，译.北京：人民教育出版社，1990：143.

② ［美］约翰·杜威.民主主义与教育［M］.王承绪，译.北京：人民教育出版社，1990：145-146.

需要的教育。使兴趣与训练相互联系的教育观念具有两个方面的意义：一是心智和心理状态不是自身完成的东西；二是教材不是某种孤立的和单独的东西。

**2. 思维与教学**

在第 11 章《经验和思维》和第 12 章《教育中的思维》里，杜威论述了思维与教学的关系。后来，他在 1933 年出版的《我们如何思维——再论反思性思维与教育过程的关系》中，又进一步详细论述了这个问题。这里杜威论述了"经验的性质""思维的重要""'思维五步'和'教学五步'"三个方面。

（1）经验的性质

杜威认为，就经验的性质而言，它是主动的因素和被动的因素的特殊形式的结合。在主动的方面，经验就是尝试；在被动的方面，经验就是经受结果。例如，一个儿童仅仅把手指伸进火光，这不是经验；只有当这个行动和他所遭受的疼痛联系起来的时候，那才是经验。从此以后，他就知道把手指伸进火光就意味着灼伤。因此，杜威强调指出："'从经验中学习'，就是我们对事物有所作为和我们所享的快乐或所受的痛苦这一结果之间，建立前前后后的联结。……一是，经验本来就是一种主动而又被动的事情，它本来就不是认识的事情。二是，估量一个经验的价值标准在于能否认识经验所引起的种种关系或连续性。"①

在杜威看来，经验包含着行动或尝试和所经受的结果之间的联结。如果把经验所包含的主动因素和被动因素割裂开来，那不仅不能了解经验的意义，而且会破坏经验的重要意义。而且，只有在经验中，任何理论才具有充满活力和可以证实的意义。离开经验的理论，甚至不能被理解为理论。当然，杜威也指出，一个人应该能够利用别人的经验，以弥补个人直接经验的狭隘性，这是教育的一个必要的组成部分。

---

① ［美］约翰·杜威.民主主义与教育［M］.王承绪，译.北京：人民教育出版社，1990：149.

（2）思维的重要

杜威认为，思维就是有意识地和审慎地去发现我们所做的事情和所造成的结果之间的特定的联结，并使两者连接起来。任何思维过程的出发点，都是正在进行中的事情。思维发生于行动中，如果没有某种思维的因素，那就不可能产生有意义的经验。他明确指出："所谓思维或反思，就是识别我们所尝试的事情和所发生的结果之间的关系。……没有某种思维的因素，就不可能产生有意义的经验。"[①] "思维就是明智的学习方法。"[②]

在杜威看来，在理论上没有人会怀疑在学校中培养学生优良的思维习惯和思维能力的重要性。思维乃是一个探究疑难的过程，这种探究过程对教育具有巨大的意义，因此，思维就是有教育意义的经验的方法。如果把经验的主动行动一面和被动的经受结果一面割裂开来，那就会破坏经验的重要意义。杜威指出："一切能考虑到从前没有被认识的事物的思维，都是有创造性的。一个三岁的儿童，发现他能利用积木做什么事情；或者一个六岁的儿童，发现他能把五分钱和五分钱加起来成为什么结果，即使世界上人人知道这种事情，他也是个发现者。"[③] 因此，为了激发学生的思维，不仅要使他们不是单纯地学一些文字，而且任何科目的教学应该尽可能不是学院式的。要持续地改进教学方法和学习方法的唯一直接的途径，就在于把注意集中在亟需思维、促进思维和检验思维的种种条件上。

（3）"思维五步"和"教学五步"

杜威认为，经验有试误的经验和反思的经验之分。思维的进行就是要使

---

① ［美］约翰·杜威.民主主义与教育［M］.王承绪，译.北京：人民教育出版社，1990：153.

② ［美］约翰·杜威.民主主义与教育［M］.王承绪，译.北京：人民教育出版社，1990：162.

③ ［美］约翰·杜威.民主主义与教育［M］.王承绪，译.北京：人民教育出版社，1990：169.

我们的经验具有智慧的要素。思维过程可以分为五个步骤（一般特征）：一是，引起思维的疑难情境，使人处于困惑、迷乱、怀疑的状态；二是，确定疑难的所在，从疑难中提出问题，并进行观察和其他心智活动以及搜集事实材料；三是，提出解决问题的种种假设；四是，推断哪一种假设能够解决问题；五是，通过实验来验证或修改假设。简而言之，这个过程就是：感觉问题的所在，观察各方面的情况，提出假定的结论并进行推理，积极地进行实验的检验。杜威所说的这种思维过程，后人一般称之为"思维五步"。

杜威还认为，教学过程就是培养学生的优良的思维习惯。教学法的要素和思维的要素是相同的。具体来说，教学过程也相应地分为五个步骤：一是，教师给儿童准备一个真实的情境，一个与实际相联系的经验情境，同时给予儿童一些暗示，使得他们有兴趣了解某个问题，有一个对活动本身感兴趣的连续活动。二是，在这个情境中要能产生真实的问题，以此作为思维的刺激物。而且，要获得足够的知识、资料和事实，以便应付情境中产生的问题。这些知识资料和事实首要的是和儿童本人现在生活的经验相联系。三是，从知识资料的占有和必要的观察中，产生解决问题的思考和假设，但杜威反对向儿童提供一些现成的答案。四是，儿童自己负责一步一步地展开他们所设想的解决问题的方法，同时把这些方法加以整理和排列，使其秩序井然不紊。五是，儿童有机会通过应用来检验他们的设想，使这些设想意义明确，并发现它们是否有效。在教育史上，杜威所说的这种教学过程一般被称为"教学五步"。杜威认为，衡量创造性的方法，就是利用别人没有想到的方法。在这种教学过程中，儿童通过发现式的学习，可以获得一些经验或观念，扩大同环境的精确接触，但这并不是一件容易做到的事情。

### 3. 课程与教材

在第 13 章《方法的性质》、第 14 章《教材的性质》、第 15 章《课程中的游戏和工作》、第 16 章《地理和历史的重要性》、第 17 章《课程中的科学》里，杜威阐述了课程与教材的问题，以及教材与教法的关系，充分体现了他的实用主义课程教学观。这里，杜威论述了"课程与教材的出发点""教材发展的阶段""学校课程的内容""教材和方法的关系"四个方面。

（1）课程与教材的出发点

杜威认为，在考虑课程与教材时，应该注意以下三个方面：

一是学生的需要和能力。课程教材的选择和确定，应该立足于学生，而不应该立足于教师。因此，传授的知识不能无限制地超出学生认识的范围。杜威指出："当教师从事直接的教学活动时，他需要精通教材；他的注意力应该集中在学生的态度和学生的反应上。教师的任务，在于了解学生和教材的相互影响……"①

二是课程教材的历程要与儿童经验发展的历程相应。其中，首先是关于行动的知识或怎样做的知识，其次是传达的知识或资料性的知识，然后是科学或理性化的知识。但是，首要的原理是，课程教材必须与学生的直接经验联系起来。杜威指出："如果承认教材的自然的发展进程，那总是从包含着做中学的那些情境开始的。……如果所传授的知识不能组织到学生已有的经验中去，那么，这种知识就变成纯粹的言词，即纯粹的感觉刺激，因而就没有什么意义。"②

三是现在社会生活的需要。在考虑课程教材时，必须适应现在社会生活的需要，必须以改进我们的共同生活为目的。杜威指出："一个课程计划必须考虑课程教材能适应现在社会生活的需要……凡是在社会方面最基本的事物，也就是说，凡和最广大的社会群体共同参与的经验有关的事物，就是要素。"③在他看来，在教育上，采取一个符合社会价值的标准是非常重要的。既

---

① ［美］约翰·杜威.民主主义与教育［M］.王承绪，译.北京：人民教育出版社，1990：195.

② ［美］约翰·杜威.民主主义与教育［M］.王承绪，译.北京：人民教育出版社，1990：197-200.

③ ［美］约翰·杜威.民主主义与教育［M］.王承绪，译.北京：人民教育出版社，1990：204.

然课程承认教育的社会责任，那就必须提供一个环境，在这个环境中所研究的问题都是有关共同生活的问题，所观察的以及所传授的知识都能发展学生的社会见识和社会兴趣。

（2）教材发展的阶段

杜威认为，教材的发展可以分成三个阶段：

在第一个阶段，学生的知识表现为聪明才智能力，就是做事的能力。学生熟悉了事物，就表明他已掌握了材料。学生记得最牢固的知识，就是关于如何做的知识。如果用明智的方法对待事物，那就能熟悉事物。

在第二个阶段，通过别人传授的知识，这种材料逐步得到充实和加深。通过相互沟通，一个人能够从其他人那里学到很多知识，不仅有关于自然的知识，而且有关于社会的知识。如果学生需要这种知识，并能够在自己的情境中加以应用，那么这种知识愈多愈好。

在第三个阶段，这种材料更加得以扩充，加工成为合于理性的或合于逻辑的有组织的教材。也就是说，要对这种材料进行专门的选择、表述和组织，以便作为能适当地传授给新的一代的教材。这样，教材自身就有了价值。

（3）学校课程的内容

杜威认为，学校课程的内容应该包括主动的作业、地理、历史以及科学。其中，具有互补性的地理和历史在教育上具有重要性，因为它们是扩大个人直接经验的意义的两大资源；科学也很重要，因为从逻辑方面和教育方面来看，科学乃是认识的完善过程，是认识的最后阶段。但更值得注意的是，杜威强调把主动的作业放在课程内容的首位。

一是，主动的作业。

在杜威看来，主动的作业在教育上具有重要的地位。主动的作业之所以重要，不仅在于它们为意义的扩充提供了最直接的工具；而且在于它们可以代表社会的情境；此外，没有它们就不可能有正常的有效的学习。杜威强调指出："教学应该从学生的经验和能力出发，使学校在游戏和工作中采用与儿童和青年在校外所从事的活动类似的活动形式，……经验表明，当儿童有机会从事各种调动他们的自然冲动的身体活动时，上学便是一件乐事。儿童管理不再是一种负担，而学习也就比较容易了。"① 他还指出："学生作业的目的愈合于人性，或者愈与日常经验所要求的目的相近，学生的知识就愈真实。"② 具体来讲，主动作业的价值就在于：能够减少校内学习和校外学习之间的隔阂；能够使学生产生学习动机，注意有教育作用的材料和方法；能够使学生了解知识材料的社会价值，并养成合作的习惯；能够应用工具对付物质性的东西以造成有用的变化，从而成为实验方法的最重要的入口。

主动的作业包括游戏和工作两种。儿童从小就进行游戏和工作的活动，在时期上二者没有截然划分的界限，只是在各个时期各有其侧重的方面。这里，杜威还对工作和游戏的区别作了分析论述，指出它们都是有目的的活动，但它们的区别是时间的长短，即工作的结果引起较长过程的活动。除此之外，它们还有经济上的区别和心理学上的区别。杜威在后面的第 18 章《教育的价值》里，还这样提及："游戏和严肃的工作之间的区别，应该不是有无想象力的不同，而是从事想象的材料的不同。"③

杜威还认为，在学校里可以采用的作业一般分为三类：第一类是材料性作业。例如，使用纸片、木料、皮革、布、黏土、金属等材料。第二类是程序性作业。例如，折叠、切割、测量、做模型、制图、加热和冷却等。第三类是工具性作业。例如，使用锤、锯、锉、针、仪器、笔等工具。在杜威看来，园艺、纺织、木工、金工、烹饪等活动，不仅可以把人类基本的共同的事务引入学校

---

① ［美］约翰·杜威.民主主义与教育［M］.王承绪，译.北京：人民教育出版社，1990：207.

② ［美］约翰·杜威.民主主义与教育［M］.王承绪，译.北京：人民教育出版社，1990：211.

③ ［美］约翰·杜威.民主主义与教育［M］.王承绪，译.北京：人民教育出版社，1990：230.

课程中，而且可以使儿童本身的社会活动成为学校科目的相互联系的真正中心。

二是，历史、地理及科学。

在杜威看来，历史和地理是学校中的典型的知识学科。就历史和地理的作用而言，它们能够为狭隘的个人行动或单纯的专门技能提供材料，使这些行动和技能拥有历史的背景、宽阔的视野和理智的观点。所以，学习历史，就是要获得认识动作和人的连续的能力；学习地理，就是要获得认识一个动作的空间的和自然的联系的能力。尽管历史强调社会的方面而地理强调物质的方面，历史强调人的因素而地理强调自然的因素，历史阐明人类的关系而地理阐明自然的关系，但是，作为同一个整体的两个方面，它们之间具有互补性，存在着相互依赖的关系。

杜威还认为，科学是行动中的进步力量，是完善对行动手段的控制的工具，也是社会进步的不可缺少的因素。由此，科学是学校中强调有理性经验的学科，但在教学实践中常常是从简化的科学开始入门。尽管学生通过完善的教材学习科学知识，但他们并没有学习科学方法。因此，杜威指出："在教育上利用科学的问题，就是要创造一种智力，深信智力指导人类事务的可能性。通过教育，使科学方法深入学生的习惯，就是要学生摆脱单凭经验的方法以及单凭经验的程序而产生的惯例。"①

最后，杜威还简单提及了教育中的自然主义和人文主义，强调不要把课程中的科学与文学、历史对立起来。后面，他在第21章《自然科目和社会科目：自然主义和人文主义》中又进一步论述了这个问题。

（4）教材和方法的关系

在教材的性质上，杜威认为，教材就是在一个有目的的情境的发展过程中所观察的、回忆的、阅读的和谈论的种种事实，以及所提出的种种观念。在

---

① ［美］约翰·杜威．民主主义与教育［M］．王承绪，译．北京：人民教育出版社，1990：238.

方法的性质上，杜威认为，方法就是经验材料最有效地和最有成果地发展的途径，方法是从观察经验的进程中得来的。

就教材和方法之间的关系而言，杜威指出，教材和方法两者是相互联系的，教材是阐明有关"教什么"的问题，方法是阐明有关"如何教"的问题。他强调指出："方法就是安排教材，使教材得到最有效的利用。方法从来不是教材以外的东西。……方法和教材并不是对立的，方法乃是教材有效地导向所希望的结果。……方法就是使教材达到各种目的的有指导的运动。……总之，方法不过是为了某种目的运用某种材料的一个有效的途径。"[1] 在杜威看来，任何把教材和方法割裂开来的看法都是根本错误的。如果硬把教材和方法牵强划分的话，那就会产生许多弊端。例如，忽视经验的具体情境，使方法脱离教材，使学习活动本身变成一个直接的有意识的目的，使方法成为枯燥无味和机械呆板的步骤，等等。总之，这样会使教学和学习都成为形式的、机械的、强制的事情。

杜威还强调指出，教学方法是一种艺术的方法，是受目的明智地指导的行动方法。而且，教学方法有一般的方法和个人的方法之分。一般的方法的特性来自思维的过程，即上述的"教学五步"；而个人的方法的特性则因为教育者的不同特点而异，其种类难以尽举。对于教师来说，他所要做的事情就是使每一个学生有机会在有意义的活动中使用他自己的力量。

就个人的方法而言，最重要的态度是：信心，即一个人对他应该做的事情所持的一往无前的态度；虚心，即保持孩子般天真的态度；专心，即心智完整和精力专注的态度；责任心，即考虑行动结果的理智态度。

### （四）教育价值

在这一部分（第18章《教育的价值》、第19章《劳动和闲暇》、第20

---

① [美]约翰·杜威.民主主义与教育[M].王承绪，译.北京：人民教育出版社，1990：176-177.

章《知识科目和实用科目》、第 21 章《自然科目和社会科目：自然主义和人文主义》、第 22 章《个人和世界》、第 23 章《教育和职业》），杜威从他的实用主义哲学和民主社会理想出发，阐述了教育在社会生活中的实际应用，即教育价值。具体来讲，主要论述了"教育的价值观"与"对教育价值问题上各种二元论的分析"两个方面。

**1. 教育的价值观**

在前面有关教育目的和兴趣的讨论中，杜威已对教育价值问题作过一些讨论。在第 18 章《教育的价值》里，他又结合课程对教育价值进行了讨论。杜威这样指出："详细讨论教育价值可以提供一个机会，一方面回顾一下有关目的和兴趣的讨论，另一方面考察一下有关课程的讨论，把这两方面互相联系起来。"[1]

（1）教育价值

杜威认为，教育价值就是教育所要获得的利益和所要培养的兴趣，也就是教育所要达到的目的。概括地说，教育价值就是指教育在社会生活中的实际应用，教育对现在社会和人的生活所带来的益处。

在他看来，教育价值应该具有直接的真实性和间接的鉴赏性。它不是抽象的法则，而是实际的事实，是儿童自己在具体情境中能够真切地感觉到的东西。它也不是单纯的符号表述，而是充满智力的作用。它也不是表面的装饰，而是有用的艺术，能够提供直接使用经验的要素。

（2）衡量科目价值的标准

从对教育价值的性质的理解出发，杜威提出了衡量科目价值的两个标准：一是"内在价值"，也称"直接价值"。它指每一门学科本身所具有的增加生活经验的功用和特性。各种科目本身包含着丰富的生活经验，既能直接使学校

---

[1] ［美］约翰·杜威. 民主主义与教育［M］. 王承绪，译. 北京：人民教育出版社，1990：245.

的生活更加丰富，又能给学生提供用于其他具有直接利益的事务的材料。每一个事物都有内在价值。作为内在价值，它不能与别的价值进行比较，它是无价之宝。二是"工具价值"，也称"间接价值"。它指每一种科目能够用来达到学科外的其他目的，使其具有作为达到目的的手段的内在价值。杜威还特别提及这样一点：如果一个科目自身从来没有被学生欣赏过，那它就无法达到其他的目的。

但是，杜威又强调指出："我们不能在各种科目中建立一个价值的等级。企图把它们排列成次序，从价值最小的科目开始，进而到具有最大价值的科目，这是枉费心机的。就任何科目在经验中都具有一个独特的或无可替代的功能来说，就任何科目都标志着生活所特有的丰富的内容来说，各种科目的价值是内在的，或者是不能比较的。……它所能提出的唯一最终价值正是生活过程本身。"[①] 在他看来，具有内在价值的科目应该是：能使学生具有运用材料和克服困难的能力，能使学生养成同别人交际的能力，能使学生具有欣赏艺术的审美能力；能使学生具有对科学事业感兴趣的理智能力；能使学生具有顾全他人权利和要求的道德精神。对所有各种不同经验的内在价值作出贡献，正是决定各种科目的内在价值和工具价值的唯一标准。

（3）教材的划分和组织

杜威认为，在划分和组织教材时，如果强调各种科目自己的价值和特殊目的，而忽视使经验保持统一性或完整性，那就必然会使学校课程的科目门类过于繁多，成为拼凑起来的和各不相干的大杂烩，并必然会造成课程中各种科目的孤立隔离现象。他强调指出："教育价值的理论要点，就是如何使经验保持它的统一性或完整性。怎样使经验既完全又多样，但又不失去精神的统一性呢？怎样使经验统一，但在统一中又不狭隘和单调呢？从根本上说，关于价值

---

① ［美］约翰·杜威.民主主义与教育［M］.王承绪，译.北京：人民教育出版社，1990：253–254.

和价值标准的问题，乃是生活兴趣组织的道德问题。从教育方面讲，这个问题关系到学校材料和方法的组织。"① 在杜威看来，不能给每门科目指定独立的价值，同时也不能把全部课程看作是由各种独立的价值聚集而成的混合体。

**2. 对教育价值问题上各种二元论的分析**

杜威认为，民主主义社会的教育问题在于消除教育上的二元论。为了进一步阐述对教育价值的看法，他在第 19 章《劳动和休闲》、第 20 章《知识科目和实用科目》、第 21 章《自然科目和社会科目：自然主义和人文主义》、第 22 章《个人和世界》、第 23 章《教育与职业》里，逐章分别对教育价值问题上的各种二元论进行了分析。在这个分析过程中，杜威实际上也阐述了他自己的教育价值观。

（1）劳动与闲暇

杜威认为，把教育的目的和教育的价值牵强划分，必然会造成教育上许多对立的现象，其中最为根深蒂固的对立也许就是"劳动"与"闲暇"之间的对立，即"文雅"与"实用"之间的割裂。这样，就产生了两种教育：一种是为有用的劳动作准备的教育，另一种是为享受闲暇生活作准备的教育。所以，在教育史上，有了内部的精神活动和外部的身体活动之间的割裂，也就有了"自由教育"（文雅教育）与"实用教育"（实利教育）的牵强划分。这反映着社会生活内部的分离，并可以追溯到古希腊时代。杜威虽未能揭示这种划分的真正根源，但他明确指出："虽然这种划分常常被认为是内在的和绝对的，但事实上它是历史的和社会的。"②

在杜威看来，在一个真正的民主主义社会里，每个人都承担有用的劳动，也都享受有价值的生活。因此，学校的课程应该把"文雅的"科目与"实利

① ［美］约翰·杜威.民主主义与教育［M］.王承绪，译.北京：人民教育出版社，1990：262.

② ［美］约翰·杜威.民主主义与教育［M］.王承绪，译.北京：人民教育出版社，1990：275.

的"科目统一起来，消除"劳动"与"闲暇"之间的对立。

（2）知与行

杜威认为，"知"（理论）与"行"（实际）之间的对立也是教育上的一种对立。从古代希腊到近代，一直存在着这种牵强的划分，并对教育观念产生了深刻的影响。理智主义将理性与经验对立起来，一方面抬高理性，一方面贬低经验和活动；感觉主义主张知识就是感觉印象，把经验视为许多被动的、不相关联的感觉，忽视经验中的"主动方面"，忽视感官观察和思维的联系。其实，它们都是将"知"与"行"两者割裂开来。

在杜威看来，经验是人的本能的和冲动的活动与他的自然和社会环境之间的相互作用，因此，社会生活在内容上正在发生的各种变化以及心理学和实验科学的进展，使得"知"与"行"两者不再处于对立的位置。这样，知与行统一所获得的经验并不是仅仅凭借感觉的经验，而是实际的经验，并使活动有了更富有意义的资源。因此，学校的课程应该把知识科目和实用科目结合起来。

（3）自然与人文

杜威认为，"自然"与"人文"之间的对立在教育上也是一种牵强划分。这种对立必然造成自然学科与人文学科之间的割裂。这种牵强划分的现象自古以来就存在着，尽管近代自然科学的兴起预示着恢复自然和人文两者之间的紧密联系，但直至现代，这两者的分离现象仍然严重存在着。

在杜威看来，如果任何教育理论想要筹划一个比现在更为统一的教育计划，那就必须解决自然与人文之间的关系问题。因此，教育应该从人文学科和自然学科相互依存的观点出发，而不要把这两者截然分离开来。否则，就会在学生的经验中造成人为的分割，结果是破坏学生心理发展的连续性，从而剥夺他学习的正常动机。如果要使社会成为一个真正的民主主义社会，那在教育上就要把人文学科与自然学科的牵强划分打破，克服这两种科目之间的分离现象；尤其要注意，自然学科在学校课程中要占有它应有的地位，并要为所有对自然科学具有专门能力倾向的人提供各种机会，使他们致力于科学研究。

（4）个人与世界

杜威认为，"个人"与"世界"（即"心"与"物"）之间的对立也是教育上的一种对立。这使得一个主体（即知者）和一个客体（即被知的事物）两者完全分离，从而在个人与世界之间造成了一条鸿沟。这种对立反映在缺乏社会的氛围和学习的动机，以及在学校管理上形成教学方法和管理方法的分离。结果是，学校教育忽视学生个性的发展以及个人与社会之间的关系。

在杜威看来，每个人事实上都必须在社会环境中成长，通过社会交往和参与体现信念的各种活动，逐渐地形成他自己的心智。在一个真正的民主主义社会中，"个人"与"世界"应该是统一的。因为在教育上所重视的个性因素具有两个意义：一是，一个人不仅有他自己的目的和问题，而且能够自己进行思考，只有这样，心理上才是一个个体；二是，不同人在学习问题、处理问题的方式以及观点上都存在着差异，如果抑制其差异就会逐渐摧毁各自的独创性。所以，杜威强调指出："一个进步的社会应该把个人差异视为珍宝，因为它的生长依赖于个人差异。所以，一个民主主义社会必须合乎这种理想，必须在它的各种教育计划中容许个人的心智自由，使个人的各种天赋和兴趣得到发展。"[①]

（5）职业教育与文化修养

杜威认为，教育上的各种对立最终之所以被归结为"职业教育"与"文化修养"之间的对立，那是因为各派教育哲学的主要争论点就表现在这个问题上。因此，他强调指出："教育上有种种对立，如劳动与闲暇的对立，理论与实际的对立，身体与精神的对立，心理状态与物质世界的对立，回顾一下这些对立背后的理智的臆断，就可以明白，它们最终表现为职业教育与文化修养

---

① ［美］约翰·杜威.民主主义与教育［M］.王承绪，译.北京：人民教育出版社，1990：321.

的对立。"① 正是在对职业教育与文化修养之间对立的分析中，杜威简要阐述了他的大职业教育观。

一是，职业的意义。杜威认为，必须对职业的意义作出全面的界定。职业既是对人生活动的指导，又因为活动的结果而对别人有益处。职业有各种不同的和互相联系的内容。职业的对立面既不是闲暇，也不是文化修养。在个人方面，它的对立面是盲目的、反复无常的和缺乏经验的积累；在社会方面，它的对立面是无根据地炫耀自己和依赖他人过寄生虫生活。因此，杜威指出："职业就是指任何形式的继续不断的活动。这种活动既能为别人服务，又能利用个人能力达到种种结果。"②

但是，在职业的意义上，既不要把职业的概念局限于生产直接有形的商品的职业，也不要认为职业的区分是相互排斥的，每个人只有一种职业。教育的任务就是要预防一种倾向，即注重职业的技能或技术方法而牺牲职业所包含的意义。

二是，职业教育的地位。杜威认为，之所以有意识地强调职业教育的地位，其原因在于：在民主主义社会中，为社会提供有形服务的职业逐渐受人尊重，工业性职业变得更为重要，工业性职业比以往有了更多的改变；工业性职业的教材有了更多的科学内容和更多机会了解产生知识的方法；近代心理学的重要性更加凸显；等等。因此，强调职业教育的地位，主要在于利用工业的各种因素，使学校更有生气、更富于现实意义，与校外经验有更密切的联系，而不是使学校成为工商业的附属机构。

就职业教育而言，它具有充分的理智意义和社会意义。它不仅应该使个人的才能与他的社会服务取得平衡，唤起人的本能和习惯，使它们发挥作用，

---

① ［美］约翰·杜威.民主主义与教育［M］.王承绪，译.北京：人民教育出版社，1990：322.

② ［美］约翰·杜威.民主主义与教育［M］.王承绪，译.北京：人民教育出版社，1990：335.

并真正发现个人的能力倾向；而且更为重要的是，应该使个人利用科学和社会的因素发展自己的胆识，并培养自己的实际执行的智慧。对于职业活动来说，它既是获得真正的知识和训练个人的智力的最有效方法，又是培养社会意识以及适应社会生活的能力的最有益途径。

三是，反对狭义的职业观和狭隘的职业教育计划。杜威认为，狭义的职业观和狭隘的职业教育计划的弊端，就是在理论和实践上把职业教育解释为行业教育，以作为获得将来专门职业的技术效能的手段。这不仅很可能永远延续社会宿命论的划分，并使这种划分僵化；而且很可能将教育变成原封不动地永远延续社会现有工业秩序的工具。因此，杜威强调指出："预先决定一个将来的职业，使教育严格地为这个职业作准备，这种办法要损害现在发展的可能性，从而削弱对将来适当职业的充分准备。……如果教育者以为职业指导可使人对职业作出确定的、无可改变的和完全的抉择，那么，教育和所选职业都很可能流于呆板，阻碍将来的发展。"①

就理想的职业教育而言，它应该使学生能持续不断地调整他们的目标和方法；同时应该使学生利用科学和社会的因素发展他们的胆识，并培养他们的实际智慧和执行力。因此，杜威指出："唯一可供选择的办法，就是使一切早期的职业预备都是间接的，而不是直接的；就是通过从事学生目前的需要和兴趣所表明的主动作业。只有这样，教育者和受教育者才能真正发现个人的能力倾向，并且可以表明在今后应选择何种专门的职业。"②

**（五）教育哲学**

在这一部分（第24章《教育哲学》、第25章《认识论》、第26章《道德论》），杜威简要阐述了哲学与教育的关系、哲学在教育中的实际应用，以

① ［美］约翰·杜威.民主主义与教育［M］.王承绪，译.北京：人民教育出版社，1990：326-327.

② ［美］约翰·杜威.民主主义与教育［M］.王承绪，译.北京：人民教育出版社，1990：326-327.

及讨论了教育实践中各种教育理想所包含的认识论和道德论。具体来讲，杜威主要论述了"哲学与教育"与"认识论与道德论"两个方面。

**1. 哲学与教育**

在第24章《教育哲学》里，杜威在对前面各章节作了简短回顾后，简要论述了"哲学的性质"以及"哲学与教育的关系"。

特别值得注意的是，在"简短的回顾"中，杜威概括了《民主主义与教育》一书的七个最主要的观点：一是，人类的冲动、本能与自然力在生物学上的连续性；二是，心理的发展有赖于参与具有共同目的的联合活动；三是，自然环境通过在社会环境中的运用产生影响；四是，利用关于渐进发展中的社会愿望和思维中的个别差异的必要性；五是，方法和教材的必要的统一；六是，目的和手段的内在联系；七是，承认心理是认识和检验行为意义的思维。[①]

（1）哲学的性质

杜威认为，哲学是思维的一种形式，起源于经验材料中的不确定的事情。在社会生活中，人们普遍感到各种困惑，由此产生了哲学问题。因此，哲学的目的就是要找出困惑的性质，制定消除困惑的假设，并在行动中加以检验。哲学旨在阐述源于社会生活的一些问题，诸如"心"与"物"的关系，身体与灵魂的关系，人性与自然的关系，个体与社会的关系，理论（知）与实践（行）的关系，等等。

在杜威看来，社会生活中有许多不确定的事情，哲学必须反映这种不确定性。因为对产生困惑的原因有不同的诊断，以及对解决困惑有不同建议，所以就产生了各种不同的哲学派别。他指出："无论何时，如果我们认真地理解

---

① ［美］约翰·杜威.民主主义与教育［M］.王承绪，译.北京：人民教育出版社，1990：339.

哲学，那我们总是假定哲学是要造成影响人生行为的智慧。"①

（2）哲学与教育的关系

杜威认为，由于科学的进步、工业革命和民主主义的发展，社会生活已经发生了彻底的变化，它必然要求实行教育的改革，而教育的改革也必然要求对传统哲学体系的基本观念进行重新考虑。因此，杜威强调指出："哲学、教育和社会理想与方法的改造是携手并进的。"② 在他看来，哲学是审慎地付诸实行的教育理论，教育同时也肯定受一定的哲学的指导和支配，这是由哲学的性质所决定的。哲学上的问题也就是教育上的主要问题，哲学理论必然会对教育上的努力产生影响。一种真正的哲学总是要形成影响人生行为的智慧，而教育正是一种智慧训练的过程。这里，杜威所指的哲学，就是实用主义哲学。

如果把教育看作是塑造人们对于自然和人类的基本的理智和情感倾向的过程，那哲学甚至可以被解释为教育的一般理论。因此，杜威多次这样指出："如果我们愿意把教育看作人们对于自然和人类的基本理智和情感的倾向的过程，那哲学甚至可以解释为教育的一般理论。"③ "教育乃是使哲学上的分歧具体化并受到检验的实验室。"④ "教育哲学不过是就当代社会生活的种种困难，明确地表述培养正确的理智习惯和道德习惯的问题。所以，我们能给哲学下的最深刻的定义就是，哲学是教育的最一般方面的理论。"⑤ 在他看来，如果一种

---

① ［美］约翰·杜威.民主主义与教育［M］.王承绪，译.北京：人民教育出版社，1990：340.

② ［美］约翰·杜威.民主主义与教育［M］.王承绪，译.北京：人民教育出版社，1990：347.

③ ［美］约翰·杜威.民主主义与教育［M］.王承绪，译.北京：人民教育出版社，1990：344.

④ ［美］约翰·杜威.民主主义与教育［M］.王承绪，译.北京：人民教育出版社，1990：346.

⑤ ［美］约翰·杜威.民主主义与教育［M］.王承绪，译.北京：人民教育出版社，1990：347.

哲学理论在社会生活中的地位，不能进行像哲学工作所提供的那种广泛的和同情的观察，使教育的目的和方法富有生气，那么学校教育工作就往往会成为机械的和经验主义的事情。

**2.认识论与道德沦**

在第 25 章《认识论》和第 26 章《道德论》里，杜威基于哲学的维度，分别阐述了"认识论和道德论"以及"知识与道德的关系"。杜威自己这样说，他对认识论和道德论进行了简短的批判性讨论。

（1）认识论

在第 25 章《认识论》里，杜威用哲学术语阐述知识论中所包含的各种对立的概念，例如，经验性认识与高级的理性认识的对立、"学问"一词的两种含义的对立、认识中主动与被动的对立、理智与情感的对立等。与此同时，他用连续性的观念来替代分离的观念，主张认识与活动是相互联系的。因为，从个体与环境之间的关系来看，认知本身就是个人参与社会生活和适应客观环境的一种连续不断的活动；从思想与行动之间的关系来看，认知是行动所必需的，而行动是认知的方法和验证。

杜威认为，每一个哲学流派都有自己独特的认识方法的概念。实用主义的认识方法与经院主义、感觉主义、理性主义、唯心主义、实在主义、经验主义、先验主义等哲学流派的认识方法是不同的。就其独特的认识方法而言，实用主义认识论也可以被称为工具主义认识论。这里，杜威用了下面这段话对"实用主义认识论"进行了具体阐述："它的本质特征是坚持认识和有目的地改变环境的活动之间的连续性。实用主义认识论主张，在严格的意义上，知识包含我们理智方面的种种资源——使我们的行动明智的全部习惯，只有已经组织到我们心理倾向中的那种知识，使我们能让环境适应我们的需要，并使我们的目的和愿望适应我们所处的环境，才是真正的知识。知识不仅仅是我们现在意识到的东西，而且包含我们在了解现在所发生的事情时有意识地运用的心理倾向。知识作为一个行动，就是考虑我们自己和所生活的世界之间的联系，改变我们一部分心理倾向，以解决一个令人困惑的问题。"①

在杜威看来，生理学、生物学和实验科学上的进展，为实用主义认识论的表述提供了特殊的理智的工具。因此，"从教育上来说，就是要使学校中知识的获得与在共同生活的环境中所进行的种种活动或作业联系起来"②。无疑，这正是"从做中学"的实用主义教学理论与方法的核心。

（2）道德论

早在 1909 年的《教育中的道德原理》中，杜威就对道德和道德教育进行了专门的论述。在第 26 章《道德论》里，杜威先后讨论了"内部和外部""义务和兴趣""智力和性格""社会和道德"四点：一是，内在意识和外在行为是统一的；二是，按原则行动和按兴趣行动是有区别的（以医生为例）；三是，发展性格和发展智力是相关的；四是，行为的道德特性和社会特性是一致的。

在道德及道德的特性上，杜威认为，所谓道德，它潜在地包含了我们的一切行为：诸如诚实、正直、纯洁、友善等，都可以称之为"道德"；诸如遵守纪律、自然发展、文化修养、社会效率、思想活跃、专心致志、真诚交往、视野开阔、坚韧不拔、承担责任等，都是"道德的特性"。所谓德行，就是说一个人能够通过在人生的一切活动中和别人的交往，使他自己充分地、适当地成为他所能形成的人。

在道德教育上，杜威反对狭隘的说教式的道德观和教义问答式的道德教学，特别强调有目的的意识和有目的的行为是不可分离的，以及知识和道德之间的密切联系。杜威明确指出："学校中道德教育最重要的问题是关于知识和

---

① ［美］约翰·杜威.民主主义与教育［M］.王承绪，译.北京：人民教育出版社，1990：360.

② ［美］约翰·杜威.民主主义与教育［M］.王承绪，译.北京：人民教育出版社，1990：361.

行为的关系。"① "事实上，学校中的道德教育问题就是获得知识的问题——这种知识与冲动和习惯的体系相关。……这种知识能养成社会兴趣，并授予必需的智慧，使这种兴趣在实践中产生效用。"② 在他看来，道德过程和教育过程是同一的。如果在学校中把道德行为的培养看成是最高目的，而把知识的获得和理解能力的培养看成是与道德行为无关的事情，那么学校的道德教育就是毫无希望的，因而成为一种空谈的道德。

在道德的养成上，杜威认为，由于学生直接从经验中获得的知识对道德行为最有影响，因此，"一切能够发展有效地参与社会生活的能力的教育，都是道德的教育。这种教育塑造一种性格，不仅能从事社会所必需的特定的行为，而且对生长所必需的继续不断的重新适应感到兴趣。对于从生活的一切接触中学习感到兴趣，就是根本的道德兴趣"③。总之，杜威的道德教育原则，就是在活动中培养儿童的道德品质。这与他在教学论上主张"从做中学"是一致的。

在道德教育的有效性上，杜威强调指出，为了使学校中的道德教育产生养成社会精神、维持社会秩序、促进共同合作的效果，学校必须具备两个条件："一是，学校本身必须是一种社会生活，具有社会生活的全部含义。……二是，校内学习应与校外学习连接起来，在两者之间应有自由的相互影响。"④在他看来，只有当学校成为社会生活的一个形式，成为一个雏形的社会，并与校外其他各种形式的共同经验彼此密切地相互影响，才能使学生通过他们共同参与的活动，逐步养成必需的德行，成为一个社会的优秀成员。

---

① ［美］约翰·杜威.民主主义与教育［M］.王承绪，译.北京：人民教育出版社，1990：377.

② ［美］约翰·杜威.民主主义与教育［M］.王承绪，译.北京：人民教育出版社，1990：372-373.

③ ［美］约翰·杜威.民主主义与教育［M］.王承绪，译.北京：人民教育出版社，1990：377.

④ ［美］约翰·杜威.民主主义与教育［M］.王承绪，译.北京：人民教育出版社，1990：375.

### 三、《民主主义与教育》的学术影响

自《民主主义与教育》一书出版以来，它被译成许多国家的语言，并被世界各国教育学者进行广泛阅读和研究，因而在学术上产生了世界性影响。对于这本举世闻名的教育经典著作，很多中外教育学者在学术上给予了高度的评价。应该说，《民主主义与教育》不仅对世界上其他国家的教育产生了重要的学术影响，而且也对中国教育产生了重要的学术影响。

**（一）《民主主义与教育》一书在世界各国的翻译出版**

作为现代教育理论方面的一本最著名的和最受关注的名著，《民主主义与教育》一书出版后，不仅是第一次世界大战期间美国教育哲学方面最流行的教科书，而且被广泛地看作是教育哲学文献中的一本经典著作，还被译成许多国家的语言而得到广泛的传播。正如澳大利亚新英格兰大学教授鲍温（J. Bowen）在他的《西方教育史》3卷本中所指出的："《民主主义与教育》是一本篇幅很长的、综合的、内容丰富的和庞大的著作，它是一本提供给教师的著作，一直持续到第一次世界大战中期才完成。没有其他的教育著作，能像它那样对美国教育产生那么广泛的影响。……尽管《民主主义与教育》一书的文体和分析方法枯燥，但它是新的时代的一篇振奋人心的宣言。"[①] 美国教育学者迪普伊（Adrian M. Dupuis）、戈登（Robin L. Gordon）在他们合著的《历史视野中的教育哲学》一书中也指出："杜威的《民主主义与教育》是教育史中最重要的著作，它取代了柏拉图的《理想国》和《法律篇》在教育思想中的最高地位。"[②]

实际上，早在杜威的《民主主义与教育》出版的 1916 年，美国教育学

---

[①] James Bowen. A History of Western Education，Vol.3［M］. London：Methuen & Co. Ltd.，1981：422-423.

[②] Adrian M. Dupuis，Robin L. Gordon. Philosophy of Education in Historical Perspective［M］. Lanham：University Press of America，1997：121.

者拜尔（T. P. Beyer）就在《日晷》杂志上发表的《教育是什么》（*What is Education*）一文中作了这样的评论：杜威的《民主主义与教育》与柏拉图的《理想国》、卢梭的《爱弥儿》一起代表了教育哲学史上的三个阶段。[①]

但应该看到，在世界上，尽管对杜威教育思想进行过论述的各国教育学者不计其数，然而与之相比，对杜威《民主主义与教育》这本著作进行过直接论述的教育学者要少很多。

在《民主主义与教育》中，杜威基于个人的反思对 20 世纪民主社会所要求的那种教育进行了阐述，在现代教育史中找不到比这种探讨更为深刻、更有活力的文献。尤其重要的是，杜威首创性地提出了"教育即生活""教育即生长""学校即社会""学校是一种典型的特殊环境""学生发展""思维就是明智的学习方法""从做中学""教学五步""职业教育不能解释为行业教育""哲学是教育的最一般方面的理论"等观点，充分体现了该书在教育理论上的学术价值和现代意义。

因此，《民主主义与教育》一书出版后，曾被列入美国著名教育史学家孟禄主编的"师范学院教育读本系列"，被美国各个高等师范院校教育专业作为教科书使用。杜威的学生、美国哲学家和教育家胡克在《杜威全集》中期著作第 9 卷的"导言"的开篇也强调指出："或许可以说，除了《教育的职业方面》这一章的部分内容，约翰·杜威的《民主主义与教育》一书现在在教育哲学及与社会哲学、政治哲学和道德哲学相关的领域内仍堪称经典之作。尽管这本书写于 60 年前，但在当代仍然具有震耳发聩的意义。……在原来作为教科书出版的著作中，《民主主义与教育》是唯一的不仅达到了经典著作的地位，而且成为今天所有关心教育的学者不可不读的一本著作。这样的情况，在任何领域都是绝无仅有的。"

美国佛蒙特大学荣誉教授戴克威曾（George Dykhuizen）在他的《约翰·杜

---

[①] Beyer T P. What is Education? [J]. Dial, 1916（61）: 101.

威的生平与精神》一书中明确指出："《民主主义与教育》这本著作在专业教育者中几乎立即就成为了最好的畅销书。在不久以后，它在教育哲学文献中就被广泛地看作是一本经典著作。……当这本书的名声传播开来时，它被翻译成很多语言……"①澳大利亚教育家康内尔在《20世纪世界教育史》一书中指出："无论如何，《民主主义与教育》并非仅仅是为那些属于'革新'一类的学校教师所发布的一份宣言。正如它的副标题——《教育哲学导论》所表明的，它是适合所有教师的；它已成为两次世界大战期间在美国、也许在所有英语国家里最为流行的教育哲学教科书。它是普通教师改革传统学校的理论依据。"②美国教育学者德沃金（M. S. Dworkin）在《杜威论教育》（1959）一书的那篇题为《约翰·杜威：100周年的评论》的"序言"中也这样指出："杜威的这些思想传布到美国全国和世界，通过他的教学、文章以及著作，如《民主主义与教育》等……"③

更值得注意的是，《民主主义与教育》一书被译成许多国家的语言，因而产生了持久不衰的世界性影响。其中，由土耳其教育学者 B. 阿夫尼（B. Avni）翻译成土耳其文，迈哈穆德·埃明（Mehmed Emin）撰写了前言（1928年）；由德国教育学者埃里克·许拉（Erick Hylla）翻译成德文（布雷斯劳,1930年）；由捷克教育学者 J. 赫萨（J. Hursa）博士翻译成捷克文（布拉格，1932年）；由克罗地亚教育学者 D. 伊科尼克（D. Ikonic）博士翻译成克罗地亚文（贝尔格莱德，1934年）；由葡萄牙教育学者戈多夫雷·兰格尔（Godofre Rangel）和阿尼西奥·泰克谢拉（Anisio Taixeira）翻译成葡萄牙文（圣保罗，1936年）。

---

① George Dykhuizen. The Life and Mind of John Dewey [M]. Carbondale: Southern Illinois University Press，1973：179–180.

② William F. Connell. A History of Education in the Twentieth Century World [M]. New York: Teachers College Press，Columbia University，1980：89.

③ M. S. Dworkin. Dewey on Education [M]. New York：Teachers College，Columbia University，1959：preface 8.

此外，它还被翻译成俄文、匈牙利文。①1940 年 7 月，曾在哥伦比亚大学获得学士、硕士和博士学位的伊拉克高级教师学院院长阿克拉维（Matta Akrawi）给杜威写信，希望他允许把《民主主义与教育》译成阿拉伯文。② 据美国教育学者帕苏（A. Harry Passow）在他于 1982 年发表的《杜威对世界教育的影响》一文中的统计，《民主主义与教育》一书被翻译为 17 种语言，具体包括：阿拉伯文、保加利亚文、中文、捷克文、德文、古吉拉特文、希伯来文、波斯文、意大利文、日文、朝鲜文、波兰文、葡萄牙文、塞尔维亚 - 克罗地亚文、西班牙文、土耳其文等，其中德文有 2 个译本，意大利文有 2 个译本，日文有 6 个译本，朝鲜文有 2 个译本。③ 这个统计表明，《民主主义与教育》是杜威教育著作中被世界各国翻译得最多的一本著作。总之，《民主主义与教育》"这部 1916 年的著作，甚至在今天也能体现出它在国内外持久不衰的重要性。这部著作受到广泛欢迎的另一个有力证据，就是它被译为多国语言，出现了大量的翻译版本。首先是日文版，在 1918 年问世。《译本一览表》中说明，《民主主义与教育》是杜威著作中被翻译得最为频繁的一部著作"④。

**（二）西方教育学者论《民主主义与教育》一书的主要内容**

相比其他西方教育家，杜威在《民主主义与教育》这本著作中更多地努力论证民主和教育的有机统一。杜威在探究民主主义、科学进步、进化论、工业革命对于教育的意义的过程中，既对西方教育史上柏拉图、亚里士多德、洛克、卢梭、康德、费希特、黑格尔、赫尔巴特、福禄培尔等哲学家和教育家的

---

① Paul Arthur Schilpp. The Philosophy of John Dewey［M］. Evanston and Chicago：Northwestern University Press，1939：636-637.

② 参见 John Dewey to Matta Akrawi, 8 July, 1940. Butler Library.

③ A. H. Passow. Dewey's Influence on the World Education. Teachers College Record，Spring，1982.

④ ［美］约翰·杜威. 杜威全集·中期著作第 9 卷［M］. 俞吾金，孔慧，译. 上海：华东师范大学出版社，2012：298.

理论进行了批判，也对当时的进步教育运动以及自己的教育观点进行了比较系统的总结，从而构建了一个完整的实用主义教育理论体系。

就《民主主义与教育》的主要内容而言，西方教育学者的论述可以归纳为五个方面："《民主主义与教育》一书的主题""《民主主义与教育》中的民主思想""《民主主义与教育》中的教育思想""《民主主义与教育》中的哲学思想"以及"《民主主义与教育》中的心理学思想"。

### 1.《民主主义与教育》一书的主题

从杜威《民主主义与教育》的书名，就可以清楚地看到：《民主主义与教育》这本著作主要阐述了"民主主义"和"教育"两者的关系。因此，不少西方教育学者对《民主主义与教育》一书的主题进行了论述。

英国格拉斯哥大学教授拉斯克（Robert R. Rusk）、阿伯丁教育学院教授斯科特兰（James Scotland）在《伟大教育家的学说》一书中明确指出："考虑到杜威的主要著作《民主主义与教育》的书名，我们不能不考虑他的政治学说而得出我们的结论。……一个民主国家应该具有民主的教育形式。……使教育是真正民主的；从杜威的著作中能够获得新的启示，以加强这些努力。"[1] 美国耶鲁大学教授布鲁巴克在《教育问题史》一书中也强调指出，在《民主主义与教育》中，"杜威第一次系统而完整地论述了教育与民主的关系。在教育改革沿着民主路线走过一个世纪历程之后，这本书的出版具有重要的历史意义。直到这时，还没有一个人能够全面理解19世纪教育民主化趋势所具有的广泛而深远的含义。然而，杜威完成了这个历史性任务"[2]。

当然，关于《民主主义与教育》一书的主题，论述得最为明确的无疑是当代美国教育史学家克雷明。克雷明教授在他的《学校的变革》一书中清晰

---

[1] Robert R. Rusk and James Scotland. Doctrines of the Great Educators [M]. New York：The Macmillan Press Ltd.，1979：230.

[2] John S. Brubacher. A History of the Problems of Education [M]. New York：McGraw-Hill Book Company，1966：48—49.

地写道："正如杜威1899年所设想的，一个'更有价值的、可爱的、和谐的'新社会是民主主义的具体体现。杜威在他的民主主义概念中，设想了一种对教育的强制要求。"① 同时，他还明确指出，《民主主义与教育》一书的主题在杜威这本著作的很长一段话中得到了最清晰的阐述，并具体引用了这段话："民主政治热心教育，这是众所周知的事实。根据表面的解释，一个民主的政府，除非选举人和受统治的人都受过教育，否则这种政府就是不能成功的。民主的社会既然否定外部权威的原则，就必须用自愿的倾向和兴趣来替代它；而自愿的倾向和兴趣只有通过教育才能形成。但是，还有一种更为深刻的解释：民主主义不仅是一种政府的形式；它首先是一种联合生活的方式，是一种共同交流经验的方式。人们参与一种有共同利益的事，每个人必须使自己的行动参照别人的行动，必须考虑别人的行动，使自己的行动有意义和有方向，这样的人在空间上大量地扩大范围，就等于打破阶级、种族和国家之间的屏障，这些屏障过去使人们看不到他们活动的全部意义。这些数量更大、种类更多的接触点表明每个人必须对更加多样的刺激作出反应；从而助长每个人变换他的行动。这些接触点使各人的能力得以自由发展，只要行动的刺激是不完全的，这些能力就依然受到压制，因为这种刺激必须在一个团体里，而这个团体由于它的排外性排除了很多社会利益。……一个流动的社会，有许多渠道把任何地方发生的变化分布出去，这样的社会，必须教育成员发展个人的首创精神和适应能力。否则，他们将被突然遇到的种种变化所迷惑，看不出这些变化的意义或关联。"②

**2.《民主主义与教育》中的民主思想**

杜威在《民主主义与教育》一书中对"民主"思想进行了充分的阐述。

---

① ［美］克雷明.学校的变革［M］.单中惠，王强，译.济南：山东教育出版社，2013：109.

② ［美］约翰·杜威.民主主义与教育［M］.王承绪，译.北京：人民教育出版社，1990：92—93.

美国纽约纳萨雷特学院教授雷比在《约翰·杜威与进步教育》一文中专门列出了"民主主义与教育"这一小节，并明确指出："'民主主义'是什么？有一本书对这个问题进行了回答，那就是杜威的《民主主义与教育》。这本书展现了杜威的民主主义。……一般说，在我们分析它的时候，民主主义是杜威的核心思想。在《民主主义与教育》的序言中，他表明这个讨论包括了'对那些认知和道德理论进行批判性的评价，它们是在早前的社会条件下形成的，但在名义上的民主社会中仍然起作用，以阻碍民主理想的充分实现'。"①

在杜威对民主主义概念的阐述上，克雷明教授在《美国教育史：城市化时期的历程（1876—1980）》一书中十分明确地指出：《民主主义与教育》"是杜威关于教育的主要著作，其中提出了他的民主主义概念，他认为民主主义不仅仅是一种政治体制，而且是社会生活的形式；同时提出了关于教育的概念，他认为教育是使个体在社会交往、智力、审美方面不断发展的社会过程，通过个体的发展，社会才能得到不断的更新"②。澳大利亚新英格兰大学鲍温教授在他的《西方教育史》3卷本的第3卷第12章中专门用5页篇幅列出了"系统的教育理论：《民主主义与教育》"这一节，其中指出："杜威在1916年已写了他的最主要的教育著作，即知名的《民主主义与教育》。在这本著作中，他把重建的充分文明的民主社会作为唯一的社会组织和政府。"③

关于杜威将民主主义作为其教育思想基础的阐述，现美国教育学会主席、佐治亚州立大学教授厄本（Wayne J. Urban）和原美国教育史学会主席、弗吉尼亚大学教授瓦格纳（Jennings L. Wagoner）在《美国教育：一部历史档案》

① Joseph Mary Raby. John Dewey and Progressive Education [M] // John Blewett. John Dewey: His Thought and Influence. New York: Fordhan University Press, 1960: 90–91.

② Lawrence A. Cremin. American Education: The Metropolitan Experience, 1876–1980 [M]. New York: Harper & Row Publishers, 1988: 172.

③ James Bowen. A History of Western Education, Vol.3 [M]. London: Methuen & Co. Ltd., 1981: 422.

一书中明确指出，在《民主主义与教育》这本著作中，"杜威还阐述了他对民主的看法：民主思想指导着他的教育思想，也指导着他之前在实验学校的教育实践。要知道，杜威的学校就是按照社会的模式来设想的，或者说，学校就是民主社会的雏形。在《民主主义与教育》中，杜威对民主下了明确的定义，这是其教育思想的基础"[①]。

当然，在论述杜威《民主主义与教育》中的民主思想的西方教育学者中，也有人是持有不同观点的。例如，英国伦敦大学教育学院教授彼得斯（R. S. Peters）在他的《约翰·杜威的教育哲学》一书中这样写道："个人的发展和分享的经验，似乎对《民主主义与教育》来说是个例外，这是一本令人费解的著作，因为在这本著作中有很多内容是论述教育的，而很少有论述民主主义的……"[②]

### 3.《民主主义与教育》中的教育理念

在《民主主义与教育》一书中，杜威显然对民主社会的教育进行了最为充分而详细的阐述。很多西方教育学者在他们对《民主主义与教育》的直接论述中都提及了这一点。美国纽约大学教授格林（Maxine Greene）在《杜威和美国教育，1894—1920》一文中强调指出："1916 年，杜威出版了《民主主义与教育》一书，这是他的教育信念的最明确的阐述。其间的几十年，是表现了杜威作为教育家、心理学家和教育哲学家而成长的一个时期。"[③]

在杜威关于教育的生长功能的阐述上，厄本教授和瓦格纳教授在《美国

---

① ［美］厄本，瓦格纳.美国教育：一部历史档案［M］.周晟，谢爱磊，译.北京：中国人民大学出版社，2009：301.

② R. S. Peters. John Dewey's Philosophy of Education［M］. London：Routledge & Kegan Paul，1977：103.

③ Greene. Dewey and American Education，1894–1920［M］// William W. Brickman and Stanley. John Dewey：Master Educator. New York：Society for the Advancement of Education，1961：75.

教育：一部历史档案》一书中指出："在其 1916 年写就的最具代表性的教育
著作《民主主义与教育》中，杜威系统地阐述了他的教育哲学。……最重要
的是，《民主主义与教育》是把生长作为教育活动的本质来阐述的。教育即生
长，生长通过教育而产生。"[①] 杜威女儿简·杜威（Jane Dewey）在《杜威传》
中也这样指出，杜威"在《民主主义与教育》一书中阐述了哲学本身是'教
育的一般理论'的观点"[②]。

　　在杜威关于教育是生活过程的阐述上，美国蒙大拿大学教育学院院长普
利亚姆（John D. Pulliam）在他的《美国教育史》中指出："在《民主主义与
教育》中，杜威把教育看成是一个生活过程，而不只是未来生活的准备。他
也主张教育是发展，只要继续发展，教育必须继续作为一个社会过程。正如书
名所表明的，如果学校是一个民主社区的话，那《民主主义与教育》讨论的
教育的社会过程就是最好的经历。"[③]

　　在杜威关于教育的社会功能的阐述上，澳大利亚悉尼大学教授康内尔在
他的《20 世纪世界教育史》一书中指出："杜威在他的《民主主义与教育》
中以一种综合的眼光看待教育，充分地发展了他认为需要加以考察的最重要
方面的观点。特别是，他探究了教育的社会作用，应用了他关于教育的社会功
能的见解，并将此作为他分析教育问题的试金石。"[④] 纽约市立大学教授伯克森
（Isaac B. Berkson）在他的《杜威哲学中的科学、伦理和教育》一文中也指出：
"《民主主义与教育》开始讨论教育与社会存在和更新的关系。对于一个重要

　　① ［美］厄本，瓦格纳. 美国教育：一部历史档案［M］. 周晟，谢爱磊，译. 北京：中国人
民大学出版社，2009：302.

　　② John Dewey. Biography of John Dewey.［M］// Paul Arthur Schilpp. The Philosophy of John
Dewey. Evanston and Chicago：Northwestern University，1939：33.

　　③ John D. Pulliam. History of Education in America［M］. New York：Maxwell Macmillan，
1991：173–174.

　　④ W. F. Connell. A History of Education in the Twentieth Century World［M］. New York：
Teachers College Press，Columbia University，1980：85.

的时期来说，它不仅是杜威的一般哲学，而且也是杜威教育思想的最充分的阐述。……在这本著作中，对所需要重新构想的教育理论得到了有独创性的和最详尽的陈述。"①

在杜威对学校工作的阐述上，克雷明教授在《美国教育史：城市化时期的历程（1876—1980）》一书中指出："《民主主义与教育》一书最初是打算作为公立学校教师和管理人员的培训教材，因此，该书又详细地阐述了以上观点对于学校日常工作——学校的目标和宗旨、学习和教学的方法、课程的教材等所具有的实际意义。"②澳大利亚教育家斯基尔贝克（Malcolm Skilbeck）在他的《约翰·杜威》一书中也指出："在一些地方，尤其在《民主主义与教育》的前面部分……杜威把学校简单地描述为儿童进入现代文化的机构。"③

在杜威对思维方法的阐述上，美国哥伦比亚大学师范学院教授伯茨（R. Freeman Butts）在他的《西方教育文化史》一书中指出："杜威在1916年出版的那本具有广泛影响的著作《民主主义与教育》中，强调了科学和科学方法对于影响人类处理各种各样事务的重要性。在科学方法中，他发现了处理事务程序的原则，这种原则为他提供了发现经验、知识和思维的概念的线索，而这些概念与理性主义者和智力主义者所持的不同方面的概念有很大的差异。杜威的理论把知识、思维、行为及行为的结果紧密联系了起来。因此，杜威得出了一个基于问题解决的科学方法的思维描述。"④

在杜威关于课程教材的阐述上，美国教育学者迪普伊、戈登在《历史视

---

① Isaac B. Berkson. Science, Ethics, and Education in Dewey's Philosophy [M] // William W. Brickman and Stanley Lehrer. John Dewey: Master Educator. New York: Society for the Advancement of Education, 1961: 101–102.

② Lawrence A. Cremin. American Education: The Metropolitan Experience, 1876–1980 [M]. New York: Harper & Row Publishers, 1988: 172.

③ Malcolm Skilbeck. John Dewey [M]. London: The Macmillan Company, 1970: 30.

④ R. Freeman Butts. A Cultural History of Western Education [M]. New York: McGraw-Hill Book Company, 1955: 565.

野中的教育哲学》一书中指出："关于社会和课程教材之间关系的更为详尽的论述，可以在《民主主义与教育》中找到。在这本著作中，杜威反对将学习教材本身看作是一个目的的观念，认为教师不能从任何教材的完美形式开始。"① 澳大利亚教育家斯基尔贝克在他的《约翰·杜威》一书中还具体指出，杜威"关于中等课程的思想主要可以在《民主主义与教育》的第二部分找到，他试图提供一些不同科目教学的框架，反思的探究可以得到发展，并在他们周围的世界中影响学生的兴趣"②。

**4.《民主主义与教育》中的哲学观点**

在《民主主义与教育》一书中，杜威也对哲学进行了很好的阐述。美国华盛顿大学教育研究院教授沃思（Arthur G. Wirth）在他的《作为教育家的约翰·杜威》一书中就认为，许多年来，《民主主义与教育》是杜威的哲学观点得到最充分阐释的一本著作。

在杜威关于哲学与教育关系的阐述上，进行直接论述的西方教育学者很多。其中，美国南伊利诺伊大学卡邦代尔分校杜威研究中心原主任博伊兹顿（Jo Ann Boydston）博士在他的《约翰·杜威著作导读》一书中强调指出："在《民主主义与教育》中可以找到对哲学的社会作用的进一步支持，他把哲学界定为教育的一般理论，或教育理论是哲学的最一般方面。"③ 佛蒙特大学荣誉教授戴克威曾在他的《约翰·杜威的生平与精神》一书中指出："杜威在《民主主义与教育》中阐明了20世纪民主社会所要求的那种教育，因为其建议是通过生物学和心理学的发现而提出的。这种讨论集中关注了杜威哲学的一些方

① Adrian M. Dupuis, Robin L. Gordon. Philosophy of Education in Historical Perspective [M]. 1997: 141.

② Malcolm Skilbeck. John Dewey [M]. London: The Macmillan Company, 1970: 24.

③ Jo Ann Boydston. Guide to the Works of John Dewey [M]. Carbondale: Southern Illinois University Press, 1970: 37.

面……"①

在杜威关于社会哲学实际上就是教育哲学的阐述上，戴克威曾教授在他的《约翰·杜威的生平与精神》一书中指出："在《民主主义与教育》的第24章中，杜威说到其目的是'概括和阐明在这些考虑中所隐含的哲学思想'。……'哲学就是教育的一般理论。'杜威通过讨论得出了这样的结论：所有的哲学实际上是社会哲学，所有的社会哲学实际上就是教育哲学。"②美国纽约纳萨雷特学院雷比教授在他的《约翰·杜威与进步教育》一文中也持有同样的看法："在《民主主义与教育》一书的名为'教育哲学'的概括性章节中，杜威用一种'批判的观点'概括了这本书的全部观点。"③

**5.《民主主义与教育》中的心理学观点**

在《民主主义与教育》一书中，杜威还对心理学观点进行了阐述。在《杜威全集》中期著作第9卷的"导言"中，美国哲学家和教育家胡克甚至这样认为，《民主主义与教育》一书最突出和最有远见的贡献在于教育心理学或学习心理学领域。

在有关儿童发展的阐述上，加拿大不列颠哥伦比亚大学教授普伦蒂斯（Alison Prentice）在他的《美国范例》一文中指出："在儿童研究上，最重要的进展是由约翰·杜威在1916年出版的《民主主义与教育》所推动的。在这本著作中，他把未成熟界定为趋于发展的可能性，主张发展自身应该是延续一个人一生的一些东西。他极力反对把儿童期仅仅看成是为成人生活作准备的一

---

① George Dykhuizen. The Life and Mind of John Dewey［M］. Carbondale：Southern Illinois University Press，1973：177.

② George Dykhuizen. The Life and Mind of John Dewey［M］. Carbondale：Southern Illinois University Press，1973：179.

③ Joseph Mary Raby. John Dewey and Progressive Education［M］// John Blewett. John Dewey：His Thought and Influence. New York：Fordham University Press，1960：93.

个时期的思想。"①

在有关思维和学习的阐述上，美国马萨诸塞州威廉斯学院教授鲁道夫（Frederick Rudolph）在他的《美国学院和大学史》一书中指出："在杜威的经典论著，即1916年的《民主主义与教育》中，他界定了思维和学习的必要条件。他说，首先必须是一种学生感兴趣的经验，其次是由经验而发展着的问题。"②

### （三）西方教育学者论《民主主义与教育》一书的学术影响

作为现代教育理论方面的一本经典著作，《民主主义与教育》一书出版后曾是第一次世界大战期间美国教育哲学方面最流行的课本。作为美国现代最重要的一位教育家，杜威的这本著作在国内外教育界产生了广泛而深远的学术影响。它不仅在教育理论上具有永恒的价值，而且对许多国家的教育改革和发展产生了重要影响。澳大利亚新英格兰大学教授鲍温在《西方教育史》3卷本的第3卷中强调指出："《民主主义与教育》是一本篇幅很长的、综合的、内容丰富的、庞大的著作，是提供给教师的，本书一直持续到第一次世界大战中期才完成。没有其他的著作，像它那样对美国教育产生了那么广泛的影响。……尽管《民主主义与教育》一书的文体和分析方法十分枯燥，但它是一个新的时代的一个振奋人心的宣言。……《民主主义与教育》试图对那个似乎有点难以回答的问题，即年轻人在那种环境下如何成为民主社会的一个参与的、创造的成员的问题提供一个答案。"③

---

① Alison Prentice. The American Example [M] // J. Donald Wilson, Robert M. Stamp, Louis-Philippe Audet. Canadian Education：A History. Searborough, Ontario：Prentice-Hall of Canada, Ltd., 1970：63.

② Frederick Rudolph. The American College and University：A History [M]. New York：A Division of Random House, 1962：468.

③ James Bowen. A History of Western Education, Vol.3 [M]. London：Methuen & Co. Ltd., 1981：422–423.

就《民主主义与教育》的学术影响而言，世界各国教育学者的论述可以被归纳为"《民主主义与教育》达到了教育经典著作的地位""《民主主义与教育》确立了新的教育哲学的基础"以及"《民主主义与教育》成为了产生世界性影响的著作"三个方面。

**1.《民主主义与教育》达到了教育经典著作的地位**

关于杜威的《民主主义与教育》在西方教育著作中的地位，佛蒙特大学荣誉教授戴克威曾在《约翰·杜威的生平与精神》一书中明确指出："《民主主义与教育》这本著作在专业教育者中几乎立即就成为了最好的畅销书。在不久以后，它在教育哲学文献中就被广泛地看作是一本经典著作。……当这本书的名声传播开来时，它被翻译成很多语言……"①

加拿大教育学者帕特森（Robert S. Patterson）在他的《两次世界大战之间的社会和教育，1914—1945》一文中指出："当杜威的《民主主义与教育》在1916年出版的时候，它被看作是自卢梭的《爱弥儿》以来的最主要的教育文献。这本著作探究了民主主义、科学和工业化这些概念的教育含意，并成为许多进步发展的一个主要根源。"②美国纽约大学迈耶教授在他的《美国人民教育史》一书中也指出："尽管这本著作很难阅读，但它在一些地方被赞美为一个美国人应该拥有的最重要的著作。同样，这本著作是指导美国绝大多数公立学校教师的必不可少的向导。"③

**2.《民主主义与教育》确立了新的教育哲学的基础**

关于《民主主义与教育》这本著作对教育哲学的贡献，美国斯坦福大学

---

① George Dykhuizen. The Life and Mind of John Dewey［M］. Carbondale：Southern Illinois University Press，1973：179–180.

② Robert S. Patterson. Society and Education During the Wars and Their Interlude，1914–1945［M］// Canadian Education：A History. Searborough，Ontario：Prentice-Hall of Canada，Ltd.，1970：374.

③ Adolphe E. Meyer. An Educational History of the American People［M］. New York：McGraw-Hill Book Company，1957：254.

教育学院院长卡伯莱（Ellwood P. Cubberley）教授热情地欢呼《民主主义与教育》一书及其他教育著作的出版，并在他的《美国公共教育：美国教育历史的研究和诠释》一书中强调指出："随着约翰·杜威 1910 年出版的《我们如何思维》以及随后于 1916 年出版的《民主主义与教育》，一种新的教育哲学的基础确立了。"① 美国哈佛大学教授乌利希（Robert Ulich）在他的《三千年教育智慧》一书中也这样指出："尽管杜威的最有声誉的著作《民主主义与教育》在风格上并不能够与怀特海的《教育的目的》相媲美，但毫无疑问它是现代教育哲学的重要文献之一。"②

**3.《民主主义与教育》成为了具有世界性影响的著作**

当代美国教育史学家克雷明在他的《学校的变革》一书中这样写道："《学校与社会》与杜威的那本巨著《民主主义与教育》相隔了 17 年。在那些年里，杜威作为哲学家、教育家和社会批评家，地位已经牢固地确立起来了。……杜威开始为广大具有进步主义思想的公众所熟知。到 1916 年，杜威已被公认为进步主义的一位最主要的发言人，不管他写什么文章，都保证有众多的感兴趣的读者。一点也不使人觉得意外《民主主义与教育》一出版，立刻就在一些地区引起轰动。人们认为这本书是自卢梭的《爱弥儿》问世以来对教育学所作的最显著的贡献。"③

**（四）《民主主义与教育》对世界各国的学术影响**

杜威的《民主主义与教育》一书在世界很多国家中产生了学术影响。这里，将论及对美国、欧洲国家、日本以及中国产生的学术影响。但很有意思的

---

① Ellwood P. Cubberley. Public Education in the United States：A Study and Interpretation of American Educational History［M］. Boston：Houghton Mifflin Company，1934：693.

② Robert Ulich. Three Thousand Years of Educational Wisdom［M］. Cambridge：Harvard University Press，1963：616.

③ ［美］克雷明. 学校的变革［M］. 单中惠，马晓斌，译. 济南：山东教育出版社，2013：107-108.

是，在《民主主义与教育》已在世界上产生广泛影响的情况下，杜威在 1930 年的《从绝对主义到实验主义》这一自传性提纲中竟这样提及他的《民主主义与教育》："尽管许多年来，我的哲学在题为《民主主义与教育》这本著作中得到了最充分的阐述，但我不知道一些与教师不同的哲学评论家是否曾经求助于它。我感到疑惑，这样的事实是否表明，虽然那些哲学评论家本人常常就是教师，但他们一般不利用它们所想到的具有十分重要意义的教育。实际上，任何有理性的人都能想到，哲学研究可能集中在作为人类最高利益的教育上；而且，其他的一些问题（宇宙的、道德的和逻辑的）在教育中也达到了顶点。"①

### 1. 对美国的学术影响

当代美国教育史学家克雷明在他的《学校的变革》一书中这样写道，到 1916 年《民主主义与教育》出版时，"在《民主主义与教育》这本书中，杜威开始探究民主、科学、进化、工业主义的教育含义。在书的结尾部分，他对进步主义教育运动作了最明白、最全面的阐述。这本书的思想很丰富，又不图系统的说明。杜威既有启发性地、批判地评论了他以前的一些教育家……又明显地意识到他同时代人在心理学、社会学和教育学上的发展"②。美国纽约大学教授迈耶（A. E. Meyer）在他的《西方教育史》中这样指出："1904 年杜威移居纽约，在哥伦比亚大学教哲学。10 多年时间，他作为教授主要思考哲学，只有很少的精力关注教育。但在 1916 年，随着《民主主义与教育》的出版，这个长期的中断也就结束了。尽管它是沉重的烦扰，那是因为一种晦涩的和难懂的文体而引起的，但《民主主义与教育》作为一本最重要的教育著作而受到了来自美国人——实际上是一些专家的热烈欢呼，他们甚至认为这本著作超

---

① ［美］约翰·杜威. 从绝对主义到实验主义［M］//［美］简·杜威. 杜威传（修订版）. 合肥：安徽教育出版社，2009：53.

② ［美］克雷明. 学校的变革［M］. 单中惠，马晓斌，译. 济南：山东教育出版社，2013：108.

过了《爱弥儿》和《理想国》。"①

　　美国学者弗雷德里克·李尔奇在他的《杜威的教育思想和社会思想回顾》一文中这样指出："杜威撰写了不少关于教育方面的论著。1916 年，他发表了《民主主义与教育》一书，这本书最全面地叙述了他的哲学、并使教育成为他的哲学的一个组成部分。这本书比其他任何一本著作更能使杜威在诸多教育部门和教育学院里成为一个权威，有时还被看作是一个正确的权威。"②

　　尽管《民主主义与教育》这本著作很难阅读，但它在一些地方被赞誉为一个美国人应该拥有的最重要的著作。同时，在指导美国绝大多数公共学校教师上，这本著作是一种必不可少的向导。美国罗耀拉大学教授古特克（G. L. Gutek）在他的《美国教育简史》一书中就强调指出："基于开放的相互交流的合作行动实质上是民主的方法。因为这一点，在具有实验方向的进步学校里，杜威的主要著作《民主主义与教育》的书名就成为了一篇关于教育真理的文章。"③

　　2016 年 4 月，美国杜威学会（John Dewey Society）在华盛顿召开了《民主主义与教育》一书出版 100 周年纪念会。

　　**2. 对欧洲国家的学术影响**

　　有关《民主主义与教育》一书在德国翻译出版的情况，美国工业民主联盟执行董事、杜威 90 岁生日宴会组织委员会主席莱德勒 1949 年在杜威 90 岁生日宴会上的"开场白"中这样谈道，杜威教授教过的学生埃里克·许拉发来了贺信，"信中表达了其他民族对杜威博士民主思想的渴望，以及教育工作者立志在一个国家将这种广泛追求的思想传播给自己国家人民的奋斗历程。这

① Adolphe E. Meyer. *An Educational History of the Western World*，1964：495.
②［美］李尔奇. 杜威的教育思想和社会思想回顾［M］//［美］简·杜威. 杜威传（修订版）. 合肥：安徽教育出版社，2009：179.
③ G. L. Gutek. An Historical Introduction to American Education［M］. New York：Y. Crowell Company，1970：194.

位学生在希特勒政权成立的前几年①将杜威的《民主主义与教育》译成了德文。这本书出版后受到了广泛的关注②，但在希特勒上台后，这些书几乎全部被销毁了"③。然而，应该注意到，在魏玛共和国末期，教育行政部门已推荐中小学教师阅读杜威的《民主主义与教育》，并作为教师培训的一个组成部分。当时德国的一位具有国际声誉的学校改革家卡森（F. Karsen）受到了杜威的《民主主义与教育》一书的影响，还在1921年创办了"卡尔·马克思学校"，促进了他自己的教育理论和实践发展。1993年，德国教育哲学家欧克斯（J. Oelkers）翻译的《民主主义与教育》的德文译本出版。

早在1921年，苏联教育家沙茨基（C. T.Шатский）就节译了杜威的《民主主义与教育》，并改名为《教育哲学导论》。在该节译本的"前言"中，沙茨基指出，《民主主义与教育》"书中浓缩了巨大的思想财富——杜威在字里行间、任何地方都不脱离生活，相反，他的哲学作为新时代的象征充满了生机，鲜明地呈现出对生活的迫切需要"④。有关《民主主义与教育》一书在苏联的流行情况，英国伦敦大学教育学院教授劳顿（D. Lawton）和戈顿（P. Gorton）在他们合著的《西方教育思想史》中这样写道："受卢那察尔斯基（Lunacharsky）的激励，一些学校试图在杜威教育思想的基础上进行实验；另一些学校只不过继续传统的课程和正规的教学方法，……1928年杜威访问苏联，他的一些著作在一些年里仍然很流行。一位进步教育家沙茨基翻译了《民主主义与教育》的一部分，设计教学法有一段时期在一些学校里还是流行

---

① 埃里克·许拉博士翻译的《民主主义与教育》德文译本于1930年出版，1964年经修订后又出版了第三版.

② 在许拉翻译的《民主主义与教育》德文译本出版后，竟有来自德国教育界和学校教师的30多篇书评.

③ ［美］简·杜威.杜威传（修订版）［M］.合肥：安徽教育出版社，2009：404.

④ 王森，单中惠.杜威的"苏联之行"及对苏联教育的印象［J］.教育史研究，2020（1）：113-114.

的。"①1999 年，俄罗斯教育学者古辛斯基（Э. Н. Гущинский）翻译的《民主主义与教育》俄文译本出版。

1928 年，《民主主义与教育》一书在土耳其被翻译出版。第二次世界大战后，《民主主义与教育》一书又在瑞典、意大利等国被翻译出版。这些译本的出版，进一步扩大了杜威教育思想在欧洲国家的影响。

2016 年 9 月 28 日至 10 月 1 日，欧洲教育研究会（European Education Research Association）还在英国剑桥大学召开了纪念杜威《民主主义与教育》出版 100 周年的国际研讨会。

### 3. 对日本的学术影响

19 世纪 80 年代末，杜威的学说已传入日本，《民主主义与教育》是杜威教育著作中最广为人知的且产生最广泛学术影响的一本著作。1918 年，即在杜威出版他的《民主主义与教育》后两年，日本教育学者田制佐重就翻译出版了该书的日文简略本。1919 年，在美国芝加哥大学获得博士学位的帆足理一郎回国后也翻译了《民主主义与教育》的日文译本，改名为《教育哲学导论》；1952 年，他又出版了《民主主义与教育》日文译本的修订版。杜威为帆足理一郎的 1952 年修订版写了"序言"，其中这样写道："我很高兴能向译者表示感谢，因为他花费了巨大的精力，使我的书得以和日本教育界的读者见面。遗憾的是，我不懂日文，因此无法评判译文本身的好坏；但我非常相信朋友的说法，即译文异乎寻常地清晰、精确、流畅。"②应该说，《民主主义与教育》日文译本的出版推动了日本教育学者对杜威教育思想的研究。

有关《民主主义与教育》在日本的翻译出版情况，日本教育学者、密歇根大学教育学院博士小林繁夫（Nobuo Kobayashi）在他的博士学位论文《约

---

① D. Lawton and P. Gorton. A History of Western Educational Ideas [M]. London：Woburn Press，2002：176.

② [美]约翰·杜威：民主主义与教育·日文版序言[M]//约翰·杜威.杜威全集·晚期著作第 17 卷.李宏昀，徐志宏，陈佳，等译.上海：华东师范大学出版社，2015：48.

翰·杜威与日本教育思想》中这样指出："在杜威的《民主主义与教育》出版后不久，帆足理一郎对这本书留下了深刻的印象，并立即决定把它翻译成日文。1918 年在芝加哥大学获得他的博士学位后，他回到日本担任了早稻田大学教授，并于第二年（即 1919 年）出版了这本书的日文译本。它用的书名是《教育哲学导论》，那正是杜威为他的书所写的副题。在帆足理一郎看来，他顾虑在当时的日本，人们会反对使用'民主主义'这个词，所以就用不会冒犯读者的副题来代替。另一位研究西方教育学的学者田制佐重在《民主主义与教育》的日文本翻译上先于帆足理一郎，他于 1918 年出版了此书的日文译本，然而它是一个摘译本。因此，帆足理一郎的译本是《民主主义与教育》的第一个完整的日文译本。"[1] 此外，近代日本教育学家筱原助市在他的《批判的教育学问题》一书中，专门列了《杜威的教育论》一章，其中他将《民主主义与教育》作为主要对象，尝试对杜威的教育理论进行分析批判。

第二次世界大战后，日本教育学者松野安男（1975）、金丸弘辛（1984）、河村望（1961）也先后翻译了《民主主义与教育》一书的日文译本。尤其是松野安男在他的日文译本的"译者前言"中这样指出：《民主主义与教育》的教育理论体现了杜威的全部思想，因而在日本扩大了杜威这本教育著作的读者群。

### 4. 对中国的学术影响

对于中国来说，杜威的最大影响是在教育方面，尤其是《民主主义与教育》这本著作在中国的翻译出版。据不完全统计，迄今为止，《民主主义与教育》的中文译本有 9 种。具体是：常道直编译的《平民主义与教育》（上海商务印书馆 1922 年版），邹恩润译述、陶行知校订的《民本主义与教育》（上海商务印书馆 1928 年版），王承绪译的《民主主义与教育》（人民教育出版

---

① Nobuo Kobayashi. John Dewey in Japanese Educational Thought［M］. Ann Arbor, Mich.: Malloy Lithoprinting, 1964: 32.

社 1990 年版），林宝山等译的《民主主义与教育》（台北五南图书公司 1989
年版），林玉体译的《民主与教育》（台北师大书苑 1996 年版），薛绚译的
《民主与教育》（台北网路与书出版社 1998 年版），阿卜杜瓦依提·买提尼亚、
艾敏译的《民主主义与教育》维吾尔文本（2011 年版），俞吾金、孔慧译的
《民主与教育》（《杜威全集》中期著作第 9 卷，华东师范大学出版社 2012 年
版），陶志琼译的《民主主义与教育》（中国轻工业出版社 2014 版）。其中，
影响最大的是以下两种译本：一是邹润恩译述、陶行知校订的《民本主义与
教育》中文译本，它是杜威 1919—1921 年来中国访问讲学期间在北京高等师
范学校教育研究科讲授教育哲学的教本；二是王承绪翻译的《民主主义与教
育》中文译本，它是我国改革开放以来该书发行量最大的译本。

（1）1949 年前《民主主义与教育》的学术影响

尽管早在 1917 年作者"天民"就首次在《教育杂志》上撰文介绍杜威
的《民主主义与教育》，后来作者"真常"于 1919 年 5 月和 6 月在《教育杂
志》上译介《民主主义与教育》第 7 章《教育中的民主概念》，1920 年 6 月
北京高师《教育丛刊》第三集上刊载了周学超翻译的《教材的本质》（系杜
威《民主主义与教育》第 14 章），还有常道直 1922 年编译了《平民主义与
教育》，但是，杜威《民主主义与教育》第一本中文全译本应该是 1928 年由
上海商务印书馆出版的邹恩润译述、陶行知校订的《民本主义与教育》。1934
年、1947 年和 1949 年，该书又分别再版。邹恩润在他的"译者序言"中这样
指出："现代教育家的思想，最有影响于中国的，当推杜威博士。惟关于杜威
博士的教育学说，多散见于中文译述的零篇演讲稿。本书最能有系统的概述
他的教育学说的全部；足供我们彻底研究的参考资料。"[1] 早在 1921 年 12 月 15
日，邹恩润就在《时事新报·学灯》上发表了题为《杜威的"民治与教育"》
的文章。在山东乡村建设中，我国现代哲学家和教育家梁漱溟认真阅读了杜威

---

① ［美］约翰·杜威.民本主义与教育［M］.上海：商务印书馆，1929.

的《民主主义与教育》一书。他在《杜威教育哲学之根本观念》一文中指出，
《民主主义与教育》"这本书确是好书，研究教育者不可不读"①。

关于1949年前《民主主义与教育》一书在中国的传播情况，美国夏威
夷大学教授克洛普顿（R. W. Clopton）、香港新亚学院教授吴俊升（Tsuin-Chen
Ou）在他们合编的《约翰·杜威在中国的讲演，1919—1920》一书中进行了
这样的记述："杜威在南京对学生所作的那些讲演是更加专业的，在内容上有
点像这个时候他的知名的《民本主义与教育》。来自教育部公报的这些讲演随
后由上海商务印书馆以书的形式重印，书名是《杜威的教育哲学》，以此作为
南京高等师范学校的一个官方出版物。同样讲演的另一个版本是由 Shen Chen-
sheng 记录的，并由上海泰东图书公司出版。此外，以杜威关于"教育哲学"
的讲演为基础的第三个版本，来源于1921年杜威在北京高等师范学校所教的
一门研究生课程。在这门课上，杜威把他的《民本主义与教育》作为课本使
用。蒋梦麟用英文写下他的上课笔记，然后翻译成中文，同时把杜威的课本作
为指导。所以，这个课本并不是杜威实际讲演的直接译本；当然，蒋梦麟并没
有把它说成是《民本主义与教育》的一个真正的译本。"②

（2）改革开放后《民主主义与教育》的学术影响

我国改革开放后，本着实事求是重新评价的原则，很多教育学者对杜威
教育思想进行了深入的研究。其中有些教育学者对《民主主义与教育》这本
教育经典著作进行了专门的研究，比较突出的是我国著名教育史学家滕大春和
赵祥麟两位先生。例如，滕大春先生在王承绪教授翻译的《民主主义与教育》
一书中专门撰写了一篇"前言"，题为《杜威和他的〈民主主义与教育〉》，
具体包括"杜威的时代和生平""《民主主义与教育》的重要论点""杜威教

---

① 梁漱溟. 杜威教育哲学之根本观念 [M] // 梁漱溟. 梁漱溟全集·第7卷. 济南：山东人
民出版社，1993：700.

② R. W. Clopton and Tsuin-Chen Ou. John Dewey: Lecture in China, 1919–1920. Honolulu:
The University Press of Hawaii, 1973: "Preface" 8–9.

育思想的影响和评价"三个部分。在论及《民主主义与教育》一书时，滕大春先生这样写道，杜威"所著的《民主主义与教育》全面地阐述了实用主义教育理论，是其教育著述的代表作。……在教育史中既能提出新颖教育哲学，又能亲见其实施之获得成功者，杜威是第一人。《民主主义与教育》刚好是理解近百年来美国以及众多国家教育演进的钥匙"。他还指出，《民主主义与教育》是一本内容渊博而挖掘透彻的名作。"从《我的教育信条》、《学校与社会》、《儿童与课程》、《我们怎样思维》、《明日之学校》，直到撰成《民主主义与教育》，确是步步深入而终于完善起来的。而且杜威以后发表的《经验与教育》和《人的问题》，也是《民主主义与教育》的引申或补充。所以，杜威的教育思想可以《民主主义与教育》为总纲。"又如，作为改革开放后我国最早提出对杜威教育思想进行重新评价的一位教育学者，赵祥麟先生在上海教育出版社出版的《外国教育家评传》4卷本中亲自撰写了《杜威评传》。在这篇《杜威评传》中，他强调指出，在第一次世界大战期间杜威的教育著作中，《民主主义与教育》是特别值得注意的两本著作之一，这是杜威多年来对教育哲学最充分的阐述。

除外，在我国教育学者编撰出版的一些介绍西方教育名著的著作中，也都包括了杜威的《民主主义与教育》。早在1992年，在李明德和金锵两位教授主编的《教育名著评介（外国卷）》（福建教育出版社1992年、2008年版）一书中，华东师范大学单中惠教授撰写了《杜威与〈民主主义与教育〉》，其中指出："杜威比任何别的教育家更多地努力论证民主与教育的统一。在《民主主义与教育》中，杜威在探究民主主义、科学进步、进化论、工业革命对于教育的意义的过程中，对教育史上柏拉图、亚里士多德、洛克、卢梭、康德、费希特、黑格尔、赫尔巴特、福禄培尔的理论进行了批判，也对当时进步教育运动和自己的教育观点进行了比较系统的总结，从而确立了完整的实用主义教育思想体系。"同年，我国教育学者郭齐家、毕诚、崔相录在他们合作主编的《中外教育名著评介》（山东教育出版社1992年版）中也对《民主主义与教育》进行了评介："杜威的代表作《民主主义与教育》系统而全面地阐述了他在芝加哥实验学校实验以及当时教育改革理论研讨中基本形成的教育思想。该书被誉为教育的经典著作，进步教育理论的总纲。"该书是杜威在"哲学、心理学、教育学等方面的理论探索和实验求证的产物，是广度与深度、抽象与具体、理论性与实用性较完满的结合"。后来，在《西方教育学名著概要》（江西人民出版社 2004 年版）一书中，单中惠教授还撰写了《民主主义与教育》这本名著的概要，其中强调指出，《民主主义与教育》"是杜威实用主义教育思想最系统的综合阐述，试图发现和阐述民主主义社会所包含的种种观念，以及把这些观念应用于教育事业的问题"。在《外国教育经典解读》（上海教育出版社 2004 年版）一书中，单中惠教授又撰写了《杜威：〈民主主义与教育〉》，其中指出："《民主主义与教育》一书 1916 年出版后，曾是第一次世界大战期间美国在教育哲学方面最流行的课本。……早在 1929 年，该书就经邹恩润先生译成中文由商务印书馆出版，推动了杜威教育思想在近代中国的传播。"

为了纪念杜威《民主主义与教育》出版 100 周年，我国教育史学者相继出版了相关著作和发表了相关论文。2016 年 12 月，教育科学出版社出版了由河南师范大学教科院青年教师涂诗万主编的《〈民主主义与教育〉：百年传播与当代审视》一书。2019 年 4 月，北京大学出版社出版了由我国艺术家李福顺先生担任总策划人，北京师范大学教育学部张斌贤教授和北京大学教育学院刘云杉教授主编的《杜威教育思想在中国——纪念杜威来华讲学 100 周年》一书，其中刊有《民主主义与教育》在中国的百年传播。华东师范大学教育学系单中惠教授也相继发表了相关的 3 篇文章：《西方教育家眼中的〈民主主义与教育〉》（《载〈民主主义与教育〉百年传播与当代审视》)、《杜威教育学说的永恒价值——纪念杜威〈民主主义与教育〉出版一百周年》（载《河北师范大学学报（教科版）》2017 年第 1 期）、《试论〈民主主义与教育〉的世界性学术影响》（载《湖南师范大学教育科学学报》2017 年第 1 期）。

# 《教育哲学》导读

*教育哲学就是要使人知道所以然的缘故，并指挥人去实行不务盲从、不沿习惯的教育。……当这时代倘没有教育哲学的指挥，一定不能从这许多互相抵触、互相冲突的里面，选出哪一种是我们应该采取的潮流趋势来。*

——约翰·杜威

《教育哲学》（*The Philosophy of Education*，1920）是美国著名教育家约翰·杜威的一本中期教育代表作。本书系杜威于1919年9月至1920年2月在中国北洋政府教育部所作的以"教育哲学"为主题的系列讲演的合集。这是一本在教育上具有重要学术价值且对中国教育界产生很大影响的经典著作。

## 一、《教育哲学》的出版背景

1916年杜威出版了《民主主义与教育》一书，这使他不仅在美国产生了广泛的影响，而且在世界上也产生了很大的影响。在中国，教育界对杜威教育思想的兴趣渐增，通过杜威在哥伦比亚大学教过的一些中国学生胡适、陶行知、蒋梦麟、郭秉文等人的努力，杜威很高兴地接受了访华讲演的邀请。他来华的全部费用以及哥伦比亚大学因他请假而停发的年薪，由北京大学、南京高等师范学校、江苏教育会、浙江教育会和尚志学会承担筹集。因此，在《民主主义与教育》出版3年后，杜威实现了他十分向往的中国之行。

1919年4月30日下午，完成日本东京帝国大学（今东京大学）讲学任务后的杜威抵达上海，开始了他的中国之行。杜威中国之行的足迹遍及奉天（今辽宁）、直隶（今河北）、山西、山东、江苏、浙江、湖南、湖北、江西、福建、广东十一个省和北京、上海、天津三个城市。1921 年 8 月 2 日，杜威一行从山东青岛离开中国，结束了他的中国之行。杜威本人在华期间，共作了二百多次讲演；此外，杜威夫人也作了一些讲演。杜威来中国访问和讲演，历时两年零三个月又三天，足迹遍及十四个省市，其访问时间之长和访问地区之广在来华访问的西方教育家中是史无前例的。这无疑激起了人们对杜威实用主义哲学和教育思想的兴趣，并推动了它们在中国的广泛传播。

《教育哲学》是杜威从 1919 年 9 月 21 日至 1920 年 2 月 22 日在北京西单手帕胡同北洋政府教育部会场所作的系列讲演的合集，共十六次讲演，由胡适口译，伏庐[①]笔记。杜威的这次系列讲演是由北京大学、北洋政府教育部、尚志学会、新学会四个团体邀请的。在最后一次讲演结束时，四个团体的代表公推梁伯强先生致辞。然后，由杜威先生致答谢辞："我所讲的并不完全根据于西方的成效，有许多也根据于西方的失败的；因为西方已经失败，已经上当，所以希望中国人将来也许可以免除这个弊端；现在乘此新造教育制度的机会，中国倘能避免西洋失败的弊病，将来成效一定比西洋为大，我可以断言的。"[②]

1919 年恰逢杜威六十诞辰。因此，在他的"教育哲学"系列讲演的第四次讲演那天（即 1919 年 10 月 19 日）晚上，北洋政府教育部、北京大学、尚志学会、新学会等在中央公园来今雨轩（位于今中山公园）举办了庆贺杜威 60 岁生日宴会。生日宴会上，蔡元培校长代表北京大学致贺词：孔子可以代表中国旧文明，杜威博士可以代表西洋新文明。就讲演时间来看，杜威所作的题为《教育哲学》的系列讲座与他在北京大学法科大礼堂所作的题为《社会哲学与政治哲学》（*Social and Political Philosophy*）的系列讲演[③]是同步的。但令人遗憾的是，杜威在华讲演的英文稿当时并没有被保存下来。

---

① 伏庐，即陈汉弟，字仲恕，号伏庐，杭州求是书院（浙江大学前身）创办人之一。
② ［美］约翰·杜威. 教育哲学［M］// 约翰·杜威. 杜威五大讲演. 胡适，口译. 合肥：安徽教育出版社，1999：179.
③ 杜威所作的题为《社会哲学与政治哲学》的讲演，也被收入《杜威五大讲演》中。

　　杜威所作的题为《教育哲学》的十六次讲演，连续刊载于北京《晨报》1919 年 9 月 22 日至 1920 年 3 月 3 日、北京《北京大学日刊》1919 年 9 月 23 日至 1920 年 3 月 9 日、上海《民国日报》1919 年 9 月 28 日至 1920 年 3 月 6 日、北京《新中国》第 1 卷第 7—8 号及第 2 卷第 1—7 号等报刊。

　　1920 年 6 月 20 日，《教育哲学》被收入"北京晨报社丛书"之一的《杜威五大讲演》中；同年 8 月 1 日，该书由北京晨报社正式出版发行。

## 二、《教育哲学》的主要内容

　　《教育哲学》一书共 16 讲，可分为六个部分。第一部分（第 1 讲）：教育及教育哲学的重要性；第二部分（第 2—7 讲）：教育的三个要点；第三部分（第 8—11 讲）：科学发展进步在教育上的影响；第四部分（第 12—13 讲）：学制的组织；第五部分（第 14 讲）：职业教育；第六部分（第 15—16 讲）：道德教育。

### （一）教育及教育哲学的重要性

　　在这一部分（第 1 讲），杜威主要论述了"教育的重要性""教育哲学的重要性"两个方面。他一开始就提出了两个问题："第一个是为什么要有教育？进一层说，为什么教育是不可少的？第二个是为什么要有教育哲学？进一层说，为什么教育哲学是重要的，是不可少的。"①

#### 1. 教育的重要性

　　杜威认为，人类不仅要注重形体方面，而且要注意心理、知识、道德等各方面。教育之所以重要，是因为它与"生"和"死"有关。人类生下来时，因不能独立而必须依靠他人，所以有赖于教育；人类死去时，因生前的经验和

---

　　① ［美］约翰·杜威. 教育哲学［M］// 约翰·杜威. 杜威五大讲演. 胡适，口译. 合肥：安徽教育出版社，1999：88—89.

知识需要传递给后代，也需要教育。因此，杜威强调指出："教育所以不可少的缘故，就是因为人类在婴儿时期自己不能生存，要是没有父母去教育他、扶助他，就不能成人了。……因为人类的婴儿时期是个渐进的时期，什么人都要经过的。教育就是从这个婴儿时期渡到成年时期的一只摆渡船，所以，教育不是奢侈品，是必需品。"①

在杜威看来，首先，教育与长进（growth）②是很有关系的，教育就是长进。没有教育，就没有长进。在人出生后，就需要对他进行长时期的抚养、教育和训练。其次，教育与社会也是很有关系的。教育不进步，社会也不能进步。开始是在社会生活中的直接教育，然后是通过文字的学校教育，以便保存和传递一切知识与经验。因为教育可以使人类免除其进化中的危险，所以，教育不是个人的事业，而是社会的、国家的、政府的事业，是人类社会进化最有效的一种工具。就教育的困难和趣味而言，杜威这样指出："因为教育所包的范围如此之大，所以是很困难的事业；也因为它所包的范围如此之大，所以是很有趣味的事业。试问世间哪一种职业所涵的方面有这么多，一方可以知道社会进化的情形，一方有可以研究儿童发展的机会，而一方自己还可以得到学问。这不是很有趣味的事业吗？"③

但是，杜威认为，值得注意的是，有了通过文字的学校教育之后，渐渐产生了与人生日常生活愈趋愈远的三种弊病：一是养成一种特权阶级，二是趋于保守古训和文字方面，三是与社会生活相脱离。

---

① ［美］约翰·杜威. 教育哲学［M］// 约翰·杜威. 杜威五大讲演. 胡适，口译. 合肥：安徽教育出版社，1999：89.

② 在杜威著作的中译本中，"growth"一般译为"生长"。

③ ［美］约翰·杜威. 教育哲学［M］// 约翰·杜威. 杜威五大讲演. 胡适，口译. 合肥：安徽教育出版社，1999：94.

### 2. 教育哲学的重要性

杜威认为，教育哲学是很重要的，假使人类没有教育哲学，那就不会去研究和思考教育事业。或者，看人家怎么教我就怎么教，看从前怎么教现在就怎么教；或者，学他人的时髦或凭自己的兴趣来教，教育因而成为一种循环而无进步的教育。因此，杜威强调指出："教育哲学就是要使人知道所以然的缘故，并指挥人去实行不务盲从、不沿习惯的教育。……当这时代倘没有教育哲学的指挥，一定不能从这许多互相抵触、互相冲突的里面，选出哪一种是我们应该采取的潮流趋势来。"① 对于教育的儿童方面、社会方面以及学校和教材方面来说，教育哲学是指挥它联络儿童和社会两方面而成为一个过渡的桥或摆渡船。

在杜威看来，在一种保守的旧社会里，教育哲学是用不着的；但是，在一种变迁的社会里，教育哲学是不可缺少的。正是教育哲学，可以帮助我们去选择哪一种潮流是对的或不对的，以及去辨别哪一种潮流是重要的或次要的。

由于学校教育存在三种弊病，因此，杜威指出了教育哲学应该讨论的三个问题：一是怎样使特权阶级的教育变成大多数人的普及教育，二是怎样使文字方面的教育与人生日用的教育保持平衡的比例，三是怎样使教育既能保留古代教育的最好部分又能适应现在的社会环境。在杜威看来，在这三个问题中，第三个问题最为重要。由此，用教育哲学去指挥引导，就可以按照我们预定的方针，达到我们所希望的目的。

### （二）教育的三个要点

在这一部分（第2—7讲），杜威主要论述了"儿童方面""社会方面""学校和教材方面"三个要点。在他看来，其中的第三个要点最为重要，因为它的目的就是要使儿童进入成人社会中去。但是，要把这三方面协调好并不是一

---

① ［美］约翰·杜威. 教育哲学［M］// 约翰·杜威. 杜威五大讲演. 胡适，口译. 合肥：安徽教育出版社，1999：89-90.

件容易的事情。因此，教育应该一方面与儿童的本能和经验相联络，一方面与社会的需要相联络，否则就不能收到教育的效果。

1. 儿童方面

杜威认为，教育本于儿童的长进。儿童的生活和本能是教育的起点。也就是说，依照儿童长进的程序，使他能逐渐发展他的本能，并利用他自己的机能向各方面充分发展。第一个应该注重的是，儿童在没有受教育之前，有天生的本能、性情和冲动，而教育就应该以此为根据和基础。例如，儿童学说话。这里，杜威还提及了中国为什么应该格外注重本能教育的两个理由：一是，在民治的、共和的国家，教育应该使人人有平等发展的机会；二是，在社会变迁的时代，应该格外注重这种本能教育。

在游戏和工作与训练本能的关系上，杜威指出，游戏和工作是最与身体机能有关系的东西，能引起儿童的兴趣和本能，使他自由发展。"要晓得这并不是搁糖的教育方法。这是以本能为基础，使儿童能利用本能得到应得的知识的教育方法。"[1]

杜威还提出了以儿童的本能和生活为基础的四种方法。

一是游戏。在杜威看来，通过儿童模仿成人社会的活动，可以进行许多有意义的游戏，从而用最容易的方法输入社会实用的知识。这既有身体、官能方面的好处，也有社会方面的好处。这里，杜威特别提及了德国教育家福禄培尔创立的幼稚园制度。同时，他还希望中国教育者根据福禄培尔的学理，用中国的材料，照中国的情况，建立一种新的幼稚园制度。

二是有组织的运动。在杜威看来，有组织的运动可以引起儿童的兴趣和本能，既可以训练官能，也可以有输入知识教育的价值。这里，杜威列举了南京高等师范学校附属幼稚园儿童养蚕的例子。

---

① ［美］约翰·杜威.教育哲学［M］// 约翰·杜威.杜威五大讲演.胡适，口译.合肥：安徽教育出版社，1999：103.

三是演戏。在杜威看来，演戏和游戏一样，也是用动作表示心理，但更有条理一点。除使儿童有趣味外，演戏有四个作用：第一个作用是，可以使儿童设身处地知道他自己就是戏中的人物，这种输入知识的方法可以亲切有味，做戏的行为也可以养成道德的习惯。第二个作用是，在知识方面，不仅使儿童有被动的吸收，而且可以养成儿童自己活动的和选择连贯的能力。第三个作用是，可以使儿童的知识影像格外明了和正确。第四个作用是，可以使儿童养成通力合作的精神，以及社会的和共同生活的习惯。

四是工作。在杜威看来，工作可以与儿童的经验发生关系。其在教育上的好处在于：一是使儿童的一切动作和精神都集中在目的上；二是教儿童对于材料要有选择的方法和手段，从而养成一种判断能力。工作对于获取知识有很大的益处，例如，植物学、种花、考察生物的生长等。但是，工作不同于游戏，因为工作的目的在于造出一种看得见并可以留存的产品；工作与功课也略有不同，因为工作是自动的而不是压迫的。

### 2. 社会方面

杜威认为，社会生活是教育的目的。也就是说，要对社会有很明了的观察，知道它的趋势和需要，并确定教育的目的。社会的每个成员不仅被动地吸收社会的经验，而且能够加入社会的活动，做一个对于社会有所贡献的好公民。与此同时，社会的每个成员都要做到五个方面：一是一个好的邻居或朋友，二是一个与他人相互受益的人，三是一个在经济上生利的和出产的人，四是一个好的消费者，五是一个好的创造者或贡献者。这就是儿童将来要进去做人的社会方面，就是要使儿童社会化，有社会兴趣，变成社会的一分子。

在用什么方法达到社会的目的上，杜威论述了三种方法。第一种方法是，保存过去的成就和经验，从语言文字下手。语言文字不仅有学习知识的作用，而且有社会的作用，即使过去的东西在现在的社会里应用。第二种方法是，使儿童养成改良社会的预备。选择社会中对于儿童有需要的部分，学校要发挥选择的效用。相比社会上的其他机构，学校的教育效果最大。因此，杜威指出：

"社会的改良，全赖学校。因为学校是造成新社会的、去掉旧弊向新的方面发展的、且含有不曾发现的能力预备儿童替社会做事的一大工具。许多旁的机关都不及他。"①第三种方法是，扩展儿童的环境，并使他有应付环境的技能。应该有对国际文明的相互了解，使儿童具有世界眼光。在杜威看来，在现在的时代，第三种方法最为重要。这里，他还特别提及，扩展儿童的环境在现在的中国自然格外重要。对此，杜威后来归纳性地指出："怎样使学校变成社会化的方法，可以分作三步进行。（一）从感情方面使儿童有社会的兴趣及感觉，知道自身以外，还有社会，还有别人。（二）从知识方面，给他社会上必需的知识。（三）养成实行的习惯，使他成为社会有用的人才。"②

在怎样使学校生活成为一种社会生活上，杜威又论述了三个观点。第一，打破小团体的观念，使社会生活根据共同的利益。例如，男女同校、公立学校制度等。第二，从管理训练入手，使儿童不仅遵守规则，而且懂得规则的意义。这样，既使儿童遵守学校内的秩序，又使儿童养成将来在社会上遵守法律的经验和习惯。例如，把学校当作城市组织的试验、学生自治等。第三，从知识方面输入社会的知识和经验。例如，儿童之间的互相帮助等。杜威还提出了一个意见，即上课的时候教师一人在讲台上独讲与养成社会共同生活的习惯大相背驰。最后，杜威对他的学理进行了这样的概括："学校不但读书就算了，还要造成社会有用的公民，有共同生活的习惯和能力，有注重公德公益的训练，知道立法、司法、行政的效用。那末学校的生活，才是一个活的社会生活；学校内养成的儿童，才是一个懂得社会需要，能加入社会做事的人物。他

---

① ［美］约翰·杜威. 教育哲学［M］// 约翰·杜威. 杜威五大讲演. 胡适，口译. 合肥：安徽教育出版社，1999：111-112.

② ［美］约翰·杜威. 教育哲学［M］// 约翰·杜威. 杜威五大讲演. 胡适，口译. 合肥：安徽教育出版社，1999：114.

们组织的社会、国家，才是一个兴盛的社会国家。"①

### 3.学校和教材方面

杜威认为，学校和教材是过渡的桥，介于儿童方面和社会方面之间。也就是说，要懂得学科对于儿童有什么意义，以及对于社会有什么意义。但是，在学校中，教师容易偏重教材方面，而看轻儿童方面和社会方面，从而使学科成为孤立的东西，既与将来的社会生活无关，又与现在的儿童生活无关。

在学科脱离儿童和社会两方面而独立上，杜威明确指出："从前的人把介乎二者当中的学科看得太重，却把儿童与社会两方面看得太轻的流弊。学科最容易脱离其他两方面而独立，因为学科是教师天天所见的东西。凡是近的东西天天见了，一定愈看愈大，并且能把其余的大东西都遮住了。正如拿千里镜来看近的东西一样。又如将一个手指放在眼前，可以把一切东西都遮住了。学科本来是联络儿童与社会的两岸的过桥，现在这过桥离了两岸而独立了。"②

具体来讲，学科脱离儿童和社会两方面而独立会产生三个弊端。第一个弊端是，学科与真生活断绝。学科变成纸面上的假东西，而不是真实的东西。学科在实际中不能应用，学科与儿童的经验不联络，其结果是养成儿童的知行不一。因此，杜威指出："说到实用教育，人家每容易起一种误会，以为实用教育就是吃饭主义。其实并不然。……这个实用教育的目的，是要使他用所学的东西指挥他的一切行为，教的人能知道学科对于儿童和社会的意义，儿童也知道学科对于社会的意义。"③第二个弊端是，儿童因为缺乏兴趣，所以视求学为困苦的事情。其结果是，儿童将来走出学校以后，不能在社会里应用在校所

---

① ［美］约翰·杜威.教育哲学［M］//约翰·杜威.杜威五大讲演.胡适,口译.合肥:安徽教育出版社,1999:118.

② ［美］约翰·杜威.教育哲学［M］//约翰·杜威.杜威五大讲演.胡适,口译.合肥:安徽教育出版社,1999:94-95.

③ ［美］约翰·杜威.教育哲学［M］//约翰·杜威.杜威五大讲演.胡适,口译.合肥:安徽教育出版社,1999:96.

学，因而使社会受到很大很久的损失。因此，杜威指出："倘能把学的东西与人生日用社会连贯起来，那么儿童绝没有不喜欢求学的，因为好学正是他的天性。"① 第三个弊端是，学校与社会的分离导致社会不公。其结果是，大多数人没有求学机会，而少数书生在社会上占据了重要位置。因此，杜威指出："因大多数的人对于学问没有趣味，所以我们应该改良学校的制度和教材，使他们也能感受教育的利益。倘是主张民治的教育——民治国家的教育——的，尤其应该注重大多数人的教育，使一般的工人、匠人、农人都能在民治国家、民治社会里尽一分子的责任。"②

在学科与儿童现在的社会生活的联系上，杜威首先强调了这样两点：一是打破盲从古训和成法的观念，二是打破教育是少数人的装饰品和奢侈品的观念。那是因为，"现在的时代是学问知识一日千里进步的时代。现在人类一年中所发明的新学科、新知识，比三百年前全世界人类几千万年积下的科学和知识还要多！"③ 因此，在现在的时代，如果学科不注意儿童现在的社会生活，那就会有三个弊端：第一，耽误学生的光阴；第二，减少学生对于现在生活的趣味；第三，使评判学生成绩缺乏自然的标准。杜威在这里又强调了一个十分重要的观点："用那一种学科，怎么样的教法，才能做到教育的目的？学校的生活是社会的生活，故有社会生活的作用。怎样可以使学生有社会生活的知识、经验和能力？这是一个大问题。"④ 但值得注意的是，杜威并不主张看到一种新的学科，便以为非添加不足以趋时。在他看来，其结果只能成为一种很肤

① ［美］约翰·杜威.教育哲学［M］// 约翰·杜威.杜威五大讲演.胡适，口译.合肥：安徽教育出版社，1999：97.

② ［美］约翰·杜威.教育哲学［M］// 约翰·杜威.杜威五大讲演.胡适，口译.合肥：安徽教育出版社，1999：98.

③ ［美］约翰·杜威.教育哲学［M］// 约翰·杜威.杜威五大讲演.胡适，口译.合肥：安徽教育出版社，1999：123.

④ ［美］约翰·杜威.教育哲学［M］// 约翰·杜威.杜威五大讲演.胡适，口译.合肥：安徽教育出版社，1999：122.

浅的皮毛学问。

**（三）科学进步发展的影响**

在这一部分（第8—11讲），杜威主要论述了"科学进步发展在社会生活方面的影响""科学进步发展在道德方面的影响""科学进步发展在教育方面的影响"三个方面。他强调指出："如果学校新教育要适宜于现社会，那末教育者应该知道科学进步的真意义是什么，思想方法的变迁和新方法的建设是怎样，对于社会、人生、政治、宗教的影响是怎样，然后教育不至于变为机械的、模仿的教育。"①

**1.科学进步发展在社会生活方面的影响**

杜威认为，科学进步发展对社会生活方面有极大的影响。也就是说，科学方法的进步和应用的发展对于社会、思想和人生观有巨大的影响。具体来讲，这种影响表现在四个方面。

第一，对于任何一种学科而言的思想方法的根本改变。也就是说，思想方法的改变引起了知识思想界的革命。这是最为重要的。杜威指出："简单说，科学的方法便是归纳的方法，一切都从事实下手、从试验下手，思想界因此起了很大影响。故可以称为思想界的大革命（Intellectual Revolution）。"②

第二，给我们"自然法"（law of nature）和"能力"（energy）这两种重要观念，从而改变了我们的人生观。杜威指出："这些新思想的发展，打破古代信仰成说的迷信。古代根本观念的谬误，在乎迷信某种一定不变的通则。……新思想发展以后，知道社会人生也是活动的，而且看出变迁当中的因

---

① ［美］约翰·杜威.教育哲学［M］//约翰·杜威.杜威五大讲演.胡适，口译.合肥：安徽教育出版社，1999：130.
② ［美］约翰·杜威.教育哲学［M］//约翰·杜威.杜威五大讲演.胡适，口译.合肥：安徽教育出版社，1999：125.

果关系，遂把从前信仰成说和服从少数圣贤的天经地义的观念，一律打破。"①其中，最重要的是进化论以及新的科学精神。这里，杜威还简略提及了欧洲思想界的历史，以及东方和西方文化史上的不同。

第三，发明了"力"的观念，知道把天然的能力征服下去，为人类效力。例如，蒸汽机、电机、电报、电话、电灯等，使工商业、交通事业等获得了极大的利益，这是科学进步的结果。此外，还有对于知识的态度和精神。这种利益不应该被社会上少数人所独占。

第四，政治上的影响。例如，信息的交换、交通的便利、地域的交往，以及共和政体的实行等。

### 2.科学进步发展在道德方面的影响

杜威认为，科学进步发展对道德方面也有很大的影响。也就是说，科学进步发展促进了新的希望、新的信仰的发生，扩大了道德的范围。但是，如果只注意科学进步发展在物质上的影响，而不注意科学进步发展在精神上的影响，那结果就会是物质方面革新了而道德方面还是旧的。具体来讲，这种影响表现在以下两个方面。

第一，发生新的希望、新的勇敢。其来自于对人的智慧的一种新的信仰。杜威这样指出："我们现在受了科学的影响，知道人的智慧可以打破从前的一切愚昧、错误和紊乱。故对于人生起了一种新的态度。愚昧、错误和紊乱都不怕它，我们都可以用智慧去打破它。"②在古代科学没有进步的时候，人类对于自然现象持一种悲观失望的态度。因而导致了两个坏影响：一是因看不起自然现象而认为不值得研究；二是悲观和命定主义，因自己没有能力和方法发现真理而只能服从古训、旧说、遗风。但是，科学发展进步的重要意义就在于：相

① ［美］约翰·杜威.教育哲学［M］//约翰·杜威.杜威五大讲演.胡适，口译.合肥：安徽教育出版社，1999：126.

② ［美］约翰·杜威.教育哲学［M］//约翰·杜威.杜威五大讲演.胡适，口译.合肥：安徽教育出版社，1999：132.

信人的智慧的作用，打消我们从前的消极态度，增进我们研究问题的兴趣，鼓励我们解决困难的勇气。

第二，发生新的诚实。科学就是先使我们知道真话，然后再来说真话。在古代科学没有进步的时候，自然界紊乱无序，因而不容易找到真理，也无法说真话；而且，人们普遍认为人类社会的安宁幸福比自然界的事实真理更为重要。但是，科学进步发展使我们有了新的诚实，有了研究事实的方法和信仰，知道了人的智慧，有了找出真理去解决自然界种种困难的能力。此外，科学的进步发展也使我们知道了社会人生必需的条件。但是，说真话并不重在说，而重在找出什么东西才是真话。因此，杜威指出："科学进步以后，态度一变，不但知道真理的重要，并且知道求得真理的方法和态度。这个影响，就是对于社会上种种事实处处用这种种方法和态度去对付它。所以说科学的影响能发生一种新的诚实的态度。"①

**3.科学进步发展在教育方面的影响**

杜威认为，科学进步发展在教育方面的影响，不仅表现在教学方法方面，而且表现在教学内容方面。科学进步发展使人得到许多新奇的知识，但重要的还在于态度和精神。

**（1）在教学方法方面的影响**

在杜威看来，科学之所以重要，在于寻求知识的方法以及根据已知推求未知的方法。这种方法无论哪一种科学都能应用，并不限于教这种或那种科学。真的科学必须把事实和理想联系起来，产生有益的作用。他强调指出："科学并不是书本子上积聚的知识。化学、物理、天文等等，都不是科学的本身，只是科学的结果。真的科学的所以重要，不在他的结果，而在他的方法。——就是重要在这些积聚的知识是怎样来的。若单知道这样、那样的科学，

---

① ［美］约翰·杜威.教育哲学［M］//约翰·杜威.杜威五大讲演.胡适,口译.合肥：安徽教育出版社,1999：136.

而不知道科学的方法，算不得知道科学。"①

对于经验，一般有三种方法：第一种方法是瞎碰，即盲目地尝试；第二种方法是畏缩，即不敢去尝试；第三种方法是试验，即有意识地试验。杜威认为，科学的方法就是试验的方法。试验的方法有两层意思：一是有计划，二是根据现有的事实。对于试验的方法来说，其重要部分是"假设"，提出假设来作为试验的指挥。试验的方法，既不是武断的，也不是怀疑的，而是进步的，不仅不反对变化，而且注重变化。在试验的方法进步之后，可以继续探索许许多多的新发明。同时，试验的方法也注重守旧，以往的事实，只要经得起试验，都有保存的价值。因此，杜威强调指出："试验方法的长处，尤在能真的守旧，真的求新。新的、旧的，都不是一概推翻，然也都不认为最后的真理，只是以试验的态度做存在的理由。所以他是真守旧的，也是真求新的。"② 在他看来，在教育上，学校应有试验的计划，管理者和教师都应随时随地试验和修正；再以各地试验的结果互相报告，彼此交换意见和彼此纠正，集合大家试验的结果，成为有弹性的教育精神，而不仅仅是形式上的统一。

（2）在教学内容方面的影响

在杜威看来，科学进步发展在教学内容方面的影响，就在于使科学在学校教育里不悬空。在论述这一问题时，杜威首先讨论了欧洲教育史300多年来一种很剧烈的争论，即人文和科学之间的争论，并明确指出以人文学问与自然科学互争高低，其错误在于把人与自然分离。如果把人与自然分离，那就无法懂得人类精神、道德发展的真相。

西方教授科学的方法只有两种：一是以自然科学当自然科学教授学生，其错误在于忽视社会界及自然界彼此的互相联系；二是以科学家已经完成的结

① ［美］约翰·杜威.教育哲学［M］//约翰·杜威.杜威五大讲演.胡适，口译.合肥：安徽教育出版社，1999：137.

② ［美］约翰·杜威.教育哲学［M］//约翰·杜威.杜威五大讲演.胡适，口译.合肥：安徽教育出版社，1999：140.

果教授学生，其错误在于缺乏历史进化的观念。由此，杜威认为，科学教育应利用学生的兴趣，与他们的生活经验相联系，一步一步地把科学知识输入。他指出："照我们所讲的方法，从极小一直到专门学者，不会间断。种一颗种子，待他出芽、生根，一步一步的上去。动物、矿物、物理、化学，都是如此，只要有经验好一点的教师，不难渐渐上去，至于高深。……我们所讲的方法，是依照人的知识的生长，一步一步的上去。譬如树木，一年一年的生长。这种有系统的知识都可以变成他的知识系统中的一部分。"①

但是，杜威还认为，学校教育的目的并不是让学生都成为科学家，而是希望科学知识传播得广、传播得远，应用得广、应用得远。因为科学知识和科学方法得到传播之后，人民的幸福感就可以增加。

**（四）学制的组织**

在这一部分（第12—13讲），杜威主要论述了"初等教育""中等教育""高等教育"三个方面。他认为，无论哪一个国家，教育制度都可以分为初等教育、中等教育和高等教育三个时期："第一，是儿童时期。第二，从儿童发达起来，过渡到成人，就是中学的时期。第三，快要成人了，受高等教育的时期。"②在杜威看来，应该以儿童本能为基础、以科学为方法、以社会生活为目的连贯起来，并应用于学制上。

**1. 初等教育**

杜威认为，儿童时期是最初接受学校教育的时期，即初等教育时期，这是整个学制的第一个时期。在制定初等教育的方针时，要根据以下两个重要事实：一是，在这一时期，儿童的吸收力最大，伸缩力最强，变好变坏都可以；二是，这一时期是教育的基础时期，是中等教育、高等教育的基础，尤其是人

---

① ［美］约翰·杜威. 教育哲学［M］// 约翰·杜威. 杜威五大讲演. 胡适，口译. 合肥：安徽教育出版社，1999：147.

② ［美］约翰·杜威. 教育哲学［M］// 约翰·杜威. 杜威五大讲演. 胡适，口译. 合肥：安徽教育出版社，1999：149.

一生事业、习惯、嗜好的基础。

在初等教育的目的上，尽管卢梭、裴斯泰洛齐和福禄培尔这些大教育家都重视这个基础时期，但一般人都把儿童的心当作一只碗、一把壶，这时候要装的东西甚少。然而，杜威这样指出："这时期所求的知识虽少，但习惯的养成很大，引导他可以成为好习惯，否则也可以成为坏习惯。所以这时期的教育比中学、高等尤为重要。从此可知初等教育的目的，并不在使儿童读许多书，得许多丰富的知识，而在养成将来应用的能力、技能和习惯。"①

在初等教学方法上，旧的教育承认读书、写字、算学都是养成习惯的东西，但它们养成的习惯却总是孤立的、死的、呆板的。在杜威看来，读书、写字、算学的重要性在于养成能力、技能和习惯，因此学习这三种知识是值得的。但是，"须知这三种是工具，不是叫他能读能写能算就完了，还要他知道所以要养成习惯的用处。……把儿童的生活经验与学科连贯起来。……应该注意的，这些读书、写字、算学，须使儿童知道是人生日用的一部分，并不是什么玩意儿"②。

更值得注意的是，杜威强调指出："寓求知识于养成习惯之中。"也就是说，"一面养成有用的活动的能力、技能和习惯，一面自然发生知识"③。农夫、石匠、木匠等就是这样的例子。对于初等教育来说，并不是不要求知识，而是不应该从求知识着手。因此，杜威这样指出："初等教育虽然以养成活动的能力、技能和习惯为目的，但却不是说这个时期不应该求知识。知识也要求的，

① ［美］约翰·杜威. 教育哲学［M］//约翰·杜威. 杜威五大讲演. 胡适，口译. 合肥：安徽教育出版社，1999：150.

② ［美］约翰·杜威. 教育哲学［M］//约翰·杜威. 杜威五大讲演. 胡适，口译. 合肥：安徽教育出版社，1999：151.

③ ［美］约翰·杜威. 教育哲学［M］//约翰·杜威. 杜威五大讲演. 胡适，口译. 合肥：安徽教育出版社，1999：152.

却不该从求知识下手，知识应该从养成活动的能力、技能和习惯中得来。"①

### 2. 中等教育

杜威认为，中等教育时期是一个向青年过渡的时期。在这个时期，要把初等教育时期得来的知识推广到自然界和社会界。也就是说，求知识较重，为预备将来事业所在的自然界和社会界求知识。因为中等教育处在初等教育和高等教育之间，所以，有许多为将来升入高等教育而做的预备。但是，并不是每个人都能升入高等院校，有许多人要出去谋生。因此，中等教育应该使学生既具有普通知识，也掌握专门知识，这样升学固然可以，出去谋生也有相当的技能。在杜威看来，美国的经验就是如此。这里，他还对德国和美国的中等教育进行了比较，指出了德国中等教育专门化太早的弊端。

就中等教育为什么应该使学生获得自然界和社会界的知识，杜威指出了两个理由：其一，使学生知道自己的能力与哪一种（自然界或社会界）相近，可以对将来职业的预备有适当的标准。最重要的是，使个人有充分的知识、广大的眼光，知道自然界、社会界的种种不同，以及自己的兴趣在哪里，以便他在选择职业时尽其天才。在这个过程中，教师有对学生的兴趣加以引导的责任。其二，中等教育应避免专门化太早的弊端，而要使学生具备全面的知识。

在中等教育的内容上，杜威分别对自然界和社会界进行了论述。就自然界而言，杜威称它为"广义的地理"。但是，他不赞成学生记住"什么河""什么山"之类的东西，因为要用的时候花费几分钟工夫参考一下就知道了。他还以天文、气候、地域为例进行论述，指出："研究自然界的根本观念，就是人类事业处处与环境有关，处处须应付环境。历史上的事实，都是时代对付天然环境的势力。……人类的事业处处与天然有关的。这样讲法才可以

---

① ［美］约翰·杜威.教育哲学［M］// 约翰·杜威.杜威五大讲演.胡适，口译.合肥：安徽教育出版社，1999：151-152.

发生兴趣。"①就社会界而言，杜威称它为"广义的历史"。他认为，平常教历史有两大缺点：一是专注重时代年月，二是太注重政治（皇帝、总统和战争等）。因此，历史更要关注科学发明、工商业、物产、美术、宗教等，例如，工业史、思想知识史。杜威这样指出："教历史的根本错误，是当历史为过去的陈迹、已经死了的东西。我们应当把历史当作活的东西，研究过去是因要知道现在和将来。人类进化的痕迹是连绵不断下来的。"②最后，杜威归纳性地指出："总括一句话，无论历史、地理，其教授的方法都应免掉从前琐碎的弊病。……最好使它们与文化史联合起来。与其肤浅地泛讲，不如提出要点发挥尽致，使各方面的知识都能用到，养成学生有判断的能力。如此，地理、历史两科才能与人生发生关系。"③

### 3. 高等教育

杜威认为，在高等教育时期，大学和专门学校应该养成专门的人才，但不是专门的机械；尤为重要者，须养成专门的领袖人才。具体来讲，"在工业、实业、政治、文学各科的当中知道它的方法，使别人能在他所开的一条路子上进步；不但在事业上做领袖，还要在本门的学问上做领袖"④。

杜威在这次讲演中对高等教育论述得最少。在他的整个在华教育讲演中，有关高等教育的讲演也是最少的，仅有"高等教育的职务"（在山西大学校⑤的讲演，1919年10月13日）、"大学与明治国舆论的重要"（在北京大学的

---

① ［美］约翰·杜威. 教育哲学［M］// 约翰·杜威. 杜威五大讲演. 胡适，口译. 合肥：安徽教育出版社，1999：157.

② ［美］约翰·杜威. 教育哲学［M］// 约翰·杜威. 杜威五大讲演. 胡适，口译. 合肥：安徽教育出版社，1999：160.

③ ［美］约翰·杜威. 教育哲学［M］// 约翰·杜威. 杜威五大讲演. 胡适，口译. 合肥：安徽教育出版社，1999：161.

④ ［美］约翰·杜威. 教育哲学［M］// 约翰·杜威. 杜威五大讲演. 胡适，口译. 合肥：安徽教育出版社，1999：155.

⑤ 山西大学校，今山西大学的前身。

讲演，1919 年 12 月 17 日 ）、"大学的旨趣"（ 在厦门大学的讲演，1921 年 4 月 6 日 ）。

**（五）职业教育**

在这一部分（第 14 讲 ），杜威主要论述了"职业教育的历史""职业教育的实施"两个方面。

**1. 职业教育的历史**

杜威认为，职业教育问题当下已是东方和西方都急于要讨论的问题。但在讨论职业教育时，先要知道职业的两个方面：一方面是做工、制造、生产，另一方面是消费生产的物品。这两方面不仅都不能偏废，而且都要依靠教育。因为有了教育，就可以既有有知识的工人制造物品，又有享用物品的消费者。

自古以来，教育就分为两大部分：一部分是治人的，一部分是被治的。治人的是闲暇阶级，被治的是劳动阶级。教育是偏向闲暇阶级的，正规教育全为闲暇阶级而设。用心的闲暇阶级接受的是文学教育，而用体力的劳动阶级所接受的是狭义的职业教育，这表明职业教育并不是新有的。因此，社会阶级不同，教育也因而不同。事实上，在古代希腊，哲学家亚里士多德就把前者的教育称为"自由的教育"（liberal education ），把后者的教育称为"机械的教育"（ mechanical education ）。

但在杜威看来，随着社会的变迁和科学的进步，"自由的教育"和"机械的教育"之间的区别已渐渐地被打破，人们开始重视和研究职业教育，并在职业教育上形成了新的见解。

**2. 职业教育的实施**

杜威认为，职业教育如何实施是一个重要问题。首先，在职业教育的含义上，他强调广义的职业教育。他这样指出："职业教育最重要的观念，就是职业教育并不是'营业教育'（Trade Education ），不是做专门行业的教育。做专门行业的教育是机械的，用不著心思和高深的学问，只希望养成本行的专门技能就算了。但这不是职业教育。职业教育应该注重使人懂得实业、工业所应知的科学方法：一方应用手足、肢体发展的本能；一方不能不注重知识，知道科学的所以然。"①

其次，杜威指出，应该避免职业教育上的两种弊端：第一种弊端是，认定某种人天生就是从事某种事业的；第二种弊端是，以现在的实业工业程度作标准。对于前者，职业教育应该给学生博大广阔的、面面俱到的教育，使他们的心思、技能有更广阔的根基，能于短时间内变成某行业的人才；对于后者，职业教育应该以将来的工业为标准，给予学生基础的方法技能，使他们的心思、耳目都极灵敏，随时可以进步。最好是使学生既有实验室中的训练，又有实践中的练习。

还有，杜威认为，对于普通生活来说，不外衣、食、住和交通四项职业。职业教育注重工作，尤需注重发展知识、心思。这与初等教育、中等教育和高等教育都有关联：在初等教育中，通过工作、游戏运用心思、肢体，养成职业上的能力，就是职业教育的预备；在中等教育中，可以一步一步地预备选择职业的机会和材料；高等教育虽然都是专门教育，但也有职业方面的教育以及一部分普通学问，并且不与社会隔断。

## （六）道德教育

在这一部分（第15—16讲），杜威主要论述了"学科知识与道德的密切关系""三种最重要的知识心理习惯""道德教育无往不在""道德教育的社会方面和个人方面"四个方面。

### 1. 学科知识与道德的密切关系

杜威认为，人们公认道德教育是教育的最高的、最后的目的。但是，人们又都觉得实现这个目的是困难的，因为学校中的很多学科知识表面上似乎与道德无关。所以，问题是研究学科知识是否与道德有密切关系。杜威这样指

---

① ［美］约翰·杜威. 教育哲学［M］// 约翰·杜威. 杜威五大讲演. 胡适，口译. 合肥：安徽教育出版社，1999：164.

出："倘找不出关系，不能与道德连合起来，那末，我们不如取消理想的希望。老实说：教育的目的不在道德而在知识就完了。所以现在应该研究的问题，是怎样可以用知识的教育做到道德教育的目的。"①

在学校中，道德确实是重要的，道德教育也确实是不能去掉的。于是，最普通的办法就是在各门学科之外再增设一门称为"修身"或"伦理"的学科。对此，杜威认为，花费"修身"或"伦理"学科的课时，靠那些纸面上、理论上的道德来影响实际的行为，绝对不是做得到的事。其原因是：首先，从表面上看，知识可以影响人生行为，但有些知识不能影响人生行为。凡不能影响人生行为的知识（诸如修身书本上的道德理论），多半不能引起人的意识或欲望，即使引起了意识或欲望，但又因知识不够而不知道怎样去做。其次，增设"修身"或"伦理"学科是将道德与其他学科分离，而实际上道德与各门学科都有着密切关系。还有，虽然可以使诸如专心、有恒等许多良好习惯与道德产生密切关系，但也须看教法如何，教法好才能引发好的习惯，否则也许会形成坏的习惯。实际上，只有由内在的思想和愿望所引发的习惯，才真正与道德有着密切关系。

**2. 三种最重要的知识心理习惯**

杜威认为，从个人方面看，内在的思想和愿望等知识心理习惯有三种最为重要。

一是虚心或公开的心。所谓虚心或公开的心，就是在求真理时，无论与成见或我见相符与否，也无论于我有利与否，只要是真理便领受。表面上，这与知识有关，是知识方面的事情，其实这与人生行为也有密切关系。在杜威看来，影响养成虚心或公开的心理习惯的要素有三个：其一是成见，即以先入之见为主；其二是骄傲，即以我见为主；其三是自私自利，即凡是于我有利的都

① ［美］约翰·杜威. 教育哲学［M］// 约翰·杜威. 杜威五大讲演. 胡适，口译. 合肥：安徽教育出版社，1999：167.

是好的。旧的教学法的最大坏处就在于，阻碍虚心或公开的心理习惯的养成，而养成以成见和我见为主的习惯，养成一种盲从的、呆板的习惯。

二是知识的诚实。所谓知识的诚实，就是在做事情时，承认事实的价值。诸如颠倒是非、装面子、文过饰非等，都是知识上的不诚实。旧的教学法只准照教师所讲的做，一字也不能错，这就阻碍了知识上的诚实。

三是责任心。所谓责任心，就是做事情负责任而不耽搁，同时肯担负所做的事情的结果的责任。责任心的习惯虽然既有道德的方面，也有知识的方面，但知识的方面是更为重要的。在杜威看来，传统学校的管理肯定不能养成学生自己判断的责任心。因为这样的学校，"只有两种东西负责任：一个是教员，一个是教科书。而学生负被动的责任，他不过把先生所教、书上所有的照样背出来。没有预测效果的能力和判断的能力，自然没有所谓对于自己所做的事的结果的责任心了"[①]。

### 3.道德教育无往不在

杜威认为，所谓社会的目的，就是道德的目的，其意就是要养成一种人品，能对社会有益，能做对社会有用的一分子。从社会方面看，道德有三个部分：知识，情感，能力。就这三个部分的关系而言，杜威这样指出："先有了知识，知道因果利害及个人与社会的关系，然后可以见诸行为。不过单有知识，而没有感情以鼓舞之，还是不行，所以又要感情，引起他的欲望，使他爱做，不得不如此做，对于社会有一种同情和忠心。但是单有知识、感情还没有用，所以还须有实行的能力，对于知道了要做，和爱做、不得不做的事体，用实行能力去对付他。"[②]

在这里，杜威着重讨论了道德的知识部分。在他看来，不仅要使学生记

---

① ［美］约翰·杜威.教育哲学［M］// 约翰·杜威.杜威五大讲演.胡适，口译.合肥：安徽教育出版社，1999：172.

② ［美］约翰·杜威.教育哲学［M］// 约翰·杜威.杜威五大讲演.胡适，口译.合肥：安徽教育出版社，1999：173.

得各门学科的知识，而且要使学生懂得社会方面的重要性。他的知识能增加社会方面的同情，他的训练能有实行社会生活的能力。所有学科都应做到道德的三个部分，也就是说，使每种学科都是社会的。例如，语言文字是社会生活的工具。因此，各种学科都可以帮助养成社会的习惯、能力和感情，这就是道德教育。杜威指出："我此刻不必一一遍举算学、历史、地理、物理、化学等每科在社会方面的利用，做道德教育的重要工具，诸君可以推想而知。我现在用一句话总括起来：教育的社会目的和道德目的的意思，可以把教授法、管理法和组织法一起贯串。……道德教育的重要，就因为它无往不在，所以断不是修身、伦理等科一两小时的训练功夫可以办得到的。惟各方面都含有这道德教育的大目的，然后可以做到。"①

尽管杜威在中国语言方面是外行，但他在这里提及了当时中国的白话运动②，并指出从道德的、社会的目的着想，中国有两件事情要予以考虑。一件事情是，通信、写书、办报及交通应用的文字，都应该与国民大多数日用的语言接近，如果离开得太远了，那绝不能养成社会共同生活的观念。另一件事情是，传播注音字母和出版注音字母读物，因为注音字母具有很令人惊讶的效用，能在一个月中使失学的成人易于读书。

**4. 道德教育的社会方面和个人方面**

杜威认为，从哲学上讲，道德教育的含义最重要的是"个性"与"社会"的关系。它一方面发展个性，养成个人的知识、能力和感情；另一方面在个人的知识、能力和感情发展之后，还须使社会的同情格外增加。但他又指出，这个问题是困难的，因为个人与社会很似背驰的，太注重个人方面或太注重社会方面都是有流弊的。

---

① ［美］约翰·杜威.教育哲学［M］// 约翰·杜威.杜威五大讲演.胡适，口译.合肥：安徽教育出版社，1999：176.

② 当时中国的白话运动，即"新文化运动"。

在杜威看来，民治主义的社会和个人两方面与道德教育问题的社会和个人两方面是一样的。就民治主义而言，一方面要使人人的本性有充分发展的机会，即人人发展他的个性；一方面还要顾及社会的共同意志的需要，即能对共同利害具有负责任和牺牲的精神。因此，学校教育为了帮助解决道德教育问题和民治主义问题，应该为将来的社会生活作准备，可以说学校本身就是社会生活。此外，学校内的民治主义与校外的民治主义一样，应该注意的重点就是，每一个人不是只配做领袖，也不是只做辅从的。领袖和辅从同时交互并做，才是民治主义的真正目的；大多数人都是团体的一部分，才是道德教育问题和民治主义问题的解决。

### 三、《教育哲学》的学术影响

在杜威的所有在华教育讲演中，在北洋政府教育部所作的题为《教育哲学》的讲演是他在中国第一次以《教育哲学》为题的系统讲演。其学术价值之重要，无疑超过杜威的其他在华教育讲演。因为杜威的教育哲学是当时世界上一种很有影响力的新的教育思潮，所以，这样的讲演受到那些渴望革新教育的中国教育学者、学校教师以及学生们的热烈欢迎。在《教育哲学》中，杜威对"教育及教育哲学的重要性""教育的三个要点""科学发展进步在教育上的影响"，以及"学制的组织""职业教育""道德教育"等方面进行了较为系统的论述。尤其重要的是，他首创性地提出了"教育的三个要点"，透彻地阐述了儿童、社会、学校和教材三者之间的密切关系；还提出了"道德教育无往不在"，强调知识、情感、能力这三个部分在道德上的关系。此外，在整个讲演中，杜威还注意联系当时中国的社会和学校教育情况来进行阐述，因而很受人们的欢迎。在杜威系列讲演的整个过程中，他的每次讲演在结束后就被刊载在多种报刊杂志上。这不仅引起了社会公众的普遍关注，而且也扩大了杜威在教育界的学术影响。1920 年 2 月 26 日，上海《申报》刊载了《杜威讲坛消息》，其中提及杜威在北京讲演的情况："当代思想界巨子、实验派领袖、美国哥伦比亚大学教授、哲学博士杜威约翰氏来游中土，几及一年，小驻京师，亦逾半载，游踪所及，讲坛随之，每一登场，听众盈座，而又得高足弟子北京大学教授胡适之博士任传译之役，以浅显之谈，达高深之理，两美既具，相得益彰。"①

　　由于北京大学等教育团体的安排以及杜威以前那些中国学生的帮助，杜威在中国的访问和讲演活动确实是成功的。在杜威离开中国前的 1 个月，纽约《中国学生月刊》（Chinese Student Monthly）上刊登了这样一篇文章，其中写道："杜威先生在中国的行程是非常成功的。从他抵达中国到现在，所到之处都受到了热烈的欢迎。一些银行家和编辑经常去他的住所拜访；一些教师和学生则集聚在他的教室里；一些社团竞相接待他，听他的讲演；一些报纸竞相翻译并刊登他的最新言论。他的发言和讲演被竞相阅读，他的传记被精心地撰写。人们认真地评论他的哲学，并毫不费力地记住他的名字。"② 美国学者基南（Barry Keenan）在他的《杜威在中国的实验》（Dewey Experiment in China）一书中也这样指出："约翰·杜威在中国受到了极为热烈的欢迎。杜威个人对改革和进步的赞同以及他作为一个现代教育哲学的权威，引起了很多听讲者的兴趣。"③ 陪同杜威访问中国的女儿露西·杜威（Lucy Dewey）后来也回忆说："由于听讲者十分踊跃，杜威的讲演都被安排在最大的会场里。听他讲演的，不仅有学生和教师，而且还有其他知识阶层的代表。这些地方的报纸也充分报道了杜威的讲演活动。在许多情况下，杜威所作的讲演都由一位速记员记录下来，

---

① 杜威讲坛消息（《申报》1920 年 2 月 26 日）［M］// 顾红亮 . 杜威在华学谱 . 上海：华东师范大学出版社，2019：170.

② Barry Keenan. Dewey Experiment in China ［M］. Cambridge, Mass.: Harvard University Press，1977：34.

③ Barry Keenan. Dewey Experiment in China ［M］. Cambridge, Mass.: Harvard University Press，1977：10.

然后发表在一些广泛发行的小册子上。"①

　　与此同时，在中国的访问和讲演也给杜威自己留下了深刻印象。他的女儿简·杜威（Jane Dewey）1939 年在《杜威传》（*Biography of John Dewey*）中这样写道："不管杜威对中国的影响如何，杜威在中国的访问对他自己也具有深刻的和持久的影响。杜威不仅对同他密切交往的那些学者，而且对中国人民表示了深切的同情和由衷的钦佩。中国仍是杜威所深切关心的国家，仅次于他自己的国家。"② 对于中国之行，杜威本人在 1920 年 11 月 7 日给哥伦比亚大学哲学系主任科斯（John J. Coss）的信中这样写道："这是我所做过的最感兴趣的和在智力上最有益的事情。"③

　　五四前后，杜威已成为在中国具有重要影响的西方哲学家和教育家。随着他到中国进行访问和讲演，杜威教育哲学在中国教育界的影响更为广泛。也许更重要的是，杜威的哲学和教育思想也强调科学与民主精神，这正与五四时期提倡的科学与民主的潮流相符。因此，杜威在中国各地讲演时，会场里总是挤满了听讲者，并总能激起热烈的反响。美国哲学家培里（Thomas Berry）在他的《杜威对中国的影响》一文中指出："《教育哲学》及《社会哲学和政治哲学》《思想之派别》《现代的三个哲学家》《伦理讲演纪略》这 5 篇讲演是杜威在中国的最重要的讲演。"④

　　正因为如此，收入《教育哲学》的《杜威五大讲演》自 1920 年 6 月出版后，至 1921 年 7 月就重印了十一次。之后，该书还不时地被重印，众多的

---

① Lucy to Dykhuizen，6 March，1967［M］// George Dykhuizen. The Life and Mind of John Dewey. Carbondale：Southern Illinois University Press，1973：200.

②［美］简·杜威. 杜威传（修订版）［M］. 单中惠，编译. 合肥：安徽教育出版社，2009：42.

③ Lucy to Dykhuizen，6 March，1967［M］// George Dykhuizen. The Life and Mind of John Dewey. Carbondale：Southern Illinois University Press，1973：205.

④［美］培里. 杜威对中国的影响［M］// 简·杜威. 杜威传（修订版）. 单中惠，编译. 合肥：安徽教育出版社，2009：386.

教育学者和学校教师可以从《教育哲学》中寻觅杜威的教育智慧。

最后值得提及的是，1973年，杜威的《教育哲学》被收入由美国夏威夷大学教授克洛普顿（Robert W. Clopton）和中国香港新亚学院教授吴俊升共同编译的《约翰·杜威在中国的讲演，1919—1920》（*John Dewey Lectures in China, 1919—1920*）一书中，作为该书的第二部分。[1] 第一部分是杜威的《社会哲学与政治哲学》，此书由中文重新翻译成英文。应该说，这不仅使得美国学者及其他西方学者有机会了解杜威所作的题为《教育哲学》的讲演，而且在某种意义上很好地表明了《教育哲学》一书在学术上的重要价值。

---

[1] Robert W. Clopton, Tsuin-chen Ou. John Dewey Lectures in China, 1919—1920 [M]. The University Press of Hawaii, 1973: 181–302.

# 《教育科学的资源》导读

> *教育在本质上是一个无止境的圆形或螺旋形。教育是一种包括科学本身的活动。正是在教育过程中，教育确立了更多的需要进一步研究的问题，这些问题又反作用于进一步改变的教育过程，因而要求更多的思考、更多的科学等，循环往复以致无穷。*
>
> ——约翰·杜威

《教育科学的资源》（*Sources of A Science of Education*，1929）是美国著名教育家约翰·杜威的一本晚期教育代表作。这是他对教育科学主题以及教育科学的本质进行专门论述的一本教育经典著作。

## 一、《教育科学的资源》的出版背景

1929 年，适逢杜威 70 岁大寿。这一年的 10 月 18—19 日，在纽约举行了杜威 70 岁生日庆贺会，美国思想界的许多领军人物都参加了他的生日庆贺会。同年 11 月 26 日，杜威还在他的母校佛蒙特大学作了题为《詹姆斯·马什和美国哲学》（*James Marsh and American Philosophy*）的讲演。由于《确定性的寻求》和《经验与自然》的修订本相继出版，因此这一年杜威正处于他的创造力和影响力的巅峰，他还被誉为"美国最伟大的哲学家"。

1929 年 2 月 26 日，杜威应邀在俄亥俄州克利夫兰市的国际教育荣誉学会（The Kappa Delta Pi）的系列讲座上进行了题为《教育科学的资源》的讲演。这是该学会年度系列讲座的第一个讲演，这在一定程度上说明了杜威在当时美国哲学界和教育界已有很大的学术性影响。

针对"教育是一门科学吗?"以及"它如何进行?它的功能是什么?"这些问题,杜威在他的讲演中进行了很好的阐述。美国纽约州立大学哲学教授库尔茨(Paul Kurtz)在《杜威全集》晚期著作第5卷的"导言"中就指出:"杜威说,教育和工程学一样,是一门艺术。但是,科学与艺术之间并没有清晰的界限。……教育科学的作用在于为教育者提供'思想工具'。……教育科学是教育的中介工具,而非相反。……当然,教育实践者与教育科学研究者之间存在着必不可少的交流。"①

当杜威在作题为《教育科学的资源》的讲演时,美国的公立学校正在完成一项宏大的任务,由此杜威秉承他自《学校与社会》一书出版以来的一贯强调的思想,把教育放在社会变革的中心。库尔茨教授这样指出:"杜威因此把教育放在社会变革的中心。教育者不是科学家或社会的附属品,其重要作用在于:通过运用科学以及在教育过程中创造价值来促进社会变革。"②大约在国际教育荣誉学会系列讲座上作讲演的7个月之后,即1929年10月,杜威的《教育科学的资源》一书由纽约的利夫莱特出版公司出版,共77页。

## 二、《教育科学的资源》的主要内容

《教育科学的资源》一书除最后的"结语"外,全书分为三个部分。第一部分:"作为科学的教育""作为艺术的教育";第二部分:"借来的方法是不够的";第三部分:"规律与原则""资源与内容""教育科学并不是独立的""扶手椅上的科学""没有固有的教育科学内容""特殊的资源""教育的价值"。从三个部分的篇幅来看,很不均衡。其中,第二部分的篇幅还不到一

---

① [美]约翰·杜威.杜威全集·晚期著作第5卷[M].孙有中,战晓峰,译.上海:华东师范大学出版社,2015:"导言"2.

② [美]约翰·杜威.杜威全集·晚期著作第5卷[M].孙有中,战晓峰,译.上海:华东师范大学出版社,2015:"导言"3.

页，只是简要地提出了一个观点；而第三部分的篇幅则远远超过第一部分和第二部分的篇幅总和。

在《教育科学的资源》一书中，杜威主要论述了四个问题：第一个问题，教育是什么；第二个问题，教育科学是什么；第三个问题，教育科学的资源是什么；第四个问题，教育是一种包括科学本身的活动。

**（一）教育是什么**

在这一问题上（第一部分），杜威主要论述了"作为科学的教育""作为艺术的教育"两个方面。

**1. 作为科学的教育**

杜威认为，"科学"一词含义广泛。针对有人认为数学或者那些能够通过严谨论证方法得出确切答案的学科才是"科学"的看法，他明确指出："我们必须灵活地理解科学的含义，这一含义必须足够宽泛，能够囊括所有通常被认为是科学的学科。其中，重点是在被称为科学的各个学科中发现它们之所以为科学的特性。如此说来，科学的重点不在于寻找不同主题的统一的客观特征，而在于研究方法。据此观点，我认为，科学即意味着存在系统的研究方法。当我们将这些方法和各种事实联系起来时，便能更好地理解这些事实，并在控制这些事实时多些理智，少些偶然性和常规性。"[1] 由此，杜威对"科学"的含义进行了阐述："孤立的结论不能形成真正的科学，不论得出这些孤立结论的方法在科学上多么正确，也不论这些结论多么精确。只有当各种结论相互联系起来形成一个较为连贯的系统时，即当这些结论相互证实、相互说明或相互附加意义时，科学才会产生。"[2]

通过对研究方法和检验方法推动医务工作的进展、教学研究上的不同态

---

① ［美］约翰·杜威. 教育科学的资源［M］// 约翰·杜威. 杜威全集·晚期著作第 5 卷. 孙有中，战晓峰，译. 上海：华东师范大学出版社，2015：3.

② ［美］约翰·杜威. 教育科学的资源［M］// 约翰·杜威. 杜威全集·晚期著作第 5 卷. 孙有中，战晓峰，译. 上海：华东师范大学出版社，2015：8.

度、自然科学家的个人能力表现，以及科学方法的作用的阐述，杜威特别强调了对思维方法和研究方法的重视。这里，他还列举了关于教学研究的例子：教师 B 在教育史、心理学和教学方法等方面比教师 A 熟知得多，但教师 A 在教学上却比教师 B 更为成功，所以有人就借口反对教学研究。对此，杜威强调指出，反对教学研究的人忽略了这样一个事实：像教师 A 这样的优秀教师的成功往往无法复制，而且只能作出有限的贡献，因而会带来无法估量的浪费和损失。

因此，杜威强调了思维方法、研究方法和科学方法的重要作用。他指出："思维方法使材料不断被发现并不断被组织，使一个研究者可以重复他人的研究进而证实或证伪它们，并向人类的知识库添加新的内容。此外，研究方法往往会在使用的过程中自我完善，启发研究者发现新的问题，进行新的研究，从而改进旧方法，创造更好的新方法。"[1] 他还指出："掌握科学方法与系统化的主题可以解放个体，促使个体认识到新的问题，设计出新的过程，让个体普遍支持多样化而非千篇一律。同时，这些多样化会产生一种累积性的进步，并让该领域里的所有工作者共享这一进步。"[2]

### 2. 作为艺术的教育

杜威认为，就具体操作来说，教育无疑是一门艺术，是一门技艺，或是一门美术。但是，科学与艺术之间并不存在一种对立的关系，而只是存在差异。他这样指出："就教育而言，只有当心理学家或任何领域的观察者和实验者，将自己的研究结果归结为一条要求所有人必须统一遵守的规则时，才会反对和破坏作为艺术的教育的自由发挥。但是，之所以出现这样的情况，不是因

① ［美］约翰·杜威.教育科学的资源［M］// 约翰·杜威.杜威全集·晚期著作第 5 卷.孙有中，战晓峰，译.上海：华东师范大学出版社，2015：4.
② ［美］约翰·杜威.教育科学的资源［M］// 约翰·杜威.杜威全集·晚期著作第 5 卷.孙有中，战晓峰，译.上海：华东师范大学出版社，2015：5.

为运用了科学方法，而是因为背离了科学方法。"① 在杜威看着来，在教育处于从经验性地位向科学性地位转变的过程中，人们开始尝试发展科学方法，从而摆脱传统、模仿复制、对各种外在压力的被动反应，以及每位教师的先天和后天的禀赋等。但是，仍然有很多准教师的脑中带着经验性教育判断教师价值的观念和标准，来到师范院校或大学接受训练，想获得教学成功的秘诀。实际上，他们误解了教育科学。因此，杜威明确指出："科学很容易被当作是商品销售过程中的担保人，却很难被视作照亮眼前事物的明灯，或者是照亮脚下之路的路灯。科学得到重视，不是因为它可以为个人带来启发与解放，而是因为它具有威望；科学得到重视，是因为人们认为它可以为课堂里运用的具体做法给予绝对的真实性与权威性。在这样的想法下，科学就是作为艺术的教育的敌人。"②

## （二）教育科学是什么

在这一问题上（第一部分后面部分，第三部分前面部分），杜威主要论述了"教育科学并不是独立的""教育科学创建中的危险""教育科学的最终实现是在教育者的头脑里"三个方面。

### 1. 教育科学并不是独立的

杜威认为，所有的教育都是一种教育实践。教育实践为教育科学提供材料，这些材料为教育科学确立问题，而发展已较为成熟的科学理智为处理这些问题提供了材料，因此，独立的教育科学并不存在。但是，当源自其他科学的材料关注教育中出现的各种问题时，这些材料便成为教育性科学的内容。这里，杜威运用了"来自测量的例证"来进行说明，并指出在教育实践中，教师所做的是行动而不是科学，但科学通过使这些行动变得更加理智而发挥了作

---

① ［美］约翰·杜威. 教育科学的资源［M］// 约翰·杜威. 杜威全集·晚期著作第 5 卷. 孙有中，战晓峰，译. 上海：华东师范大学出版社，2015：5.

② ［美］约翰·杜威. 教育科学的资源［M］// 约翰·杜威. 杜威全集·晚期著作第 5 卷. 孙有中，战晓峰，译. 上海：华东师范大学出版社，2015：5.

用。杜威指出："教育即生活，教育即行动。作为一种行动，教育要比科学更广。但是，科学能使从事教育活动的人变得更加理性，更加善于思考，更加清楚自己的职能，从而能在未来改善并丰富过去的行为。"①

在杜威看来，在为教育科学确立问题的教育实践和为这些问题提供解决方法的科学之间，存在着一种更为积极的联系。因此，他明确反对"扶手椅上的科学"，也就是反对思考与思考资源之间的脱离。这里，他运用了"来自学校报告单的例证"，并强调学校报告单的价值相当于临床记录对于医学的价值，认为作为教育实践者和调查者的教师可能作出的贡献正是教育上一个相对被人忽视的领域。因此，杜威指出："实地调查者和研究者之间必须有一种必要的交流。没有这种交流，研究者便无法判断自己要去解决的问题的真正范围。他不会充分了解这个特定问题在学校里产生的环境，无法控制自己的研究；他无法判断自己所掌握的其他学科的资源是否能帮助自己有效地解决问题；他也不会充分了解自己最终选择的解决办法是用于什么样的具体情况，也就不知道这种方法是真的解决了问题，还是只是他自己人为地提出来的武断办法。"②

**2. 教育科学创建中的危险**

杜威认为，从对那些比教育学更为成熟的学科的历史考察中，可以得出这样的观点：没有抽象，就没有科学。抽象的实质，就是将特定事件从熟悉的实际经验层面剥离出来，放入理智或理论研究层面。此外，科学意味着，要将观察和思维的触角延伸出去，并对事物本身产生兴趣。这里，杜威引用了"来自物理科学的例证"，即意大利天文学家伽利略的测量实验，指出该实验之所以具有革命性意义，就在于伽利略通过思考得出初步的假设。但是，杜威在第

---

① ［美］约翰·杜威.教育科学的资源［M］//约翰·杜威.杜威全集·晚期著作第5卷.孙有中，战晓峰，译.上海：华东师范大学出版社，2015：29.

② ［美］约翰·杜威.教育科学的资源［M］//约翰·杜威.杜威全集·晚期著作第5卷.孙有中，战晓峰，译.上海：华东师范大学出版社，2015：17.

二部分中明确指出，光靠借用物理科学的实验和测量方法，是建构不了教育科学的。

杜威还特别指出了教育科学创建中的危险。这种危险主要在于：学校教师迫于压力而追求立竿见影的效果以及短时间内迅速见效的实用性，倾向于把统计学研究和实验室实验的结果变成指导学校管理和教学的指南和规则，因此，他们就没有足够的时间去逐步地和独立地形成理论，而理论的形成恰恰是把教育构建成一门真正科学的必要条件。因为教育实践活动是十分复杂的，它会涉及许多条件和因素，所以，尽管科学结论有其实际的作用，但必须防止科学结论向行动规则的简单转化。如果教师能够真正了解和理解科学结论，那他的教育实践活动就会变得更理性、更灵活，并可以更有效地处理具体的实际现象。

**3. 教育科学的最终实现是在教育者的头脑里**

杜威认为，规律和事实为教育者提供了可以运用的思维工具。例如，一位油漆制造商把科学研究结果作为思维工具运用到他的经验性做法之中。由此可见，科学研究结果是为观察与探究的进行提供原则，而不是为外在行为提供原则；而且，科学研究结果并不是通过对实际结果产生直接影响而起作用的，而是通过改变心理态度间接地起作用的。

在杜威看来，相对科学研究者来说，教育者具有科学的态度也是十分重要的。他们原先在师范院校里学到的教育科学、教育历史和教育哲学等知识，其价值在于为他们观察和判断教学实际情况提供启发与指导，也在于对他们个人的观察和判断态度的形成产生影响。无疑，教育者的判断力不仅通过教育理论学习而形成，而且可能在他们的潜意识中起作用。因此，杜威强调指出："我们可以得出一个最终结论：教育科学的最终实现不在书本里，不在实验室，不在教师培训课堂里，而是在教育者的头脑里。……只有当我们牢记这种研究结果是教育科学的资源，是通过教育者的头脑这一媒介使教育更加理智时，教育科学才会获得启迪，变得清晰，并取得进步。"①

**（三）教育科学的资源是什么**

在这一问题上（第三部分），杜威主要论述了"将教育过程与教育结果视为教育科学的资源""教育科学并没有固有的内容""教育科学要借鉴许多不同的学科""确定教育的价值与目标"四个方面。

**1. 将教育过程与教育结果视为教育科学的资源**

杜威认为，应该将教育过程与教育结果视为教育科学的资源。就教育过程与教育结果的地位和作用而言，这一观念主要体现在两个方面：一是，教育实践为教育科学提供材料和主题，而这些材料和主题构成了教育科学的研究问题；二是，教育实践是所有的教育科学研究结论的价值的最终检验者。在教育领域，只有当研究结果实现教育目的或目标时，它们才具有科学性；然而，是否真的实现了教育目的或目标，只能由教育实践来决定。这里，他引用了"来自工程学的例证"，指出桥梁建造确立了理论问题，但只有当力学和数学中的部分内容关注建造桥梁中出现的各种问题并提供有效的解决办法时，才使桥梁建筑学的存在成为可能。

杜威还认为，就学校而言，需要科学对待的问题肯定源自和学生的实际联系，如果作为调查者的授课教师能够积极参与其中，那教育研究者才可能有充分的主题来确定和控制研究问题。因此，对于教育科学来说，仅仅有学校报告单是远远不够的，它需要对学校事务和结果进行连续不断地记录。在这一方面，授课教师正是可以发挥作用的，但在这一过程中会遇到障碍。因此，杜威这样指出："因为授课教师才是与学生有直接接触的人，科学研究的结果正是通过他们才能最终传达给学生。授课教师是教育理论的结果进入学生生活的渠道。……如果授课教师主要是充当接受渠道和传播渠道，那么进入学生头脑中

① ［美］约翰·杜威.教育科学的资源［M］//约翰·杜威.杜威全集·晚期著作第5卷.孙有中，战晓峰，译.上海：华东师范大学出版社，2015：12-13.

的将是已被严重改变和歪曲过的科学结论。"①

**2. 教育科学并没有固有的内容**

杜威认为，教育科学的发展有赖于其他学科的进步，而这些学科提供的材料的真正价值就在于进一步建构教育科学的内容。源自其他学科领域的材料，只要这个材料能使教育者（或教育管理者，或教师）对自己的行动作出更清晰、更深入的观察和思考，它就是属于教育科学的内容。很多学科为解决教育问题提供了相关的材料，因此，教育科学并没有固有的内容。可以这么说，任何学科中的任何方法、任何事实以及任何原理都是与教育科学相关的。任何有组织的知识体系都是因为这些方面或那些方面被教育科学所利用，才能成为教育科学的资源。对于教育科学工作者来说，他们需要完全熟悉作为教育科学资源的那些学科。但是，有些人对此表现出热情的态度，有些人却对此抱有怀疑和漠然的态度。这种不同的态度，正表明他们对教育过程的复杂性的不同认识。

在杜威看来，如果没有认识到教育科学并没有固有的内容，那就会对教育研究产生不良的影响。具体来讲，这不仅会使教育研究趋于孤立，也就是使教育研究变得毫无意义，而且会使人们还没有对必须利用的各种学科进行充分学习，就匆忙地去研究教育问题。因此，"解决任何教育问题时都必须关注不同的学科，这一认识往往会拓宽我们的视野，并引导我们作出更认真、更长期的努力，去平衡最简单的教学问题和管理问题都会涉及的各种因素，从而减少流行一时的片面的兴趣和口号不受控制并接连不断地出现，以及防止它们对教育实践和理论的影响"②。

---

① ［美］约翰·杜威. 教育科学的资源［M］//约翰·杜威. 杜威全集·晚期著作第 5 卷. 孙有中，战晓峰，译. 上海：华东师范大学出版社，2015：18.

② ［美］约翰·杜威. 教育科学的资源［M］//约翰·杜威. 杜威全集·晚期著作第 5 卷. 孙有中，战晓峰，译. 上海：华东师范大学出版社，2015：19.

### 3.教育科学要借鉴许多不同的学科

杜威认为，要使教育过程理性地、有方向地继续进行下去，就必须借鉴许多不同的学科。虽然作为教育科学资源的学科范围广泛又不确定，例如数学、物理学、哲学、教育哲学、生物学、生理学、心理学、社会学、生物心理学、社会心理学、精神病学、统计学、化学、工程学等等，但有一些学科占有特殊的地位。其中，心理学和社会学在教育科学的资源中所起的特殊作用已得到人们的公认，但哲学也是教育科学的资源，这一点常常没有得到人们的认可。这里，杜威特别对心理学、社会学、教育哲学这三门在教育科学的资源中占有特殊地位的学科进行了较为详细的论述。

（1）教育哲学

在杜威看来，哲学和科学之间唯一有用的区分是：科学更靠近具体的一端，哲学更靠近一般的一端，但两者之间并没有明确的界限。正因为如此，哲学和科学之间有着一种相互关系：它们相互充当对方的资源。这里，他引用了来自天文学和物理学的例证。

由于假设在一切科学中发挥作用以及在所有理智活动中都占有一席之地，因此，教育哲学也为教育科学提供了普遍使用的初步假设，因而它在教育科学的资源中占有特殊的地位。当然，在这些假设用于启发与引导具体的观察和理解时，必须对这些假设进行检验和修改，而不能将它们僵化为呆板的教条，去阻碍实际的研究。

就教育哲学的目的而言，杜威进行了两个要点的解释。

第一个要点是，在很大程度上，教育实践决定了教育目的。因为具体的教育经验为研究和反思确立了问题，所以，它是所有研究和反思的主要资源。由此，教育哲学既不创造教育目的，也不确定教育目的。它发挥的是中间作用、工具作用和调节作用。具体来讲，教育哲学有三个作用：一是使教育科学更加广泛。也就是说，扩大调查和思考的范围，去思考出现在更大的时间跨度中或更长远的发展过程中的结果。二是使教育科学更加自由。也就是说，帮助教育实践者以更开放的精神去思考和工作，而不受传统、常规和片面的个人兴趣与一时想法的影响。三是使教育科学的完成更具有建设性的想象和创造。也就是说，不仅对教育科学提出批评，而且更重要的是提出新的目的、新的方法和新的材料。

第二个要点是，科学和哲学之间应该存在持续不懈的互动。科学对应手段、哲学对应目的这一通常说法会引起人们的误解，以为手段和目的是相互分离的。实际上，目的不仅必须根据可使用的手段来加以制定，目的甚至可以称得上进行充分互动并进行融合的手段，而且手段是目的的一小部分。因此，重要的是创造新的手段，而不是改进已有的手段，因为新的手段不仅包括那些更有效地实现已有的目的的新手段，而且包括将带来在本质上不同的结果和目的的手段。

（2）心理学

在杜威看来，心理学在教育科学的资源中占有特殊的地位。心理学研究如何学习的方面，重视所学的东西对学习者个人发展的作用。在心理学中，更重要的贡献可能来自研究个体发展的心理学，在这一方面帮助最大的学科是生物心理学、社会心理学和精神病学。杜威甚至指出，教育科学的直接资源是研究人际交往的社会心理学。但就量性价值和质性价值而言，夸大量性价值的重要性，往往就会束缚判断力和影响思考的自由发挥，并强调学校的机械性因素。此外，如果要为教育活动提供丰富的科学内容，那么了解社会心理学和精神病学这两门用来解释正常生理活动过程的学科是必不可少的。

这里，杜威引用了"来自刺激－反应心理学的例证"，指出从刺激－反应方面来研究心理学意义重大，但要注意不能使刺激和反应之间的联结成为一个硬性而呆板的概念，不能忽视教育的最重要因素，即发展与变化的纵向跨度和时间跨度。

杜威还引用了来自精神病学的例证，指出儿童在发展过程中最根本的却又最有害和最消极的情感态度（尤其是恐惧感、自卑感等），主要是由社会作用所造成的。精神失常和神经症的儿童数量越来越多的情况，表明家庭教育和学校教育的教育过程的极大失败。因此，最积极的做法应该是不断地关注儿童的实际行为，以便有能力去理解实际驱动儿童行为的作用力。

（3）社会学

这里，杜威所说的"社会学"，指的是所有的社会学科。在他看来，基于社会学对教育科学的贡献，社会学在教育科学的资源中占有特殊的地位。通过学习社会科学，教育者可以更好地了解社会的实际目标和实际结果，从而能对家庭教育或学校教育有更深的了解，能对教育进行更缜密的、更具批判性的思考，并能对教育的发展具有更长远的眼光和更理智的判断力。

首先，社会学对教育科学的贡献涉及社会工具的地位。杜威认为，就社会工具而言，它包括语言技能、数字技能、礼貌举止、道德品行、基础科学以及美术等，其中明显的社会工具就是语言技能和数字技能。杜威指出："人们之所以认为社会工具就是某些技能，原因很明显——我们会注意到，那些通常被认为是社会工具的都是课程中最形式化的科目。因为与社会内容相分离，这些科目以及掌握这些科目的技能便是形式化的。它们是潜在的社会工具，而不是学会即可使用的社会工具。"[①] 在他看来，在教育中去区分哪些是社会工具、哪些不是社会工具，事实上是很难的。此外，许多科目中存在的社会工具与社会结果之间的分离，严重影响了社会学科内容对教育科学的贡献。如果要让学生最好地掌握社会工具，那就要让他们处在一个社会环境中，以便将社会工具应用于周围的生活领域。

其次，社会学对教育科学的贡献也涉及教育价值和目标的确定。杜威认为，无论在事实上，还是在逻辑上，学校是有意识地提供教育，而社会环境是无意识地提供教育，并带着它的所有缺陷、误解和歪曲。当然，通过为学校提

---

① ［美］约翰·杜威.教育科学的资源［M］// 约翰·杜威.杜威全集·晚期著作第 5 卷.孙有中，战晓峰，译.上海：华东师范大学出版社，2015：27.

供迫切的和直接的指导，教育科学展示了它自身的价值。

### 4. 确定教育的价值与目标

杜威认为，尽管社会学涉及教育价值和目标的确定，但社会条件决定了教育目标的这种假设是一种谬论。在教育的价值和目标上，教育是独立自主的，应该自由地决定它自己的目的或目标。离开教育的功能，而从外在的资源中去寻求教育目标，那就是放弃教育事业。教育目标应该由完整而连续的教育过程决定。因此，"教育本身就是一个发现的过程，它能发现什么价值是有用的，是需要作为目标加以追求的。判断价值的唯一方法就是去观察过程，观察这个过程的结果，观察它们在发展过程中进一步产生的结果，并将观察无限地进行下去。在外在资源中寻找教育目标，就是没有意识到教育是一个不断进行的过程"①。

杜威还认为，就教育和社会两者的关系而言，可以得出两个结论：一是，就教育的启发精神和目的来看，社会乃是教育的产物，因此，社会并没有为教育提供一个它要遵照的标准，而只是为教育提供了材料，以便更清楚地判断已进行的教育对受教育者产生了什么影响。二是，教育并没有一些固定的和最后的目标，教学工作的每一天应该使教师能够在一些方面对过去工作的目标进行修改和完善。

在杜威看来，对于教育者来说，他们虽然在教育过程中占有一席之地，但他们并不是教育过程，远远不是教育过程。只有当教育者能够独立而勇敢地坚持这样的观念，即教育目标应该在教育过程中形成并执行时，他们才会意识到自己的职责。如果教育者自己都不尊重自己的社会地位和工作，那么其他人就更不会尊重教育者。

---

① ［美］约翰·杜威.教育科学的资源［M］//约翰·杜威.杜威全集·晚期著作第5卷.孙有中，战晓峰，译.上海：华东师范大学出版社，2015：28.

### （四）教育是一种包括科学本身的活动

在最后的"结语"中，杜威明确指出，经过教育者的心、脑、手的任何确定知识，都是教育科学的资源。由于这些知识的进入，因此，教育功能的完成比过去更加开明、更加人性、更加具有真正的教育意义。在教育之外寻找教育问题的答案，这样的做法会阻碍生长，妨碍作为一切进步的最终资源的思维活动。

在全书的最后，杜威写下了这样一段具有总结性意义的话："教育在本质上是一个无止境的圆形或螺旋形。教育是一种包括科学本身的活动。正是在教育过程中，教育确立了更多的需要进一步研究的问题，这些问题又反作用于进一步改变的教育过程，因而要求更多的思考、更多的科学等，循环往复以致无穷。"①

### 三、《教育科学的资源》的学术影响

《教育科学的资源》1929年10月第一次出版时，虽然对它的评论者并不多，但评论者还是一致给予了好评。例如，1929年10月9日的《纽瓦克晚报》（*Newark Evening News*）称这本书为"绝对坚定的思想——证明了杜威决不允许自己为某种当时的潮流或有待证实的狂热所动摇"。11月30日的《波士顿晚报》（*Boston Evening News*）称这本书对美国教育科学起到了促进作用，体现了杜威"不止一次发出具有说服力的呼声——教育应该属于科学，这才是教育的正确位置"②。

也许是国际教育荣誉学会的精心安排，当杜威1929年在国际教育荣誉学

---

① ［美］约翰·杜威.教育科学的资源［M］//约翰·杜威.杜威全集·晚期著作第5卷.孙有中，战晓峰，译.上海：华东师范大学出版社，2015：29.

② ［美］约翰·杜威.杜威全集·晚期著作第5卷［M］.孙有中，战晓峰，译.上海：华东师范大学出版社，2015：416-417.

会系列讲座上作题为《教育科学的资源》第一次讲演的 10 年之后，他于 1938 年又在国际教育荣誉学会系列讲座上作了题为《经验与教育》的第十次讲演。美国罗特格斯大学荣誉教授丹尼尔·坦纳（Daniel Tanner）指出，这本已经出版的书最后成为了教育经典，对当今的教育和社会的影响得到了广泛的传播。①

尤其重要的是，在《教育科学的资源》一书中，杜威首创性地提出了"所有的教育都是一种教育实践""教育科学的最终实现是在教育者的头脑里""教育科学要借鉴许多不同的学科""将教育过程与教育结果视为教育科学的资源""教育是一种包括科学本身的活动"等，充分体现了该书在教育科学上的学术价值和现代意义。

对于《教育科学的资源》一书在教育科学上的重要价值，丹尼尔·坦纳教授这样指出："就教育研究的指导和方向而言，《教育科学的资源》一书被证明是非常有预见性的，是教育研究和教育实践之间的必要的联结。杜威在这里坚持认为，一种教育科学的资源必须由教育问题和教育实践一起来确定，教育实践正在提供资料或教材——形成问题的调查和解决。"② 他还指出："对杜威来说，教育就是一个科学本身无止境的螺旋形过程，不断地找到更多需要解决的问题以及方法和发展。"③ 从杜威在《教育科学的资源》一书提出的具有首创性的观点来看，在 20 世纪把教学作为一种专业的长期斗争的过程中他无疑扮演了一个重要的角色。美国哲学家、南伊利诺伊大学卡邦代尔分校杜威研究中心主任希克曼（Larry A. Hickman）对《教育科学的资源》一书进行了这样的评价，这本书提供了杜威的教育思想本质的主要洞见："我们可以在这篇论

---

① John Dewey. The Sources of Science of Education，"Introduction"［M］//［美］约翰·杜威. 教育科学的资源. 北京：中国传媒大学出版社，2018：1.

② John Dewey. The Sources of Science of Education，"Introduction"［M］//［美］约翰·杜威. 教育科学的资源. 北京：中国传媒大学出版社，2018：1.

③ John Dewey. The Sources of Science of Education，"Introduction"［M］//［美］约翰·杜威. 教育科学的资源. 北京：中国传媒大学出版社，2018：6.

著中找到杜威许多最难理解的、被误解得最多的观念中的一个。如果想要理解他重建教育的蓝图的话，这也是其中最重要的观点之一。然而，他对这个问题的表述是如此的微妙，以至于这些表述乍看上去很简单，难以引人注意，很容易使人遗漏他的要点。"①

当代俄罗斯教育家科尔涅托夫（Г. Б. Корнетов）对杜威的《教育科学的资源》一书的核心思想进行了评论。2007年，他在《约翰·杜威的进步教育学》一书中这样指出："杜威在《教育科学的资源》（1929）中强调教育学的跨学科性质，认为应该依靠所有学科知识来解决教育问题。"②

在 1929 年至 1944 年间，《教育科学的资源》一书共重印四次。具体是：第一次和第二次印刷是在 1929 年 10 月，第三次印刷是在 1931 年 10 月，第四次印刷是在 1944 年 6 月。2013 年 9 月，《教育科学的资源》一书又进行了重版，美国罗特格斯大学荣誉教授丹尼尔·坦纳（Daniel Tanner）为该书写了"序言"。

在现代中国，北京人文书店 1932 年出版了由张岱年和傅继良合译的《教育科学的资源》中文译本，译名为《教育科学之源泉》；上海商务印书馆1935 年出版了由邱瑾璋翻译的《教育科学的资源》中文译本，译名为《教育科学之资源》。

---

① ［美］希克曼. 永远年轻的杜威——希克曼教授讲杜威［M］. 林建武，等译. 北京：中国政法大学出版社，2015：65.

② 李申申，贾英伦. 21 世纪俄罗斯对杜威民主主义教育思想的评析［M］// 涂诗万.《民主主义与教育》：百年传播与当代审视. 北京：教育科学出版社，2016：87.

# 《创造与批判》导读

*创造和批判两者是一对伙伴。……每个人都将在某个领域发现属于他自己进行积极的创造性工作的机会。……创造性活动是我们最大的需要，不过，批判和自我批判是通往创造性的道路。*

——约翰·杜威

《创造与批判》（*Construction and Criticism*，1930）是美国著名教育家约翰·杜威的一本晚期教育代表作。系杜威于 1930 年 2 月在哥伦比亚大学艺术和科学学院所作的一次以《创造与批判》为题的讲演。

## 一、《创造与批判》的出版背景

1930 年，杜威应聘到哥伦比亚大学哲学系和师范学院任教已有 25 年时间。在这个四分之一的世纪中，在充满激励氛围以及批判和创造精神的哥伦比亚大学校园中，杜威本人在理论上显然得到了极大的发展和提升。无论在哲学方面，还是在教育方面，他正处于创造力和影响力的巅峰。

仅仅就教育方面而言，从 1905 年赴哥伦比亚大学工作到 1930 年为止，杜威就相继出版了很多在教育理论上具有广泛影响的经典著作。其中有：《教育中的道德原理》（1909）、《教育中的兴趣与努力》（1913）、《明日之学校》（1915）、《民主主义与教育》（1916）、《教育哲学》（1920）、《教育科学的资源》（1929）。尤其是最系统的综合性阐述其教育思想的《民主主义与教育》一书的出版，使杜威确立了他作为美国教育界乃至世界教育界领军人物的地位，并在教育理论上产生了一种永恒影响。

正是在这样的学术背景下，1930年2月25日，杜威在哥伦比亚大学艺术和科学学院作了题为《创造与批判》的讲演。这是纪念米尔顿·贾德斯·戴维斯（Milton Judson Davies）系列讲座的第一讲。

同年，哥伦比亚大学出版社将杜威的这个讲演出版成书，共25页。但是，该书只被印刷过一次。


## 二、《创造与批判》的主要内容

《创造与批判》全书可分为三个部分，第一部分：创造是新的独特的发现；第二部分：批判是对价值的辨别判断；第三部分：创造和批判两者是一对伙伴。

### （一）创造是新的独特的发现

在这一部分，杜威主要论述了"创造性心智及其特性""儿童和成人在创造性心智上的不同表现"两个方面。

#### 1. 创造性心智及其特性

在《创造与批判》的一开始，杜威就论述了创造性心智及其特性。就创造性心智而言，创造是新的独特的发现。他这样指出："我一直用的是'construction'这个词而不是'creation'，因为这样似乎少些狂妄感。但是，我所指的意思是创造性心智（creative mind），即人在其活动中真正具有的生产性心智。"[1] 在杜威看来，衡量独创性的并不是物质产品，而是个人探究我们所生活的这个共同世界的方法。

就创造性心智的特性而言，真正的创造性心智的主要特性是独特的和具有首创性的。杜威指出："谈到创造性心智，我们习惯于联想到像天才那样的

---

[1] ［美］约翰·杜威. 创造与批判［M］// 约翰·杜威. 杜威教育经典文选. 朱镜人，编译. 济南：山东教育出版社，2024：314.

杰出和独一无二。但是，每一个人都具有自己的独特方面，每个人都站在与众不同的角度体验生活。因此，如果他能将自己的经验转变成一种理念并将其传递给别人，那他交流给别人的经验一定与众不同。来到这个世界的每个人都是新的开始。"① 此外，他还指出："不是说，只有当一个人奉献给世界的某种发现是前所未有的，这个人的发现才是独创的。如果每次他都认真地发现，即便这个发现有千百人做过，他也是有创造性的。在一个人的智力生命中，发现的价值在于它对创造性的活跃的心智的贡献。它并不取决于是否有一个人们从未有过同样观念的想法。如果这种发现是认真的和直接的，如果对你我而言都是新的和有创见的，那它的性质就是原创的，即便其他人已经做过这种同样的发现。关键是它是第一手的发现，而不是从其他人那里趸批过来的第二手发现。"②

在之后的论述中，杜威以马萨诸塞州一个村民的轶事、美国拓荒时代常见的"怪人"以及他曾祖父的日记来进行说明。这里，他更为详细地提及美国的拓荒时代。在拓荒时代，人们不断地迁移，也就不断地拓展了边界和眼界。与当下时代相比，人们并不是生活在一个所有一切都是现成制品的世界，而是生活在一个什么都要自己动手制作的世界。人们发现，只要拓荒时代不结束，就有新的事情要做。这种时代的生活使得人们变得多才多艺，具有发明创造能力、迅速适应新环境的能力以及克服困难的勇气和智谋，并使很多独创性工作得以完成。在不到100年的时间里，人们从拓荒文明跨入了地球上最发达的工业文明。在杜威看来，在拓荒时代，即一切都需要自己动手的时代，紧迫的需要促使人们开动脑筋去创造和发明；然而，在当下时代，即个人无需创造性努力便可以获得现成物品的时代，一切都是现成的环境使得人们更多地注重

① ［美］约翰·杜威.创造与批判［M］// 约翰·杜威.杜威教育经典文选.朱镜人，编译.济南：山东教育出版社，2024：314.

② ［美］约翰·杜威.创造与批判［M］// 约翰·杜威.杜威教育经典文选.朱镜人，编译.济南：山东教育出版社，2024：315.

接受和复制的能力。在对这两个时代进行比较之后，杜威明确指出："可以这么说，我们从与自然面对面接触进入到与机器和人工技能生产出的产品接触的时代，从一个社会和自然世界都处于制造过程的时代进入到一个对于大多数人而言一切都是现成的时代，因而我们就从一个不断鼓励创新和发明的时代进入一个注重接受和复制的时代。"① 接着，他就提及社会时代的巨大变化给我们提出的一个问题："在我们今天的环境中，在面对我们必须解决的问题时，我们使自己心智的独立性和创造性得到与我们祖先同样的发展了吗？"② 显然，这是教育者必须认真思考的问题。

在杜威看来，感性地理解和解释创造性心智的主要特性要比理性地理解和解释容易。对于创造性活动来说，除非它是独立的和具有首创性的思考，否则这种活动只不过是一种盲目的身体活动。将身体及器官从约束和强制它们机械行动的物质环境中解放出来，只是独立思想的一个前提条件，而不是思想本身。因此，为了使学生获得独立的和具有首创性的思想，学校和教师所要做的工作比贴"进步主义"的标签要多得多。在创造性心智方面，杜威特别强调了有意识培养创造性心智。他强调指出："创造性心智的培养是一个有意识的目标，是某种需要小心翼翼培养的东西，而不是像过去那样将创造性心智看成社会环境的一个副产品。"③ 在杜威看来，一个人做自己喜欢做的事并不表明理智的首创性和独立性，除非他对喜欢做什么的鉴别力得到了很好的培养。

**2. 儿童和成人在创造性心智上的不同表现**

杜威还分别论述了儿童和成人在创造性心智上的不同表现。

---

① [美]约翰·杜威.创造与批判[M]//约翰·杜威.杜威教育经典文选.朱镜人,编译.济南:山东教育出版社,2024:317.

② [美]约翰·杜威.创造与批判[M]//约翰·杜威.杜威教育经典文选.朱镜人,编译.济南:山东教育出版社,2024:317.

③ [美]约翰·杜威.创造与批判[M]//约翰·杜威.杜威教育经典文选.朱镜人,编译.济南:山东教育出版社,2024:318.

首先，杜威认为，人们之所以对年幼儿童以及他们的言行产生浓厚兴趣，其原因就在于儿童对新鲜事物的兴趣，以及儿童为这个世界带来的新的东西、新的观察世界和感受世界的方法，也就是对独创性的认可。但是，他又指出，为什么儿童对世界的这种生气勃勃的反应很快就减弱下来和被淹没了，取而代之的是一种类似橡皮图章或者留声机的心智。这里，杜威显然提出了一个值得人们深思的重要问题。

其次，杜威认为，成人明显是在寻觅具有独特个性的东西，但游走在对惯例的精神服从和无序的身体活动之间；他们厌倦了不断的重复和复制，厌倦了老生常谈，厌倦了毫无创意地再次体验其他人曾经体验过的感情。但值得注意的是，他又指出，校外的成人和校内的儿童在创造性心智上都面临着两难困境，他们所遭遇的主要困难也十分相似。例如，不知道自己真正想要的是什么东西，自己也没有试图去发现它，允许把外部的目的和愿望强加给自己，也对自己做的事情感到厌倦，等等。因此，就成人和儿童两者而言，杜威指出："在做自己喜欢做的事情方面，我们屈服于一种外部压力，正像我们屈服于我们必须做自己不喜欢做的事情方面的压力一样。唯一的不同是后者的压力是显而易见的，直接的，而前者是微妙的和间接的。"①

**（二）批判是对价值的判断**

在这一部分，杜威主要论述了"批判的含义及最基本的需要""始终存在着一种试图迫使独立判断窒息的力量"两个方面。

*1. 批判的含义及最基本的需要*

杜威认为，就批判的含义而言，批判不是发现错误，不是发现需要纠正的弊端，而是对价值进行判断。他明确指出："批判是对价值进行判断，思考无论在什么领域和什么时代，什么是较好的和什么是较坏的，以及为什么是较

---

① ［美］约翰·杜威.创造与批判［M］// 约翰·杜威.杜威教育经典文选.朱镜人，编译.济南：山东教育出版社，2024：320.

好的和为什么是较坏的。因此，对于创造性成果来说，批判性判断不是敌人，而是朋友和盟友。"①

在杜威看来，如果一个人要具有批判能力，那最基本的需要是勇气。但是，勇气最大的敌人是怯懦，或者可以称之为"理智懒惰"（intellectual laziness）。具体讲，就是简单地接受他人所传递的东西。这样，一个人不仅自己可以省力气，而且可以将责任归于他人。在所有的信仰和行动领域，例如，民主领域，都会发生这样的事情。因此，一个人之所以会理智懒惰，其根本原因就是他的心智缺乏批判性。杜威指出："为什么人的辨别能力即批判能力会在实践中失败。这种失败在许多情况下有其根深蒂固的原因，即它缺乏一种独立判断和选择的教育。但是，有许多人在智力方面有准备但却由于道德原因失败了——首先是缺乏思考的勇气，其次是缺乏大声表达自己见解的勇气。"②

杜威还指出，我们不仅很少质疑"权威"所提供的东西，而且十分顺从地照单全收。在进行价值判断时，我们也会怀疑和犹豫不决，因而越来越不能确定我们要实现的价值是否真正具有价值，并使自己的果断选择变得困难，但这并不是培养批判性思维的结果，而是那些着迷于其他人的批判的学生的产物。因此，杜威告诫人们，批判像其他事物一样也有现成的，吸收现成的批判不同于批判能力的训练。但我们不要忘记，我们能够为另一个人做的最佳的事情是帮助他自立，使他能够离开我们的帮助也能生活；同时，以平等交换形成的友谊的回报要远远大于尊卑关系的回报。

**2. 始终存在着一种试图迫使独立判断窒息的力量**

杜威认为，在每一代年轻人和成年人的关系之间，始终存在着一种试图迫使独立判断窒息的力量。因为我们无限增加了能够对个人心智产生的外部影

---

① ［美］约翰·杜威. 创造与批判［M］// 约翰·杜威. 杜威教育经典文选. 朱镜人，编译. 济南：山东教育出版社，2024：320.

② ［美］约翰·杜威. 创造与批判［M］// 约翰·杜威. 杜威教育经典文选. 朱镜人，编译. 济南：山东教育出版社，2024：322-323.

响，这使得年轻人在这种外部抑制下已经为经受理智奴役作好了准备。他们虽然学会了通过阅读与机械的模仿和背诵来汲取信息和获得技能，但并没有学会判断、辨别和选择，因而成为了他们自己不能控制的权力的依附者。而且，在进入行业和职业之后，他们不仅必须服从自己所操作的机器发出的命令和指示，以及服从机器的不间断运动，而且必须使自己去适应这样的情况。他们是其他人的仆人和雇员，更有甚者，他们是不具人格的机器的仆人和雇员。因此，杜威强调指出："这里没有供个人判断和首创精神的有机土壤，他们的批判性和首创性活动会被认为是公开的对抗。经济环境强化了正规学校教育和学生家长在培养没有批判能力和被动性心智方面的指导作用。"①

杜威还指出，上述情况所造成的可悲结果是，在年轻时没有培养批判能力的而被迫形成精神和道德顺从习惯的人，他们在成为年轻人的训练者时同样会利用外在的权威而抑制年轻人的批判能力。但是，人性并非为奴性而生。因此，审视当下的观念，最荒谬的事情莫过于断言我们生活的主要特征就是顺从的心智。

**（三）创造和批判两者是一对伙伴**

在这一部分，杜威主要论述了"创造和批判两者的关系""哲学与创造和批判的关系""教育与创造和批判的关系"三个方面。

**1. 创造和批判两者的关系**

杜威认为，就创造和批判两者的关系来说，它们是一种不可分离的伙伴关系。无论是在新的构建中努力形成的独创性，还是在批判中形成的独创性，它们都是有意义的。他明确指出："创造和批判两者是一对伙伴。真正的辨别力是创造性的，因为它表达了对所呈现的东西的最初反应，它是一种个人感受

---

① ［美］约翰·杜威.创造与批判［M］// 约翰·杜威.杜威教育经典文选.朱镜人，编译.济南：山东教育出版社，2024：324.

的体验。"① 杜威甚至把创造和批判两者的关系比作呼出和吸入的节律以及吸气和呼气的身体机制的合作。他这样指出："创造和批判两者之所以须臾不可分离，是因为在我们思想和精神呼吸中，它们是呼出和吸入的节律。为了我们能够再创造，了解与评判我们和其他人做过的事情是所有自然活动的规律。由于这是与呼吸的身体机制是一样的，所以，借助自身结构的独特性在生产性和批判性辨别活动中表达自己的是同一个心智。那些不是通过批判而形成的产物不过是冲动的迸发。那些不能导致进一步创造的批判会削弱冲动，而导致产生无意义的目的。正因为呼气和吸气的合作，生命才得以保持和延续，所以，批判和创造的相互联系是自然生命的表现。一个人越能正常地从肺部排出气体，就越能说明这个人的呼吸与肺部结构和膈膜协调一致，而且他吸气越深，他的呼气也越深。同可以观察到的明显的活动一样，接受和吸收完全是生命活动形式。"②

这里，杜威对绘画作品的讨论，就是为了例证一般原则所具有的特殊重要性。对于多数人来说，认真思考更深层和更质朴的情感反应，并能进行自由的表达，就是真正喜欢和欣赏美术作品的开端。例如，人们面对一幅画说："我一点也不懂艺术，但是我知道我喜欢什么。"这种说法表明，人们开始进行批判性欣赏了。尽管这还不是真正的批判，但这是一个良好的开端。因为如果这种喜欢真正发自人的内心，那就会出现独立的和具有原创性的活动。但是，要想捕捉和观察心智内部的闪光是不容易的，因为教育和社会环境共同密谋削弱这些闪光的亮度。杜威还引用了美国思想家爱默生（R. W. Emerson）《论自立》中的两段名言来论证他自己的观点："一个人应当捕捉和观察发自心智内部的闪光。""我们从伟大的艺术作品中获得的教益正在于此。它们教导我

---

① ［美］约翰·杜威. 创造与批判［M］// 约翰·杜威. 杜威教育经典文选. 朱镜人，编译. 济南：山东教育出版社，2024：324.

② ［美］约翰·杜威. 创造与批判［M］// 约翰·杜威. 杜威教育经典文选. 朱镜人，编译. 济南：山东教育出版社，2024：326.

们要心平气和地、毫不动摇地坚持我们自发的印象，哪怕别人都持反对意见。要不然，明天就会有人精妙地说出我们一直在思考和感觉到的东西，到那时，我们只得羞愧地从别人那里获得我们自己的见解。"①

杜威还明确指出了我们心智反常活动和问题的原因及结果，那就是："在于我们未能观察到创造和批判活动节律的规律。我们并不是接受的印象太少，而是我们的接受没有辨别性和选择性。在接受中，被动性是必要的，但是，我们却允许接受的被动性转变为行动的被动性。因此，我们被淹没在强加给我们的外部印象的洪水中，结果形成了一潭死水，允许人们向其丢弃各种外来的杂物。"② 这样，我们既没有才智去接受经过选择的印象沉淀下来的资本，也没有勇气去坚持自己的见解。

### 2. 哲学与创造和批判的关系

杜威认为，哲学与创造和批判是存在关联的。尽管有些人认为哲学与日常经验不相干，有些人认为哲学是打开一个领域大门的钥匙，有些人会在自己虚构的幻觉系统上贴上哲学的标签。但是，杜威基于批判的视野强调了哲学与创造和批判的关系。为此，他明确指出："哲学是一种批判，一种批判性考量，其对象正是为人们所熟悉的事物。它不同于那些仅仅谋求进一步批判而开展的有条理的批判。如果它要批判什么，它不是通过揭示某个最终结果的方法，而是对熟悉的对象的不为人知的问题进行研究。……在我们经验到的熟悉的对象以及我们对与之相关的信仰和抱负的界定中存在着混乱、冲突、模糊和前后不一致。一旦有人试图从广义上对它们进行界定、澄清和规范，他便踏上了通往哲学的道路。他会开始批判，编制批判的标准，也就是涉及逻辑学的、伦理学

---

① ［美］约翰·杜威.创造与批判［M］//约翰·杜威.杜威教育经典文选.朱镜人，编译.济南：山东教育出版社，2024：325.
② ［美］约翰·杜威.创造与批判［M］//约翰·杜威.杜威教育经典文选.朱镜人，编译.济南：山东教育出版社，2024：326.

的、美学的和形而上学的标准。"①

但是，在杜威看来，在当下的生活中，形式哲学至少应当提供一种方法，用以探寻过去发生的事情的现代价值。更值得关注的是，存在着一种为具有普遍意义的批判的服务。我们所有人都受到号召而鼓起勇气，真诚地和勇敢地去面对通过各种方式获得的各种知识，去探寻其中有多少知识在今天的需要、机会和应用中是有效的和得到证实的。

### 3.教育与创造和批判的关系

杜威还论述了教育与创造和批判的关系，认为教育在创造和批判之间建立平衡方面的作用是如此重要。独创性的精神态度也是自发的个性品质。他强调指出："教育作为一种强大的力量，要么能够保留和提倡这种态度，要么能够缓慢且坚定地扼杀这种态度。教育是当代拓荒的重大机遇之一，同时也是深陷许多重大难题的一个领域。"②

然而，在杜威看来，尽管美国在普及教育方面所作的努力值得称赞，但预制的物件及其机械的传输使得当时的学校教育阻碍了创造和批判的发展，不同年龄的学生普遍缺乏从事独立的活跃的智力活动的时间。因为，教育的作用被假定为将现成的材料传输到学生的心智，知识的急剧增长扩大了从知识仓库和储存罐流向学生心智的知识储存的数量。在学校里，儿童上学求知就等同于吸收和复制他人已经发现的东西，所学习的课程基本上是将知识按照儿童的年龄打成大小适当的包裹，按照年、月、日连续地派送。于是，在一个系统化的大规模批量制造的链带制度下，学校成了知识的输送管道和运货马车。对于教师来说，他们的大部分工作就像商店销售员一样，不仅更多地注意商品包装外观整洁漂亮，而且还力图消除销售过程中的各种阻力。对于这样的学校教育，那

① ［美］约翰·杜威.创造与批判［M］//约翰·杜威.杜威教育经典文选.朱镜人，编译.济南：山东教育出版社，2024：327.
② ［美］约翰·杜威.创造与批判［M］//约翰·杜威.杜威教育经典文选.朱镜人，编译.济南：山东教育出版社，2024：318.

些具有心智个性的学生希望逃学和逃避卸载给他们的货物，他们虽然没有身体上的旷课，但可能存在精神上的旷课。因此，杜威这样指出："在相当程度上，尽管大体上看，我们进行的学校变革似乎是革命性的，尽管在其他方面我们会损失一些展示创造性和首创性的机会，但我们还依然保留了传统主义的许多东西。"①

最后，杜威就"创造与批判"主题再一次强调指出："每个人在其个性成长的过程中都具有某种独特性和创造性，这就是个性的意义。最需要做的事情是消除抑制和阻碍个性表达的各种障碍。当清除了令人难以忍受的和人为的负担后，每个人都将在某个领域发现属于他自己进行积极的创造性工作的机会。而且，无论创造的数量受到多少局限，重要的不是这种工作内容和领域，而是这种工作的质量和力度，以及大量的个人创造所形成的累积效果。……创造性活动是我们最大的需要，不过，批判和自我批判是通往创造性的道路。"②

### 三、《创造与批判》的学术影响

由于杜威所作的题为《创造与批判》的讲演是在哥伦比亚大学校园里进行的，加上该书只被印刷过一次，因此，《创造与批判》一书在教育学术上的影响无疑受到了一定的限制。若不是博伊兹顿（Jo Ann Boyston）博士领导的美国南伊利诺伊大学卡邦代尔分校杜威研究中心历经43年（1969年至2012年）编辑出版的《杜威全集》，人们也许还不知道杜威的《创造与批判》一书。

尤其重要的是，在《创造与批判》一书中，杜威首创性地提出了"创造是新的独特的发现""创造性活动是独立和具有首创性的思考""批判是对价

---

① ［美］约翰·杜威. 创造与批判［M］// 约翰·杜威. 杜威教育经典文选. 朱镜人，编译. 济南：山东教育出版社，2024：318.

② ［美］约翰·杜威. 创造与批判［M］// 约翰·杜威. 杜威教育经典文选. 朱镜人，编译. 济南：山东教育出版社，2024：328-329.

值的辨别判断""创造和批判两者是一对伙伴""批判和自我批判是通往创造性的道路"等观点，充分体现了该书在创造与批判理论上的学术价值和现代意义。

杜威的整个学术人生，充分表明他是一位具有创造与批判精神的哲学家和教育家。这里，仅以教育方面为例进行说明。应该说，早在芝加哥大学期间，杜威作为哲学、心理学和教育学系主任，1896年就创立了芝加哥大学初等学校，开始了一个具有创新性的教育实验，并直接以这个教育实验为基础撰写出版了《学校与社会》《儿童与课程》这样的教育经典著作，体现了他的创造与批判的精神。1905年到哥伦比亚大学任教之后，在那种独特的学术氛围的激励下，杜威的教育著作在教育理论上不断提出很多具有首创性的观点。例如，在《教育中的道德原理》中提出的"学校道德三位一体"，在《教育中的兴趣与努力》中提出的"有教育意义的努力"，在《明日之学校》中提出的"学校必须适应现今社会的需要和理想""自由是儿童智力和道德发展的一种积极因素"，在《民主主义与教育》中提出的"教育即生活""教育即生长""学校即社会""从做中学""教学五步"，在《教育哲学》中提出的"道德教育无往不在"，在《教育科学的资源》中提出的"教育科学的最终实现是在教育者的头脑里""教育科学要借鉴许多不同的学科"，等等。还值得注意的是，在形成这些具有首创性的教育观点的过程中，杜威还注意对教育史上不同时期的许多教育家的理论进行批判性分析。这里，仅以《民主主义与教育》为例，杜威就对"预备说""展开说""形式训练说""塑造说""复演与回顾说"这五种教育观念和理论进行了很好的批判性分析。所以，在某种意义上，杜威的教育学术人生就是创造与批判的人生。

还有一个现象很值得提及：早在1922年6月7日，在美国的《新共和》（New Republic）杂志第31期（第48页）上就刊载过一封名为《创造中的心灵》（Mind in the Making）的来信，信中提及了杜威的学术人生。后来，杜威的自传性提纲《从绝对主义到实验主义》（From Absolution to Experimentalism）

1930年首次发表在美国哲学家乔治·亚当斯（George Adams）和蒙塔古（William Montague）合编的《当代美国哲学》第2卷中。在该文中，杜威追溯了他自己始于就读佛蒙特大学时学习哲学的哲学思想发展过程。在杜威去世之前，他的这个自传性提纲又再次被发表在《星期六文学评论》第32期（1949年10月22日）上，原先的标题被改为了《创造中的哲学家：自传》（*Philosopher-In-The Making：Autobiography*）。"创造中的哲学家"这个美誉，对杜威来说确实是当之无愧的。

# 《我们如何思维》导读

那些懂得什么是比较好的思维方式、并且知道为什么这些思维方式比较好的人，只要他愿意的话，他就可以改变他个人的思维方式，从而使思维变得更有成效。

——约翰·杜威

《我们如何思维》（*How We Think*，1910）是美国著名教育家约翰·杜威的一本晚期教育代表作。本书的 1933 年修订版加入了《再论反思性思维与教育过程的关系》（*A Restatement of Relation of Reflective Thinking to the Educative Process*）这一副题。在杜威的所有教育著作中，这是一本专门论述思维及思维训练问题的经典著作。

## 一、《我们如何思维》的出版背景

1910 年，即到哥伦比亚大学哲学系和师范学院任教 6 年之后，杜威出版了《我们如何思维》一书。在这本书第一版的"序言"中，他明确指出："本书提出的信念是：需要找出稳定的和集中的因素，即我们称之为科学的思维态度和思维习惯，并将其付之实施。……如果本书所写的内容有助于提高对上述关系的认识，使人们在教育实践中郑重地了解这种认识的作用，那么本书就会增进个人的幸福，减少社会的浪费。果能如此，本书就将充分地实现了它的目的。"针对有人认为科学的思维态度与儿童和青年的学习完全无关的观点，杜威还强调指出："科学的思维态度与儿童和青年的学习并非不相关联，儿童天赋具有的、未曾受到损坏的态度，具有热烈的好奇心、丰富的想象力、喜好实验性的探索等特点，这些特点同科学的思维态度是十分相近的。"① 通过《我们如何思维》这本书，杜威也是要给上基础逻辑课的学生们提供可行的思维方法，这在某种意义上革新了美国的教学理论。

实际上，杜威的《我们如何思维》一书与他创办的芝加哥大学初等学校有着密切的联系。因此，就该书的撰写而言，杜威曾这样写道："我要着重提及我的夫人的帮助，本书中的一些观念是在她的鼓励下形成的，这也是同她于1896至1903年间在芝加哥大学实验学校的工作联结在一起，在实践中经过检验和具体化，使这些观念牢固地建立了起来。"此外，他还提及："有些与我合作的教师和视导员，在经营管理学校中，贡献了他们的智慧和同情；特别应当提到的是埃拉·弗拉格·扬（Ella Flagg Young），那时她是我在大学的同事，现在她是芝加哥地方教育官员。"②

此外，《我们如何思维》一书也与杜威很多年来（先在芝加哥大学，后在哥伦比亚大学）对思辨及逻辑探究问题的专门研究，以及反复批判他那个时代的哲学思辨有关。这本书是对他1904年至1912年在哥伦比亚大学师范学院所教的课程"应用于问题的逻辑"的一种扩展。因此，《我们如何思维》一书后来被认为是与杜威在哥伦比亚大学师范学院的教学工作相关的。美国纽约市立大学哲学教授塞耶（H. S. Thayer）和纽约伦理文化学院院长塞耶（V. T. Thayer）在《杜威全集》中期著作第6卷的"导言"中强调指出，"在一个重要的方面，他（杜威）将实用主义的思想和行动分析带入了詹姆斯与皮尔士基本上未接触过的主题，即教育理论。因此，《我们如何思维》是更早阶段种种专门研究的一个累积性和全面性的陈述。作为其中之一的《逻辑思维的一些阶段》（1900年），发展了这样一个本质的观念，它将探究看作导致知识的可

① ［美］约翰·杜威. 我们怎样思维·第一版序言［M］// 约翰·杜威. 我们怎样思维·经验与教育. 姜文闵，译. 北京：人民教育出版社，1991.

② ［美］约翰·杜威. 我们怎样思维·第一版序言［M］// 约翰·杜威. 我们怎样思维·经验与教育. 姜文闵，译. 北京：人民教育出版社，1991.

疑条件的功能。但是，相对于《我们如何思维》以及后期著作中所作的区分而言，它里面对这一过程的'阶段'和时期的勾勒是粗糙的、不清晰的。……《我们如何思维》也标志着一个时期的开端，这个时期对思维和行为的本性进行了更专门的哲学分析，这个时期的成果是《论实验逻辑》（1916年），并在《逻辑：探究的理论》（1938年）一书中达到顶峰"[①]。实际上，1938年出版的《逻辑：探究的理论》（*Logic：The Theory of Inquiry*）是杜威以他的非常著名的研究生课程"逻辑理论类型"作为直接的资源，而这门课程是他1914年至1918年和1924年至1928年在哥伦比亚大学师范学院所任教的课程。

杜威在对逻辑探究理论的思考和批判过程中，一直想修订他于1910年出版的《我们如何思维》。因此，这项修订工作就成为了他在20世纪30年代初期的最大工作。他原来打算在1932年年初开始这项工作，但直到那年夏天才终于有时间进行修订工作。杜威在1932年8月22日给他的同事和学生胡克的信中，曾描述了他的这个修订工作的进展："我在这里[②]度过了平静的五周，并且在修订《我们如何思维》上做了大量的工作。事实上，我差不多快将它完成了……我对逻辑的渴望，足够使我饶有兴致地完成这项工作——这是第二部分。逻辑这块，它激起我对更多部分的修订。我希望在把它送给出版商之前，能给你展示一下那个部分。当然，这些改变并不是革命性的，但是我希望，我已经使它清晰起来并简化了它。"[③]

杜威之所以写作（后又修订）《我们如何思维》一书，正是因为他确信教师可以训练学生更好地思维。在《我们如何思维》1933年修订版第一部分第1章的一开始，他就在《什么是思维》的标题下明确指出："那些懂得什么

① ［美］约翰·杜威.杜威全集·中期著作第6卷［M］.王路，江怡，译.上海：华东师范大学出版社，2012："导言"2-3.

② 加拿大新斯科舍省的哈伯兹，杜威每年都与他的家人在那里避暑。

③ ［美］约翰·杜威.杜威全集·晚期著作第8卷［M］.马明辉，等译.上海：华东师范大学出版社，2015：300.

是较好的思维方式，并且知道为什么这些思维方式比较好的人，只要他愿意的话，他就可以改变他个人的思维方式，从而使思维变得更有成效；……在这本书中所论及的思维的较好方式叫做反思性思维（reflective thinking），这种思维乃是对某个问题进行反复的、严肃的、持续不断的深思。"[1]

在《我们如何思维》第一版出版23年之后，杜威又于1933年出版了该书的修订版，即《我们如何思维——再论反思性思维与教育过程的关系》。这里，我们不妨列出1910年第一版和1933年修订版的章节标题，以便从中看出这两个版本的区别。

**《我们如何思维》1910年第一版的章节标题：**

第一部分　思维训练的问题

序言

一、什么是思维

1."思维"一词的各种不同的意义　2.思维活动的核心因素　3.反思性思维活动的要素　4.总结

二、思维训练的必要性

1.思维的价值　2.认识这些价值和方向的重要性　3.需要不断调整的倾向　4.调整把推论转化为证实

三、思维训练中的自然资源

1.好奇心　2.联想　3.秩序及其本质

四、学校条件与思维训练

1.导言：方法与条件　2.他人习惯的影响　3.学科性质的影响　4.当前流行的目的和观念的影响

五、心智训练的手段和目的：心理方面和逻辑方面

---

① ［美］约翰·杜威.我们怎样思维［M］//约翰·杜威.我们怎样思维·经验与教育.姜文闵，译.北京：人民教育出版社，1991：1.

1.导论：逻辑的意义　2.训练与自由

第二部分　逻辑的探讨

六、完整思维行为的分析

七、系统的推理：归纳和演绎

1.反思的双重运作　2.归纳运作的指导　3.条件的实验变化　4.演绎运作的指导　5.这种探讨与教育的关系

八、判断：对事实的解释

1.判断的三种因素　2.观念的起源和实质　3.分析与综合

九、意义：或看法和理解

1.意义在精神生活中的地位　2.获得意义的过程　3.看法与意义　4.看法不是什么　5.定义和意义的组织

十、具体思维与抽象思维

十一、经验思维与科学思维

1.经验思维　2.科学方法

第三部分　思维的训练

十二、活动与思维训练

1.早期活动阶段　2.游戏、工作和两者结合的活动形式　3.建造性作业

十三、语言与思维训练

1.作为思维工具的语言　2.教育中语言方法的滥用　3.语言的使用与教育的关系

十四、心灵训练中的观察和信息

1.观察的性质和价值　2.学校中的观察方法和材料　3.信息的交流

十五、复述与思维训练

1.教学的形式步骤　2.复述的因素

十六、一般性结论

1.无意识的和有意识的　2.过程和结果　3.远和近

《我们如何思维——再论反思性思维与教育过程的关系》1933年修订版的章节标题：

第一部分 思维训练的问题

修订版序言

第一版序言

一、什么是思维

1. 思维的不同意义 2. 思维的核心因素 3. 反思性思维的各种形态 4. 本章要点

二、为什么必须以反思性思维作为教育的目的

1. 思维的价值 2. 需要不断调整的倾向

三、思维训练中的天赋资源

1. 好奇心 2. 暗示 3. 秩序 4. 教育上的若干结论

四、学校情境与思维训练

1. 导言：方法与情境 2. 他人习惯的影响 3. 学科性质的影响 4. 当前流行的目的和观念的影响

第二部分 逻辑的探讨

五、反思性思维的过程和结果：心理过程和逻辑形式

1. 形式的逻辑和实际的逻辑 2. 教育与形式的关系 3. 训练与自由

六、推理和检验的实例

1. 反思性活动的例证 2. 对未知事物的推理 3. 思维活动从疑难的情境到确定的情境

七、反思性思维的分析

1. 事物和观念 2. 反思性活动的基本功能

八、判断在反思性活动中的地位

1. 判断的三个要素 2. 判断的两个功能：分析和综合

九、理解：观念与意义

从《我们如何思维》1910 年第一版的章节标题和《我们如何思维》1933 年修订版的章节标题两者的比较中，不难看出，这两个版本有着以下的区别：

一是从整书的大框架来看，除 1933 年修订版加了副题《再论反思性思维与教育过程的关系》外，这两个版本都分为："第一部分 思维训练的问题""第二部分 逻辑的探讨""第三部分 思维的训练"三个部分。

二是从整书的章节标题来看，由于章节的多少以及章节的调整，因此，1933 年修订版和 1910 年第一版两者在章节标题上存在着一些差异。

三是从整书的内容来看，最突出的是，1933 年修订版对 1910 年第一版进行了很多必要的修改补充，有些部分甚至是重新改写的。其具体表现在章节和篇幅上，1910 年第一版有 16 章，共 224 页；而 1933 年修订版有 19 章，共 311 页。

四是从具体章节的内容来看，1933 年修订版各章在内容上的修改补充情况不一。据美国弗吉尼亚大学教授理查德·罗蒂（Richard Rorty）的《1933 年版〈我们如何思维〉变更清单》[①]，对应 1910 年第一版，在 1933 年修订版中，除第 1、8、15、16、17 章在篇幅上大致相同外，第 2 章在篇幅上增加了三分之一，第 3 章在篇幅上增加了四分之一，第 4 章在篇幅上增加了五分之二，第 5 章在篇幅上增加三分之二，第 6 章在篇幅上增加了一倍，第 7 章在篇幅上增加了 2.5 倍，第 9 章在篇幅上增加了三分之一，第 10 章在篇幅上增加了三分之二，第 11 章在篇幅上稍少一些，第 12 章在篇幅上增加了二分之一，第 13 章在篇幅上稍多一些，第 14 章在篇幅上增加了六分之一，第 18 章在篇幅上增加了二分之一，第 19 章在篇幅上稍多一些。其中，一半内容进行大幅度修改或重写的节有 8 节，大部分内容进行大幅度修改或重写的节有 3 节，所有内容进行大幅度修改或重写的节有 7 节。

下一节，以 1933 年修订版为本，介绍本书的主要内容。

---

① ［美］约翰·杜威. 杜威全集·晚期著作第 8 卷［M］. 马明辉，等译. 上海：华东师范大学出版社，2015：309-325.

## 二、《我们如何思维》的主要内容

《我们如何思维——再论反思性思维与教育过程的关系》（1933 年修订版）一书除"新版序言"（1933）和"第一版序言"（1910）外，全书共 19 章，分为三个部分。第一部分：思维训练的问题（第 1—4 章）；第二部分：逻辑的探讨（第 5—13 章）；第三部分：思维的训练（第 14—19 章）。

在"新版序言"中，杜威明确指出，1933 年出版的《我们如何思维》一书的新版本是重新写过的，这可以从新版本的副题《再论反思性思维与教育过程的关系》看出。其主要体现在三个方面：（1）在删去第一版的某些材料的同时，新版增加的材料使修订版在内容上比第一版增加了将近四分之一。（2）新版本的修订意图是增强论述的精确性和明晰性，凡是教师们过分难于理解的概念都进行了重新改写，特别是第二部分（即理论部分）修改得最多、最彻底。关于反思性思维的全部的逻辑分析是重新改写的，也是极为简要的。在增加了更多的例证资料的同时，新版本对各章的位置也进行了一些调整。但是，第一版中具有显著特点的一些基本观念不仅被保存了下来，而且也被进一步充实和发展。（3）新版本中关于教学部分的变化是明显的，其中第 18 章《讲课和思维训练》实际上是全部新写的。它反映了学校中所发生的巨大变化，尤其反映了自该书第一版 1910 年出版以来教学方式上的变化。最后，杜威对把自己应用该书第一版的经验慷慨地提供给他的教师们表示了感谢。

### （一）思维训练的问题

在这一部分（第 1 章《什么是思维》、第 2 章《为什么必须以反思性思维作为教育的目的》、第 3 章《思维训练中的天赋资源》、第 4 章《学校情境与思维的训练》），杜威主要论述了"什么是思维""反思性思维及其它的特征、核心因素和形态""把反思性思维作为教育的目的""天赋资源、学校情境与思维训练"四个方面。

### 1. 什么是思维

对于"思维"这个问题，杜威明确指出："简要地说，思维起源于某种疑惑、迷乱或怀疑。思维不同于自发的燃烧；思维的发生也不是依据'普遍的原则'。思维由某种事物作为诱因而发生。若要依据儿童（或成人）对于思维的一般兴趣，而又不顾及到他们是否有引起他们困惑和打乱他们的心理平衡的某些困难问题的切身经验，是徒劳无益的，这样做，正如同劝说人们抓住自己的鞋祥把自己的身体提起来一样。"①

在杜威看来，经验对于儿童（或成人）的思维来说是十分重要的。如果没有某些类似的经验，那疑难终究还是疑难，而不可能引起思维。即使儿童（或成人）有了疑难问题，但如果他事先不拥有能提供解决疑难问题的资料以及不具备某些类似情境的经验，而要想促使他去思维，那也是全然徒劳的。

就"思维"的含义而言，杜威认为，其第一种含义是，它是遍布于我们头脑中的不能控制的观念的过程；其第二种含义是，它所涉及的事物不是能感觉到的或能直接感知的，即它并没有看到、听到、闻到和品尝到那些事物；其第三种含义是，它实际上等同于信念。

### 2. 反思性思维及其它的特征、核心因素和形态

杜威认为，尽管任何人都不能正确地向别人说明应当如何思维，但思维有着不同的方式，其中有些思维方式是比较好的、更有效的。因此，他指出："那些懂得什么是较好的思维方式，并且知道为什么这些思维方式比较好的人，只要他愿意的话，他就可以改变他个人的思维方式，从而使思维变得更有成效。"②

---

① ［美］约翰·杜威.我们怎样思维［M］//约翰·杜威.我们怎样思维·经验与教育.姜文闵，译.北京：人民教育出版社，1991：11.

② ［美］约翰·杜威.我们怎样思维［M］//约翰·杜威.我们怎样思维·经验与教育.姜文闵，译.北京：人民教育出版社，1991：1.

（1）反思性思维是最好的思维方式

杜威认为，最好的思维方式是"反思性思维"（reflective thinking）。他强调指出："这种思维乃是对某个问题进行反复的、严肃的、持续不断的深思。"① 他又指出："对于任何信念或假设性的知识，按照其所依据的基础和进一步导出的结论，去进行主动的、持续的和周密的思考，就形成了反思性思维。"② 他还指出："反省思维包括（1）引起思维的怀疑、踌躇、困惑和心智上的困难等状态，和（2）寻找、搜索和探究的活动，求得解决疑难、处理困惑的实际方法。"③

在杜威看来，反思性思维与拙劣的思维是绝不相同的。即使有人有了疑难的问题，也有了先前的经验，但他的思维未必就是反思性的。因此，只有当这个人心甘情愿地忍受疑难问题的困惑，并不辞辛劳地进行探究，他才可能具备反思性思维。因此，"我们要想富有真正的思想，就必须愿意坚持和延续疑惑的状态，以便促进彻底的探究。这样，如果没有足以下判断的理由，那就不轻易地接受任何信念或作出断然的结论"④。

（2）反思性思维的特征

杜威认为，反思性思维具有以下三个特征：

第一个特征是，反思性思维是连续性的。尽管反思性思维也是由一系列被思考的事情组成的，但它是有规则的连续，不仅包含连续的观念，而且包含连续的次序。"反思性思维的各个连续的部分相因而生，相辅而成；它们之间

---

① ［美］约翰·杜威.我们怎样思维［M］// 约翰·杜威.我们怎样思维·经验与教育.姜文闵，译.北京：人民教育出版社，1991：1.

② ［美］约翰·杜威.我们怎样思维［M］// 约翰·杜威.我们怎样思维·经验与教育.姜文闵，译.北京：人民教育出版社，1991：6.

③ ［美］约翰·杜威.我们怎样思维［M］// 约翰·杜威.我们怎样思维·经验与教育.姜文闵，译.北京：人民教育出版社，1991：9.

④ ［美］约翰·杜威.我们怎样思维［M］// 约翰·杜威.我们怎样思维·经验与教育.姜文闵，译.北京：人民教育出版社，1991：12.

往来有序而非混杂共存。……事件的连续流动构成思想的一系列链条。任何反思性思维都有一些确定的成分，它们连接在一起，向着一个共同的目标持续不断地运动。"①

第二个特征是，反思性思维旨在求得结论。对于反思性思维来说，它必须得出一种在想象之外能够得到证实的结论。也就是说，通过专心的思考，可以把一团乱麻似的思绪弄得条理有序，也可以把含混不明的思绪弄得一清二楚。因此，反思性思维有一个要求达到的目的，而这个目的就控制着相继出现的各种观念。

第三个特征是，反思性思维激励人们去探索。意大利航海家哥伦布在环球航行中能够发现新大陆并提出他的新思想正表明，反思性思维不仅要求人们富有怀疑和探索的精神，而且还要求人们具有探究的勇气和精力。在不断的探寻和连续的思考中，敢于怀疑习惯上认为是最确定无疑的事情，敢于相信人们认为似乎不可能发生的事情的发生。

（3）反思性思维的核心因素

杜威认为，反思性思维具有以下三个核心因素：

第一个核心因素是，反思性思维需要对于某些观察不到的事物的暗示，而且这种暗示具有真正的可能性。因为被观察到的某些方面成了暗示的事物的信念的根据或基础，因而它便具有证据的性质。

第二个核心因素是，反思性思维通过指示或预示另一种事物的功能的引导，去思考一种事物在多大程度上可以被看作是另一种事物的根据。也就是说，探寻任何提示或预示的可能性及其价值，并检验什么条件能保证先有资料真正地引出预想的观念获得合理的根据。

第三个核心因素是，反思性思维把信念建立在证据的基础上。对于反思

---

① ［美］约翰·杜威.我们怎样思维［M］//约翰·杜威.我们怎样思维·经验与教育.姜文闵，译.北京：人民教育出版社，1991：2-3.

性思维来说，某个事物的可信或不可信是通过能够作为证明、证据、证物、证件、依据等其他事物来体现的，即通过信念的根据来体现的。依据这一"探究"的作用，可以将反思性思维定义为："现有的事物暗示了别的事物（或真理），从而引导出信念，此信念以事物本身之间的关系为依据，即以暗示的事物和被暗示的事物之间的关系为依据。……这是一种客观的真实的联结，是实际事物的联结，这种联结使一种事物引出某种其他事物的信念具有根据、理由和证据。"①

（4）反思性思维的形态

杜威认为，反思性思维表现出以下两个形态：

一是，可以称之为模棱两可的交叉路口的形态。反思性思维需要在不确定性中进行探究，也就是在进退两难中任选其中之一。当人们遇到困难或障碍时，便需要暂时停顿一下，在暂停和不确定的形态中，试图寻找和审视补充的事实，以便寻找某些证据，从而判断这些事实之间的关系。对于反思性思维来说，其目的就是发现适合于目标的各种事实。

二是，可以称之为需要解决的疑难问题或需要克服的困难的形态。当人们需要解决一个疑难问题或克服一种困难时，便要确立一个目标，并使观念沿着一定的渠道流动，每一个暗示的结论都要由所依据的目标来检验，由与他的疑难问题或困难是否相关来检验。因此，"在整个反省思维的过程中，居于持续的和主导地位的因素是解决疑惑的需要。……问题的性质决定思维的目的，而思维的目的则控制思维的过程"②。

**3. 把反思性思维作为教育的目的**

杜威仔细讨论了思维训练的一个重要问题，即为什么必须把反思性思维

---

① [美]约翰·杜威.我们怎样思维[M]//约翰·杜威.我们怎样思维·经验与教育.姜文闵，译.北京：人民教育出版社，1991：8-9.

② [美]约翰·杜威.我们怎样思维[M]//约翰·杜威.我们怎样思维·经验与教育.姜文闵，译.北京：人民教育出版社，1991：11.

作为教育的目的。他首先论述了"思维的价值"，其次论述了"思维需要控制的倾向"，最后论述了"个人态度与思维训练的关系"。

第一，思维的价值。

杜威认为，思维的能力是非常重要的，其被看作是把人和低等动物区别开来的机能。特别应该强调反思性思维的价值。具体来说，思维具有以下的价值：

一是，思维使合理的行动具有自觉的目的。思维把人们从单纯情欲的、盲目的、冲动的和一成不变的行动中解脱出来，从而变为智慧的行动。因此，"从正面来说，思维能够指导我们的行动，使之具有预见，并按照目的去计划行动；或者说，我们行动之前便明确了行动的目的。它能够使我们的行动具有深思熟虑和自觉的方式，以便达到未来的目的；或者说，指挥我们去行动，以便达到现在看来还是遥远的目的"①。

二是，思维可能作出有系统的准备和发明。通过文明人与野蛮人、野兽之间的比较，表明文明人对思维的运用可以预先想到结果，以及为达到某种结果或避免某种结果而采取的种种方式。

三是，思维使事物的意义更加充实。思维向有形的事物和物体赋予不同的状态和价值。对于知道文字和语言符号是其他事物符号的人来说，这些文字和语言符号代表着某些观念或事物，并具有特定的意义或更多的意义。

总之，就思维的三种价值而言，它们形成了真正的人类的理性的生活方式与受感觉和欲望支配的其他动物的生活方式之间的区别。其中，前两种价值是使控制能力有所增加，最后一种价值是使事物的意义更加充实。这里，杜威列举了英国逻辑学家和经济学家穆勒所说的一句话，"推论被人们视为生活中的伟大事务"，以及英国哲学家和教育家洛克所说的一句话，"要引导理智正确地研究知识和作出判断"。

---

① ［美］约翰·杜威.我们怎样思维［M］//约翰·杜威.我们怎样思维·经验与教育.姜文闵，译.北京：人民教育出版社，1991：13.

但是，思维的价值本身不能自动地成为现实，而需要思维的系统训练。一是，"训练思维能力的巨大价值就在于：原先经过思维充分检验而获得的意义，有可能毫无限制地应用于生活中的种种对象和事件，因此，在人类生活中，意义的不断增加也是没有限制的"。二是，"思维需要细心而周到的教育的指导，才能充分地实现其机能。不仅如此，思维还可能沿着错误的途径，导引出虚假的和有害的信念。思维的系统训练之所以必要，不仅在于担心思维有缺乏发展的危险，而且更重要的是担心思维的错误的发展"①。在杜威看来，这就是需要思维训练的两个理由。

第二，思维需要控制的倾向。

杜威认为，思维需要控制以下一些倾向：

一是，正确思维的自然的和社会的认可。如果生活的需要迫使人们坚持一种持久不变但毫无效用的思维方法，那只要对生命的安全和幸福没有直接的可觉察的影响，在接受错误的信念时就没有自然的限制。而且，一种并没有得到自然和社会认可的错误理论一旦得到普遍的认可，人们宁愿用另外的错误事实来支持它，而不愿意放弃它，并沿着新的方向去探索。例如，在接受信念时的先入为主、人云亦云等。但是，对于自然现象和社会现象，人们必须正确地理解，并进行正确地推论。

二是，迷信如同科学一样自然。如果任由迷信来控制，那么梦境、星座位置、手掌纹线都可以被认为是有价值的标志，因而就会忽视具有决定意义的自然的事件。但是，只有通过对情境的有系统的控制，并采用导致结论的严格方法，才能判断哪种信念是正确完善的或是有缺陷的。科学之所以代替迷信，正是由于对观察和推论的情境加以控制的结果。当然，克服迷信需要在严密的科学中经过长期的训练。

---

① ［美］约翰·杜威.我们怎样思维［M］// 约翰·杜威.我们怎样思维·经验与教育.姜文闵，译.北京：人民教育出版社，1991：16-17.

值得注意的是，杜威还认为，在思维需要控制的倾向上，了解一些颇有影响的思想家的理论是有益的，或是更有启发性的。例如，英国哲学家培根在他的《新工具》一书中提出的"假相说"（种族假相、洞穴假相、市场假相、剧场假相）对错误信念的主要来源进行了分类。又如，英国哲学家和教育家洛克在他的《理解能力指导散论》一书中列举了不同类别的人的不同的错误思维方式。

第三，个人态度与思维训练的关系。

杜威认为，在思维训练中，态度是重要的。因为只有在人的个人品质中具有某种占有优势的态度，亲身受到激发，才能认识到知识和练习的价值。所以，"训练思维的能力便不能仅仅凭靠思维的最好形式的知识。拥有这种知识并不能担保有良好的思维能力，而且，没有可供反复进行的一系列正确思维的练习能够把人造就成良好的思想家"①。

为了促使态度与熟练方法结合，杜威分别提及了需要培养的三种态度：

一是虚心。"虚心"意味着，免除偏见等封闭观念以及不愿考虑新问题和接纳新观念的习惯，培养灵敏的好奇精神和自动追求的意识。虚心的态度使人倾听多方面的意见而不偏听一面之词，使人注意来自各种渠道的事实以及各种可供选择的可能性，使人承认甚至在自己最喜爱的观念中也可能存在错误。与此相反，自满的态度使人对任何不同的事物都视而不见和听而不闻，不仅排斥新的观念，而且阻碍新的观察。

二是专心。"专心"意味着，对于事物和事情会全身心投入。应该说，专心的态度对于实际的和道德的事务以及理智的发展是重要的。但是，如果一个学生用自己的耳朵和眼睛表示他对学习的注意，而他的脑子却被当时对他更有吸引力的那些事物和事情占据着，那他就不是一直向前和一心一意的。这种兴

---

① ［美］约翰·杜威.我们怎样思维［M］//约翰·杜威.我们怎样思维·经验与教育.姜文闵，译.北京：人民教育出版社，1991：23.

趣歧异正是有效思维的大敌。因此，当一个人被课业所吸引时，这门课业就会引导他前进。

三是责任心。"责任心"意味着，考虑到按预想的步骤行事后所招致的后果，并愿意承受这些合乎情理的、随之而来的成果。因此，责任心通常被认为是一种道德的特质，而不是一种理智的源泉。对于充分支持获取新观点和新观念的愿望，以及充分支持关注对课业的热情的才干，责任心的态度是必需的。但是，如果课业不能激发学生主动的好奇心并超越他们的理解力，或者，如果课业使得学生没有时间和机会去衡量所学内容的意义，那实际上就会影响他们的责任心。

总之，以上三种态度对形成反思性思维习惯来说是重要的，因为它们是思维意愿的主要组成部分。虽然并非只有这三种态度才是重要的，还可以提出其他的属于个性特质的态度。实际上，我们所需要的是，把个人态度、逻辑原理和逻辑方法三者结合起来形成一个整体。

**4. 天赋资源、学校情境与思维训练**

这里，杜威论述了"天赋资源与思维训练""学校情境与思维训练"两个方面。

（1）天赋资源与思维训练

杜威认为，每个智力正常的人都有天赋资源（一些倾向和力量），凭靠和利用这些倾向和力量可以形成良好的思维习惯。对于教师来说，必须了解这些天赋资源的性质，即了解凭靠这些天赋资源，思维习惯才能得到发展的幼芽的性质。因为，"没有幼芽，没有促使其本身发展的潜在的可能性，任何东西也不能获得生长发展"；同时，不了解这些天赋资源的性质，"我们的训练思维的工作就要在黑暗中瞎碰，浪费时间和精力"①。

---

① ［美］约翰·杜威. 我们怎样思维［M］//约翰·杜威. 我们怎样思维·经验与教育. 姜文闵，译. 北京：人民教育出版社，1991：29.

在杜威看来，影响思维训练的天赋资源是：

第一，好奇心。

何谓"好奇心"？杜威明确指出："种种向四处伸展的倾向，要做出新的接触，寻求新的事物，力图改变旧的事物，象沉醉于过去的经验一样，为了取得新的经验而沉醉于现时的经验，并且不断主动扩大经验的范围。这些各种不同的倾向，概括起来便是好奇心。"[①] 也就是说，对儿童来说，整个世界是全新的。在每次新的接触中，都有使健全的人激动的某些事物，并使他热衷于探究这些事物，人的感觉器官和运动器官总是要求有主动活动的机会并把自己的活动施加于某些事物。在杜威看来，"这些外部倾向的总和就构成了好奇心。它是扩展经验的基本要素，因而它是形成反思性思维的胚芽中的最初的成分"[②]。

杜威认为，好奇心有三个等级或三个水平。在第一个等级或水平，好奇心的最初表现是同思维无关的。这时，好奇心是一种生命力的过剩，一种有机体能力丰盛的表现。对儿童来说，他这时所进行的活动很难说是理智的活动。在第二个等级或水平，好奇心在社会刺激的影响下发展到较高的等级或水平。这时，儿童进入了一个新的时期，因而会不断地提出"那是什么？""为什么？"此类的问题。他隐隐约约地感觉到，在他直接感受到的事实背后还有更多的东西，这种感觉就是理智的求知欲的萌芽。在第三个等级或水平，好奇心超越了有机体的和社会的水平而升华为理智的行为。这时，儿童的好奇心转变为他要亲自寻求在与人和事物接触中产生的各种问题的答案的兴趣。这种好奇心表现为随问随答，并逐步实现理智的发展。

值得注意的是，杜威强调指出，如果不引导好奇心进入理智的水平，那么好奇心就会退化或消失。因此，对于教师来说，他必须搞清楚好奇心是什

① ［美］约翰·杜威.我们怎样思维［M］//约翰·杜威.我们怎样思维·经验与教育.姜文闵，译.北京：人民教育出版社，1991：30.

② ［美］约翰·杜威.我们怎样思维［M］//约翰·杜威.我们怎样思维·经验与教育.姜文闵，译.北京：人民教育出版社，1991：31.

么，并激发甚至增加儿童的好奇心，而不是盲目培养他们的好奇心。"教师必须防止儿童的没有积累作用的一连串的单纯刺激，以免使儿童或者成为感觉和感觉论的爱好者，或者因享乐过度而感到厌倦和丧失兴趣。……当儿童的好奇心已形成了求知的欲望时，教师必须知道如何传授知识；当儿童由于缺乏寻问的态度，把学习看作是负担，探索精神大为减弱时，教师必须知道如何停止传授预定的知识。"①

第二，暗示。

何谓"暗示"？杜威明确指出："观念，就其原始和自发的意义来讲，就是暗示。在经验中，没有绝对简单的、单一的和孤立的东西。……现时经验中的一部分恰与先前经验中的一部分相似，那么它就会引起或暗示先前全部经验中某些相关的事物或性质；而被暗示的某些相关的事物又可能依次地引起和它们有关的另外某些事物；不仅可能这样，而且必定这样，除非某些事物的感知又引起了另外的暗示的线索。"②

杜威认为，暗示有各种维度。维度因人而异，但主要有三个维度。第一个维度是难易度。其划分的主要基础是依据从事物和偶然事件所得暗示的容易或困难。因为不同的人在难易度上会有不同的表现，所以，有的人必须有很强的刺激或很大的震动才会产生暗示，有的人会迅速地和机灵地作出反应并对未来的结果作出暗示。第二个维度是广狭度，指所产生的暗示在数量和范围上是不尽相同的。暗示范围过于狭小表明了心理习惯的干枯和贫乏，暗示过多也不能保证最好的思维习惯的训练和发展。因此，在暗示的过多和过少之间保持平衡，乃是最好的思维习惯。第三个维度是深浅度，指心理反应的内部性质。不同的人的心理反应是不一样的，例如，有的人深谋远虑，有的人思想浅薄；有

① ［美］约翰·杜威.我们怎样思维［M］//约翰·杜威.我们怎样思维·经验与教育.姜文闵，译.北京：人民教育出版社，1991：33.
② ［美］约翰·杜威.我们怎样思维［M］//约翰·杜威.我们怎样思维·经验与教育.姜文闵，译.北京：人民教育出版社，1991：34-35.

的人探本求源，有的人浮光掠影。但是，有时心理反应的迟缓与思考的深入是紧密相联的。

值得注意的是，杜威强调指出，思维是特定的，不仅不同事物暗示它们本身特定意义以体现其本身独有的情况，而且不同人的暗示又采取不同的方式；此外，任何学科都可以是理智的，具有引起和指导有意义的探索和反思的作用。

第三，秩序。

何谓"秩序"？杜威明确指出："反省思维包含暗示的连续、组合或秩序。……没有所谓的'观念的连续'或暗示的连续，便没有思维。可是，这种连续本身还不能构成反省思维，只有控制连续发生的观念，成为有秩序的连续，用理智的力量，从先前存在的观念中引导出一个结论来，这才是我们所要有的反省思维。"①

杜威认为，对思维的发展来说，有连续秩序的观念是具有重要意义的。如果没有连续秩序的观念，那不过是突然闯进头脑中的东西。因此，有连续秩序的思维能够使每一个暗示同主要的论题和要达到的主要结果联系起来。而且，对于大多数人来说，思维的秩序总是间接地跟随行动的秩序，同时通过有秩序的行动获得一些有秩序的思维。

杜威还认为，适宜的环境会对反思性思维起着促进作用。但是，在关于活动的组织特性上，儿童和成人之间有着很大的不同。具体来讲，一是成人更为迫切需要其活动的客观结果，二是成人活动的结果更加专门化。这种不同使得儿童思维的发展存在着特殊的困难。由此，儿童需要加强教育训练，要有更多的有教育价值的、有秩序的和持续的活动的机会。

在分别论述了好奇心、暗示和秩序这三种天赋资源之后，杜威还对这三

---

① ［美］约翰·杜威.我们怎样思维［M］//约翰·杜威.我们怎样思维·经验与教育.姜文闵，译.北京：人民教育出版社，1991：39.

种天赋资源与思维训练的关系进行了如下重要的概括："如果说好奇心同获得思维的材料有关联，暗示同思维的灵活性和思维能力有关联，那么同样地，行动的秩序本身虽然最初不是理智的，但它同形成连续性的理智能力是有关联的。"① 总之，如果人们只是把新奇本身当作目的，把变化性同良好思维的连续性对立起来，把秩序设想为外部的整齐划一，不允许把一个活动引导到另一个活动中，那就不能使儿童良好的反思性思维习惯得到发展。

（2）学校情境与思维训练

杜威认为，思维训练，即发展好奇心、暗示以及探究和检验的习惯，能够增强暗示的合理性，并能够控制暗示的发展和逐渐增强的秩序，还能够对所观察和暗示的每种事实提供更为敏锐的感受能力和证明能力。因为思维训练是间接的，所以，形成反思性思维的方法问题，就在于建立必须引起和指导好奇心的各种情境，以及建立经验中的各种事物的联结。

对于思维训练有效性的问题，杜威强调指出："只有控制引起思维和指导思维的种种条件，思维训练才能获得成效。……一位明智的教师既要研究个别人的心理作用，又要研究学校情境对个别人心理作用的影响，从而能够主要地依据他本人选择的更狭窄的、更为技术性的教学方法——在诸如阅读、地理或代数等特殊学科中更能取得成果的最好的方法。"② 其中，既要重视特殊的情境，即影响课业的情境；也要重视普通的情境，即影响态度、习惯和兴趣的情境。

这里，杜威主要讨论了对有效思维发展具有影响的更为普通的学校情境。在他看来，在更为普通的学校情境中，对思维训练的影响主要表现在三个方面：

---

① ［美］约翰·杜威.我们怎样思维［M］//约翰·杜威.我们怎样思维·经验与教育.姜文闵,译.北京：人民教育出版社,1991：43.

② ［美］约翰·杜威.我们怎样思维［M］//约翰·杜威.我们怎样思维·经验与教育.姜文闵,译.北京：人民教育出版社,1991：47-48.

第一，他人习惯的影响。

杜威认为，他人的心理习惯对受教育者的态度具有重要的影响。其中，教师是使思维作用作出反应的促进因素：首先，教师所做的每种事情以及采取的方法都会影响儿童的态度；其次，教师的人格对儿童的影响和课业的影响是完全融合在一起的；还有，教师会影响儿童的道德、特性、语言和交际习惯等。

在对他人习惯的影响上，杜威提出了教师需要特别注意的三点：一是以己度人。就是说，把自己的心理作用当作判断别人心理过程的标准。同教师的态度一致的学生会受到鼓励，而不一致的学生就会受到轻视或误解。二是过分地依靠个人的影响。就是说，以个人的影响代替了教材的影响，因而学生与教师的关系便代替了学生与教材的关系，教师的个性就变成了学生个人的依赖性和软弱性的起因。三是只想让教师满意而不钻研教材的问题。就是说，学生主要关心的是使自己去适应教师的期望，而不是尽力去掌握教材中的问题。

第二，学科性质的影响。

杜威认为，在获得实践技能的特殊学科（如阅读、书写、计算和音乐）、主要获得知识的知识性学科（如地理、历史）和更注重抽象思维的训练性学科（如数学、形式语法）这三类学科中，每一类学科都存在着特殊的弊病。

在学科性质的影响上，杜威提出了教师应该注意的三点：一是训练性学科可能脱离实际。其存在着有理智活动同日常生活事务分离的危险。二是技能性学科容易变成机械性的。其因为强调获得技能而限制了理智的能力，因为强调最快地取得效果而忽视了反思性思维的能力。三是知识性学科可能无助于发展智慧。其因为强调掌握无所不包的知识而忽视了心智的培养，从而仅仅把知识本身当作目的。

第三，流行的目的和观念的影响。

杜威认为，无论在教学中还是在道德训练中，当时流行的教育观念，即依据结果的观念而不顾及获得结果的心理过程的观念，都会体现出来。

这种影响主要体现在两个方面：

一是提高和重视表面标准。在教学中，其强调学生正确地朗读他们的功课，而没有把教师的注意力集中到思维训练上，因而必然使思维训练处于偶然的和次要的地位。在行为中，其强调学生要顺从最机械的标准，从而实施教条式的训导，因而必然会忽视每个人的心智态度与他的行为的联系。

二是忽视思维中的能力迁移。思维是使能力迁移成为可能的因素，是控制迁移的因素。但是，如果没有抓住并掌握两种经验之间存在的那些共同因素，那思维中任何能力迁移的发生将仅仅是盲目的和偶然的。因为学校生活同儿童的早期经验之间没有共同因素，所以，儿童的思维便不能发挥作用。

**（二）逻辑的探讨**

在这一部分（第5章《反思性思维的过程和结果》、第6章《推论和检验的实例》、第7章《反思性思维的分析》、第8章《判断在反思性活动中的地位》、第9章《理解：观念和意义》、第10章《理解：概念和定义》、第11章《系统的方法：事实和证据的控制》、第12章《系统的方法：推理和概念的控制》、第13章《经验的思维和科学的思维》），杜威主要论述了"反思性思维的过程和结果及其分析""反思性活动中的判断和理解""系统的方法""经验的思维与科学的思维"四个方面。

**1.反思性思维的过程和结果及其分析**

（1）反思性思维的过程和结果

在反思性思维的过程和结果这一方面，杜威具体论述了三个重要问题。

第一，形式思维和实际思维的关系。

首先，杜威认为，在任何人的头脑中，形式思维（或形式逻辑、形式推理）和实际思维这两者有着重要的区别。就形式思维而言，它的形式是独立的、恒常的、不变的、统一的，既同思维者的态度无关，也不要考虑论题的内容。但是，任何人的思维又都与他的态度有关。如果思维者具有细心、透彻等态度，那他的思维便是好的；如果思维者的态度是轻率鲁莽的、懒惰的、感情用事的等，那他的思维便是糟糕的。然而，就实际思维而言，它是一个过程，是时刻发生的和时刻进行的。总之，只要人们在进行思维，它就处在一个不断变化的过程之中，它的每一个步骤都会参照论题的实际内容，它是从尚未确定的情境中发生的。

其次，杜威认为，可以用两种不同的观点去考察思维：一是作为逻辑过程的（即形式的或结果的）思维；另一是作为心理过程的（即历史的或超时间的）思维。但是，教育上最主要的是要考虑人类个体实际产生的思维。因此，"教育的任务是培养适合于有效思维的态度，并且选择和安排教材，以及为了促成有效的思维态度，配合教材选择和安排一些活动"[①]。然而，在杜威看来，不能由此说形式思维完全没有价值，只要安排得当，形式思维也有其价值。他通过制成和查看一张地图的例子指出，形式思维甚至可以用来检验实际思维的价值。

还有，杜威认为，在思维过程中会有一些暂时的中止点，既是以前思维的终点，也是继起思维的起点，表示它们之间关系的公式就是逻辑形式。虽然逻辑形式本身不能告诉我们如何思维，实际思维也不采用逻辑形式，但思维的结果会用逻辑形式来表述。其实，这些逻辑形式可以作为最有效的方式来说明已经推断出来的结论，并说服别人去相信结论的正确性。当然，结论和所采取的逻辑形式，并不能规定我们在思维中期望获得结论的方式。

最后，杜威认为，实际思维有它自己的逻辑，即它是有秩序的、细心的、连贯的、合理的和反思性的。但是，反思性探究的过程和反思性探究的结果两者之间的区别，并不是固定的和绝对的。我们把过程称为"心理的"，把结果称为"逻辑的"，并不意味着只有最后的结果才是逻辑的，而思维的过程不是逻辑的。因此，"真正有思想的人，其思想必定是合乎逻辑的。……一个合乎

① ［美］约翰·杜威.我们怎样思维［M］//约翰·杜威.我们怎样思维·经验与教育.姜文闵，译.北京：人民教育出版社，1991：60.

逻辑的人必须检查他所观察到的事实是否可靠"①。

在关于形式思维与实际思维的概括性结论中，杜威特别强调指出，当我们使用"心理的"这个词时，不是为了要把它同"逻辑的"这个词对立起来；当我们使用"逻辑的"这个词时，也不是为了把它同实际思维的过程区别开来。在随后的《教育和形式的关系》这一节中，杜威又指出，心理的和逻辑的并不是彼此对立的或独立的，而是相互联结的，是同一过程的起始阶段和终结阶段。②在后来的《纪律和自由》这一节中，杜威再次指出，如果心理的（自然的）过程缺乏一切内部的逻辑性，那逻辑性便是从外部强加的，从而使思维进入强制的和令人厌烦且费力的过程。③

第二，教育和形式的关系。

在论述教育和形式的关系的一开始，杜威就提出了一句发人深省的名言："学习就是要学会思维。"在他看来，"教育在理智方面的任务是形成清醒的、细心的、透彻的思维习惯"④。教育的理智方面是同培养反思性思维的态度紧密相关的，并尽可能地形成严密的思维方法。理智的学习包括积累知识和记住知识，但如果不理解知识，那知识便成为了一堆未经消化的负担。但是，如果思维不同实际的环境发生关系，那我们将永远不会搞发明、作计划，或者永远不会知道如何解决困难和作出判断。

在杜威看来，在教育和形式的关系上，存在着两种所谓对立的教育派别。其中，一种首先强调"训练"（discipline）的派别认为，人的思维本来就是不

① ［美］约翰·杜威.我们怎样思维［M］// 约翰·杜威.我们怎样思维·经验与教育.姜文闵，译.北京：人民教育出版社，1991：63.

② ［美］约翰·杜威.我们怎样思维［M］// 约翰·杜威.我们怎样思维·经验与教育.姜文闵，译.北京：人民教育出版社，1991：69.

③ ［美］约翰·杜威.我们怎样思维［M］// 约翰·杜威.我们怎样思维·经验与教育.姜文闵，译.北京：人民教育出版社，1991：71.

④ ［美］约翰·杜威.我们怎样思维［M］// 约翰·杜威.我们怎样思维·经验与教育.姜文闵，译.北京：人民教育出版社，1991：64–65.

合逻辑的过程，而逻辑形式是从外面强加给思维的。因此，很多学校受到过分重视逻辑形式的影响，教师多半采用了被误解的逻辑方法，从而使儿童自己生动的逻辑思维活动陷入了愚笨的、矛盾的和没有成效的状态。另一种首先强调"自由"（freedom）的派别认为，儿童的心智自然而然地厌恶逻辑形式，推断逻辑形式与心智的自然作用是不相关的，在教育上没有多大的重要性。因此，其口号是"自由""自我表现""个性""自发性""自我发展"等，因而强调个人态度和活动而轻视了有组织的教材的作用。

就首先强调"训练"和首先强调"自由"这两个所谓对立的派别而言，杜威明确指出，它们的基本错误是相同的。那就是，它们不仅都忽视了思维过程和思维结果之间的联系，而且都忽视了并在实际上否定了反思性的和真正的逻辑活动是儿童心智所固有的。

在关于教育和形式的关系的概括性结论中，杜威特别强调指出，"逻辑的"思维有三个不同的含义。就其广义含义而言，任何思维的最后结论一定是要符合逻辑的；就其最狭窄的含义而言，"逻辑的"思维的含义具有严密性；就其介乎以上两者之间的含义而言，是指"有系统地注视和控制思维的过程"，以便使思维真正是反思性的，也就是说"思维是一种艺术"[①]。在杜威看来，第三种含义在教育上是至关重要的。

第三，训练和自由的关系。

何谓"训练"？杜威认为，训练是一种控制各种手段、为达到目的所必需的力量，也是一种评价和检验结果的力量，而不是来自外部的某种东西，也不是单纯重复一种活动。它是积极的和富有建设性的。就心智训练而言，它的目的和结果都在于思维的习惯。

何谓"自由"？杜威认为，自由是不受外界控制的行动和实践的能力。

---

① ［美］约翰·杜威.我们怎样思维［M］// 约翰·杜威.我们怎样思维·经验与教育.姜文闵，译.北京：人民教育出版社，1991：70.

它意味着要具有独立实践的能力，从别人的强制束缚下解放出来，而不仅仅是不受外界的阻扰。但是，自由并不在于保持一种不断的、不受阻碍的外部活动，而是在个人的反思中通过克服那些直接阻碍行动的和自发性的种种困难而获得的。

就训练和自由的关系而言，杜威明确指出，训练和自由两者是同一的。思维需要从儿童早期得到自然的发展，并设想有益于其训练的种种情境。思维本身在任何时期都是一样的，为了保证其自然发展和心智习惯的形成，就要关注儿童生长的每一个时期，充分利用儿童经验中已有的生动的思维因素。同时，真正的自由是理智的。它依靠训练有素的思维能力，依靠研究事物的反复考虑的能力和对待事物的深思熟虑的能力。

（2）从一些推论和检验的实例中所阐述的观点

为了对上述的观点作进一步的说明，杜威从学生的课堂作业中选取了一些简单的真正思维的例子。通过反思性活动的例子，杜威指出："外部的和内部的环境，二者都在某种程度上唤起和指引反省的思维。同自然的和社会的现有情境有联系的实际需要，能够唤起和指引思维。"[①] 因此，他有意识地选取了三个实例："实际的深思熟虑的例子""由观察引起反思性思维的例子""含有试验的反思性思维的例子"，以便形成一个从比较初步的到比较复杂的反思性思维的系列。杜威将在后面的《第7章 反思性思维的分析》中，对以上三个例子的共同性作一个分析性说明。

通过所选取的推论和检验的三个实例，杜威阐述了两个观点。

第一，推论未知的事物。

在推论未知的事物中，杜威强调了三点：一是，没有推论就没有思维。杜威指出，在各种反思性活动中，每个人都会碰到一种特定的、现时的情境，

---

① ［美］约翰·杜威.我们怎样思维［M］//约翰·杜威.我们怎样思维·经验与教育.姜文闵，译.北京：人民教育出版社，1991：75.

由此出发他要达到或推断现时尚未存在的某种另外的事物。其中，推论就是他以现时掌握的事实为基础，并求得尚未存在的观念的过程。二是，在推论中含有飞跃。杜威指出，推论的进行会超越一些人们已经掌握的、已确定的和已知的事实，因此推论中就含有一种从已知到未知的飞跃。当然，必须控制引起推论的暗示，使暗示建立在可信的推论的基础上。三是，证明就是检验推论。杜威指出，对推论的控制就构成了证明，它意味着对事物的检验。其关键是，使每个推论都成为经过检验的推论。具体来讲，对推论的检验有两种方法，即在思维中进行检验和在行动中进行检验，用两种方法去检验推论比单用一种方法好得多。反思性活动源于迫切需要做的事情，而思维的价值则通过行动的结果来检验。

第二，思维活动从疑难的情境到确定的情境。

在思维活动从疑难的情境到确定的情境的过程中，杜威强调了两点：一是，思维是从直接经验的情境中发生的。杜威指出，在每种情况下，思维都是从直接经验的情境，即实际经历着的情境中发生的，从而引起了人们的探究和反思性活动。思维的目的和结果是由产生思维的情境决定的。对于学校来说，如果不存在一种可以引起思维的疑难情境，那就不可能使学生获得真正的思维。二是，思维趋于确定的情境。杜威指出，在每种情况下，反思性思维的功能就是引起一种新的情境，并在这种新的情境中解决疑难、排除混乱、消除麻烦、得到问题的答案。对于确定它是否是真正的推论的最好方法，就是看其结果能不能把困惑的、混乱的和不一致的情境转换为清晰的、有秩序的和确定的情境。

（3）反思性思维的分析

首先，杜威对反思性思维的三个共同性开展了分析。一是，反思性思维包含着观察。当一个人开始进行反思性思维时，他需要从观察开始，以便仔细考虑各种情境的性质以及情境中的障碍物。其中，有些观察是直接通过感官进行的，有些观察是回忆自己的或别人的以往观察，但它们都是必须进行考虑和加以应付的事实。二是，反思性思维包含着暗示。当一个人去考虑和应付由种种事实组成的情境时，有关各种可能的行动方法的暗示就随之出现了。如果他运用暗示去指导新的观察，在新的观察中所看到的新的事实就可能会引起新的暗示，并成为他进一步探究种种情境的线索。这种不断地交互影响的过程一直进行下去，直到得出一种解决疑难的方法。三是，在反思性思维中资料和观念是相关的、不可或缺的因素。但这两个因素的存在和保持，分别依靠观察和推论。如果情境更为复杂，那思维也就更加周密。一般讲，经常会存在两个方面的问题，即需要解释和应付的种种情境，以及为了应付情境或解释和说明种种现象而设计的观念。

其次，杜威对反思性思维的五个阶段（或五个方面）进行了具体论述。"它们是：（1）暗示，在暗示中心智寻找可能的解决方法；（2）使感觉到的（直接经验到的）疑难或困惑理智化，成为有待解决的难题和必须寻求答案的问题；（3）以一个接一个的暗示作为导向意见或称假设，在收集事实资料中开始并指导观察及其他工作；（4）对一种概念或假设从理智上加以认真的推敲（推理是推论的一部分，而不是推论的全部）；（5）通过外显的或想象的行动来检验假设。"①

在杜威看来，在反思性思维的五个阶段上，需要注意以下三点：一是，这五个阶段的顺序不是固定的。这五个阶段只是一个大概的轮廓，其并不是按一定的次序一个接一个地出现，而是表明反思性思维不可或缺的几个特质。实际上，在具体处理时，需要完全凭靠个人的理智的技巧和敏感性。二是，这五个阶段的每一个阶段都可以展开。在复杂的情况下，由于其范围相当广泛，这五个阶段中的某些阶段又包含着某几个小阶段，因此，究竟如何处理，都是任意的或无关紧要的。三是，与未来和过去的关联。在反思性思维中，对过去经

---

① ［美］约翰·杜威. 我们怎样思维［M］// 约翰·杜威. 我们怎样思维·经验与教育. 姜文闵，译. 北京：人民教育出版社，1991：88.

验的参照是十分重要的。但事实上，每个理智的暗示或观念都是对某些可能的未来经验作出的预测，而最后的解决是确定未来的趋向。因此，反思性思维也包括对未来的探查、预见、预测或预言，可以将此单独作为一个特定的阶段，即第六个阶段。

**2.反思性活动中的判断和理解**

杜威认为，在反思性思维过程中，整个思维过程的效能同判断和理解是密切相关的。

（1）判断在反思性活动中的地位

就判断在反思性活动中的地位而言，杜威主要论述了两个方面。

第一，判断的三个要素。

首先，杜威指出，判断是思维的组成单元。判断是反思性活动中的一个单位，在反思性活动中并不是孤立地发生的，而是同问题的解决联结在一起的。因此，"思维的整个过程是由一系列判断组成的，它们彼此相关、互相支持，从而导向一个最后的判断——结论"[①]。对于良好的思维习惯来说，其核心在于恰当的、精确的判断能力。杜威还指出，判断具有三个重要特点：一是辩论，对立的双方对同一个客观情境有相反的要求；二是对这些要求加以审查和限定，并清查支持这些要求的事实；三是最后的决定或判决，结束对特定事项的辩论，并作为判定未来事项的规则或原则。

其次，杜威指出，判断起于疑惑和争辩。如果没有对某种事物的疑惑，没有存在着疑惑的情境，那就没有判断。由于对可作证据的事实和适当的原则确定了问题的答案，因此，需要考虑两个方面：一是选择、淘汰或组织事实，二是选择确定可靠的原则。它们要依靠良好的判断能力，也称为洞察力和辨别力。

---

① ［美］约翰·杜威.我们怎样思维［M］//约翰·杜威.我们怎样思维·经验与教育.姜文闵，译.北京：人民教育出版社，1991：98.

还有，杜威指出，判断以作出决定而结束。当一个判断（决定）形成后，判断就终结了，或者说争论的问题就结束了。这个决定不仅解决了那个特殊的问题，而且为解决未来的类似问题提供了一种规则或方法。因此，判断的原则就逐渐形成了。

第二，判断的两个功能。

首先，杜威指出，判断具有分析和综合两个功能。实际上，当分析被强调时，综合也就出现了。对于每一个判断来说，只要它运用辨别力和鉴赏力把重要的和无价值的内容区别开来，便是分析；只要在头脑中把选择出来的事实安置在范围广泛的情境中，便是综合。但是，有两个方面是应该注意的：一是理智的分析不同于物质的分析。在运用怀疑的探究、尝试的联想和实验获得结论之后，再通过回想整个过程的各个步骤，以有助于迅速有效地应付未来的类似问题。二是有意识的方法不同于无意识的逻辑态度。事实上，无意识的逻辑态度必然是首先出现的，并以无意识的和尝试性的方法获得结果，在此之后才能陈述适合于达到目的的有意识的方法。

其次，杜威指出，分析和综合在教育程序中是联结的。在正常的反思性思维中，分析和综合是相互作用的。在教学过程中，分析导向综合，综合改善分析。因此，在教学上，那种试图讨论教学应当是分析的还是综合的，并且把分析和综合看作是彼此对立的观点，确实是愚蠢的。

在随后的"对理解在反思性活动中的地位"的论述中，杜威也强调指出："如果说分析可使意义明确，那么，综合则可使观念得到扩充，具有普遍性。综合与分析是互相联系的。"① 应该说，这就是理解上的分析和综合。

（2）理解在反思性活动中的地位

就理解在反思性活动中的地位而言，杜威主要论述了两个方面。

---

① ［美］约翰·杜威.我们怎样思维［M］//约翰·杜威.我们怎样思维·经验与教育.姜文闵，译.北京：人民教育出版社，1991：131.

第一，理解：观念和意义。

杜威认为，所谓理解，就是把握住事物或事件的意义。当一种意义确实被采纳了，那某些事物或事件也就被理解了。由此，他从两个方面对"意义"进行了探讨。

一是，观念是判断的因素和解释的工具，也是逻辑的工具。它具有使困惑或疑难得到澄清的作用。所谓观念，就是经过反思性思维来避免或克服障碍的方法。如果不把观念当作研究事实、解决问题的工具，那它就不是真正的观念。因此，为了理解一个事物或事件，就需要观念的参与。逻辑的观念就像是一把可以打开锁头的钥匙。杜威指出："凡是在疑难情境中或疑而未决的争论中，帮助我们形成一个判断，并用预期的可能的解决方法进行推论而达到一个结论的，便是观念。"①

二是，理解了的事物就是具有意义的事物。因此，理解就是领会意义。例如，"一种已知的事物""一种被理解了的事物""一种有意义的事物"这三种说法是同义语。当然，要理解一个事物、一件事件或一种情境的意义，就是要看它同其他事物、事件或情境的关系。但是，存在着对意义的两种理解：在一种场合下，已知事物和它的意义是合一的，即对意义的直接的、迅速的理解；在另一种场合下，已知事物和它的意义是暂时分离的，即对意义的迟缓的、迂回的理解。在我们的理智生活中，包含着这两种理解之间的特殊的交互作用，理智的进步就在于它们的有规律的循环运动。

三是，未被理解的事物是模糊的整体，未被理解的特征是模糊的和杂乱不清的。因此，要使事物获得意义，就要使疑难问题在意义上能够达到明确性和稳定性。获得意义的明确性和稳定性主要是从实际行动中得到的，因而实际反应能使模糊的事物变得清晰。在这一方面，儿童的绘画和语言提供了例证。

---

① [美]约翰·杜威.我们怎样思维[M]//约翰·杜威.我们怎样思维·经验与教育.姜文闵，译.北京：人民教育出版社，1991：113.

四是，手段—结果的关系是各种理解的中心和核心，从而使事物增加了意义。这个原则无疑在教育上具有重要意义。杜威这样指出："要有预期的结果，并为此结果而去寻求实现的手段。或者提出种种事物（包括已经熟练使用的符号），在反思性思维的种种条件下，看其在使用中能有什么结果。只有这样，理解力的发展才是可能的。……只有理解才是真正的学习。"①

第二，理解：概念和定义。

一是概念的本质及其在教育中的意义。

就概念的本质而言，杜威认为，其表现在四个方面：首先，概念是已确定的意义，即可靠的、有根据的意义。作为参照标准的概念是判断的工具，可以确切地称它们是"标准的意义"。那种为人们所熟悉的、其本身可以充分理解的、并能用来判断其他种种事物的普通名词，就是一个概念。其次，概念使我们具有类化的能力，将我们的理解力从一种事物扩展和延伸到另一种事物。因为概念代表整个一类或同类的事物，所以，概念适用于大量的事物，从而大大地节省我们的脑力。还有，概念使我们的知识标准化。就是说，概念能使事物的未定形的方面确定下来，使事物变动的方面不再变动。事实表明，标准化的意义是人们进行有效联系的一个条件。最后，概念帮助我们认识未知的事物，使我们已知的但尚不完备的知识得到补充。概念（即标准的意义）是鉴别的工具、补充的工具、将一个事物纳入一种体系的工具。

就概念在教育中的意义而言，杜威认为，概念是标准化的参照点。如果有了这个参照点，那就能在遇到奇异的和未知的事物时找到正确的方向。在教育中，如果没有使知识标准化的概念，那将不能获得知识以便更好地理解新的经验。这就是教育上所说的积累，即确定又普遍的观念积累的含义。在杜威看

①［美］约翰·杜威.我们怎样思维［M］//约翰·杜威.我们怎样思维·经验与教育.姜文闵，译.北京：人民教育出版社，1991：123.

来，"在教学方面，没有比真正概念的构成这个问题更重要的了"①。

二是概念的产生。

杜威认为，首先，概念起于经验。也就是说，概念是从人们所看过的、听过的和接触过的某个事物的意义开始的。儿童概念的形成，起初是把旧有经验中的结果运用于新的经验中，以便帮助他理解和处理新的问题。其次，概念因运用而更加确定。通过运用的过程，儿童的观念获得了整体性、稳定性和明晰性，从而形成了一个概念。还有，概念因运用而具有普遍性。概念之所以具有普遍性，是因为运用它来理解新的事物或新的经验，而不是因为它本身就含有构成概念的那些成分。

三是意义的定义和组织。

杜威认为，意义的定义（即确定性）是重要的。因为人们是通过推断和理解，通过判断事物之间的内在联系而获得知识的，因而经常会出现错误的领悟、错误的理解和错误的设想，把一个事物搞错。其主要是源于意义的不确定性。所以，要明确意义的内涵（定义）和外延（分类）。就意义的内涵而言，杜威指出，内涵是辨别事物特点的原则，意义的内涵要清晰和明确，就是必须始终是客观的、单一的、独立的、同质的。具体来讲，它能成功地对一组事物加以说明，能对另一组事物加以解释，特别是能解释在意义上特别接近的事物。就意义的外延而言，杜威指出，外延是指那些已经被辨别和判别的某个或某类事物。意义的内涵和外延两者是相关联的，把这两者结合在一起就能够得到确定的意义。

定义有三种类型：第一种，指示的定义，指用引起对事物的某种态度来分辨一种意义；第二种，说明的定义，指用间接的和按沿袭惯例的手段来分辨一种意义；第三种，科学的定义，指用选择原因、结果和产生的各种条件来分

---

① ［美］约翰·杜威. 我们怎样思维［M］// 约翰·杜威. 我们怎样思维·经验与教育. 姜文闵，译. 北京：人民教育出版社，1991：129.

辨一种意义，它为科学的认识和分辨提供了一条更有价值的原则。在杜威看来，第一种和第三种类型的定义在逻辑上是重要的，而介于这二者之间的第二种类型的定义在社会和教学中起着重要的作用。

**3. 系统的方法**

杜威强调指出："反省过程是指将一个复杂的、混乱的、不确定的情境转换为一致的、清晰的、决定的或确定的情境。"① 由此，就要讨论反思性思维活动的专门的、复杂的方法。在杜威看来，控制观察和记忆以便选择和恰当处理可作为证据的事实，需要依靠积累起来的标准化意义或概念。

（1）事实和证据的控制

在这一方面，杜威提出了两个观点：一是系统的方法是对事实和观念的有意检验。在杜威看来。建立系统的方法是必要的，以便对事实进行检验、对活动进行控制以及对观念进行检验。同时，在假设的指导下进行观察是有价值的。对于科学的方法来说，它只是借助于为此目的而设计的仪器、设备和精确的计算，以便更加深思熟虑地处理同类问题。二是系统的方法是对资料的鉴别。在杜威看来，观察与思维是不矛盾的。认真思考的观察至少是思维的一半。就科学的方法而言，它包括观察和积累资料并加以整理，以便形成具有说服力的概念和理论。在这个过程中，一种重要的控制方法是排除不相关的意义，另一种重要的控制方法是搜集充分的例证。在被检验的事实和证据中，相异点和相同点是同样重要的，否则是难以作出正确判断的。

杜威还认为，相对其他的控制，实验是最充分的可能的控制。因此，"实验的目的就在于：根据事先设想出的计划，采取特定的步骤，创造一种典型的、有决定意义的情境。从这个情境中能作出结论，去说明当前问题中的困

① [美]约翰·杜威.我们怎样思维[M]// 约翰·杜威.我们怎样思维·经验与教育.姜文闵，译.北京：人民教育出版社，1991：138.

难。……实验的方法就是使观察开阔、明显、精确的方法"①。

（2）推理和概念的控制

在这一方面，杜威提出了两个观点：一是科学概念的价值。在杜威看来，概念是理智的工具，运用它可以把感觉和回忆的材料集中起来，以便澄清含糊的事实，使看起来似乎是混乱的东西变得有秩序，使不连续的零碎的东西统一起来。所以，控制概念的形成是必要的。例如，借助数学概念的形式去观察和解释自然界的事物，就是自然科学的一个伟大成就。每门科学都建立了自己特有的标准的概念，作为理解其学科领域内各种现象的钥匙。但是，概念需要最后的检验。"总而言之，完满的思维必须自始至终处在具体观察的范围中。所有演绎方法最终的检验价值，要以它是否能够成为创造和发展新经验的工具，作为衡量的标准。"②二是观念在教育上应用的几个典型弊端。例如，事实与意义的分离，因而所记忆的是任意的知识片段；未能把推论贯彻到底，因而对"为什么"没有确切的清楚的认识；从演绎开始就使演绎孤立，观念与指导新观察分离，因而没有首先熟知定义和概念所需要的各种个别事物；没有提供实验，因而妨碍完整的反思性活动；忽视不断检验的必要性，因而无法清除头脑中与结果无关的原料和活动的废物等。在杜威看来，大部分错误出于事实与意义的分离，因此，"在这种分离中，'事实'变成一堆未经消化的、机械的、大量文字性的死东西，即所谓的'知识'。同时，观念又远离客观事物和经验活动，成为了空架子。这样，观念不是更好地理解的工具，相反，它本身倒成为不可理解的神秘物"③。

① ［美］约翰·杜威.我们怎样思维［M］// 约翰·杜威.我们怎样思维·经验与教育.姜文闵，译.北京：人民教育出版社，1991：146-147.

② ［美］约翰·杜威.我们怎样思维［M］// 约翰·杜威.我们怎样思维·经验与教育.姜文闵，译.北京：人民教育出版社，1991：152-153.

③ ［美］约翰·杜威.我们怎样思维［M］// 约翰·杜威.我们怎样思维·经验与教育.姜文闵，译.北京：人民教育出版社，1991：153.

**4. 经验的思维与科学的思维**

在经验的思维与科学的思维上，杜威曾对"经验"的意义作了这样的阐述："经验这一名词可以用经验的或实验的思维态度来进行解释。经验不是一种呆板的、封闭的东西；它是充满活力的、不断发展的。当经验局限于往事、受习惯和常规支配的时候，就常常成为同理性和思考对抗的东西。但是，经验也包括反省思维，它使我们摆脱感觉、欲望和传统等等局限性的影响。经验也吸收和融汇最精确、最透彻的思维所发现的一切。确实，教育的定义应该是经验的解放和扩充。"①

（1）经验的思维

杜威认为，在平常思维的许多推论中，凡是那些没有在科学方法指导下进行的推论，都属于经验的性质。也就是说，它们实际上是在同过去经验有某些固定的结合或相吻物结合的基础上形成的期望的习惯。

在杜威看来，尽管经验的思维在某些情况下是有用的，但经验的思维有着三个明显的缺点：一是具有引出错误信念的倾向。那是因为经验的方法不能辨别结论的正确和错误，因此它是造成大量错误信念的根源。二是不能适用于新异的情境。那是因为由经验得到的最可靠的信念是同过去的经验相符合的，所以它在遇到新异的情境时将会失去作用，无法应用于新的情况。三是具有形成思想懒惰和教条主义的倾向。经验的方法会造成心智的迟钝和独断，这是最有害的缺点。如果信念的解释经过反复地灌输并相传下去成为了教条，那实际上窒息了后来的探索和反思性思维，对于思维发展是十分有害的。

（2）科学的思维

杜威认为，科学的思维同经验的思维正好相反，它就是找出一种综合的事实来代替彼此分离的各种事实的反复结合或联结。为了达到这一目的，必须

---

① ［美］约翰·杜威.我们怎样思维［M］//约翰·杜威.我们怎样思维·经验与教育.姜文闵，译.北京：人民教育出版社，1991：167.

把观察到的、能看到的粗糙的事实，分解成大量不能直接感觉到的更为精细的过程。杜威还认为，根据某种思想和理论变换条件而进行观察就是实验，它是科学推论的主要来源。实验既包括分析，又包括综合。因此，他指出："实验的思维，或者科学的推论，就是一种分析和综合相结合的过程，或用简单的术语说是区分和鉴别的过程。"①

在杜威看来，与经验的思维相比，科学的思维有着以下一些优点：一是减少了错误的倾向。由于科学的思维增加了确定或论证的因素，因此提高了事实的可靠性。二是具有应付新异情况的能力。由于分析增加了推论的肯定性，因此综合就显示了妥善应付新异情况的能力，从而能对新异情况加以控制、解释和预测。三是具有对未来的兴趣。由于科学的思维相信通过对现有条件的理智控制所取得的进步，寄希望于未来的种种可能性，因此使进步的概念获得了科学的保证。四是不受直接的、强烈的因素的影响。由于科学的思维考虑那些在长时期内具有重要性的因素，因此首先需要的是思维者从感官刺激和习惯的束缚中解放出来，并把这种解放作为进步的必要条件。五是强调抽象概念在理智上的价值。虽然在一切观察中都有抽象的作用，但科学的思维需要具有从已知中探寻某些未知的性质或联系的能力，以便进行更深入的分析和更广泛的推论。杜威指出："抽象思维就是在经验中用新眼光看待熟悉的事物，进行想象，开拓性的经验的视野。实验就是沿着这条路子展示和证明它自身的永久的价值。"②

### （三）思维的训练

在这一部分（第 14 章《活动和思维训练》、第 15 章《从具体到抽象》、第 16 章《语言和思维训练》、第 17 章《思维训练中的观察和知识》、第 18

① ［美］约翰·杜威.我们怎样思维［M］//约翰·杜威.我们怎样思维·经验与教育.姜文闵，译.北京：人民教育出版社，1991：163.
② ［美］约翰·杜威.我们怎样思维［M］//约翰·杜威.我们怎样思维·经验与教育.姜文闵，译.北京：人民教育出版社，1991：168.

章《讲课和思维训练》、第 19 章《一般性结论》），杜威主要论述了"活动与思维训练""从具体到抽象与思维训练""语言与思维训练""观察、知识与思维训练""讲课与思维训练"五个方面。最后，是对全书总结的"一般性结论"。

**1. 活动与思维训练**

杜威在前面的章节中曾对活动和思维训练的关系有所讨论。在这里，他将以前的论述汇合起来，并按照人类发展的顺序进行探讨。他论述了"儿童早期阶段的活动""游戏、工作及两者结合的活动形式"两个方面。

（1）儿童早期阶段的活动。

杜威一开始就提出了"婴儿在思考什么？"的问题，并指出这个问题可以使我们知道儿童的主要兴趣。他强调指出，婴儿的"首要问题是控制自己的身体，使之成为确保舒适安乐，并能有效地适应自然和社会环境的工具。婴儿几乎对于每一件事情都要学习，像看、听、伸手、保持身体平衡、爬、走，等等"①。

在杜威看来，儿童早期阶段的活动中有三点是值得注意的。第一，控制身体是一个理智问题。对于婴儿来说，控制身体各个器官是一个理智问题，因为身体控制的发展不仅是身体本身的发展，而且是理智上的成就。在婴儿的练习中，那些有意识选择和安排的活动就构成了思维活动，尽管它只是一种初步的思维活动。第二，社会适应是很重要的。儿童在学习运用身体的同时，也分辨出人是所有与之相联的对象中最重要、最有趣的对象。随着儿童的语言能力的发展，语言成了社会适应的最重要的工具。在学习和运用语言的过程中，儿童学到了比语言本身更多的东西，并获得了一种为他们打开一个新世界的习惯。第三，模仿提供的刺激能引起思维的迅速进步。儿童的模仿是无意识的，

---

① ［美］约翰·杜威. 我们怎样思维［M］// 约翰·杜威. 我们怎样思维·经验与教育. 姜文闵，译. 北京：人民教育出版社，1991：169.

他在利用模仿提供的刺激时所运用的方法也是尽力去思维，但仅有模仿并不能引起思维。因此，在儿童心智的发展中，成人的活动起着巨大的作用。

（2）游戏、工作及两者结合的活动形式

首先，论述了游戏和游戏态度的重要意义。杜威认为，当某些事物变成了符号，而那个代表别的事物的时候，游戏就从仅仅是精力充沛的身体活动转变为含有心智因素的活动。儿童的游戏活动既有自然的意义，也有社会的意义。例如，把一块石头当作桌子，把树叶当作盘子，等等。由古代希腊哲学家柏拉图率先提出、近代德国教育家福禄培尔继之再度提倡的教育学说，即游戏是儿童幼年期主要的、几乎唯一的教育方式，这并不是故弄玄虚或什么神秘的主张。同时杜威也认为，游戏态度比游戏本身更为重要：前者是心智的态度，后者是这一态度的现时的外部表现。但是，为了儿童心智的发展，有必要使游戏的态度逐渐地转化为工作的态度。

其次，论述了工作的意义。杜威认为，儿童发现那些不可靠的和假装的游戏不能引起满意的心智反应，因而参与一类被称为"工作"的活动。这种工作不仅是外部的表现，而且是心智的态度。它意味着对通过运用适当的材料和器具并以客观的形式表现出一种意义（一种联想、一个目的、一种目标）的兴趣。实际上，它意味着一个受目的指导的活动。在活动中，要选择合适的方法、制定正确的计划、表现出创造性、验证实际结果，这就需要思维的加入。从心智活动的意义上看，工作具有极大的教育价值。但是，如果儿童像成人一样，跟随他人的指示机械地工作或墨守成规地工作，那就几乎没有什么思维，其活动也就不是反思性的。同时，成人也不能用自己工作的结果作为价值标准，去判断儿童活动的价值。

在讨论完游戏和工作之后，杜威还强调指出："游戏与工作的真正的区分并不在于为了活动自身的兴趣和为了活动的外部结果的兴趣，而在于不断前进的活动兴趣和趋向于最终结果并且各个阶段一线贯穿的活动的兴趣。"① 在他看来，把游戏与工作对立起来，通常是与想象和实用相关的错误观念联系在一起的。例如，轻视家庭和邻里事务活动，以为它们仅仅是实用性的。实际上，这些活动不仅能保证人的心智事务的自由练习，而且具有智力上和道德上的价值。

还有，论述了建造性的作业。杜威认为，文明的历史表明，人类的科学知识、技术和技能都产生和发展于人类生活的基本问题，科学发展逐步地变成了工业革命。因此，学校的作业提供了理智发展的可能性，学校也开设了大量的作业课程。其中，比任何事情都重要的是，去寻找将民族的盲目和因循守旧的经验转化为有启发意义的、开发人的心智的实验方法。同时，杜威还认为，为了使"作业"（也称为"设计"）具有真正的教育价值，应当具备四个条件：一是作业应当引起儿童持久的和有思维加入的兴趣，二是活动应当具有内在的价值，三是作业在其过程中应当提出问题以唤起儿童的好奇心和求知需求，四是要圆满地完成的作业必须有充足的时间。

**2. 从具体到抽象与思维训练**

在这一问题上，杜威论述了"'具体'和'抽象'""从'具体'到'抽象'的过程""'具体'和'抽象'两者的关系"三个方面。

（1）"具体"和"抽象"

杜威认为，所谓"具体"，意味着它本身就是很容易理解的。有效的思维或多或少，总是与事物直接联系着的。所谓"抽象"，意味着它是理论性的，与实际事物没有密切的关联。抽象是教育要达到的目的，是对理智问题本身的兴趣。抽象思维仅仅代表了目的之一，而不是目的的全部；而且大多数人不适合从事抽象思维。杜威指出："只教授事物而没有思维，只有感官知觉而

---

① ［美］约翰·杜威.我们怎样思维［M］// 约翰·杜威.我们怎样思维·经验与教育.姜文闵，译.北京：人民教育出版社，1991：176.

没有与之相关的判断，这是最不符合自然本性的。如果我们所从事的抽象，意味着思维与事物相分离，那么，它的目的就徒具形式，而且是空虚的了。"①

（2）从"具体"到"抽象"的过程

杜威特别指出，其中的"到"这个词代表了发展，代表了在这一过程中能动的、具有教育作用的一面。这里，他又提及了第6章《推论和检验的实例》中所引用的三个例子，把它们看作为从具体到抽象的范例。在杜威看来，在从具体到抽象的过程中，需要注意三个方面。具体来讲，一是，从实际操作开始。因为具体意味着思维应用于活动，以处理现实存在的困难。所谓"从具体开始"，是指在开始学习新的经验时，应当着重于儿童已经熟悉的东西。实际上，只有当儿童运用事物和感知来支配他的身体、协调他的活动时，才能使儿童得到发展。但是，只是把事物孤立地提示给感官，那仍然是乏味而呆板的。二是，把兴趣转移到理智的问题上。在富有成效的活动中，应当逐步地把追求结果的兴趣转移到对事物的研究上去。三是，培养思维的爱好。儿童是为了他们活动中有兴趣的事情而逐步形成了思维的习惯，并对自己理智的发展具有重要的意义。真正的思维能力，就是从全神贯注于现时的事物上升到观念的水平。

（3）"具体"和"抽象"两者的关系

杜威认为，一个人的生长期，在一个时期看来是抽象的，而在另一个时期却是具体的。而且，"当思维被用来作为一种手段，去达到超乎它本身之外的某些美好的或有价值的目的时，它就是具体的。而当思维仅被利用作为达到更深层的思维的手段时，它就是抽象的"②。这里，杜威特别强调，教育的目标在于"具体"和"抽象"这两者的有效平衡，以及这两种思维态度平衡的相

① ［美］约翰·杜威.我们怎样思维［M］//约翰·杜威.我们怎样思维·经验与教育.姜文闵，译.北京：人民教育出版社，1991：182.

② ［美］约翰·杜威.我们怎样思维［M］//约翰·杜威.我们怎样思维·经验与教育.姜文闵，译.北京：人民教育出版社，1991：184.

互作用。如果一个人能自由地使用这两种思维，那就比只能使用其中一种思维的人具有更高的水平。他指出："每一个人都有具体和抽象这两种思维能力，如果这两种思维能力在顺利和密切的相互关系中发展的话，每一个人的生活就会更有成效，也更幸福。否则，抽象就会等同于学究和迂腐了。"①

**3. 语言与思维训练**

在这一问题上，杜威论述了"语言是思维的工具""语言方法教育上的误用""语言在教育上的应用"三个方面。

（1）语言是思维的工具

杜威认为，在语言和思维的关系上，一直存在着三种典型的观点：一是认为语言和思维两者是等同的；二是认为思维本身并不需要语言，只有当传递思想时，语言才是必需的；三是尽管语言并不是思维，但它对交流思想以及思维本身来讲都是必需的。杜威强调第三种观点。在他看来，语言同思维有着特别密切的关系。语言对思维来说是必需的，也就是说符号对传递意义来说是必需的。人为的符号（有意创造的符号），就像任何人为的工具和器具一样，其目的就是传递意义。在表达意义时，人为的符号具有三方面的优点：一是它不会分散人们的注意力，以及不会影响其所代表的意义的作用；二是它是在人的直接控制之下创造出来的；三是它既简便，又易于掌握。就特定的意义来说，语言符号（文字）就像一堵围墙、一个标签、一种媒介，这三种功用合而为一。此外，语言符号也是把种种意义按其彼此关系加以组织的工具。例如，母语就是思维活动的有效资源。

（2）语言方法在教育上的误用

杜威认为，单纯教授事物而不教文字或先教事物后教文字，就是对教育的否定。因为这样做，就把理智生活贬低为单纯物质的和感觉的适应。就学习

---

① ［美］约翰·杜威. 我们怎样思维［M］// 约翰·杜威. 我们怎样思维·经验与教育. 姜文闵，译. 北京：人民教育出版社，1991：189-190.

的正确意义而言，学习的过程必然包括语言符号（文字）的使用。

杜威还认为，必须注意符号代表意义的局限和危险。例如，如果没有具备和意义有实际联系的某些情境的经验，那任何人都不能掌握这些符号的意义；如果没有实际事物的介入，那文字的新组合提供新观念的可能性是有局限性的；如果把语言符号（文字）变成一种单纯的号码，那就成为对其意义并不理解的物质的东西；等等。

（3）语言在教育上的应用

杜威认为，语言和教育工作有着双重的关系：一是语言不断地应用于学校的社会训练和所有学科，二是语言自身又是一门独立的学科。对于教育来讲，应该使语言转变为理智的工具，也就是说，应该使语言由原来作为实际的、社交的工具逐步变成有意识地传播知识、帮助思维的工具。杜威对完成这一转变作了较多的阐述，指出学生需要扩充词汇量、更精确地表述词汇的意义、养成连贯的叙述习惯等。他特别指出，零碎的、不连贯的叙述习惯必然会影响学生理智的发展，使学生得到的是孤立的、零碎的东西，并阻碍学生的连贯思维。

### 4.观察、知识与思维训练

在论述这一问题的开始，杜威就强调指出："思维就是参照已经发现的论题材料的意义，去整理论题材料。离开材料的整理，思维就无法存在，这就如同消化不能离开对食物的吸收一样。因此，如何供给和吸收教材就成为重要的根本问题。教材的分量过少或者过多，教材的排列紊乱无序，或者孤立零散，都会对思维的习惯产生不良的影响。如果个人的观察和来自他人（通过书本或语言）的知识传授都能适当进行的话，那么，逻辑的训练就成功了一半。因为，观察和知识的传授是获得材料的途径，而它们进行的方法，对思维习惯又具有直接的影响。"[1] 这里，杜威论述了"观察的性质和价值""观察的方法

① [美]约翰·杜威.我们怎样思维[M]//约翰·杜威.我们怎样思维·经验与教育.姜文闵，译.北京：人民教育出版社，1991：206.

和材料""知识的传授"三个方面。

（1）观察的性质和价值

杜威认为，教育改革者们满怀热情地强调观察，却常常不去研究怎样进行观察以及为什么观察具有教育价值，因而错误地把观察本身当作目的。但是，观察本身并不是目的，而是作为获得理智结论的手段，因此观察具有科学的性质。在观察的训练中，行动的目的和结果是最重要的问题。在杜威看来，有三种情况可以推进观察：一是，渴望扩充认识范围的兴趣可以推进观察，因为这种兴趣体现了对知识更充分、更直接的过程要求，以实现社会的和美感的满足，而不是认识上的满足。二是，活动引起的需要可以推进观察，因为观察是同在活动中指明手段和目的的迫切需要完全关联在一起的。三是，解答理论问题可以推进观察，因为发展到理智或科学水平的观察要求较多地针对那些与问题有关的事实，而那些问题正是需要确定和解决的有意义的问题。

（2）观察的方法和材料

杜威认为，对于思维训练来说，在学校中所使用的那些最良好的观察方法具有三个特点：一是，观察应包括主动的探究。根据合理的假设，观察是一种主动的过程。观察就是探索，即发现先前隐藏着的、未知的事物，以达到实际的或理论的目的而进行的探究。二是，观察应当引进悬念因素。选择适当的观察材料，引起对观察的渴望，使观察的机敏性达到高潮，使观察更加精密。"哪里有生长，哪里就有运动、变化和过程；也就存在着变动顺序的排列。前者引起思维，后者组织思维。"[1]因此，要尽力地使学校的观察材料保持所有的生命力和戏剧性特质，以免观察被沦为呆板的、迟钝的形式。三是，观察应具有科学的性质，即观察要遵循广泛和精确之间的节奏变化。尽管最初的观察是为了实际的目的或仅仅为了爱看爱听，但必须引导这种观察达到一种理智的目的。

---

① ［美］约翰·杜威.我们怎样思维［M］//约翰·杜威.我们怎样思维·经验与教育.姜文闵，译.北京：人民教育出版社，1991：212.

（3）知识的传授

杜威认为，尽管在学校里直接观察的活动大大地增加了，但教材的极大部分还是来自他人和书本传授的知识，因此，如何从中获得理智的益处就是一个最为重要的问题。其关键在于，怎样把这种形式的学习转化为理智的财富，并成为反思性思维的材料。

为此，杜威阐述了以下三点：一是，传授的材料应当是必需的，即传授的材料应当是个人观察所不易获得的，但这些材料不应当是贫乏枯燥而又分量不足的。否则，就会减弱学生的好奇心。二是，传授的材料应当是一种刺激，而不是带有教条主义的定论和僵化的性质。否则，就会阻碍学生个人的思维和独创性，使他们不再是研究者。三是，传授的材料应当与学生个人的经验中的紧要问题有密切的联系，即把教材纳入学生个人经验的现存系统或组织之中。否则，就不能引出具有某种意义的问题，因而阻碍了学生的理智发展和有效思维。

**5. 讲课与思维训练**

在讲课与思维训练的关系上，杜威论述了"讲课的定义""讲课的目的""讲课的进行""教师在讲课中的作用"四个方面。

（1）讲课的定义

杜威认为，讲课是刺激、指导儿童思维的场所和时间。用"讲课"一词来指明在一节课的时间内教师与学生、学生与学生之间最亲密的理智的接触。在他看来，教师和学生在讲课中达到了最紧密的接触，诸如指导儿童的活动、激发儿童求知的热情、影响儿童的语言习惯、指导儿童的观察等各种可能性都集中在讲课上。对于教师来说，讲课的方法是对教师能力的严峻考验，例如，判断学生理智现状的能力，为引起学生理智反应而提供各种情境的能力，等等。总之，这是对教师的教育技巧的严峻考验。但是，在讲课中学生经常被被动地对待，就像一张唱片、一个储水器或一张吸墨纸一样。这种被动性实际上是与思维对立的，它致使学生的好奇心减弱、对事物的判断和理解缺少以及思想混乱，因而就把学习当成苦差事。

（2）讲课的目的

杜威认为，讲课的目的有三个：一是，讲课要刺激学生理智的热情，唤醒他们对于理智活动、知识以及爱好学习的强烈愿望。因此，"讲课应当成为一种情境，使一个班、一个组成为一个社会的统一体，有着共同的兴趣，在一个成熟的、有经验的领导下，促进理智的热情"[①]。对于教师来说，他必须具有真正的理智活动的兴趣，并热爱知识，以使其教学充满生机；同时，他必须恰当地使用教科书，并采用幽默的教学语言，以激发学生的思维。二是，讲课要引导学生进入完成理智工作的轨道，指导他们形成良好的学习习惯。因此，"在一切情况下，讲课都应当是学习的继续，把已经学过的东西作为基础，继续向前，引导到进一步的独立的学习"[②]。对于教师来说，他必须掌握讲课的艺术，特别是提问的艺术。例如，使学生运用已学过的材料去解决新的问题，引导学生的心灵注意教材内容，使问题能持续地发展下去，周期性地检验和评价以前获得的知识，检查学生已完成的作业和学到的知识，等等。三是，讲课应当检查已经获得的知识，并进行连续不断地检查。其重要性就在于：理解教材上的进步，运用把已学到的知识作为进一步研究和学习工具的能力，改进作为思维基础的一般习惯和态度。

（3）讲课的进行

杜威认为，讲课的进行包括以下四个方面：一是学生的准备。实际上，最好的准备就是引起一种对那些需要解释的、意外的、费解的、特殊的事物的知觉作用。如果学生没有理智的热情，那即使最巧妙的教学方法也不能奏效。但是，教师也必须警惕诸如准备的步骤不能持续过长或过于繁琐、忽视经验的

---

[①] ［美］约翰·杜威.我们怎样思维［M］//约翰·杜威.我们怎样思维·经验与教育.姜文闵，译.北京：人民教育出版社，1991：219.

[②] ［美］约翰·杜威.我们怎样思维［M］//约翰·杜威.我们怎样思维·经验与教育.姜文闵，译.北京：人民教育出版社，1991：221.

生长等危险。二是教师的参与程度。对于教师来说，他的实际问题就在于保持平衡，既不能展示和解说得太少，以至于不能刺激学生的思维；也不能展示和解说得太多，以至于抑制学生的思维。三是让学生说明自己想法的合理性。如果学生对其所提出的推测的合理性没有负责的态度，那讲课对推理能力的训练实际上就不会起到什么作用。对于教师来说，他必须允许学生在思想上有从容不迫的消化的机会。四是让学生集中注意核心论题或典型事例，而避免注意力分散。对于教师来说，他应该下功夫去选取典型事例作为思维的中心，以使思维正常地进行。

（4）教师在讲课中的作用

杜威认为，传统教育把教师看成是一个独裁的统治者，而现代教育把教师看成是一个微不足道的因素或一个有害的人物，那都是不对的。"实际上，教师是一个社会团体的明智的领导者。作为一个领导者，教师所依靠的不是其职位，而是其广博的、深刻的和成熟的经验。"[①] 对于教师来说，他是团体中的一个成员，最懂得团体中各个成员的需要和可能。因此，主张为了尊重受教育者的心智自由，教师就必须放弃他所有的领导权力，以及所有的想法均须由学生自己提出，那是愚蠢的和错误的。

杜威还论述了教师成为理智的领导者必须具备三个条件。第一，教师需要有丰富的知识。他的知识要比教科书更为广博，同时必须精通教科书。如果教师预先不掌握、不精通教科书，那他就不可能关注、观察和解释学生的心智反应。第二，教师需要有专业的知识。他要熟悉教育学、心理学和各科教学法，并把它们作为个人观察和判断的指导和工具，作出自己明智的判断。第三，教师必须对个人所教的学科有特殊的准备。在讲课之前，教师应当想到各种问题，例如，学生先前的经验和学到的知识中有哪些可以利用？如何帮助

① ［美］约翰·杜威.我们怎样思维［M］// 约翰·杜威.我们怎样思维·经验与教育.姜文闵，译.北京：人民教育出版社，1991：227.

学生形成新旧知识的联系？用什么手段激发学生的学习动机？如何把教材讲清楚？如何使主题个性化？等等。

在讨论了上述四个方面后，杜威还强调了欣赏在思维中的重要性。他认为，思维、知识和欣赏是不可分的，之间没有内在的对立。他明确指出："人在本性上和在常态中是一个整体。只有理智与情绪、意义与价值、事实与想象融合在一起，才能形成品性和智慧的整体。对任何学科教学的检验，最后要以学生对该学科生动的欣赏程度为依据。"①

**6. 对全书总结的"一般性结论"**

这是对《我们如何思维——再论反思性思维与教育过程的关系》全书的总结。其中，杜威讨论了三个思维因素，并综合地评述了我们应该如何思维。这三个思维因素就是"无意识的和有意识的""过程和结果""远和近"。

一是"无意识的和有意识的"。杜威认为，一切富有成效的思维都包含有无意识的和有意识的、前进的和分析的有节奏的变化。其中，无意识为我们提供了自发性行为和新的兴趣，有意识则为我们提供了控制和掌握思维的能力。在学习某门学科的早期阶段，有大量自发的无意识活动；但在学习的后一阶段，就应当鼓励有意识的阐述和复习、有意识的总结和组织，这是绝对必要的和大有益处的。杜威强调指出："检验教育的成功与否，最为重要的是看这种教育是否培养出一种思维形式，能够在无意识的和有意识的之间保持平衡的关系。"②他还指出："当心智不再专注于问题时，意识也松弛一下它的紧张状态的时候，就出现了一个潜伏期。……潜伏期是思维的有节奏的运动过程中的

① ［美］约翰·杜威.我们怎样思维［M］//约翰·杜威.我们怎样思维·经验与教育.姜文闵，译.北京：人民教育出版社，1991：231.
② ［美］约翰·杜威.我们怎样思维［M］//约翰·杜威.我们怎样思维·经验与教育.姜文闵，译.北京：人民教育出版社，1991：233.

一个阶段。"①

二是"过程和结果"。杜威认为，在心智生活中，过程和结果同样也具有平衡的特征。于是，他以游戏和工作的关系为例进行了具体论述。在杜威看来，在游戏中，兴趣集中于活动过程，与结果并无多大的关系；而在工作中，由结果来控制着注意力和手段。这两者只是兴趣方向和强调重点存在着差异，但它们并没有分离。然而，如果有意识地把两者孤立起来，就会造成它们的分离，从而使游戏变成顽皮傻闹，使工作变成苦役。因此，游戏和工作的分离，就是过程和结果的分离，从而造成了对理智的危害。为了实现游戏态度和工作态度的平衡，就需要艺术家的理想和态度。教师应该是艺术家，但其关键是看他能否培养学生也具有艺术家的态度，看他能否把教学的热情转化为教学的有效力量。当然，"既要提出激动人心的目的，又具有训练实施的手段，并使两者和谐一致，这既是教师的难题，又是对教师的酬报"②。

三是"远和近"。由思维因素中远和近的关系谈起，杜威又提及了陌生和熟悉、新和旧、难和易、观察和想象、个人经验和种族经验等诸种关系。他认为，思维因素中的这些关系之间都存在着平衡的问题。例如，在难和易的关系上，太容易了就没有探究的基础，太困难了就无法进行探究；在陌生和熟悉的关系上，完全熟悉的事物并不能引起注意，奇异陌生的事物才能有新的刺激；在个人经验和种族经验上，从人和事物相接触中所获得的个人经验是狭隘的，从知识传播中所获得的种族经验是广泛的。因此，只有处理好这些关系的平衡，才能出现最好的思维。

在全书的最后，杜威强调指出："充满活力的教师能够传播知识，激励学生通过感官知觉和肌肉活动的狭窄的门户，进入更完满、更有意义的人生；而

---

① ［美］约翰·杜威.我们怎样思维［M］// 约翰·杜威.我们怎样思维·经验与教育.姜文闵，译.北京：人民教育出版社，1991：235.

② ［美］约翰·杜威.我们怎样思维［M］// 约翰·杜威.我们怎样思维·经验与教育.姜文闵，译.北京：人民教育出版社，1991：239.

单纯的教书匠，却止步不前，无所作为。真正的传播知识，包含着思想的传导；如果传播知识不能使儿童和他的种族之间产生共同的思想和目的，那么，所谓传播知识不过是徒有虚名而已。"①

### 三、《我们如何思维》的学术影响

杜威的《我们如何思维》一书在 1910 年出版后，就成为了那些被称为"进步的"教育者们的圣经，受到了热烈的欢迎，被广泛地阅读。其原因就在于杜威如此简单而清晰地告诉人们如何思维。因此，《我们如何思维》1910 年第一版出版后，仅仅在 1910 年至 1911 年间，就出现了 9 篇评论，具体有：《民族》（*Nation*）1910 年 5 月 5 日、《ALA. 书目》（*ALA Bibliotheca*）1910 年第 6 期、《教育评论》（*Educational Review*）1910 年第 40 卷、《独立》（*Independent*）1910 年第 69 卷、《纽约时代书评》1910 年 11 月 5 日、《学校评论》（*School Review*）1910 年第 18 卷、《哲学、心理学与科学方法》（*Philosophy, Psychology and Scientific Method*）1911 年第 8 卷、《哲学评论》（*Philosophical Review*）1911 年第 20 卷、《北达科他大学季刊》1911 年第 1 卷。其中，杜威的学生、美国作家马克斯·伊斯特曼（Max Eastman）在《哲学、心理学与科学方法杂志》上发表的评论文章中指出，《我们如何思维》一书"作为对新逻辑的探索，其特征在于，它正是所揭示的真实思想所在。在这个方面，它是独一无二的。正是在这个方面，作者在所有的所谓实用主义者中出类拔萃。因此，我敢说，这本'教育类'小书包含了他的哲学核心。而且，它是以一种可以为没有被哲学学术所污染的心灵所理解的形式和语言包含着这个核心"②。

---

① ［美］约翰·杜威.我们怎样思维［M］//约翰·杜威.我们怎样思维·经验与教育.姜文闵，译.北京：人民教育出版社，1991：242.
② ［美］约翰·杜威.杜威全集·中期著作第 6 卷［M］.王路，江怡，译.上海：华东师范大学出版社，2012：396.

此外，美国教育学者博伊德·博德（Boyd Bode）在《学校评论》上的文章中也指出，很少有《我们如何思维》这样的书，"把简单性作为多领域学术整合的结果。逻辑学、心理学和教育学的理论都融合于一书，即使外行也能理解"①，"在这本书中，杜威教授对教育理论和哲学作出了一种重要的贡献。……所有教师都将发现这本书是一个获得刺激和启发的源泉，无疑他们将对这本书给予热烈的欢迎，它得到了如此卓越的赞扬"②。当然，应该看到，《我们如何思维》一书的清晰简明风格使得评论家们能够接受杜威的实用主义思维方法。

在 1910 年版《我们如何思维》一书中，杜威对德国教育家赫尔巴特的教学步骤也进行了分析评价。他指出："有一种方法很重要，而且比其他所有方法合理，对'听课'产生更多更好的影响，即赫尔巴特所分析的把一次讲课分为五个连续的步骤。这些阶段就是通常所谓的'教学的形式步骤'。"但是，"赫尔巴特式的方法没有提到作为整个过程的起源和刺激的困难，以及需要说明的差异。因此，赫尔巴特式的方法似乎经常只是把思维处理为获取信息过程中的事情，而不是把后者处理为发展思维过程中的事情"③。

《我们如何思维》一书 1910 年出版后，曾被翻译成许多国家的语言出版。其中，由西班牙教育学者亚历哈德罗·A. 哈斯卡莱维奇（Alejandro A. Jascalevich）翻译成西班牙文（波士顿，1917 年版）；由比利时教育家奥维德·德可乐利（Ovide Decroly）翻译成法文（巴黎，1925 年版）；由葡萄牙教育学者格多弗莱多·兰格尔（Godofredo Rangel）翻译成葡萄牙文（圣保罗，1933 年版）；由波兰教育学者佐夫加·巴斯特杰诺纳（Zofja Bastgenowna）翻

---

① ［美］约翰·杜威. 杜威全集·中期著作第 6 卷［M］. 王路，江怡，译. 上海：华东师范大学出版社，2012：395.

② George Dykhuizen. The Life and Mind of John Dewey［M］. Carbondale：Southern Illinois University Press，1973：140.

③ ［美］约翰·杜威. 杜威全集·中期著作第 6 卷［M］. 王路，江怡，译. 上海：华东师范大学出版社，2012：258–259.

译成波兰文（华沙，1934 年版）<sup>①</sup>。在现代中国，杜威的 1910 年版《我们如何思维》有三个中文译本，具体是：上海中华书局 1925 年出版的刘伯明的中文译本，书名为《思维术》；上海世界书局 1935 年出版的邱谨璋的中文译本，书名为《思想方法论》；上海商务印书馆 1936 年出版的孟宪承等的中文译本，书名为《思维与教学》。在这三个中文译本中，刘伯明的中文译本《思维术》的影响最为广泛。杜威来华后，他曾于 1920 年 1 月在北京高等师范学校作了题为《思维术》的讲演。据《冯友兰先生年谱》一书提及，我国著名学者冯友兰先生 1920 年 1 月下旬至 2 月上旬在美国哥伦比亚大学时阅读了杜威的《思维术》。

德国教育家凯兴斯泰纳在 1914 年出版的《自然科学课程的本质与价值》中引用或直接摘录了杜威的《我们如何思维》一书中的不少内容。他甚至翻译了《我们如何思维》这本书，但没有公开出版而仅供自己写作之用。<sup>②</sup>

对于《我们如何思维》一书，美国纽约市立大学哲学教授 H. S. 塞耶和纽约伦理文化学院院长 V. T. 塞耶也进行了这样的评价："《我们如何思维》这部著作将对思维过程的逻辑描述和分析与专业的教育家和教师的教学手册独特地结合起来，这些教育家和教师们所关心的是年轻人思维的科学和艺术训练。"<sup>③</sup>

杜威的学生、美国教育家克伯屈（William H. Kilpatrick）在他的《杜威对教育的影响》一文中曾这样指出："在杜威的《我们如何思维》一书中，特别是它对思维行动的分析，可以说，使得美国教育发现了作为一种教学方法的

---

① Paul Arthur Schilpp. The Philosophy of John Dewey [M]. Evanston and Chicago：Northwestern University Press，1939：630.

② R. Wegner. Dewey's Ideas in Germany：the Intellectual Response，1901—1933. Wisconsin：The University of Wisconsin-Madison；赵康. "二战" 前德国对杜威教育思想的吸收：外来思想和民族认同的碰撞[G]// 涂诗万.《民主主义与教育》：百年传播与当代审视. 北京：教育科学出版社，2016：59.

③［美］约翰·杜威. 杜威全集·中期著作第 6 卷［M］. 王路，江怡，译. 上海：华东师范大学出版社，2012："导言" 12.

'问题方法'（the problem approach）。"①

随着《我们如何思维——再论反思性思维与教育过程的关系》1933 年的出版，因为杜威对该书进行了很多必要的修订和扩展，所以，这使他有机会澄清某些误解，并使该书更有可读性。杜威改变了对思维过程的心理学态度，提出了很多来自他自己丰富经验的很有价值的教学建议。但有趣的是，有些学者把这本著作中的杜威描绘成以人们更可接受的方式重新包装他的思想。然而，更多的教育学者和心理学者对《我们如何思维——再论反思性思维与教育过程的关系》一书给予了积极的评价。

杜威的学生、美国哲学家和教育家胡克这样指出，1933 年出版的《我们如何思维——再论反思性思维与教育过程的关系》一书，被认为是"教育学家和心理学家中的经典著作"，并"对思维过程和反思性思维的意义作出了尖锐的、深刻的和有价值的分析"；他还指出，在这次对《我们如何思维》1910 年版的修订中，值得注意的地方是："它对 20 多年堆积下来的批评进行了思考。"②对于尼尔森（Nilson）教授批评杜威坚信思维只有解决问题的作用的观点，胡克回应说："杜威对思维的分析最独到之处，在于他证明了具体的活动已经参与到思维过程中的特定环节之中。然而。这并不意味着思维因为行动而存在，而意味着活动是任何思维的整个生命历史中的组成部分。"③

最典型的评论，可能是《星期六文学评论》第 9 卷（1933 年 7 月 1 日）上的评论，评论这样写道，对《我们如何思维》1910 年第一版的"修订很好地完成了……它的呼吁一如既往地是合时宜的。这本书本身为教育改革运动作

---

① George Dykhuizen. The Life and Mind of John Dewey［M］. Carbondale：Southern Illinois University Press，1973：140.

② ［美］约翰·杜威.杜威全集·晚期著作第 8 卷［M］.马明辉，等译.上海：华东师范大学出版社，2015：300-301.

③ ［美］约翰·杜威.杜威全集·晚期著作第 8 卷［M］.马明辉，等译.上海：华东师范大学出版社，2015：302.

出了贡献。这场运动带着它固有的所有错误，把学校教育的气氛搞得更为健全，比这场运动开始时还要清新"①。

美国杜威研究知名学者戴克威曾教授对杜威1933年出版的《我们如何思维》一书作了这样的评论："除了《教育中的兴趣与努力》这本专著外，在这时杜威教育著作中影响最大的就是《我们如何思维》。尽管这本书在杜威教育哲学上并没有新的东西，但它用一种新的方式来表达这种教育哲学。其最初的设想是给教师提供一种帮助，因而采用一种简单的和非技术的风格来写，全部使用来自教室里的和日常经验的例证。这本书的根本信念就是：如果儿童去学习的话，那就要教他去思考，因为学习过程就是思维过程。《我们如何思维》几乎直接就成为了教育文献中的经典，对教育实践产生了巨大的影响……"②

尤其重要的是，在《我们如何思维》一书中，杜威首创性地提出了"反思性思维是最好的思维方式""学习就是要学会思维""思维是一种艺术""思维需要从儿童早期得到自然的发展""真正的自由是理智的""只有理解才是真正的学习""讲课是刺激、指导儿童思维的场所和时间"等观点，充分体现了该书在思维理论及思维训练上的学术价值和现代意义。

相比传统的教育理论，杜威所创立的现代教育理论提出了两个首创性的主题：一是"如何做"，二是"如何思维"。正是在《我们如何思维》（1910年版，1933年修订版）一书中，他详尽地对"如何思维"这一主题进行了阐述。因此，在杜威的所有著作中，《我们如何思维》一书是一个重要的标志。因为在这本著作中，杜威首次描述了他对完整的反思性思维过程的五步分析，这从而成为他的整个思维中科学方法的典范。杜威关于思维本质的看法，以及在《我们如何思维》中表现的训练方法，截然不同于当时普遍流行的一些主

① ［美］约翰·杜威.杜威全集·晚期著作第8卷［M］.马明辉，等译.上海：华东师范大学出版社，2015：303.

② George Dykhuizen. The Life and Mind of John Dewey［M］. Carbondale：Southern Illinois University Press，1973：139.

张，因此对哲学和教育产生了持续而深远的影响。

据不完全统计，1933 年出版的《我们如何思维——再论反思性思维与教育过程的关系》一书受到了人们的关注和欢迎，它在杜威 1952 年去世之前至少被重印了六次。

更值得注意的是，从美国教育学者伊西多尔·斯塔尔（Isidore Starr）发表在《社会教育》第 34 卷（1970 年）上的评论中，可以看到，在 20 世纪 70 年代，美国学界对杜威 1933 年出版的《我们如何思维——再论反思性思维与教育过程的关系》一书所表现出的持续的关注度。斯塔尔教授在他的评论中这样指出："自从 1933 年修订以来，该书就一直是社会研究教育家（social studies educators）所关注的热点。……越来越多的教师为这本薄薄的册子所吸引和影响；与此同时，近几年更多发人深思的社会研究方法的书籍围绕杜威这个主题展开了讨论。……对我们来说，沿着老路走而由此变得陈腐和教条是十分容易的。对这种挥之不去的危险，最好的解药之一就是定期向杜威的经典著作进行朝圣之旅。"[1]

---

① John Dewey. Colleted Works of John Dewey. The Middle Works of John Dewey. Vol. 8［M］. Carbondale：Southern Illinois University Press, 1986：392.

# 《经验与教育》导读

　　*根本的问题并不在于新教育和旧教育的对比，也不在于进步教育和传统教育的对立，而在于究竟什么东西才有资格配得上教育这一名称。*

*——约翰·杜威*

　　《经验与教育》（*Experience and Education*，1938）一书是美国著名教育家约翰·杜威的一本晚期教育代表作。这是他对当时教育领域存在的"传统教育"和"进步教育"之间的论争进行简要而深刻阐述的一本教育经典著作。

## 一、《经验与教育》的出版背景

　　可以肯定的是，杜威本人最持久的影响是在教育领域。从他的立场看，教育哲学就是哲学最重要的一种形态。杜威坚信理论和实践是统一的，因此，他不仅在这个问题上进行理论思考和论著撰写，而且还进行了芝加哥大学初等学校长达8年的教育实验。从诸如《学校与社会》《明日之学校》等杜威早期和中期教育著作中，可以清楚地看到，在他的教育实验时期以及之后的很长一段时期，对于美国当时兴起和发展的进步教育运动以及多种多样的进步学校，杜威不仅是精心观察的，而且是深刻思考的，他本人甚至被人们误认为是"进步教育运动代言人"。但是，随着进步教育运动的方向在20世纪20年代后发生了改变，更为强调个人自我表现，并采取了一些愚蠢的方法，因而"进步教育"一词竟然也变成了陈词滥调。对于"进步教育"的一些做法，杜威也是提出过批评的。正是在这种情况下，他受到了来自"传统"和"进步"两方面的批评与误解。因此，这促使杜威进一步思考一个根本问题："究竟什么东西才有资格配得上'教育'这一名称。"①

杜威在教育领域的最重要著作是 1916 年出版的《民主主义与教育》，这是他的教育思想的最系统的综合性阐述。1938 年，在《民主主义与教育》出版 22 年后，杜威又出版了《经验与教育》一书。显然，这是杜威根据进步学校实践的经验以及他的教育理论所受到的批评和误解，对他自己的教育思想进行的一次重新阐述。在某种意义上，《经验与教育》一书不仅是 20 世纪公认的最重要的教育理论家杜威对教育问题的最简要的阐述，而且可能是杜威对教育这个主题所撰写的最易读的扩展性论述。

《经验与教育》一书 1938 年由纽约麦克米伦出版公司出版，共 116 页，系杜威 1938 年 2 月 25 日在国际教育荣誉学会（KDP）系列讲座上作的第十个讲演。应该说，这本篇幅并不很长的著作是杜威呈现给国际教育荣誉学会系列讲座（The Kappa Delta Pi Lecture Series）的，因为他的这本书结束了国际教育荣誉学会系列讲座的第一个 10 年周期，所以，这本书也可以说是杜威作为国际教育荣誉学会的第一位讲演者② 和第十位讲演者的一种周年纪念的出版物。正如国际教育荣誉学会出版物编辑霍尔 – 奎斯特（Alfred L. Hall-Quest）在《经验与教育》1938 年版的"编者前言"中所指出的："《经验与教育》为国际教育荣誉学会系列讲座的第一个十年画上了圆满的句号。……与杜威的其他著作相比，《经验与教育》虽然简短，但对教育哲学的贡献却至关重要。"③

为了清楚地理解"传统教育"和"进步教育"的理论并致力于一种共同努力，国际教育荣誉学会执行委员会要求杜威在他的讲演中谈论教育理论上一

---

① ［美］约翰·杜威. 我们怎样思维［M］// 约翰·杜威. 我们怎样思维·经验与教育. 姜文闵，译. 北京：人民教育出版社，1991：305.

② 1929 年 2 月 26 日，杜威在俄亥俄州克利夫兰市的国际教育荣誉学会上作了题为《教育科学的资源》的讲演. 他是国际教育荣誉学会系列讲座的第一位讲演者.

③ ［美］奎斯特. 经验与教育·编者前言［M］//［美］约翰·杜威. 杜威全集·晚期著作第 13 卷. 冯平，刘冰，胡志刚，等译. 上海：华东师范大学出版社，2015：317.

些有争议的问题。确实，在这次讲演中，杜威不仅很透彻地分析了"传统教育"和"进步教育"二者，而且利用这个机会回答了当时以哥伦比亚大学师范学院教授、要素主义教育家巴格莱（William C. Bagley）为代表的传统教育家的质疑。

早在 1902 年出版的《儿童与课程》中，杜威就已经指出了那时被称为"旧教育"与"新教育"的弱点："旧教育"让儿童服从课程，要求教师主动而学生被动；"新教育"则让课程依从儿童，要求学生主动而教师被动。事实上，在《经验与教育》一书中，杜威既反对"旧教育"，也不满"新教育"。因此，他不仅分别用"传统教育"和"进步教育"来取代原先使用的"旧教育"与"新教育"，而且对"传统教育"和"进步教育"都进行了透彻的分析。在他看来，"进步教育"仅仅是一种使个体富有理智和富有科学方法，从而使他们的社会变得更好、更进步的教育。

在杜威出版《经验与教育》的这一时期，美国教育界还处于教育思想的一片混乱之中。显然，这种教育思想的混乱在一定程度上令人遗憾地分散了美国教育的力量，并为相互冲突的双方贴上了所谓的标签。杜威之所以撰写出版《经验与教育》一书，就是针对当时教育领域的理论和实践之争，即"传统教育"和"进步教育"之间的论争，在深刻思索的基础上对自己的教育观点进行简要阐述，并提出如何来处置此项论争。在《经验与教育》一书"前言"的最后，杜威这样写道："本书试图引起对教育问题更广泛的、更深刻的关注，从而提出更适当的解决这些问题的参照标准，这就是本书的价值之所在。"①

---

① ［美］约翰·杜威. 经验与教育·前言［M］//约翰·杜威. 杜威全集·晚期著作第 13 卷. 冯平，刘冰，胡志刚，等译. 上海：华东师范大学出版社，2015：4.

## 二、《经验与教育》的主要内容

《经验与教育》一书除"前言"外，全书共8章。该书可以分为五个部分，第一部分：传统教育与进步教育的对立（第1章）；第二部分：经验的理论（第2—3章）；第三部分：社会控制与个人自由（第4—5章）；第四部分：目的的意义和进步学校的教材组织（第6—7章）；第五部分：经验——教育的方法和目标（第8章）。

在"前言"中，杜威对《经验与教育》一书的价值进行了十分简要的阐述。其中，主要包含以下三个观点①：

一是，在教育领域内存在着理论的和实践的论争。杜威指出："一切社会运动都包含着种种矛盾，而种种论争便是这些矛盾在理论上的反映。教育是一种重要的社会福利事业，如果在教育领域内不存在理论的和实践的种种斗争，那就不是正常的现象。"

二是，需要建立一种教育哲学。杜威指出："教育哲学的任务意味着需要引入一套新的观念，以指导一种新型的实践。正因为如此，离开传统和习俗而建立一种教育哲学，是一件非常困难的事情。同样道理，根据一套新的观念来管理学校，比之因循守旧是更为困难的。"

三是，探求新教育运动应当只思考教育本身的含义。杜威指出："探求新教育运动的前景以适应新社会秩序的现实需要的人，应当只思考教育本身的含义，而无需顾及关于教育的一些'主义'，甚至连'进步主义'也不必考虑。因为，抛开本书的含义，任何一种以'主义'为思想和行动依据的运动，都会陷入被其他'主义所控制的运动的对立面'。"

---

① ［美］约翰·杜威. 经验与教育·前言［M］// 约翰·杜威. 我们怎样思维·经验与教育. 姜文闵，译. 北京：人民教育出版社，1991：246.

### （一）传统教育与进步教育的对立

在这一部分（第1章《传统教育与进步教育的对立》），杜威主要论述了"传统教育的特点""新教育和进步学校的共同原则""需要一种新的教育哲学"三个方面。

在全书的一开始，杜威就深刻而富有启迪地指出："人类喜欢采用极端对立的方式去思考。他们惯用'非此即彼'的方式来表达他们的信念，认为在两个极端之间没有种种调和的可能性。……教育哲学也不例外。"同时，他还明确指出："教育理论的历史表明了教育内发说和教育外铄说两种观念的对立：前者认为，教育以自然禀赋为基础；后者认为，教育是克服自然的倾向，通过外力强制而获得习惯的过程。就现时学校的实际情况来看，这种对立的倾向表现为传统教育和进步教育两者之间的对立。"①

#### 1. 传统教育的特点

杜威认为，传统教育的特点可以概括为三点：一是，把过去已经成型的知识和技能的体系作为教材，因此，学校的主要任务是把这些知识和技能的体系传授给新的一代；二是，在过去已经建立了各种行为的标准和规则，因此，道德训练就是形成符合这些标准和规则的行动的习惯；三是，同其他社会机构相比，学校组织的一般模式具有极为显著的特征和明显的区别。由此，杜威指出："上面提到的三个特点规定了（传统教育的）教学和训练的种种目的及方法。主要的目的或目标是使青年一代获得教材中的有组织的知识体系和完备的技能，以便对未来的责任和生活上的成功，作好准备。……书籍，特别是课本，乃是过去的学问和智慧的主要代表，而教师们的机能则是使学生同教材有效地联结起来。教师们是传授知识技能和实施行为规则的执行者。"②

---

① ［美］约翰·杜威.经验与教育［M］// 约翰·杜威.我们怎样思维·经验与教育.姜文闵，译.北京：人民教育出版社，1991：248.
② ［美］约翰·杜威.经验与教育［M］// 约翰·杜威.我们怎样思维·经验与教育.姜文闵，译.北京：人民教育出版社，1991：248-249.

尽管杜威自己说，对传统教育作这样简要的概括，其目的并不是批判这种基本的哲学，但他接着还是表达了对传统教育的含蓄的批评。他这样指出："传统（教育）的计划，本质上是来自上面的和来自外部的灌输。它把成年人的种种标准、教材和种种方法强加给仅是正在缓慢成长而趋向成熟的儿童。它所规定的教材、学习和行为的种种方法，不适合儿童的现有能力，二者之间差距极大。这些教材和方法，超出年青的学习者的已有经验范围，是他们力不能及的东西。因而，即使一些优秀的教师想用熟练的技巧来掩饰这种强制性，以缓和明显的粗暴性，结果那些教材和行为规则必定还是硬塞给儿童的。"① 在杜威看来，正是成年人所提供的东西同儿童的经验和能力之间隔着的一道鸿沟，妨碍了儿童积极参与教育的过程。

**2. 新教育和进步学校的共同原则**

杜威认为，新教育和当时存在的各种进步学校就是因对传统教育的不满而兴起的。就其本身而言，这种兴起实际上正是对传统教育的一种批评。

在杜威看来，从各种进步学校中可以发现六条共同原则：第一条原则是，反对来自上面的和来自外部的灌输，主张表现个性和培养个性；第二条原则是，反对外部纪律，主张自由活动；第三条原则是，反对向教科书和教师学习，主张从经验中学习；第四条原则是，反对通过训练获得孤立的技能和技术，主张把技能和技术当作达到直接的切身需要的手段；第五条原则是，反对或多或少地为遥远的未来作准备，主张尽量利用现实生活中的各种机会；第六条原则是，反对固定的目的和教材，主张熟悉不断变化着的世界。

但是，杜威也明确指出，所有的原则都是抽象的，只有在应用这些原则产生了种种结果时，它们才会变为具体的。因此，一切都决定于这些原则在学校和家庭中付诸实施时所作出的解释。正因为如此，前面所说"非此即彼"

---

① ［美］约翰·杜威. 经验与教育［M］// 约翰·杜威. 我们怎样思维·经验与教育. 姜文闵，译. 北京：人民教育出版社，1991：249.

的哲学就显得特别切题。例如，当外在的控制和权威被抛弃时，并不意味着继而抛弃一切权威，而是需要寻找一个更有效的权威之源。又如，反对旧教育强迫儿童接受成人的知识、方法和行为规则，并不是说成年人的知识和技能对未成年人没有指导价值。

### 3. 需要一种新的教育哲学

杜威认为，新的教育变革运动往往有一种危险，即当抛弃它将取而代之的目标和方法时，可能只是消极地而不是积极地、建设性地提出自己的原则。于是，在教育实践中，新的教育变革运动是从被它抛弃的东西里获取解决问题的启示，而不是建设性地发展自己的哲学，从而寻求问题的答案。因此，新的教育变革运动需要一种新的教育哲学，即一种新的经验哲学。也就是说，"解决这个问题，需要对形成个人经验具有深刻影响的各种社会因素加以深思熟虑的哲学"①。

杜威还认为，新教育的一般原则虽然不能解决进步学校在具体实施和管理上的所有实际问题，但它提出了一个需要依据新的经验哲学来加以解决的新问题。如果以为抛弃旧教育的观念和实践就足够了，并且要走到对立的极端上去，那么这些问题不仅没有得到认识，甚至还没有被认识到。

因此，杜威强调指出："一种教育理论和实践，只是消极地反对曾在教育中流行的东西，而不是以经验的理论及其教育潜在能力为基础，去积极地建设性地发展目标、方法和教材，这将意味着什么？一种标榜以自由观念为基础的教育哲学也可能变成像它所曾反对的传统教育那样武断，这种说法并不过分。任何理论和实践，如不以批判性地检验自身的根本原则为基础，那就是武断的。"② 具体来讲，有许多问题是值得讨论的。例如，自由的内涵是什么？在什

---

① [美] 约翰·杜威.经验与教育 [M] // 约翰·杜威.我们怎样思维·经验与教育.姜文闵，译.北京：人民教育出版社，1991：251.

② [美] 约翰·杜威.经验与教育 [M] // 约翰·杜威.我们怎样思维·经验与教育.姜文闵，译.北京：人民教育出版社，1991：252.

么情况下自由才能实现？在促进未成年人的教育发展中，教师和书本的作用是什么？等等。在杜威看来，"我们的问题就在于探索怎样把过去的知识转化为处理未来问题的有力工具。……当我们这样做的时候，我们就会遇到教育史中的一个新问题：儿童怎样才能熟悉过去，并能使这种熟悉变成评价和认识现实生活的强大的动力？"①

在后面的第 2 章《需要一种经验理论》中，杜威又一次论及，教育改革家和革新者以及进步学校需要一种新的教育哲学。他这样指出："进步学校不能依靠已经建立的传统和制度化的习惯，正因为如此，进步学校的工作不是或多或少在漫无目地进行，就是需要由一些观念作为指导，而这些观念清晰连贯地形成一种教育哲学。……进步教育的教训是，它迫切需要一种以经验哲学为基础的教育哲学，比之以往革新者，它的需要更为迫切。"② 他还指出："教育哲学，像任何理论一样，必须用文字和符号来表述。但是，它不仅是一种语言的表述，而且还是指导教育的一种计划。像任何计划一样，它必须依据应当做什么和怎样去做来建立它的结构。"③

**（二）经验的理论**

在这一部分（第 2 章《需要一种经验的理论》、第 3 章《经验的标准》），杜威主要论述了"需要一种经验理论""经验的标准"两个方面。

**1. 需要一种经验理论**

杜威认为，需要建立一种经验理论，以便使教育能够在经验的基础上合理地进行。"用生活的经验来解释教育的意义，教育的计划与设计就要建立

---

① ［美］约翰·杜威. 经验与教育［M］// 约翰·杜威. 我们怎样思维·经验与教育. 姜文闵，译. 北京：人民教育出版社，1991：252.

② ［美］约翰·杜威. 经验与教育［M］// 约翰·杜威. 我们怎样思维·经验与教育. 姜文闵，译. 北京：人民教育出版社，1991：256.

③ ［美］约翰·杜威. 经验与教育［M］// 约翰·杜威. 我们怎样思维·经验与教育. 姜文闵，译. 北京：人民教育出版社，1991：255.

和采纳一种明智的理论。如果你觉得合适，可称之为经验哲学（philosophy of experience）。"① 在杜威看来，对于信仰新教育的人来说，反对传统教育的哲学和实践伴随着一个新的教育难题。如果我们未能认清这个事实，未能彻底认识到摆脱过去并不能解决任何问题，那我们就将会盲目地、混乱地去工作。因此，"在全部不确定的情况中，有一种永久不变的东西可以作为我们的借鉴，即教育和个人经验之间的有机联系。或者说，新教育哲学专心致志地寄希望于某种经验的和实验的哲学"②。这清楚地表明，教育者要想知道经验主义的含义，就必须理解"经验是什么"。但值得注意的是，杜威还这样指出，试图以生活经验为基础观念作为建立学校的基础，在实际中必然会出现一些矛盾的和混乱的情况，这是需要避免的。

在需要一种经验理论上，杜威论述了"不能把经验和教育直接等同起来""在传统教育中学生和教师所具有的经验大部分是不完全的""教育是属于经验、由于经验和为着经验的一种发展过程""新教育比传统教育更为困难"四个方面。

（1）不能把经验和教育直接等同起来

杜威认为，一切真正的教育都是来自经验的，但这并不表明一切经验都具有真正的或同样的教育性质，因此，不能把经验和教育直接等同起来，因为有些经验具有错误的作用。任何对经验的持续增长有阻碍作用的经验，都具有错误的教育作用。在传统教育中，可以见到很多相关的例子。例如，一种经验若使人缺乏感受性和反应性，就会限制将来获得比较丰富的经验的可能性。又如，一种经验使人增加了机械的技能，却可能使他陷入陈规旧套，其结果就会缩小经验继续增长的范围。再如，一种经验使人感到欢乐，却可能使他养成懒

---

① ［美］约翰·杜威.经验与教育［M］// 约翰·杜威.我们怎样思维·经验与教育.姜文闵，译.北京：人民教育出版社，1991：273.

② ［美］约翰·杜威.经验与教育［M］// 约翰·杜威.我们怎样思维·经验与教育.姜文闵，译.北京：人民教育出版社，1991：253.

散马虎和不细心的态度，其结果就会改变后来的经验的性质，因而妨碍他获得经验应该给予的东西。

（2）在传统教育中学生和教师所具有的经验大部分是不完全的

杜威认为，一切事情都依赖已有经验的性质。如果觉得传统教育的课堂不是学生获得经验的场所，那是巨大的错误。但是，在传统教育中，学生和教师所具有的经验大部分是不完全的。正因为如此，许多学生受传统的学习方法的影响，而失去了学习的动力；许多学生通过机械练习获得了一些专门技能，他们的判断力和在新情况下合理的行动能力受到了限制；许多学生一提起学习就联想到无聊和厌倦，一提起书本就联想到劳役；还有许多学生发现他们学过的东西与校外生活情境很不相同，而没有能力控制校外生活情境。

究其原因，杜威认为，就是传统教育没有很好地强调经验的必要性，尤其没有强调活动在经验中的必要性。因此，他强调指出："它向教育者提出了一个问题。即教育者的任务是安排那种不使学生厌恶而能引起学生活动兴趣的经验，由于它促使学生获得渴望的未来的经验，所以它的作用比直接获得适意的经验还要大得多。……因而，以经验为基础的教育，其中心问题是从各种现时经验中选择那种在后来的经验中能够丰满而具有创造性的生活的经验。"[①]

（3）教育是属于经验、由于经验和为着经验的一种发展过程

对于"教育是什么"这一问题，杜威认为，教育是"属于"（in）经验的、"由于"（by）经验的、"为着"（for）经验的。他强调指出："教育是属于经验、由于经验和为着经验的一种发展过程，愈是明确地和真诚地坚持这种主张，对于'教育是什么'应有一些清楚的概念就愈加显得重要。""教育哲学是属于经验、由于经验和为着经验的。'属于'、'由于'和'为着'这些词，没有哪一个是自明的。其中，每个词都促使人们去发现并且实施一种有关程序的和

---

组织的原则，这种原则是从理解教育性经验的涵义中引导出来的。"①

在杜威看来，如果不把经验理解为决定教材、教学方法以及决定学校的物质设备和社会组织的计划，那经验就完全是不切实际和虚幻的；如果不把经验看作是已经开始实施的行动计划，那经验就会流于一种文字的形式或被另一种文字的形式所替代。

（4）新教育比传统教育更为困难

杜威认为，新教育要设计出适合自身的教材、教学方法和社会关系，这是它比传统教育承担的任务更为困难的事情。如果认为新教育也许比传统教育更为容易，那么所遇到的困难就会更多，所受到的批评也会更多。例如，一说到学校的"组织"，人们几乎马上就会想到旧学校的各种学习情境而产生反感，因而对新的组织表现出畏缩不前的态度。但是，以为新教育就是不要做传统教育所做过的一切事情，这也正是"非此即彼"的哲学发源的一种观念。值得注意的是，在后面的第 3 章《经验的标准》中，杜威又一次论及新教育比传统教育更为困难这一问题。他指出，相比传统教育制度，在教育和经验必须联系起来的新教育制度下，教育者不仅要熟悉学校环境，而且还要了解当地社会环境的各方面情况。因此，他们肩负着更多的重担，实施起来也会有更多的困难。

在杜威看来，新教育在原则上比传统教育更简单，但是简单和容易两者并不是等同的。新教育的原则同生长的原则是一致的，而传统教育在教材选择、课程安排和教学方法上却有很多人为之处。因此，他强调指出，一种经验理论将为教材选择和教学方法组织提供积极的指导。"要想使学校的工作有一个新的方向，就需要这种理论。这是一个缓慢而艰苦的过程。这个过程就是生长，在这个过程中，有许多障碍物会妨碍生长并使生长偏离正途，而走上错误

---

① ［美］约翰·杜威.经验与教育［M］// 约翰·杜威.我们怎样思维·经验与教育.姜文闵，译.北京：人民教育出版社，1991：255-256.

的路径。"①

**2. 经验的标准**

在经验的标准上，杜威论述了"经验的不同价值""经验的两个原则""经验的连续性原则和交互作用原则的关系""为未来作预备的真正含义"四个方面。

（1）经验的不同价值

杜威认为，经验的不同价值主要表现在不同经验的内在价值，即有教育价值的经验和无教育价值的经验上。经验的连续性，既是区分经验的不同价值的基础，也是区分经验有无教育价值的标准。对不同经验的内在价值的区分，不仅对批判传统类型的教育是必要的，而且对引进和实施一种不同于传统类型的教育（即进步教育）也是必要的。

在杜威看来，把进步学校与传统学校进行对比，可以发现它们两者有两个不同之处。具体来讲，一是，进步学校所实施的程序似乎更符合所崇尚的民主观念，而传统学校的程序有太多的专制性质；二是，进步学校的方法是温和的和有人性的，而传统学校的方法往往是粗暴的和严酷的。因此，进步学校会有助于更多的学生获得更多的经验，能够在更广阔的范围内为他们提供更好的经验。

（2）经验的两个原则

杜威认为，经验的原则有两个：

一是连续性原则，或称经验的连续性原则。所谓经验的连续性原则，是指每种经验从过去的经验中吸纳了某些东西，同时又能以某种方式改变未来经验的性质。在每种情况下，经验都存在着某种连续性。这里，杜威以"生长"作为例证来说明经验的连续性："如果用主动分词'生长着'来理解生长，那

---

① ［美］约翰·杜威. 经验与教育［M］// 约翰·杜威. 我们怎样思维·经验与教育. 姜文闵，译. 北京：人民教育出版社，1991：257.

么教育过程就是生长过程。生长或发展着的生长，不仅指身体的生长，而且指智力和道德的生长，这是经验连续性原则的一个例证。"① 在他看来，从生长即教育和教育即生长的立场来看，问题在于这种方向的生长是促进还是阻碍一般的生长，是为进一步生长创造各种条件还是设置各种框框。因此，"教育即生长或成熟，应当是一种永远现时的过程"②。

杜威指出，经验的连续性原则虽然可以按照某种方式应用于每种情况，但现有经验的性质会影响应用这一原则的方式。应该看到，经验的连续性原则也有可能使一个人局限于低级的发展水平，限制他以后的生长能力。但是，如果经验能够激起一个人的好奇心和创造力，并树立起强烈的克服一切艰难困苦的愿望和目标，那么经验就是生长的一种推动力。因此，杜威指出："教育者的任务就在于看到一种经验所指引的方向。如果教育者不用其较为丰富的见识去帮助未成年者组织经验的各种条件，反而抛弃其见识，那么他的比较成熟的经验就毫无作用了。不考虑经验的推动力，并且不按照它所推动的方向去评断和指导经验，便是不忠实于经验的原则。"③

杜威还指出，教育者必须能够判断哪些态度有真正引导继续生长的作用，哪些态度起着阻碍继续生长的作用；同时，教育者还要理解各个儿童的真实情况。这里，杜威以文明和野蛮的不同为例，指出每种真正的经验都有主动的一面，这主动的一面可以在某种程度上改变产生经验的客观条件。他还以不同环境中儿童的不同经验为例，指出经验不是在真空里产生的，在个人以外还有产生经验的一些源泉，经验不断地从这些源泉中汲取养分。杜威强调指出："教

① ［美］约翰·杜威.经验与教育［M］// 约翰·杜威.我们怎样思维·经验与教育.姜文闵，译.北京：人民教育出版社，1991：261.

② ［美］约翰·杜威.经验与教育［M］// 约翰·杜威.我们怎样思维·经验与教育.姜文闵，译.北京：人民教育出版社，1991：272.

③ ［美］约翰·杜威.经验与教育［M］// 约翰·杜威.我们怎样思维·经验与教育.姜文闵，译.北京：人民教育出版社，1991：263.

育者不必实施强迫性灌输，就能知道儿童的经验。教育者的主要责任是，不仅要通晓环境所形成的实际经验的一般原则，而且要认识到实际上哪些环境有利于引导生长的经验。最为重要的是，他们应当知道怎样利用现有的和社会的环境，并从中提取一切有利于建立有价值的经验的东西。"①

在杜威看来，传统教育的弊病曲解了经验的连续性原则。也就是说，传统教育误解地认为，学生获得某些技能和其所需要的学科知识就是为未来的需要和环境作准备。实际上，学生过去学习的教材是孤立的和互相隔离的，就如同把知识放在不透水的互相隔开的船舱里一样。由于违背了经验的种种规律，因而这些知识在实际的生活环境中不能发挥效用。

二是交互作用原则，或称经验的交互作用原则。所谓经验的交互作用原则，是指经验的教育作用和力量。杜威指出："这个原则赋予经验的客观条件和内部条件这两种因素以同样的权利。任何正常的经验都是这两种条件的相互作用。两者合在一起，或在它们的交互作用中，它们便形成我们所说的情境。"②

这里，杜威以婴儿作为例证来说明经验的交互作用，指出婴儿发展的客观条件（诸如饮食、睡眠等）需要加以调整。杜威认为，对于经验的交互作用来讲，"它的涵义是指个人和各种事物以及个人和其他人之间进行着的交互作用。情境和交互作用这两个概念是互不可分的。一种经验往往是个人和当时形成他的环境之间发生作用的产物。……换句话说，环境就是那些同个人的需要、愿望、目的和能力发生交互作用，以创造经验的种种情况。即使一个人作建立空中楼阁的空想，他也是同他想象中的事物发生交互作用"③。

---

① ［美］约翰·杜威.经验与教育［M］// 约翰·杜威.我们怎样思维·经验与教育.姜文闵，译.北京：人民教育出版社，1991：264-265.

② ［美］约翰·杜威.经验与教育［M］// 约翰·杜威.我们怎样思维·经验与教育.姜文闵，译.北京：人民教育出版社，1991：266.

③ ［美］约翰·杜威.经验与教育［M］// 约翰·杜威.我们怎样思维·经验与教育.姜文闵，译.北京：人民教育出版社，1991：267.

这里，杜威还以教材作为例证来说明经验的交互作用，指出教材若不适应个人的需要和能力，会使经验丧失教育作用；个人若不适应教材，也会使经验丧失教育作用。

在杜威看来，传统教育的弊病违反了经验的交互作用原则。也就是说，传统教育几乎不注意能够决定经验的内在因素（受教育者的能力和目的），而只强调控制经验的外部条件（教材和教学方法）。但是，对于新教育来说，也不能从另一方面违反经验的交互作用原则。

（3）经验的连续性原则和交互作用原则的关系

杜威认为，经验的连续性原则和交互作用原则就是经验的纵向联系和横向联系，两者是密切相联的。他这样指出："连续性和交互作用这两个原则彼此不是分开的。它们互相交互又互相联合。可以这样说，它们是经验的经和纬的两个方面。"① 在杜威看来，这两个紧密相关的原则是衡量经验的价值的标准。只有当相继出现的经验彼此结合在一起时，才能存在完整的人格；只有建立各种事物联结在一起的世界，才能形成完整的人格。

杜威还认为，经验的连续性原则和交互作用原则彼此积极生动的结合，正是衡量经验的教育意义和教育价值的标准。因此，负有决定环境责任的教育者必须随时密切关心产生经验交互作用的种种环境。因为在这种环境中，受教育者当时的能力和需要可以发生交互作用，从而创造有教育价值的经验。

（4）为未来作预备的真正含义

杜威认为，"在某种意义上，每种经验都应该提供某些东西，使人作好准备去获得未来的更深刻、更广泛的经验。这正是经验的生长、经验的连续性和经验的改造的涵义"②。在他看来，"预备"在教育计划中的真正意义，就是指

① ［美］约翰·杜威.经验与教育［M］// 约翰·杜威.我们怎样思维·经验与教育.姜文闵，译.北京：人民教育出版社，1991：267.
② ［美］约翰·杜威.经验与教育［M］// 约翰·杜威.我们怎样思维·经验与教育.姜文闵，译.北京：人民教育出版社，1991：270.

一个人从其现时具有的经验中获得对他有用的全部东西。

但是，杜威也指出了"预备说"的两个不足之处。一是，如果学习违背了经验的种种规律，那么即使这种学习在当时是多么精深，也不能产生真正的预备作用。二是，在对未来的预备上，养成忍耐的态度、喜欢和不喜欢以及继续学习的欲望等"附带学习"往往比知识学习更为重要，因为这些态度对于未来的价值是更为根本的。因此，杜威最后强调指出："如果把预备当作控制的目的，那么就由于假定的未来而牺牲了现时的种种潜在的能力。一旦出现了这种情况，就误解或歪曲了为未来作预备的真正的涵义。……只有从每一当时的现有的经验中吸取全部意义，才是为在未来做同样的事作好预备。……现在和未来的关系并不是一种非此即彼的关系。无论如何，现在总要影响未来。"①

### （三）社会控制与个人自由

在这一部分（第4章《社会的控制》、第5章《自由的性质》），杜威主要论述了"社会的控制""个人的自由"两个方面。他从社会控制和个人自由这些老问题开始，进而讨论由这些老问题自然产生出来的一些问题。

#### 1. 社会的控制

在社会的控制上，杜威论述了"控制是社会性的""传统学校和新学校在控制上的不同特征""教师的职责和任务"三个方面。

（1）控制是社会性的

杜威认为，没有一个人会否认，普通的好公民事实上更容易受社会控制，而且他并不觉得这种社会控制是对个人自由的束缚。社会控制个人的普遍原则，实际上并不侵犯个人的自由。他强调指出："在所有这些情况下，不是按照任何个人的命令和愿望来建立秩序，而是依靠全体成员的活动精神。这种控

①［美］约翰·杜威. 经验与教育［M］// 约翰·杜威. 我们怎样思维·经验与教育. 姜文闵，译. 北京：人民教育出版社，1991：271–272.

制是社会性的，但是，个人是社会的一个部分，而不是在社会之外。"①

这里，杜威以儿童的游戏作为例证来加以说明。他认为，没有规则就没有游戏。儿童的各种游戏中都有规则，以指导儿童的行为。这些儿童游戏是在规则下进行的，而不是随意进行的或者临时想起的。如果在游戏中发生争论，那还需要有人来评判或通过讨论来解决。这表明游戏中有一些相当明显的控制特征，例如，规则是游戏的一部分，反对违犯游戏规则的行为，游戏规则完全是标准化的，等等。由此，杜威得出了一般结论："个人所处的整个情境决定对个人行为的控制。在整个情境中，人们共同参与活动，他们是合作者或者是发生交互作用的各个部分。因为即使在竞争性的游戏中，他们也是参与和分享共同的经验。"②

（2）传统学校和新学校在控制上的不同特征

杜威认为，在一所有良好秩序的学校里，对学生的控制主要是依靠各种活动和维护这些活动的情境；当有必要断然地讲话和行动时，那也是为了团体的利益，而不是为了显示个人的权力。

这里，杜威论述了传统学校的特征。由于传统学校不是由参与共同活动而结合起来的团体，因此缺少正常的合适的控制条件，于是不得不依靠教师的直接干涉，即所谓的"维持秩序"。因为教师具有承担维护秩序的职能，也能够维护秩序，所以，在传统学校里，教师的个人命令往往运用得过分。

同时，杜威又论述了新学校的特征。在新学校里，控制主要源于当作社会事业来做的工作本身的性质之中，所有个人都有机会作出贡献并都具有责任感。在这种社会团体中，所有成员参加的活动就是控制的主要手段。但是，在杜威看来，新学校在控制上也有弱点，其原因就是缺少预先经过充分考虑的计

---

① ［美］约翰·杜威.经验与教育［M］//约翰·杜威.我们怎样思维·经验与教育.姜文闵，译.北京：人民教育出版社，1991：275.
② ［美］约翰·杜威.经验与教育［M］//约翰·杜威.我们怎样思维·经验与教育.姜文闵，译.北京：人民教育出版社，1991：275.

划，并认为这种预先的计划是违反新学校所提倡的自由权利的。

（3）教师的职责和任务

杜威认为，教育在本质上是一种社会过程。这种性质能够实现的程度，取决于一些个人组成社会团体的程度，因此，教师就是这个社会团体的成员。他强调指出："如果排斥教师，不把教师当作团体的一个成员，这是荒唐背理的事情。因为教师是这一团体中的最成熟的成员，所以他对社会团体生活中的各种交互作用和各种相互交往负有独特的指导的责任。"① 在杜威看来，教师作为团体的一个成员，他对团体活动发挥着积极的指导作用。当然，在任何时代或任何地方，任何一个团体都有习俗的规则。这种习俗的规则是一切社会关系的伴随物，至少是防止和减少社会摩擦的润滑油。

就教师的职责和任务而言，杜威认为，教师应该安排有助于团体活动的种种环境，应该制定一种更明智而又更困难的计划，应该设置为了获得经验而提供教材或教学内容的情境，应该允许有经验的个性能够自由地得到表现，应该借助于所有人都要从事的共同计划去控制个人的冲动，应该满足学生的各种需要和发展他们的各种能力，应该给学生个人思想留下自由活动的余地，等等。杜威明确指出："当学生们组成一个班级，而不是组成一个社会团体时，教师必是大部分是从外部发挥作用的，而不是作为人人都参与的交换过程的指导者。当教育是以经验作为基础时，那么教育经验（educative experience）便被看作是一种社会的过程，这种情况就发生了根本的变化。教师失去了外部的监督者或独裁者的地位，而成为团体活动的领导人。"② 因此，教师熟悉和理解那些作为受教育者的学生，是一件至关重要的事情。如果教师没有这种洞察力，那他就不能使教学中使用的教材和方法深刻地影响学生，使他们个人心灵

① ［美］约翰·杜威.经验与教育［M］// 约翰·杜威.我们怎样思维·经验与教育.姜文闵，译.北京：人民教育出版社，1991：279.

② ［美］约翰·杜威.经验与教育［M］// 约翰·杜威.我们怎样思维·经验与教育.姜文闵，译.北京：人民教育出版社，1991：279.

和品格的发展受到实际的指导。

**2. 个人的自由**

在个人的自由上，杜威论述了"自由应该是理智的自由""外部活动的自由是手段而不是目的""传统学校在自由上的局限性""创造自我控制的力量"四个方面。

（1）自由应该是理智的自由

杜威认为，社会控制问题的另一面，就是个人自由。在自由问题上出现的最普遍的错误，就是把自由仅仅认定为活动的自由，将活动认定为外部的或身体方面的活动。虽然外部活动的自由增加了，但教育上的问题并没有解决。因此，就自由的性质而言，杜威强调指出："只有理智的自由才是唯一的永远具有重要性的自由，这就是说，理智的自由就是对于有真正内在价值的目的能够作出观察和判断的自由。"① 在他看来，没有理智的自由，就没有真正的正常生长，就没有继续不断的发展。

（2）外部活动的自由是手段而不是目的

杜威认为，增加外部活动的自由是有益处的，因为这是一种保持身心健康的重要手段。运用这种手段，可以获得判断的自由和精心选择目标的能力的自由。对于教育者来说，这是一个在每个发展阶段中都必须加以考虑的问题。因为没有外部活动的自由，即使一个成熟的个人也不能接触发展其智慧的新材料。但是，需要多少外部活动的自由，这是因人而异的。应该说，随着人的成熟程度的增加，这种外部活动的自由自然地趋于减少。

但是，杜威也认为，自由的价值仅仅在于，它是一种取得力量的自由的手段。例如，确定目的的力量，进行明智判断的力量，根据行为结果来评价欲望的力量，选择和安排实现目的的手段的力量，等等。因此，把外部活动的自

---

① ［美］约翰·杜威. 经验与教育［M］// 约翰·杜威. 我们怎样思维·经验与教育. 姜文闵，译. 北京：人民教育出版社，1991：281.

由本身当作一种目的，乃是教育上的最大错误。其错误主要表现在两个方面：一是可能破坏作为正常秩序源泉的共同参与的合作活动；二是把本应是积极的自由转化为某种消极的东西，即没有限制的消极的自由。

（3）传统学校在自由上的局限性

杜威认为，在传统学校里，外部活动的自由存在着很多的限制。例如，教室中课桌的固定排列，对学生的军事式管理，学生只允许按照特定的信号进行活动，等等。除外，在理智和道德的自由上，传统学校也有很多的限制。杜威这样指出："传统学校的局限性也表现在对理智和道德的自由施加大量的限制。必须把如同囚犯的囚衣和拘禁囚徒的镣铐之类的措施全部废除掉，才能使个人在智力上有自由生长的机会……"①

杜威还认为，在传统学校里，由强迫而造成的宁静和顺从，会使学生掩盖他们的真实本性，并会在表面形式上形成虚假的一致性。因此，尽管传统学校把"宁静"标榜为一种首要的美德，但这正表明了传统学校的非社会的性质。

（4）创造自我控制的力量

杜威认为，为了学生的正常生长和不断发展，必须促使他们创造自我控制的力量。他强调指出："在任何情况下，自然的冲动和欲望都是一种起点。如果对冲动和欲望不加以某些改造、某些批判，使它们保持本身原有的形式，那么，就不会有理智的生长。……教育的理想的目的是创造自我控制的力量。"② 在杜威看来，应该把自由看作是确立目的和将确立的目的加以实施的力量，这是一种健全的本能。这种自由同自我控制具有相同的性质。

但是，杜威也指出，单纯取消外部的控制，并不能保证产生自我控制。

① ［美］约翰·杜威.经验与教育［M］// 约翰·杜威.我们怎样思维·经验与教育.姜文闵，译.北京：人民教育出版社，1991：281.
② ［美］约翰·杜威.经验与教育［M］// 约翰·杜威.我们怎样思维·经验与教育.姜文闵，译.北京：人民教育出版社，1991：283-284.

因此，自然的冲动和欲望应该受到理智的指引，而不应该被偶然的情境所控制；也不应该完全由冲动和欲望来摆布，而没有真正的思考和理智的判断。否则，那只是对自由的一种错觉。

**（四）目的的意义和进步学校的教材组织**

在这一部分（第6章《目的的意义》、第7章《进步的教材组织》），杜威论述了"目的的意义""进步学校的教材组织"两个方面。

**1. 目的的意义**

在目的的意义上，杜威论述了"目的在教育上的重要性""目的同冲动和欲望是不相同的"两个方面。

（1）目的在教育上的重要性

杜威认为，对教育来说，目的是很重要的。目的的形成和发展要依据社会的理智过程，这是一个根本要点。所谓目的，就是一种预期的结果，也就是说，目的对欲望引起的行动的结果有预见性。因此，对结果的预见性包含有理智的作用。他指出："确立目的的自由和组织实施目的的方法是理智的工作。……愈是强调目的和结果在教育上的重要性，那么，了解目的是什么、它是怎样提出的以及它在经验中如何发挥作用，就愈加显得重要。"[1]

（2）目的同冲动和欲望是不相同的

杜威认为，目的不同于冲动和欲望。他明确指出："一种真正的目的往往是由冲动发起的。一种冲动受到抑制而不能立即实现，这种冲动就转化为欲望。但是，冲动和欲望这两者本身都不是目的。"[2]

杜威还认为，目的的形成是一种相当复杂的理智的作用。其包括三个方面：第一，观察。首先是对周围的客观条件和环境（尤其是难于应付的环境）

---

① ［美］约翰·杜威. 经验与教育［M］// 约翰·杜威. 我们怎样思维·经验与教育. 姜文闵，译. 北京：人民教育出版社，1991：285.

② ［美］约翰·杜威. 经验与教育［M］// 约翰·杜威. 我们怎样思维·经验与教育. 姜文闵，译. 北京：人民教育出版社，1991：285.

进行仔细的观察。例如，爬一座陡峭崎岖的而没有现成的路可走的山岩，在铁路交叉路口必须一停二看三听，等等。因为冲动和欲望本身不能产生结果，而必须通过它们同周围环境产生交互作用和相互合作才能产生结果。第二，理解（知识）。单凭观察是不够的，还必须理解所看到的、所听到的和所碰到的事物的意义。其中包括：所熟悉的过去发生的相似情境，以及先前所具有的种种经验等。例如，一个婴儿看到火焰的亮光，并在触碰火焰时产生了后果，他就理解到火焰的意义并不在于它的亮光，而在于它的燃烧力。第三，判断。把观察和理解结合起来，并转化为一种计划和行动的方法。这里，杜威列举并较为详细地论述了"建造一座房子"的例证。在他看来，没有观察、理解（知识）和判断，就不会有目的，就不可能有预见性。

在杜威看来，问题在于如何尽快将欲望变成现实，或者采取哪些手段来实施所计划和想象的目的。如果要形成一种真正的目的，那就必须研究和理解各种客观的手段。这里，杜威还分析了传统教育和进步教育的不同倾向。具体来讲，传统教育不顾及作为动力源泉的个人冲动和欲望的重要性，忽视学生在形成目的时的积极合作；进步教育强调学生的参与促进形成他们的目的，以及观察、理解（知识）和判断的重要性。

（3）教师在目的形成和目的实施上的任务

杜威认为，尽管在一种教育计划中，冲动和欲望并不是最后的目的，但教师的任务就是要了解这种可以被利用的诱因。教师对学生智力的练习应该给予指导，其目的是有助于自由，而不是限制自由。因为自由的作用是进行理智的观察和判断，以形成一种目的。而且，更为重要的是，在任何情况下，教师都必须对学生的行动提出建议或暗示。杜威还对一些教师的做法提出了批评，表示这是令人不解的。例如，有的教师在教室里放置了一些物品和材料后，就听其自然，也不愿提出什么建议。

但是，杜威也反对教师滥用自己的职权，只是考虑自己的目的而不顾及学生的目的，强迫学生按照他所指出的路径去行动。为了避免这种情况的发生，杜威提出了两个方法：其一是教师应该明智地认识到学生的能力、需要和过去的种种经验；其二是运用团体中各个成员提出的建议，并使它们形成一种计划，也就是说，这种计划是一种共同的、合作的活动而不是一种命令。

**2.进步学校的教材组织**

在进步学校的教材组织上，杜威论述了"发现从经验中学习的材料""教育者同医生和律师的区别""学科内容的选择和组织""科学方法的特点及其在教育上的应用"四个方面。

（1）发现从经验中学习的材料

杜威认为，由于教育和经验之间的联系，因此，应该在经验的范围内搜集学习的材料。但是，这仅仅是第一步，下一步就是将已有的经验发展为更加全面、更加丰富和更加有组织的形式，即逐渐地接近提供给有技能的和成熟的人的那种教材形式。这里，杜威以婴儿为例证指出，当婴儿学习活动和语言时，其经验中本来固有的材料得到了扩展和加深；当婴儿的经验同一些新的事物和事件发生联结时，又产生了新的力量，并运用这些新的力量改进和扩大其经验的内容。

因此，杜威强调指出："教育必须以学习者已经具有的经验作为起点，这种经验和在学习过程中发展起来的能力又为所有未来的学习提供了起点。这是新教育的学校的一条重要的格言。"但是，"要找出每个人的经验背景是比较困难的，要发现如何指导经验中已经具有的材料，并把这些材料引导到更大的和更好地组织起来的一些领域之中，也是比较困难的"①。

（2）教育者同医生和律师的区别

杜威认为，因为教育把发现从经验中学习的材料作为起点，所以，教育者的责任就在于：从现有经验的范围内选择那些有可能和有希望提出一些新问

---

① ［美］约翰·杜威.经验与教育［M］//约翰·杜威.我们怎样思维·经验与教育.姜文闵，译.北京：人民教育出版社，1991：291.

题的事物，以激起新的观察和新的判断的方式，从而进一步扩大未来的经验的范围。他们在新的领域内会对理智地运用现有的观察力和记忆力提出新的需要。

这里，杜威对教育者同医生和律师之间的区别进行了论述。杜威指出，就医生而言，他的工作在使病人恢复健康后就可以认为已经做完了，而病人日后的生活如何处理则是病人自己的事情，而不是医生的职责；如果医生还对病人的未来提出一些建议和指示，那表明他已在承担教育者的职能。就律师而言，他的工作是替诉讼委托人把官司打赢，或者使诉讼委托人避免某些纠纷。如果律师在被委托的事情结束后再做进一步的工作，那表明他也在承担教育者的职能。相比医生和律师两者，教育者应该把生长的连续性原则作为永恒不变的座右铭，使自己有一种往前看的长远眼光。因此，"就教育者的工作性质而言，教育者负有义务去考虑他的现时工作已经取得了什么成就，或者哪些工作还没有完成，把未来的目的同当前的工作联系起来"[1]。

杜威还认为，相比传统学校教师面对的问题，进步学校教师所面对的问题是更为困难的。其主要原因就在于，把教育同实际生活经验联系在一起的进步学校教师担负着更为艰巨的任务。

（3）学科内容的选择和组织

杜威认为，对于学校来说，学科内容的选择和组织是一项根本的工作。只有在经验的基础上，也就是说，只有根据生活经验或以生活经验为出发点，学科内容的选择和组织的问题才能得到解决。他明确指出，在关于学科内容的选择和组织上，也可以看到"非此即彼"的哲学。但是，在这个问题得到解决之前，不仅各种教育思想和教育实践之间的冲突将会继续存在下去，而且在教学内容上也会趋于从外部强加选择和组织的方法。

---

① ［美］约翰·杜威.经验与教育［M］// 约翰·杜威.我们怎样思维·经验与教育.姜文闵，译.北京：人民教育出版社，1991：292.

由此，在有关学科内容的选择和组织上，杜威提出了三个原则：

第一个原则是，学科内容选择和组织应符合经验本身的生长，即现在和历史之间的不可避免的联结。因为经验的生长是一个继续不断的螺旋形过程。杜威强调指出："过去的成就提供了理解现在的能够自由运用的唯一的工具。正如个人必须回顾自己的过去才能清楚地理解他本人现在所处的种种情况，同样，现时社会生活中的种种课题和种种问题也是同过去有着密切而直接的联系，因此，学生们如果不从过去探本求源，他们便不能理解这些问题或者不能找到处理这些问题的最好的方式。……现时经验也能够扩展到未来，这也仅仅是因为它由于采取过去的经验而得到了扩充。"[1] 在他看来，这一原则不仅适用于历史学科，也适用于自然科学。

第二个原则是，学科内容的选择和组织应考虑学生熟悉的日常生活的应用。它注意学习教材中的科学事实和科学定律，从而逐渐地把学生引向具有科学体系的经验。杜威指出："作为一种理想，组织种种事实和观念的主动的过程永远是一种现时的教育过程。如果不注意使人们认识更多的事实，不吸取更多的观念，并把这两者更好地更有系统地安排起来，那么，任何经验都是没有教育意义的。"[2] 在他看来，这一原则在学科内容的选择和组织上体现了一种理想。

第三个原则是，学科内容的选择和组织本身不是目的而是一种手段。它表现为种种方法和结果的关系的形式。即使在儿童的最初经验中，也充满了方法和结果的关系的种种实例。因此，运用这个原则，可以更明智地安排学科内容，并为学校中利用各种活动奠定重要的基础。但杜威指出："理智的活动和无目的的活动是有区别的。理智的活动是从多种多样的现时情况中选择出方

① ［美］约翰·杜威.经验与教育［M］//约翰·杜威.我们怎样思维·经验与教育.姜文闵，译.北京：人民教育出版社，1991：293.

② ［美］约翰·杜威.经验与教育［M］//约翰·杜威.我们怎样思维·经验与教育.姜文闵，译.北京：人民教育出版社，1991：298.

法来——这便是分析；理智的活动还要安排这些被选择出来的方法达到预期的目标或目的——这便是综合。"① 在他看来，这一原则也适用于年龄很小的儿童。

杜威还分别对传统学校和进步学校在学科内容的选择和组织上的做法进行了比较性论述。在他看来，传统学校的学科内容的选择和组织是根据成人的判断，几乎完全忽视现时的生活经验而只是同过去有关，并认为它们在将来的某些时候对学生是会有用的。与此同时，杜威也尖锐地指出，进步学校最薄弱的一点就是学科内容的选择和组织。虽然它强调联系现时经验，并从现时经验中提取教材，但它在学科内容的选择和组织上存在着一定程度的不稳定和含糊松散的现象。然而，杜威也指出，如果误解地认为进步学校在很大的程度上忽视过去的观念，那就走到另一个极端了。

（4）科学方法的特点及其在教育上的应用

杜威认为，在学校的所有学科的日常工作中，应该始终系统地运用科学的方法。实际上，科学方法的某些特点同任何以经验为基础的教育计划都有着紧密的联系。具体来讲，这些特点主要表现在三个方面：第一，科学的实验方法比其他的方法更多地重视观念而不是更少。如果行动不受主要观念的指导，那就没有科学意义上的实验。观念在科学中比其他任何地方的任何东西都要受到更细心的查看和检验。第二，依据观念或假设所进行的活动产生的一些结果，观念或假设要通过这些结果来加以验证。这表明，必须细心而严格地观察活动的结果。第三，在科学的实验方法中所表现出的理智方法要求记住观念、行动和观察的结果。也就是说，要进行反思性评论和提要性总结，要对发展中的经验结果的显著特征进行辨别和记录。

杜威还认为，科学方法是认识和了解我们所生活的世界的各种经验的唯

---

① ［美］约翰·杜威. 经验与教育［M］// 约翰·杜威. 我们怎样思维·经验与教育. 姜文闵，译. 北京：人民教育出版社，1991：299.

一可靠的方法。也就是说，科学方法提供了工作方法的模式和各种条件，使经验得以继续向深度和广度扩展。但是，他所强调的科学方法并不是专家们在实验室里所使用的专门技术，他所强调的科学方法的意义也同专门技术毫无关系。

就科学方法在教育上的应用而言，杜威指出，教育者所面临的一个问题，就是使方法适用于各个不同成熟程度的个人。在这个问题中，观念的形成、依据观念的行动、对产生的各种情况的观察，以及为了未来的使用而对各种事实和观念加以组织是一些不变的因素。但是，杜威也指出："如果经验实际上是有教育作用的，那么，在每一个阶段里经验都有扩展。因而，无论在经验发展的哪一个阶段，或者是按照经验提供的模式去做，或者是采取另一种方法，即在建立和控制生动的经验时轻视理智的作用。除此之外，别无它途。"①

### （五）经验——教育的方法和目的

第8章《经验——教育的方法和目的》是全书的最后一章，由于这一章的字数并不多，因此，可以说，它是杜威对"经验与教育"这一问题探讨的简要结语。在这一部分，杜威主要论述了"有关'经验与教育'的原则""新教育的道路比传统教育的道路更为困难""杜威对新教育的坚定信念"三个方面。

#### 1. 有关"经验与教育"的原则

在这一章的开始，杜威就言简意赅地阐述了有关"经验与教育"的原则。这个原则是："为了实现教育的目的，不论对学习者来说，还是对社会来说，教育都必须以经验为基础——这种经验往往是一些人的实际的生活经验。"②尽管杜威并不企图劝说人们接受这个原则，也不企图证明这个原则是正确的，但是，在他看来，教育的目的和方法应该以经验为基础。

---

① [美]约翰·杜威. 经验与教育·编者前言[M]// 约翰·杜威. 我们怎样思维·经验与教育. 姜文闵，译. 北京：人民教育出版社，1991：303.
② [美]约翰·杜威. 经验与教育·编者前言[M]// 约翰·杜威. 我们怎样思维·经验与教育. 姜文闵，译. 北京：人民教育出版社，1991：304.

### 2. 新教育的道路比传统教育的道路更为困难

接着，杜威再一次强调他自己曾多次强调过的一个重要观点，即新教育的道路比传统教育的道路更为困难。他指出："新教育的道路并不是一条比老路容易走的道路，相反，新教育的道路是一条更艰辛和更困难的道路。除非新教育得到大多数人的支持，否则，新教育的处境将会依然如故。"[①] 在杜威看来，新教育的道路之所以更为困难，有两个原因：一是，人们认为新教育是一条容易走的道路，以致新教育的进程可能是毫无准备的和临时凑合的；二是，一些教育者表面上自称是采纳新教育的标准、目标和方法，但实际上他们并不忠实于新教育的标准、目标和方法。当然，杜威对新教育还是抱有信心的，因为他觉得只要拥有某些必须具备的条件，新教育就会在成功的道路上飞奔前进。

### 3. 杜威对新教育的坚定信念

最后，即全书的最后，杜威用下面的一大段话表达了他自己对新教育的坚定信念："我坚信，根本问题并不在于新教育和旧教育的对比，也不在于进步教育和传统教育的对立，而在于究竟什么东西才有资格配上教育这一名称。我希望，并且我相信，我并不仅仅是因为任何目的和方法采用了进步主义的名称，就去赞成这些目的和方法。根本的问题在于教育本身的性质，而不在于给它加上什么修饰的形容词。我们所缺少的而又是必需的教育，是纯粹的和简单的教育。只要我们专心致力于寻求教育究竟是什么，以及具备什么条件才能实现这种教育，而不使它停留在名称或口号上，我们就能取得更确实、更迅速的进步。我强调一种健全的经验哲学的必要性，其唯一的理由就在于此。"[②]

---

① ［美］约翰·杜威. 经验与教育［M］// 约翰·杜威. 我们怎样思维·经验与教育. 姜文闵，译. 北京：人民教育出版社，1991：305.

② ［美］约翰·杜威. 经验与教育［M］// 约翰·杜威. 我们怎样思维·经验与教育. 姜文闵，译. 北京：人民教育出版社，1991：305.

### 三、《经验与教育》的学术影响

尽管与杜威的其他教育著作相比,《经验与教育》一书是简要的,但这本书无疑是对教育哲学的一个重要的贡献,也对分成"进步教育"和"传统教育"两个理论学派的美国教育趋于统一提供了一种清楚而确定的指导。在某种意义上,《经验与教育》不仅对"传统教育"和"进步教育"两者进行了很理性的分析,而且对每一种教育的基本弱点或缺陷都进行了论述。对此,国际教育荣誉学会出版物编辑霍尔-奎斯特在《经验与教育》1938年版的"编者前言"中就指出:"杜威坚持认为,无论旧教育还是新教育,都不能满足需要。两者都对教育有错误的理解,因为它们都没有运用精心发展的经验哲学的原则。本书还对经验的意义,以及经验与教育的关系进行了很多的论述。"[1]

显然,《经验与教育》一书是杜威在20世纪30年代后期的最重要的教育论著。也正如国际教育荣誉学会出版物编辑霍尔-奎斯特所指出的:"《经验与教育》一书提供了一个坚实的基础,并在此基础上团结一致地促进美国的教育制度。这个教育制度尊重所有的经验来源,并以一种积极的而不是消极的经验哲学和教育哲学为基础。在这样一种积极的哲学指导下,美国的教育者将消除他们之间争论的标签,并为了更美好的明天而不断努力奋斗。"[2]

自《经验与教育》一书在1938年2月出版后,对它的书评就有16篇之多。而且,直到现在仍然有对它进行评价的文章。这里,以1938—1939年期间的书评为例,其中,美国教育学者尤尔(Willis L. Uhl)在华盛顿大学的《教育学院纪事》(*College of Education Record*)第4期(1938年4月)上发表文章

---

① [美]约翰·杜威.经验与教育·编者前言[M]//约翰·杜威.杜威全集·晚期著作第13卷.冯平,刘冰,胡志刚,等译.上海:华东师范大学出版社,2015:318.

② John Dewey. Experience and Education [M]. New York:Macmillan Publishing Co., Inc., 1963:editorial foreword 11.

指出："在今年将要出版的 800 本关于教育的书籍中，这是为数不多的必读书目和读后会引起热议的一本书。"美国教育学者沃特曼（Ivan R. Waterman）在《加利福尼亚高校》（*California Schools*）第 9 期（1938 年 6 月）上作出了这样的评价："就阐明了现代教育的基本原则，以及引领这一领域的领袖开展基于这些原则的教育实践而言，可以说，这本书比作者其他许多篇幅更长的著作更有价值。"美国教育学者艾伯蒂（Harold Alberty）在《课程杂志》（*Curriculum Journal*）第 10 期（1939 年 2 月）上发表文章指出："这本由美国最重要的教育哲学家杜威写作的恰逢其时的小书，极好地综合了他的主要的教育哲学思想。"①

《经验与教育》一书于 1938 年出版后，受到了众多教育学者和学校教师的关注，在杜威生前它至少重印了十一次。1963 年，美国的麦克米伦出版公司又再版了《经验与教育》一书，在该书的扉页上，还列出了三位著名学者对杜威的评价。其中，英国哲学家怀特海（Alfred N. Whitehead）的评价是："约翰·杜威将被归类为那些人，他们把哲学思想和他们世代的需要联系起来。在实施这种职能的过程中，他将与古代的斯多葛学派、奥古斯丁、阿奎那、弗朗西斯·培根、笛卡尔、洛克、孔德相提并论。"杜威的学生、美国教育家克伯屈的评价是："在教育领域的学术人士中，没有一个人会怀疑约翰·杜威对美国教育理论和教育实践两方面的深刻影响。"美国哲学家科恩（Morris E. Cohen）的评价是："约翰·杜威无疑是美国哲学中的杰出人物；在维护自由文明的基本理念方面，没有一个人比他做得更多。如果真有'国家的哲学家'（national philosopher）这样的一个职位，那么没有一个人比他更为合适的了。"②

---

① ［美］约翰·杜威.杜威全集·晚期著作第 13 卷［M］.冯平，刘冰，胡志刚，等译.上海：华东师范大学出版社，2015：354–355.

② John Dewey. Experience and Education［M］. New York：A Division of Macmillan Publishing Co.，Inc.，1963：cover page.

尤其重要的是，在《经验与教育》一书中，杜威首创性地提出了"需要一种新的教育哲学""教师们是传授知识技能和实施行为规则的执行者""不能把经验和教育直接等同起来""自由应该是理智的自由""教育必须以学习者已经具有的经验作为起点""新教育的道路比传统教育的道路更为困难"等观点，充分体现了该书在教育哲学及教育革新理论上的学术价值和现代意义。

美国杜威研究知名学者戴克威曾教授对杜威的《经验与教育》一书作了这样的评论："《经验与教育》是杜威在20世纪30年代一本最重要的教育著作，提出了教育研究必须采取的方向……从而引导教育者建构一种建立在经验哲学基础上的教育哲学。……《经验与教育》一书出版时，并没有受到广泛的评论；但随着这本书被不断地被引用，在它出版后的10年里被证明了其重要性。读者们发现，特别有帮助的是，杜威重申和澄清了对他的许多思想的批评、歪曲、误解……"[1]

美国教育史学家克雷明在他的成名作《学校的变革》中就提及了杜威的《经验与教育》一书。他强调指出："杜威肯定会用20世纪30年代他的最重要的教育著作《经验与教育》来回答保守主义者和进步主义者这两种人。这本书实际上是杜威各方面教育观点的重申，而这些教育观点是他20多年来在被批评、歪曲和误解的过程中形成的。……杜威一直是一个敏锐的观察者。1938年，他已经能够察觉思想意识上分裂肯定会瓦解进步教育运动。"[2]

《经验与教育》这本书之所以引人注目，就在于当时众多教育学者和学校教师正在翘首以待，热切地在教育理论上寻求可靠的指导。因此，该书出版后，还被翻译成11种不同的语言。在现代中国，《经验与教育》就有三个中文译本，具体是：长沙商务印书馆1940年出版的由曾昭森翻译的中文译本，

---

[1] George Dykhuizen. The Life and Mind of John Dewey [M]. Carbondale：Southern Illinois University Press，1973：278–279.

[2] [美] 克雷明. 学校的变革 [M]. 单中惠，王强，译. 济南：山东教育出版社，2013：213.

贵阳文通书局 1941 年出版的由李相勖和阮春芳合译的中文译本，正中书局 1942 年出版的由李培囿翻译的中文译本。

美国哲学家、纽约市立大学研究生院院长卡恩（Steven M. Cahn）在《杜威全集》晚期著作第 13 卷的"导言"中还这样指出，在《经验与教育》一书出版的第二年，即"1939 年底，约翰·杜威度过了他 80 岁生日，全国报刊纷纷地表达对杜威的敬意。美国哲学协会（The American Philosophical Association）提名杜威为该协会的名誉主席，并请求他终身保留此称号"①。

《经验与教育》这本书的语调是十分尖锐的，值得注意的是，这种尖锐的语调也贯穿在杜威生前最后发表的那篇教育论文，即他为自己原先的助教克拉普（Elsie R. Clapp）1952 年所著的《教育资源的使用》一书的"引言"中。

---

① ［美］约翰·杜威. 杜威全集·晚期著作第 13 卷［M］. 冯平，刘冰，胡志刚，等译. 上海：华东师范大学出版社，2015："导言"1.

# 附录 1：杜威教育著作目录 <sup>①</sup>


## 1884年

The Psychology of Kant

《康德的心理学》，系杜威在约翰斯·霍普金斯大学的博士学位论文，未发表

The New Psychology

《新的心理学》，载《安多弗评论》第2期（1884年9月），第287—289页


## 1885年

The Health of Women and Higher Education

《妇女健康与高等教育》，载《大学》第208期（1885年9月19日），第5页

Education and the Health of Women

《教育与妇女健康》，载《科学》第6期（1885年10月16日），第341—342页

---

① Bibliography of The Writings of John Dewey ［M］// Paul Arthur Schilpp. The Philosophy of John Dewey, New York, 1939: 611—686; Jo Ann Boydston. John Dewey, The Collected Works, 1882—1953 ［M］. Carbondale: Southern Illinois University Press, 1991: Index, 1—55.

## 1886年

The Psychological Standpoint

《心理学立场》，载《心理》第 6 期（1886 年 1 月），第 1–19 页

Health and Sex in Higher Education

《高等教育中的健康和性别问题》，载《大众科学月刊》第 28 期（1886 年 3 月），第 606–614 页

Soul and Body

《心灵与身体》，载《书目精粹》第 43 期（1886 年 4 月），第 239–263 页

Psychology as Philosophic Method

《作为哲学方法的心理学》，载《心理》第 11 期（1886 年 4 月），第 153–173 页

Psychology in High-School from the Standpoint of the College

《从大学立场看中学的心理学》，系杜威在 1886 年密歇根州教师俱乐部第一次会议上提交的论文，收入《密歇根州教师俱乐部论文集》，佩特洛尔出版社 1886 年版

Psychology

《心理学》，1886 年纽约版，共 427 页。1889 年修订第二版，1891 年修订第三版

## 1887年

Illusory Psychology

《虚幻的心理学》，载《心理》第 12 期（1887 年 1 月），第 83–88 页

Ethics and Physical Science

《伦理学与自然科学》，载《安多弗评论》第 7 期（1887 年 6 月），第

573-591 页

## 1888年

The Ethics of Democracy

《民主的伦理学》，1888 年安阿伯版，共 28 页

## 1889年

Ethics in the University of Michigan

《密歇根大学的伦理学》，载《伦理学纪事》第 2 期（1889 年 10 月），
第 145-148 页

## 1890年

A College Course : What Should I Expect from It ?

《大学课程：应该从中期望什么？》，首次发表于《卡斯塔利亚》，密歇
根大学毕业班独立出版，1890 年，第 5 期，第 26-29 页

Philosophy in American Universities : The University of Michigan

《美国大学中的哲学课程：密歇根大学》，载《一元论者》第 1 期（1890
年 10 月），第 150-151 页

## 1891年

Moral Theory and Practice

《道德理论与实践》，载《国际伦理学杂志》第 1 期（1891 年 1 月），第

186–203 页

Lectures vs. Recitations：A Symposium

《讲演对背诵：专题讨论会》，首次发表于《卡斯塔利亚》，密歇根大学毕业班独立出版，1891 年，第 6 期，第 65 页

The Scholastic and the Speculator

《经院学者与投机商人》，载《内陆人》第 2 期（1891 年 12 月），第145–148 页

## 1893年

Self-Realization as the Moral Ideal

《作为道德理想的自我实现》，载《哲学评论》第 2 期（1893 年 11 月），第 652–664 页

Teaching Ethics in the High School

《中学的伦理学教学》，载《教育评论》第 6 期（1893 年 11 月），第313–321 页

## 1894年

The Study of Ethics：A Syllabus

《伦理学研究提纲》，1894 年安阿伯版，共 151 页

The Psychology of Infant Language

《幼儿语言心理学》，载《心理学评论》第 1 期（1894 年 1 月），第63–66页

Social Psychology

《社会心理学》，载《心理学评论》第 1 期（1894 年 7 月），第 400–411 页

The Chaos in Moral Training

《德育中的混乱》，载《大众科学月刊》第 45 期（1894 年 8 月），第 433–443 页

Pedagogy—Memorandum

《教育学——备忘录》，系致芝加哥大学校长哈珀（William Rainey Harper）的备忘录，1894 年 12 月

## 1895年

The Psychology of Number and Its Application to Methods of Teaching Arithmetic

《数的心理学及其在算术教学法上的应用》，与麦克莱伦（James Alexander McLellan）合著，1895 年纽约版，共 309 页

The Results of Child-Study Applied to Education

《应用于教育的儿童研究结论》，载《伊利诺伊儿童研究会会刊》第 1 卷第 4 号（1895 年 3 月），第 18–19 页

Plan of Organization of the University Primary School

《大学初等学校的组织计划》，个人打印稿（1895 年），未公开出版

Educational Ethics：Syllabus of a Course of Six Lecture-Studies

《教育伦理学：六次讲座内容纲要》，芝加哥大学出版社 1895 年版，未重印

## 1896年

Interest as Related to Training of the Will

《与意志训练有关的兴趣》，载《1895 年全国赫尔巴特学会年鉴增刊二》

（1896 年），第 209-255 页；1899 年该书以单行本形式在芝加哥重新发行，共 40 页

Interpretation of the Culture-Epoch Theory

《文化分期理论的解释》，载《全国赫尔巴特学会第二年鉴》（1896 年），第 89-95 页

The Reflex are Concept in Psychology

《心理学中的反射弧概念》，载《芝加哥大学对哲学的贡献》（*University of Chicago Contributions to Philosophy*）第 1 卷第 1 号（1896 年），第 39-52 页

Influence of the High School upon Educational Methods

《中学对教育方法的影响》，载《学校评论》第 4 期（1896 年 1 月），第 1-12 页

Psychology of Number

《数的心理学》，载《科学》第 3 期（1896 年 2 月 21 日），第 286-289 页

Remarks on the Study of History in Schools

《关于学校中的历史学习的评论》，载《学校评论》第 4 期（1896 年 5 月），第 272 页

A Pedagogical Experiment

《一个教育学实验》，载《幼儿园杂志》第 8 期（1896 年 6 月），第 739-741 页

Imagination and Expression

《想象与表达》，载《幼儿园杂志》第 9 期（1896 年 9 月），第 61-69 页

Pedagogy as A University Discipline

《作为一门大学学科的教育学》，载《芝加哥大学学报》第 1 期（1896 年 9 月 18 日和 9 月 25 日），第 353-355 页和第 361-363 页

The University School

《大学学校》，载《芝加哥大学学报》第 1 期（1896 年 11 月 4 日），第 417–419 页

Educational Psychology : Syllabus of A Course of Twelve Lecture-Studies

《教育心理学：十二次讲座内容纲要》，芝加哥大学出版社 1896 年版，未重印

The Need for A Laboratory School

《实验学校的需要》，系给芝加哥大学校长哈珀的信，1896 年

## 1897年

Ethical Principles Underlying Education

《构成教育基础的伦理学原理》，载《全国赫尔巴特学会第三年鉴》（1897 年），第 7–34 页

My Pedagogic Creed

《我的教育信条》，1897 年纽约版，共 36 页

The Aesthetic Element in Education

《教育中的美育要素》，载全国教育协会:《讲演与记录汇编》（1897 年），第 329–330 页，第 346 页

The Kindergarten and Child-Study

《幼儿园与儿童研究》，载全国教育协会:《讲演与记录汇编》（1897 年），第 585–586 页

Criticisms, Wise and Otherwise, On Modern Child-Study

《关于现代儿童研究的评论、方法及其他》，载《全国教育协会讲演与记录汇编》（1897 年），第 867–868 页

The Psychology of Effort

《努力的心理学》，载《哲学评论》第 6 期（1897 年 1 月），第 43–56 页

The Psychological Aspect of the School Curriculum

《学校课程的心理学维度》，载《教育评论》第 13 期（1897 年 4 月），第 356–369 页

The Interpretation Side of Child-Study

《对儿童研究的阐释》，载《伊利诺伊儿童研究协会会刊》第 2 卷第 2 号，第 17–27 页

The University Elementary School : The History and The Main Character

《大学初等学校：历史及其主要人物》，载《芝加哥大学纪事》第 2 卷（1897 年），第 72–75 页

The University Elementary School : Studies and Method

《大学初等学校：课程和方法》，载《芝加哥大学纪事》（1897 年 5 月 21 日）

## 1898年

[ Syllabus ] The University of Chicago. Pedagogy，Philosophy of Education

《芝加哥大学教育学、教育哲学教学大纲》（1898—1899 年冬季学期），共 11 页

Report of Committee on A Detailed Plan for A Report on Elementary Education

《关于一份详细的初等教育计划的委员会报告》，载《全国教育协会讲演与记录汇编》（1898 年），第 335–343 页

The Primary Education Fetish

《初等教育的偶像》，载《论坛》第 25 期（1898 年 5 月），第 315–328 页

The University Elementary School：General Principle of School Work

《大学初等学校：学校工作总纲》，载《芝加哥大学纪事》第 3 卷（1898年），第 253-254 页

## 1899年

Psychology and Philosophic Method

《心理学与哲学方法》，1899 年伯克利版，共 23 页

The Three Years of the University Elementary School

《大学初等学校的三年》，系杜威 1899 年 2 月在大学初等学校家长协会上作的讲演，后收入《学校与社会》一书（芝加哥大学出版社 1899 年 11 月版）

The School and Social Progress

《学校与社会进步》，系杜威 1899 年 4 月在芝加哥大学初等学校作的系列讲座之一，后收入《学校与社会》一书（芝加哥大学出版社 1899 年 11 月版）

The School and Life of the Child

《学校与儿童生活》，系杜威 1899 年 4 月在芝加哥大学初等学校作的系列讲座之二，后收入《学校与社会》一书（芝加哥大学出版社 1899 年 11 月版）

The Waste in Education

《教育中的浪费》，系杜威 1899 年 4 月在芝加哥大学初等学校作的系列讲座之三，后收入《学校与社会》一书（芝加哥大学出版社 1899 年 11 月版）

Play and Imagination in Relation to Early Education

《与早期教育相关的游戏和想象》，系提交芝加哥大学心理学系的论文，载《幼儿园杂志》第 58 期（1899 年 5 月 27 日），第 636-640 页

Principles of Mental Development as Illustrated in Early Infancy

《心智发展原理——幼儿早期的阐释》，载《伊利诺伊儿童研究协会会刊》第 2 期（1899 年 10 月），第 65-83 页

The School and Society

《学校与社会》，芝加哥大学出版社 1899 年 11 月第一版，共 129 页；1915 年 7 月第二版，共 164 页

## 1900年

General Principles of Work，Educationally Considered

《工作的一般原理：教育思考》，载《初等学校纪事》第 1 期（1900 年 2 月），第 12–15 页

Historical Development of Inventions and Occupations，General Principles

《创造和作业的历史发展：一般原理》，载《初等学校纪事》第 1 期（1900 年 2 月），第 21–23 页

Psychology of Occupations

《作业心理学》，载《初等学校纪事》第 3 期（1900 年 4 月），第 82–85 页

Reflective Attention

《反思性注意》，载《初等学校纪事》第 4 期（1900 年 5 月），第 111–113 页

Froebel's Educational Principles

《福禄培尔的教育原理》，载《初等学校纪事》第 5 期（1900 年 6 月），第 143–151 页

Psychology and Social Practice

《心理学与社会实践》，载《心理学评论》第 7 期（1900 年 3 月），第 105–124 页

The Aim of History in Elementary Education

《初等教育中历史教学的目标》，载《初等学校纪事》第 8 期（1900 年

11 月），第 199–203 页

The Psychology of the Elementary Curriculum

《小学课程心理学》，载《初等学校纪事》第 9 期（1900 年 12 月），第 221–223 页

Some Stages of Logical Thought

《逻辑思维的几个阶段》，载《哲学评论》第 9 卷（1900 年），第 465–489 页；修改后收入《实验逻辑论文集》，芝加哥大学出版社 1916 年版，第 183–219 页

The University Elementary School

《大学初等学校》，载《校长报告：1898 年 7 月至 1898 年》，芝加哥大学出版社 1900 年版，第 189–199 页

Mental Development

《心智发展》，芝加哥大学哲学、心理学和教育学系 1900 年油印版，共 12 页

## 1901年

The Situation as Regards the Course of Study

《与学习课程相关的情境》，载全国教育协会：《讲演与记录汇编》（1901 年），第 332–348 页

Educational Lectures Before Brigham Young Academy

《在杨百翰学院作的教育学讲座》，具体包括"大脑是如何学习的""教育的社会性""想象""成长的各阶段""注意力""技巧阶段""习惯""课程的社会价值""记忆与判断""构成性格的一些因素"等十讲，载《白与蓝》第 5 卷第 2 期（1901 年 11 月 1 日）至第 5 卷第 12 期（1902 年 5 月 1 日）

Are the Schools Doing What the People Want Them to Do ?

《学校正在做人们要它们做的事情吗？》，载《教育评论》第 21 期（1901年 5 月），第 459-474 页

Commencement Address : San Jose State Normal School

《在圣何塞州立师范学校毕业典礼上的致辞》，载《圣何塞每日使者》1901 年 6 月 26 日，第 6 页

The Place of Manual Training in the Elementary Course of Study

《手工训练在初等学习课程中的地位》，载《手工训练杂志》第 2 期（1901 年 7 月），第 193-199 页

## 1902年

The Child and Curriculum

《儿童与课程》，芝加哥大学出版社 1902 年版，共 40 页

The Educational Situation

《教育现状》，1902 年芝加哥大学油印版，共 102 页

The School as Social Center

《作为社会中心的学校》，载全国教育协会:《讲演与记录汇编》（1902年），第 373-383 页

Academic Freedom

《学术自由》，载《教育评论》第 23 期（1902 年 1 月），第 1-14 页

Current Problems in Secondary Education

《当前中等教育的问题》，载《学校评论》第 10 期（1902 年 1 月），第 18-28 页

The Battle for Progress

《为了进步的战斗》，载《教育杂志》第 56 期（1902 年 10 月 16 日），

第 249 页

The University of Chicago，School of Education

《芝加哥大学教育学院》，载《初等学校教师》第 3 期（1902 年 11 月），第 200–203 页

Interpretation of Savage Mind

《原始的心理解释》，载《心理学评论》第 9 期（1902 年 5 月），第 217–230 页

In Remembrance，Francis W. Parker

《回忆弗朗西斯·W. 帕克》，载《教育杂志》第 55 卷（1902 年），第 199 页

In Memoriam：Colonel Francis Wayland Parker

《纪念弗朗西斯·W. 帕克上校》，载《初等学校教师》第 2 卷（1902 年），第 704–708 页


1903年

Studies in Logical Theory

《逻辑理论研究》，1903 年芝加哥版，共 388 页

Logical Conditions of A Scientific Treatment of Morality

《有关道德科学论述的逻辑条件》，1903 年芝加哥版，共 27 页

Psychological Method in Ethics

《伦理学中的心理学方法》，载《心理学评论》第 10 期（1903 年 3 月），第 158–160 页

The Psychological and the Logical in Teaching Geometry

《几何教学中的心理学和逻辑因素》，载《教育评论》第 25 期（1903 年 4 月），第 387–399 页

Democracy of Education

《教育的民主》，载《初等学校教师》第 4 期（1903 年 5 月），第 193-204 页

The School of Education

《教育学院》，载《芝加哥大学信息公告》第 3 期（1903 年 5 月），第 5-6 页

The Organization and Curricula of the［University of Chicago］College of Education

《（芝加哥大学）教育学院的组织和课程》，载《初等学校教师》第 3 期（1903 年 12 月），第 553-562 页

Method of the Recitation

《背诵的方法》，载《初等学校教师》第 3 期（1903 年 12 月），第 563 页

Religious Education as Conditioned by Modern Psychology and Pedagogy

《以现代心理学和教育学为条件的宗教教育》，载《宗教教育协会会刊》（1903 年），第 60-66 页

## 1904年

Education，Direct and Indirect

《直接教育和间接教育》，1904 年芝加哥版，共 10 页

The Relation of Theory to Practice in Education

《教育中理论与实践的关系》，载《全国教育科学研究学会第三年鉴》（1904 年），第 9-30 页

The Psychology of Judgment

《判断心理学》，载《心理学简报》第 1 期（1904 年 2 月 10 日），第

44–45 页

Significance of the School of Education

《教育学院的意义》，载《初等学校教师》第 4 期（1904 年 3 月），第 441–453 页

### 1906年

Culture and Industry in Education

《教育中的文化与工业》，载《东部艺术教师协会和东部手工训练协会联合大会记录汇编》，1906 年，第 21–30 页

The Experimental Theory of Knowledge

《实验的认知理论》，载《心理》第 15 期（1906 年 7 月），第 293–307 页

### 1907年

The School and Child

《学校与儿童》，收入英国教育家芬德兰（Joseph John Findlay）编：《约翰·杜威教育论文集》（*Educational Essays of John Dewey*），1907 年伦敦布莱基兄弟出版公司出版，共 128 页

Education as An University Study

《作为一门大学学科的教育》，载《哥伦比亚大学季刊》第 9 期（1907 年 7 月），第 317–342 页

Syllabi：History of Education

《教学大纲：教育史》，最初是人文与科学学院（School of Liberal Art and Science）为走读生提供的，纽约，1907—1908 年

Syllabi : Psychology for Teachers

《教学大纲：教师心理学》，最初是人文与科学学院为走读生提供的，纽约，1907—1908 年

## 1908年

Ethics

《伦理学》，与美国哲学家塔夫茨（James Hayden Tufts）合著，1908 年纽约版，共 618 页，系"美国科学丛书"之一。1932 年，他们又合著出版了一本几乎全部重写的《伦理学》( 修订版 )

Religion and Our School

《宗教与我们的学校》，载《希伯特杂志》第 6 期（1908 年 7 月 ），第796-809 页

The Bearings of Pragmatism upon Education

《实用主义对教育的影响》，载《进步教育杂志》第 1 卷第 2 号（1908年 12 月 ），第 1-3 页；第 1 卷第 3 号（1909 年 1 月 ），第 5-8 页；第 1 卷第4 号（1909 年 2 月 ），第 6-7 页

## 1909年

Moral Principles in Education

《教育中的道德原理》，系为哥伦比亚大学师范学院同事苏扎卢（Henry Suzzallo ）主编的"河畔教育丛书"（*Riverside Educational Monographs* ）而作，1909 年波士顿版，共 61 页

History for the Educator

《教育家的历史》，载《进步教育杂志》第 1 卷第 5 号（1909 年 3 月 ），

第 1–4 页

Teaching That Does not Educate

《不教的教学》，载《进步教育杂志》第 1 卷第 8 号（1909 年 6 月），第 1–3 页

The Moral Significance of the Common School Studies

《公立学校课程的道德意义》，载北伊利诺伊教师协会:《会议提纲》，1909 年 11 月 5—6 日，第 21–27 页

## 1910年

How We Think

《我们如何思维》，1910 年波士顿版，共 224 页

Intelligence and Morals

《智力与道德》，载《达尔文对哲学的影响》，1910 年纽约版，第 46–76 页

Science as Subject Matter and as Method

《作为教材和方法的科学》，载《科学》第 31 期（1910 年 1 月 28 日），第 121–127 页

## 1911年

Is Co–education Injurious to Girls？

《男女同校教育对女孩有害吗？》，载《妇女家庭杂志》第 28 期（1911 年 6 月），第 22 页，第 60–61 页

Current Trend of University Education

《当前大学教育的趋向》，载《大学的必备条件及第二级课程》（College

*Requirements and the Secondary Curriculum*），佛蒙特大学出版社 1911 年版，第 5 页

## 1912 年

L'Ecole et la vie de L'enfant

《学校与幼儿生活》，载［法］《教育》，德弗耶（J. Desfeuille）译，1912 年 12 月，第 457-472 页

## 1913 年

Interest and Effort in Education

《教育中的兴趣与努力》，1913 年波士顿版，共 101 页

L' Education au Point de Vue Social

《从社会角度看教育》，载［法］《教育学年刊》第 3 期（1913 年），第 32-48 页

Should Michigan Have Vocational Education under "Unit" or "Dual" Control ?

《密歇根州实施"统一"或"双重"管理下的职业教育吗？》，载《全国促进工业教育协会 1913 年第 18 号简报》，第 27-34 页

An Undemocratic Proposal

《一个不民主的计划》，载《美国教师》第 2 期（1913 年 1 月），第 2-4 页；《职业教育》第 2 期（1913 年 5 月），第 374-377 页

Some Dangers in the Present Movement for Industrial Education

《目前工业教育运动中的一些危险》，载《儿童劳动简报》第 1 卷第 4 号（1913 年 2 月），第 69-74 页

Industrial Education and Democracy

《工业教育与民主》，载《调查》第 29 期（1913 年 3 月 22 日），第 870-871 页，第 895 页

Cut-and-Try School Methods

《试验性学校的方法》，载《调查》第 30 期（1913 年 9 月 6 日），第 691-692 页

Professional Spirit among Teachers

《教师的职业精神》，载《美国教师》第 2 期（1913 年 10 月），第 114-116 页

## 1914年

Reasoning in Early Childhood

《儿童早期的推理》，载《（哥伦比亚大学）师范学院学报》第 15 期（1914 年 1 月），第 9-15 页

Psychological Doctrine and Philosophical Teaching

《心理学原理与哲学教学》，载《哲学、心理学与科学方法杂志》第 2 期（1914 年），第 505-511 页

The Educational Principles Involved

《有关的教育原则》，载《大学与公共服务：全国研讨会纪要》（*University and Public Service*：*Proceedings of the National Conference*），1914 年麦迪逊版，第 249-254 页

Report of Lecture by John Dewey

《约翰·杜威讲演报告》，梅里尔（Jenny B. Merrill）编，载《幼儿园杂志》第 26 期：（1）论卢梭、裴斯泰洛齐和福禄培尔（1914 年 3 月），第 186 页；（2）论学校生活的社会目的（1914 年 4 月），第 215 页；（3）论裴斯

泰洛齐（1914 年 5 月），第 251 页；（4）赫尔巴特与福禄培尔的比较（1914 年 5 月），第 255-256 页

Report on Fairhope［Alabama］Experiment in Organic Education

《关于有希望的阿拉巴马州有机教育实验的报告》，载《调查》第 32 期（1914 年 5 月 16 日），第 199 页

A Policy of Industrial Education

《工业教育的政策》，载《新共和》第 1 期（1914 年 12 月 19 日），第 11-12 页

## 1915年

School of Tomorrow

《明日之学校》，与伊夫琳·杜威（Evelyn Dewey）合著，纽约达顿出版公司 1915 年版，共 316 页

Introductory Address to the American Association of University Professors

《在美国大学教授协会上的任职讲演》，载《科学》第 41 期（1915 年 1 月 1 日），第 147-151 页

Industrial Education–A Wrong Kind

《一种错误的工业教育》，载《新共和》第 2 期（1915 年 2 月 20 日），第 71-73 页

State or City Control of Schools ?

《州管理学校还是市管理学校？》，载《新共和》第 2 期（1915 年 3 月 20 日），第 178-180 页

Splitting up the School System

《正在分裂的学校制度》，载《新共和》第 2 期（1915 年 4 月 17 日），第 283-284 页

Conditions at University of Utah

《犹太大学的状况》，载《民族》第 100 期（1915 年 5 月 6 日），第 491–492 页；《科学》第 41 期（1915 年 5 月 7 日），第 685 页

Education vs. Trade-Training

《教育与行业培训》，载《新共和》第 3 期（1915 年 5 月 15 日），第 42–43 页

Faculty Share in University Control

《学院在大学管理中的作用》，载《美国大学教授协会第七届年会公报和发言纪事》（1915 年），第 27–32 页

The Subject-Matter of Metaphysical Inquiry

《形而上学探究的教材》，载《哲学杂志》第 12 期（1915 年 6 月 24 日），第 337–345 页

Letter to William Bagley and the Editorial Staff of School and Home Education

《致威廉·巴格莱及〈学校与家庭教育〉全体编辑的信》（1915 年 9 月 20 日），载《学校与家庭教育》第 35 期（1915 年），第 35–36 页

Professorial Freedom

《教授的自由》，载《纽约时报》1915 年 10 月 22 日

Annual Address of the President

《（美国大学教授协会）主席的年度讲演》，载《美国大学教授协会简报》第 1 期（1915 年 12 月），第 9–13 页

## 1916年

Democracy and Education

《民主主义与教育》，纽约麦克米伦出版公司 1916 年版，共 434 页

Essays in Experimental Logic

《实验逻辑论文集》，芝加哥大学出版社 1916 年版，共 444 页

Nationalizing Education

《正在国家化的教育》，载《全国教育协会演说与记录汇编》（1916 年），第 183–189 页

Method in Science-Teaching

《科学教学的方法》，载《全国教育协会演说与记录汇编》（1916 年），第 729–734 页

The Need of An Industrial Education in An Industrial Democracy

《工业民主社会中的工业教育需要》，载《手工训练》第 17 期（1916 年 2 月），第 409–414 页

Organization in American Education

《美国教育组织》，载《（哥伦比亚大学）师范学院学报》第 17 期（1916 年 3 月），第 127–141 页

Vocational Education

《职业教育》，载《新共和》第 6 期（1916 年 3 月 11 日），第 159–160 页

American Association of University Professors

《美国大学教授协会》，载《民族》第 102 期（1916 年 3 月 30 日），第 357 页

Our Educational Ideal in Wartime

《我们的战时教育理念》，载《新共和》第 6 期（1916 年 4 月 15 日），第 283–284 页

Universal Service as Education

《作为教育的普遍服务》，载《新共和》第 6 期（1916 年 4 月 22 日和 4 月 29 日），第 309–310 页，第 334–335 页

The Schools and Social Preparedness

《学校与社会准备》，载《新共和》第 7 期（1916 年 5 月 6 日），第 15–16 页

American Education and Culture

《美国教育和文化》，载《新共和》第 7 期（1916 年 7 月 1 日），第 215–216 页

Professional Organization of Teachers

《教师的专业组织》，载《美国教师》第 5 期（1916 年 9 月），第 99–101 页

Socializing the Schools

《正在适应社会需要的学校》，载《印第安纳州教师协会纪要》（*Proceedings of the Indiana State Teachers' Association*），1916 年 10 月 25—28 日，第 105–109 页

The Educational Balance，Efficiency and Thinking

《教育平衡、效率与思考》，载《印第安纳州教师协会纪要》1916 年 10 月 25—28 日，第 188–193 页

## 1917年

Prospective Elementary Education

《未来的初等教育》，载雷皮尔（Louis Win Rapeer）：《初等学校课程教学》（*Teaching Elementary School Subjects*），1917 年纽约版，第 552–569 页

Experiment in Education

《教育中的实验》，载《新共和》第 10 期（1917 年 2 月 3 日），第 15–16 页

Learning to Earn : The Place of Vocational Education in A Comprehensive Scheme of Public Education

《学会获得：职业教育在公共教育综合计划中的地位》，载《学校与社会》第 5 期（1917 年 3 月 24 日），第 331-335 页

The Principle of Nationality

《民族性原则》，载《梅诺亚杂志》第 3 期（1917 年），第 203-208 页

Current Tendencies in Education

《目前的教育趋势》，载《日晷》第 62 期（1917 年 4 月 5 日），第 287-289 页

Federal Aid to Elementary Education

《对初等教育的联邦资助》，载《儿童劳动简报》第 6 期（1917 年 5 月），第 61-66 页

The Need for Social Psychology

《对社会心理学的需要》，载《心理学评论》第 24 期（1917 年 7 月），第 266-277 页

The Case of the Professors and the Public Interest

《教授状况与公共利益》，载《日晷》第 63 期（1917 年 11 月 8 日），第 435-437 页

The Modern Trend toward Vocational Education in Its Effect upon the Professional and Non-Professional Studies of the University

《现代职业教育趋势对大学中专业学习和非专业学习的影响》，载《（美国大学教授协会）第十九次年度大会讲演和公报杂志》（*Journal of Proceedings and Addresses of Nineteenth Annual Conference*），1917 年 11 月，第 27-32 页

Democracy and Loyalty in the Schools

《学校中的民主与忠诚》，载《纽约时报》1917 年 12 月 19 日；《美国教师》第 7 期（1918 年 1 月），第 8-10 页

Public Education on Trial

《正在试验的公共教育》，载《新共和》第 13 期（1917 年 12 月 29 日），
第 245–247 页

## 1918年

Education for Democracy

《为了民主的教育》，共 2 页，未发表

Vocational Education in the Light of the World War

《世界大战战火中的职业教育》，1918 年芝加哥版，共 10 页（载《中西
部职业教育协会简报》第 4 号，1918 年 1 月）

Education and Social Direction

《教育与社会方向》，载《日晷》第 64 期（1918 年 4 月 11 日），第
333–335 页

The Problem of Secondary Education after the War

《战后的中等教育问题》，载《塞拉教育新闻》第 14 期（1918 年 12 月），
第 571–572 页

## 1919年

The Psychology of Drawing-Imagination and Expression-Culture and Industry in
Education

《教育中的绘画—想象、表达—文化和工业心理学》，载《（哥伦比亚大
学）师范学院简报》第 10 号（1918 年 3 月 1 日）

Dewey's Lecture in Japan

《杜威在日本的讲演》，载《哲学杂志》第 16 期（1919 年 6 月 19 日），

第 357–364 页

The Student Revolt in China

《中国的学生反抗》，载《新共和》第 20 期（1919 年 8 月 6 日），第 16–18 页

## 1920年

Reconstruction in Philosophy

《哲学的改造》，系在日本东京帝国大学（今东京大学）的讲演记录稿，1929 年纽约版，共 224 页；1948 年波士顿修订版

Letters from China and Japan

《寄自中国和日本的家书》，与艾丽丝·奇普曼·杜威（Alice Chipman Dewey）合著，伊夫琳·杜威（Evelyn Dewey）编，1920 年纽约版，共 311 页

Five Lectures of Dewey

《杜威五大讲演》（中文），北京晨报局 1920 年版。1973 年，美国夏威夷大学教授克洛普顿（Robert W. Clopton）和中国香港新亚学院教授吴俊升（Tsuin-chen Ou）共同编译出版了《约翰·杜威在中国的讲演，1919—1920》（John Dewey Lectures in China, 1919–1920），其中包括《社会哲学与政治哲学》（第一部分）和《教育哲学》（第二部分）两次讲演

## 1921年

New Culture in China

《中国的新文化》，载《亚洲》第 21 期（1921 年 7 月），第 581–586 页，第 642 页

Education by Henry Adams

《通过亨利·亚当斯受到的教育》，载《新共和》第 29 期（1921 年 12 月 21 日），第 102–103 页

## 1922年

Human Nature and Conduct，An Introduction to Social Psychology

《人性与行为：社会心理学导论》，1922 年纽约版，共 336 页

Ideals，Aims and Methods in Education

《教育的理想、目的和方法》，1922 年伦敦版，共 110 页

An Analysis of Reflective Thought

《对反思性思维的一个分析》，载《哲学杂志》第 19 期（1922 年 1 月 19 日），第 29–38 页

America and Chinese Education

《美国与中国人的教育》，载《新共和》第 30 期（1922 年 3 月 1 日），第 15–17 页

Valuation and Experimental Knowledge

《评价与实验的认知》，载《哲学评论》第 31 期（1922 年 7 月），第 325–351 页

Report of Interview with Dewey

《杜威访谈报道》，系伍德（Charles W. Wood）对杜威的访谈，《纽约世界报》1922 年 8 月 27 日

Education as A Religion

《作为一种宗教的教育》，载《新共和》第 32 期（1922 年 9 月 13 日），第 63–65 页

Education as Engineering

《作为工程的教育》，载《新共和》第 32 期（1922 年 9 月 20 日），第

89–91 页

Education as Politics

《作为政治的教育》，载《新共和》第 32 期（1922 年 10 月 4 日），第 139–141 页

Mediocrity and Individuality

《平庸与个性》，载《新共和》第 33 期（1922 年 12 月 6 日），第 35–37 页

Individuality，Equality and Superiority

《个性、平等和优势》，载《新共和》第 33 期（1922 年 12 月 13 日），第 61–63 页

## 1923年

Culture and Professionalism in Education

《教育中的文化与职业特性》，1923 年纽约版，共 7 页

Social Purpose in Education

《教育的社会目的》，载《大众科学季刊》第 7 期（1923 年 1 月），第 79–91 页

A Sick World

《一个病态的世界》，载《新共和》第 33 期（1923 年 1 月 21 日），第 217–218 页

The School as a Means of Developing a Social Consciousness and Social Ideals in Children

《学校作为发展儿童社会意识和社会理想的手段》，载《社会力量杂志》第 1 期（1923 年），第 513–517 页

Individuality in Education

《教育中的个性》，载《大众科学季刊》第 7 期（1923 年 2 月），第 157-166 页

What is A School For ?

《学校所追求的是什么？》，载《纽约时报》1923 年 3 月 18 日

Future Trends in the Development of Social Programs through the Schools

《通过学校而实行的社会发展计划的未来趋势》，载《全国社会工作讨论会记录》，1923 年 5 月 16—5 月 23 日，第 449-453 页

Culture and Professionalism in Education

《文化与教育的职业特性》，1923 年纽约版，共 7 页。1923 年 9 月 26 日在哥伦比亚大学的开学典礼上分发

Making Education a Student Affair

《使教育成为学生的事务》，载《新学生》（1923 年），第 1-2 页

## 1924年

The Class Room Teacher

《课堂教师》，载《大众科学季刊》第 7 期（1924 年 3 月），第 463-472 页

Science，Belief and the Public

《科学、信念和公众》，载《新共和》第 38 期（1924 年 4 月 2 日），第 143-145 页

The Prospects of the Liberal College

《人文学院的前景》，载《独立》第 112 期（1924 年 5 月 24 日），第 226-227 页

The Liberal College and Its Enemies

《人文学院及其敌人》，载《独立》第 112 期（1924 年 5 月 24 日），第

280-282 页

Foreign Schools in Turkey

《在土耳其的外国学校》，载《新共和》第 41 期（1924 年 12 月 3 日），第 40-42 页

## 1925年

Experience and Nature

《经验与自然》，1925 年芝加哥版，共 443 页

The Development of American Pragmatism

《美国实用主义的发展》，载哥伦比亚大学哲学系编：《思想史研究》（*Studies in the History of Ideas*）第 2 卷，1925 年纽约版，第 353—377 页

What is the Matter with Teaching ?

《教学怎么了？》，载《描绘者》第 107 卷第 4 号（1925 年 10 月），第 5-6 页，第 78 页

Experience and Nature and Art

《经验、自然和艺术》，载《巴恩斯基金会杂志》第 1 卷第 3 号（1925 年 10 月），第 4-10 页

Practical Democracy

《实际的民主主义》，载《新共和》第 45 期（1925 年 12 月 2 日），第 52-54 页

## 1926年

Individuality and Experience

《个性与经验》，载《巴恩斯基金会杂志》第 2 卷第 1 号（1926 年 1 月），

第 1-6 页

The Changing Intellectual Climate

《正在变化的学术趋势》，载《新共和》第 45 期（1926 年 2 月 17 日），
第 22-38 页

Art in Education and Education in Art

《教育中的艺术与艺术中的教育》，载《新共和》第 46 期（1926 年 2 月
24 日），第 11-13 页

Affective Thought

《有情感地思考》，载《巴恩斯基金会杂志》第 2 卷第 2 号（1926 年 4
月），第 3-9 页

A Key to the New World

《通向新世界的钥匙》，系对罗素（Bertrand Russell）《教育和美好生活》
（*Education and the Good Life*）的书评，载《新共和》第 46 期（1926 年 5 月
19 日），第 410-411 页

Mexico's Educational Renaissance

《墨西哥的教育复兴》，载《新共和》第 48 期（1926 年 9 月 22 日），第
116-118 页


1927年

The Public and Its Problems

《公众及其问题》，1927 年纽约版，共 224 页；1946 年芝加哥第二版

Bankruptcy of Modern Education

《现代教育的破产》，载《现代季刊》第 4 期（1927 年 6—9 月），第
102-104 页

### 1928年

Progressive Education and the Science of Education

《进步教育与教育科学》，系 1928 年 3 月 8 日在进步教育协会第八届年会上的讲演，1928 年华盛顿版，共 14 页

Philosophies of Freedom

《自由的哲学》，载卡伦（Horace M. Kallen）编：《现代世界中的自由》（*Freedom in the Modern World*），1928 年纽约版，第 236-271 页

Why I am A Member of the Teachers' Union ?

《为什么我是教师联合会的一个成员？》，载《美国教师》第 7 卷第 5 号（1928 年 1 月），第 3-6 页

Body and Mind

《身体与心灵》，系 1927 年 11 月 17 日在纽约医学科学院的讲演，载《纽约医学学会简报》第 4 期（1928 年 1 月），第 3-19 页

The Manufacturer's Association and the Public Schools

《制造商协会与公立学校》，载《全国教育协会杂志》第 17 期（1928 年 2 月），第 61-62 页

The Direction of Education

《教育的方向》，系杜威 1928 年 4 月 10 日在哥伦比亚大学师范学院院长威廉·F. 拉塞尔（William F. Russell）就职仪式上作的讲演，载《学校与社会》第 27 期（1928 年 4 月 28 日），第 493-497 页

Impressions of Soviet Russia

《苏维埃俄国印象记》

（1）列宁格勒给予的启示，载《新共和》第 56 期（1928 年 11 月 14 日），第 343-344 页；（2）一个处于变动状态的国家，载《新共和》第 57 期（1928 年 11 月 21 日），第 11-14 页；（3）一个发展中的新世界，载《新共和》第

57 期（1928 年 11 月 28 日），第 38-42 页；（4）俄国的学校正在做什么？载《新共和》第 57 期（1928 年 12 月 5 日），第 64-67 页；（5）新时代的新学校，载《新共和》第 57 期（1928 年 12 月 12 日），第 91-94 页；（6）伟大的实验与未来，载《新共和》第 57 期（1928 年 12 月 19 日），第 134-137 页

The Way to Think

《思维的方式》，载《星期六文学评论》第 5 期（1928 年 12 月 1 日），第 432 页

## 1929年

Impression of Soviet Russia and the Revolutionary World，Mexico-China-Turkey

《苏维埃俄国和革命的世界，墨西哥—中国—土耳其印象记》，1929 年纽约版，共 270 页

Sources of A Science of Education

《教育科学的资源》，系杜威 1929 年 2 月 26 日在国际教育荣誉学会（KDP）系列讲座上作的第一个讲演，1929 年纽约版，共 77 页

Art and Education

《艺术与教育》，与巴恩斯（Albert C. Barnes）等合著，1929 年纽约版，共 349 页；1947 年纽约第二版

Soviet Education

《苏维埃教育》，载埃迪编（Sherwood Eddy）:《我正在受到一种教育吗？》（Am I Getting an Education？），1929 年纽约版，第 39-46 页

Contrasts in Education

《教育中的比较》，1929 年纽约版，共 50 页

Freedom in Workers' Education

《劳工教育中的自由》，载《美国教师》第 13 期（1929 年 1 月），第 1–4 页

Labor Politics and Education

《劳工政治与教育》，载《新共和》第 57 期（1929 年 1 月 9 日），第 211–214 页

The Russian School System

《俄国的学校体系》，系杜威 1929 年 2 月 21 日在芝加哥大学利昂·曼德尔会堂作的讲演，未发表，收藏于威斯康星州历史协会

General Principles of Educational Articulation

《教育衔接的一般原则》，系杜威 1929 年 2 月 24—2 月 28 日在俄亥俄州克利夫兰市召开的全国教育协会督导部的年会上作的发言，载《学校与社会》第 29 期（1929 年 3 月 30 日），第 399–406 页

The School and Society

《学校与社会》，系对康茨（George S. Counts）《芝加哥的学校与社会》（School and Society in Chicago）一书的书评，载《新共和》第 58 期（1929 年 4 月 10 日），第 231–232 页

The Quest for Certainty，A Study of the Relation of Knowledge and Action

《确定性的寻求：关于知行关系的研究》，系杜威在英国爱丁堡大学吉福德讲座系列讲演（1929 年 4 月 17 日—5 月 17 日）的基础上而写成，1929 年纽约版，共 318 页

Understanding and Prejudice

《理解与偏见》，系杜威在 1929 年 10 月 21 日《美国希伯来人》杂志创刊 50 周年纪念宴会上作的讲演，载《美国希伯来人》第 126 期（1929 年 10 月 29 日），第 125 页

Juvenile Reading

《儿童读物》，载《星期六文学评论》（1929 年 11 月 16 日），第 398 页

James Marsh and American Philosophy

《詹姆斯·马什和美国哲学》，系杜威在母校佛蒙特大学作的讲演，1929
年 11 月 26 日

Democracy in Education

《教育中的民主》，载《全国教育协会杂志》第 18 期（1919 年 12 月），
第 287–290 页

Foreword to Eastern Commercial Teachers' Association First Yearbook,
*Foundation of Commercial Education*

《〈商科教育的基础〉序》，载《东部商科教师协会第一年鉴：商科教育
的基础》，1929 年纽约版，第 xiii–xiv 页

Introduction to Henry E. Bliss's *The Organization of Knowledge and the System
of the Sciences*

《〈知识组织与科学体系〉序》，载布利斯（Henry E. Bliss）：《知识组织
与科学体系》，1929 年纽约版，第 xii–ix 页

Introduction to *Training for Group Experience*, edited by Alfred D. Sheffield

《〈团体经验的训练〉序》，载谢菲尔德（Alfred D. Sheffield）：《团体经
验的训练》，1929 年纽约版，第 ix–xv 页


## 1930年

Construction and Criticism

《创造与批判》，系杜威 1930 年 2 月 25 日在哥伦比亚大学艺术与科学研
究院作的讲演，1930 年哥伦比亚大学版，共 25 页

Individualism，Old and New

《新旧个人主义》，系杜威为试图重新定义"自由主义"而作的努力。其中 8 篇论文分别载《新共和》第 58 期（1929 年 4 月 24 日），第 270-271 页；第 60 期（1929 年 12 月 18 日），第 117-119 页；第 61 期（1930 年 1 月 22 日），第 239-241 页；第 61 期（1930 年 2 月 19 日），第 294-296 页；第 62 期（1930 年 3 月 5 日），第 64-67 页；第 62 期（1930 年 3 月 19 日），第 123-126 页；第 62 期（1930 年 4 月 2 日），第 184-188 页

Qualitative Thought

《定性的思维》，载《专题论丛》第 1 期（1930 年 1 月），第 5-32 页

Psychology and Work

《心理学与工作》，载《人事杂志》第 8 期（1930 年 2 月），第 337-341 页

Philosophy and Education

《哲学与教育》，系杜威 1930 年 3 月 27—3 月 28 日在加利福尼亚大学洛杉矶分校新校区落成仪式上的讲话，1930 年伯克利版

Our Illiteracy Problem

《我们的文盲问题》，载《图片评论》第 31 期（1930 年 3 月），第 28 页

What Humanism Means to Me

《人文主义之我见》，载《思想家》第 2 期（1930 年 6 月），第 9-12 页

How Much Freedom in New Schools？

《新学校中有多少自由？》，载《新共和》第 63 期（1930 年 7 月 9 日），第 204-206 页

Duties and Responsibilities of the Teaching Profession

《教学职业的责任和职责》，载《学校与社会》第 32 期（1930 年 8 月 9 日），第 188-191 页

Three Independent Factors in Morals

《道德的三个独立要素》，载［法］《法国哲学会简报》（*Ballertin de la societe francaise de philosophie*）第 30 期（1930 年 10-12 月），第 118-127 页

From Absolutism to Experimentalism

《从绝对主义到实验主义》[①]，载亚当斯（G. P. Adams）和蒙塔古（W. P. Montague）：《当代美国哲学》（*Contemporary American Philosophy*）第 2 卷，1930 年纽约版，第 13-27 页

## 1931年

American Education Past and Future

《美国教育的过去和未来》，1931 年芝加哥版，共 14 页

Philosophy and Civilization

《哲学与文明》，1931 年纽约版，共 341 页

The Way Out of Educational Confusion

《从教育混乱中寻找出路》，载《英格利斯讲演集，1931》，哈佛大学出版社 1931 年版，第 41 页及其后

Science and Society

《科学与社会》，载《利哈伊校友简报》第 18 期（1931 年 7 月），第 6-7 页

Speech at the Curriculum Conference for the College of Liberal Arts

《在人文学院课程研讨会上的发言》，1931 年 1 月 19—24 日，罗林斯学院，佛罗里达州温特帕克。载《课程研讨会记录汇编》（3 卷），第 1 卷，第

---

① 该文 1949 年 10 月 22 日又刊载于《星期六文学评论》（*Saturday Review of Literature*）第 32 期，其题名改为《创造中的哲学家：自传》（*Philosopher-In-The-Making：Autobiography*）。

49–54 页，第 203–205 页；第 2 卷，第 420–427 页

Democracy for the Teacher

《为了教师的民主》，载《进步教育》第 8 期（1931 年 3 月），第 216–218 页

Appreciation and Cultivation

《欣赏与培养》，载《哈佛大学教师纪事》第 1 期（1931 年 4 月），第 73–76 页

Science and Society

《科学与社会》，载《利哈伊校友简报》第 18 期（1931 年 7 月 10 日），第 6–7 页

Social Science and Social Control

《社会科学与社会管理》，载《新共和》第 67 期（1931 年 7 月 29 日），第 276–277 页

Teachers as Citizens

《作为公民的教师》，载《美国教师》第 16 期（1931 年 10 月），第 7 页

Child Health and Protection

《儿童的健康与保护》，系杜威在芝加哥大学召开的关于儿童健康与保护的白宫会议上作的讲演（1929 年 10 月 30—31 日），未发表，收藏于威斯康星州历史协会

Some Aspects of Modern Education

《现代教育的一些方面》，载《学校与社会》第 34 期（1931 年 10 月 31 日），第 579–584 页

## 1932年

Education and Birth Control

《教育与节育》，载《民族》第 134 期（1932 年 1 月 27 日），第 112 页

Monastery，Bargain Counter，or Laboratory in Education？

《教育：修道院、交易柜台或实验室？》，载《巴恩威尔简报》第 9 期 40 号（1932 年 2 月），第 51-62 页

Political Interference in Higher Education and Research

《高等教育和研究中的政治干预》，载《学校与社会》第 35 期（1932 年 2 月 20 日），第 243-246 页

Schools and the White House Conference

《学校与白宫会议》，载《美国教师》第 16 期（1932 年 2—3 月），第 3-4 页；（1932 年 3 月），第 15 页

Dewey Describes Child's New World

《杜威描绘儿童的新世界》，载《纽约时报》1932 年 4 月 10 日

Review of Abraham Flexner's *Universities*：*American*，*English*，*German*

《评弗莱克斯纳〈现代大学论——美英德大学研究〉》，载《国际伦理学杂志》第 42 期（1932 年 4 月），第 331-332 页

Review of Charles Edward Merriam's *The Making of Citizens*：*A Comparative Study of Methods of civic Training*

《评梅里亚姆〈造就公民——公民训练法的比较研究〉》，载《国际伦理学杂志》第 42 期（1932 年 4 月），第 341-342 页

The Economic Situation：A Challenge to Education

《经济状况：对教育的一个挑战》，载《家政学杂志》第 24 期（1932 年 6 月），第 495-501 页

Funds for Brookwood Labor College

《对布鲁克伍德劳动学院的资助》，载《新共和》第 73 期（1932 年 12 月 7 日），第 701 页

Education in Action

《活动中的教育》，载艾伦（Devere Allen）：《冒险的美国人》（*Adventurous Americans*），1932 年纽约版，第 130–140 页

## 1933年

How We Think, A Restatement of Relation of Reflective Thinking to the Educative Process

《我们如何思维——再论反思性思维与教育过程的关系》，1933 年波士顿版，这是 1910 年版《我们如何思维》的修订版

Opinions Regarding the Six-Years High School

《有关六年制中学的观点》，载《初级学院杂志》第 8 期（1933 年 3 月），第 320 页

Education and Our Present Social Problems

《教育与我们目前的社会问题》，载《学校与社会》第 37 期（1933 年 4 月 15 日），第 473–478 页

On Schools of Utopia

《论乌托邦学校》，载《纽约时报》1933 年 4 月 23 日

Crisis in Education

《教育中的危机》，载《美国教师》第 17 期（1933 年 4 月），第 5–9 页

Shall We Abolish School "Frills"? No

《我们将取消学校的"虚饰"吗？不》，载《学校管理》第 2 期（1933 年 6 月），第 5 页

Why Have Progressive Schools ?

《为什么有进步学校？》，载《现代历史》第 38 期（1933 年 7 月），第 441-448 页

The Social-Economic Situation and Education

《社会经济形势与教育》，与约翰·蔡尔兹（John Childs）合著，载克伯屈主编：《教育前沿》（*The Educational Frontier*）第 2 章，1933 年纽约版，第 32-72 页

The Underlying Philosophy of Education

《作为基础的教育哲学》，与约翰·蔡尔兹合著，载克伯屈主编：《教育前沿》第 9 章，1933 年纽约版，第 287-319 页

## 1934年

Art as Experience

《作为经验的艺术》，1934 年 3 月纽约版，共 353 页

Education and the Social Order

《教育与社会秩序》，工业民主联盟的小册子，1934 年纽约版，共 16 页

Supreme Intellectual Obligation

《最重要的学术责任》，系 1933 年 12 月 27 日在波士顿大学俱乐部向美国心理学家卡特尔（James Mckeen Cattell）博士表达敬意的晚宴上的致辞，载《科学教育》第 18 期（1934 年 2 月），第 1-4 页

Tomorrow May Be Too Late : Save the Schools Now

《明天可能太晚了：拯救学校从现在开始》，载《好家政》第 98 期（1934 年 3 月），第 20-21 页，第 222-227 页。来自凯瑟琳·格洛弗（Katherine Glover）的采访

Intelligence and Power

《智力与权力》，载《新共和》第 78 期（1934 年 4 月 25 日），第 306–307 页

Individual Psychology and Education

《个人心理学与教育》，载《哲学家》第 12 期（1934 年 4 月），第 56–62 页

Character Training for Youth

《青年的性格训练》，载《扶轮社》第 45 期（1934 年 9 月），第 6–8 页，第 58–59 页

Can Education Share in Social Reconstruction？

《教育能够参与社会重建？》，载《社会前沿》第 1 期（1934 年 10 月），第 11–12 页

Need for A Philosophy of Education

《对教育哲学的需要》，载《家庭和学校的新时代》第 15 期（1934 年 11 月），第 211–214 页

Radio's Influence on the Mind

《无线电广播对心理的影响》，载《学校与社会》第 40 期（1934 年 12 月 15 日），第 805 页

Education for A Changing Social Order

《面向不断变化着的社会秩序的教育》，载《美国师范学院协会第十三年鉴》，1934 年，第 60–68 页

The Activity Movement

《活动运动》，载《全国教育研究会第三十三年鉴》，1934 年，第 81–85 页

## 1935年

Liberalism and Social Action

《自由主义与社会行为》，1935年纽约版，共93页

Foreword to Education in Soviet Union

《〈苏联的教育〉序言》，载内尔森（William Allan Nelson）编：《苏联的教育》（*Education in Soviet Union*），1935年版

The Teacher and the Public

《教师与公众》，载《当代重要讲演》第1期（1935年1月28日），第278–279页

The Teacher and His World

《教师与他的世界》，载《社会前沿》第1期4号（1935年1月），第7页

The Crucial Role of Intelligence

《智力的关键性作用》，载《社会前沿》第1期5号（1935年2月），第9–10页

Toward Administrative Statesmanship

《趋于行政管理的政治家才能》，载《社会前沿》第1期6号（1935年3月），第9–10页

United, We Shall Stand

《我们将坚持联合》，载《社会前沿》第1期7号（1935年4月），第11–12页

Government and Children

《政府与儿童》，载《美国教师》第19期（1935年3—6月），第20页

Youth in A Confused World

《一个混沌世界中的青年》，载《社会前沿》第1期第8号（1935年5

月），第 9-10 页

The Need for Orientation

《定向的需要》，载《论坛与世纪》第 93 期（1935 年 6 月），第 333-335 页

Educators Urged to Join with Other Workers

《主张与其他工作者结合的教育家》，载《学校管理》第 4 期（1935 年 6 月），第 207 页

Toward a National System of Education

《趋于一种国家教育制度》，载《社会前沿》第 1 期第 9 号（1935 年 6 月），第 9-10 页

Nature and Humanity

《本性与人性》，载《新人道主义者》第 8 期（1935 年秋），第 153-157 页

## 1936年

Education and New Social Ideals

《教育与新的社会理想》，载《当代重要讲演》第 2 期（1936 年 2 月 24 日），第 327-328 页

Social Significance of Academic Freedom

《学术自由的社会意义》，载《社会前沿》第 2 期（1936 年 3 月），第 165-166 页

Anniversary Address

《周年纪念致辞》，系杜威在密歇根州教师俱乐部创立 50 周年纪念会上的致辞，1936 年 4 月 26 日

World High Court for Knowledge？

《世界知识的最高法庭？》，载《基督教科学箴言报》1936 年 9 月 14 日，第 1-3 页

Authority and Social Change

《权威与社会变化》，载《学校与社会》第 44 期（1936 年 10 月 10 日），第 457-466 页

Horace Mann Today

《贺拉斯·曼在今天》，载《社会前沿》第 3 期（1936 年 11 月），第 41-42 页

Integrity of Education

《教育的完善》，载《教育文摘》第 2 期（1936 年 11 月），第 1-3 页

Rationality in Education

《教育中的合理性》，载《社会前沿》第 3 期（1936 年 12 月），第 71-73 页

The Dewey School：Introduction

《〈杜威学校〉导论》，载凯瑟琳·坎普·梅休（Katherine Camp Mayhew）等：《杜威学校》（*The Dewey School*），1936 年纽约版，第 xv-xvi 页

The Dewey School：Statements

《〈杜威学校〉陈述》，载凯瑟琳·坎普·梅休等：《杜威学校》，1936 年纽约版，第 5-7 页，第 361-362 页，第 365-367 页，第 370-372 页，第 414-415 页，第 417 页，第 431-432 页

The Theory of the Chicago Experiment

《芝加哥实验的理论》，载凯瑟琳·坎普·梅休等：《杜威学校》附录二，1936 年纽约版，第 463-477 页

## 1937年

The Teacher and Society

《教师与社会》，与威廉·克伯屈合著，载《约翰·杜威学会第一年鉴》，1937 年纽约版，共 360 页

The Forward View：A Free Teacher in a Free Society

《展望：自由社会的自由教师》，与古德温·华生（Goodwin Watson）合著，载克伯屈主编：《教师与社会》（*Teachers and Society*）第 13 章，1937 年纽约版，第 330–345 页

Education，The Foundation for Social Organization

《教育：社会组织的基础》，载《为了民主的教育：专题论丛》（*Educating for Democracy，a Symposium*），1937 年（俄亥俄州）耶鲁斯普林版，第 37–54 页

President Hutchins' Proposals to Remark Higher Education

《赫钦斯校长对高等教育改造的建议》，载《社会前沿》第 3 期（1937 年 1 月），第 103–104 页

Challenge of Democracy to Education

《民主对教育的挑战》，载《进步教育》第 14 期（1937 年 2 月）。第 79–85 页

Acceptance Speech

《致接受辞》，载《全国教育协会校长部大会正式报告》（*Official Report of the Convention of the Department of Superintendence of the National Education Association*），1937 年华盛顿特区版，第 48 页

Higher Learning in America

《美国的高等教育》，载《社会前沿》第 3 期（1937 年 3 月），第 167–169 页

Righting An Academic Wrong

《纠正一个学术错误》，载《新共和》第 90 期（1937 年 3 月 31 日），第 242 页

Democracy and Educational Administration

《民主与教育管理》，系杜威在全国教育协会校长部大会上作的讲演（新奥尔良,1937 年 2 月 22 日），载《学校与社会》第 45 期（1937 年 4 月 3 日），第 457-462 页

The Educational Function of A Museum of Decorative Arts

《装饰艺术博物馆的教育作用》，载《（纽约）制桶工人协会装饰艺术博物馆纪事》第 1 期（1937 年 4 月），第 93-99 页

Education and Social Change

《教育与社会变革》，载《社会前沿》第 3 期（1937 年 5 月），第 253-258 页

What is Leaning ?

《学习是什么？》，载马勒布（E. G. Malherbe）编：《课程问题》(*Curriculum Problem*)，1937 年版，第 91-92 页

Growth in Activity

《在活动中成长》，载马勒布编：《一个变化社会中的教育适应》(*Educational Adaptations in a Changing Society*)，系第 5 章《新方法》的一部分，1937 年版，第 120-122 页

Freedom

《自由》，载全国教育协会：《社会经济目标对于教育的意义：美国社会经济目标委员会报告》(*Implication of Social-Economic Goals for Education : A Report of the Committee on Social-Economic Goals of America*)，1937 年华盛顿特区版，第 99-105 页

An Active，Flexible Personality

《一种积极灵活的个性》，与博德（Boyd H. Bode）和克伯屈合著，载全国教育协会：《社会经济目标对于教育的意义：美国社会经济目标委员会报告》第 5 章，1937 年华盛顿特区版

Panel Discussion：Education Today

《专题讨论：今天的教育》，载《为了民主的教育：专题论丛》（*Educating for Democracy：A Symposium*），1937 年安阿提版，第 133–146 页

## 1938年

Experience and Education

《经验与教育》，系 1938 年 2 月 25 日在国际教育荣誉学会（KDP）系列讲座上的第十个讲演，1938 年纽约版，共 116 页

Logic：The Theory of Inquiry

《逻辑：探究的理论》，1938 年纽约版，共 546 页

To Those Who Aspire to the Profession of Teaching

《致那些有志于从事教师职业的人》，载厄尔·G. 洛克哈特（Earl G. Lockhart）：《我的职业》（*My Vocation*），1938 年纽约版，第 325–334 页

Does Human Nature Change？

《人性能改变吗？》，载《扶轮社》第 52 期（1938 年 2 月），第 8–11 页，第 58–59 页

Relation of Science and Philosophy as Basic of Education

《作为教育基础的科学和哲学的关系》，载《学校与社会》第 47 期（1938 年 4 月 9 日），第 470–473 页

Education，Democracy，and Socialized Economy

《教育、民主和社会化经济》，载《社会前沿》第 5 期（1938 年 12 月），

第 71-72 页

Democracy and Education in the World of Today

《今日世界的民主和教育》，载伦理文化协会小册子，1938 年纽约版，第 15 页

## 1939年

Freedom and Culture

《自由与文化》，1939 年纽约版，共 176 页

The Unity of the Human Being

《人的统一性》，载拉特纳（Joseph Ratner）主编：《现代世界智慧：约翰·杜威的哲学》（*Intelligence in the Modern World*，*John Dewey's Philosophy*），1939 年纽约版，第 817-835 页

Introduction to William James's Talks to Teachers

《威廉·詹姆士〈与教师们的谈话〉一书的导言》，与威廉·克伯屈合著，1939 年纽约版，第 iii-viii 页

Foreword to Elise Ripley Clapp's *Community Schools in Action*

《克拉普〈行动中的社区学校〉一书的序言》，1939 年纽约版，第 vii-x 页

Creative Democracy–The Task Before Us

《创造性的民主——我们面对的任务》，系在纽约市庆贺杜威 80 岁生日晚宴上的致辞，载《华盛顿邮报》1939 年 10 月 24 日，第 11 页

Report and Recommendation upon Turkish Education

《关于土耳其教育的报告与建议》，1939 年，土耳其伊斯坦布尔；1952 年重印

Message to Friends of the John Dewey Labor Research Fund

《给约翰·杜威劳动研究基金会朋友们的话》，1939 年 2 月 6 日在"什么样的人生"（What a Life）义演上被朗读，未发表

Education：1800–1939

《教育：1800—1939 年》，载《佛蒙特大学校友》第 18 卷（1939 年 5 月），第 169–170 页，第 188–189 页

College Youth Better Mannered

《使青年更有风度的学院》，载《佛蒙特大学校友》第 18 卷（1939 年 6 月），第 196–197 页

Foreword to *Education Trends*

《〈教育趋势〉的序言》，载《教育趋势》第 7 期（1939 年 11—12 月），第 5 页

Higher Learning and War

《高等教育与战争》，载《美国大学教授协会简报》第 25 期（1939 年 12 月），编辑语，第 613–614 页

## 1940年

Education Today

《今日之教育》，1940 年纽约版，共 376 页

Letter on Investigating Education

《关于教育调查的信》，载《纽约时报》1940 年 5 月 6 日，第 16 页

Letter on Censorship Not Wanted

《关于不受欢迎的审查制度的信》，载《纽约时报》1940 年 5 月 14 日，第 22 页

Statement on Academic Freedom

《论学术自由》，载《纽约时报》1940 年 10 月 5 日，第 7 页

## 1941年

Science and Democracy

《科学与民主》，载《科学月刊》第 52 期（1941 年 1 月），第 52-55 页

For A New Education

《为了一种新的教育》，载《家庭和学校的新时代》第 22 期（1941 年 6 月），第 134-135 页

Dewey Greets Teachers Union

《杜威祝贺教师联合会》，载《美国教师》第 26 期（1941 年 10 月），第 31 页

## 1942年

How is Mind to be Know ?

《心理是如何被认知的？》，载《哲学杂志》第 39 期（1942 年 1 月 15 日），第 29-35 页

Introduction to the *Little Red School House*，by Agnes de Lima et al

《〈小红校舍〉一书的导言》，载利马（Agnes de Lima）和斯塔夫（Staff）：《小红校舍》，1942 年纽约版，第 9-10 页

## 1943年

The Development of American Pragmatism

《美国实用主义的发展》，载鲁恩斯（D. D. Runes）：《二十世纪哲学》，1943 年版，第 451–468 页

Reply to Letter on His Educational Principles

《对关于杜威教育原理的来信的回复》，载《纽约时报》1943 年 1 月 8 日

## 1944年

Between Two Worlds

《在两个世界之间》，系杜威 1944 年 3 月 20 日在美国迈阿密大学艺术与科学学会冬季短训班上作的讲演，未发表

Statement Opposing R. M. Hutchins' Educational Theories

《反对赫钦斯教育理论的声明》，载《纽约时报》1944 年 5 月 28 日

Democratic Faith and Education

《民主信念与教育》，载《安蒂奥克评论》第 4 期（1944 年 6 月），第 274–283 页

Problem of the Liberal Arts College

《人文学院的问题》，载《美国学者》第 13 期（1944 年 10 月），第 391–393 页

85th Birthday：Statement Chiding N. M. Butler and R. M. Hutchins，Interview

《85 岁生日访谈：斥责巴特勒和赫钦斯的声明》，载《纽约时报》1944 年 10 月 20 日

Massage to the Teachers of Peru

《致秘鲁教师们》，载［秘鲁］《区域教育杂志》，秘鲁初等教育部，1944年，第11页

## 1945年

Method in Science Teaching

《科学教学的方法》，载《科学教育》第29期（1945年4月），第119-128页

Ethical Subject–Matter and Language

《伦理学的教材和语言》，载《哲学杂志》第42期（1945年12月20日）。第701-712页

## 1946年

Problems of Men

《人的问题》，1946年纽约版，共424页

Foreword to *Education in the British West Indies*

《〈英属西印度群岛的教育〉一书的序言》，载埃里克·威廉斯（Eric Williams）:《英属西印度群岛的教育》，1946年特立尼达版，第vii–viii页

## 1947年

What is Thought？

《思维是什么？》，载巴德（Arno L. Bader）和韦尔斯（C. F. Wells）编:《关于我们时代的论文集》（Essays of Our Time），1947年纽约版，第3-7页

Foreword to *Education for What Is Real*

《〈求真的教育〉一书的序言》，载凯利（Earl C.Kelley）：《求真的教育》，1947 年纽约版，第 5-6 页

Implications of the Education Development Act of 1947

《〈1947 年教育发展法案〉的含意》，载《民族学校》第 39 期（1947 年 3 月），第 20-21 页

Liberating the Social Scientist

《解放社会科学家》，载《评论》第 4 期（1947 年 10 月），第 378-385 页

Man and Mathematics

《人与数学》，载《人道主义者》第 7 期（1947 年冬），第 121 页

## 1948年

What is Democracy ?

《民主是什么？》，载比肖帕（H. M. Bishop）和亨达尔（S. Hendel）编：《美国民主的基本问题》（*Basic Issues of American Democracy*），1948 年版，第 20-23 页

Foreword to The Unfolding of Artistic Activity

《〈艺术活动的展开〉一书的序言》，载谢弗－西蒙（Henry Schaefer-Simmern）：《艺术活动的展开》，1948 年伯克利版，第 9-10 页

Appreciation of Rand School

《感谢兰德学院》，载《1948 年公告》（*General Bulletin*, 1948）（春季刊），纽约兰德社会科学学院，第 2 页

Common Sense and Science : Their Respective Frames of Reference

《常识与科学：它们各自的关系结构》，载《哲学杂志》第 45 期（1948

年 4 月 8 日），第 197-208 页

## 1949年

Knowing and the Known

《认知与所知》，1949 年波士顿版，共 334 页

Language and the Training of Thought

《语言与思维训练》，载布里格斯（H. E. Briggs）编：《语言、人和社会》（*Language*，*Man Society*），1949 年版，第 55-65 页

Education and the Social Order

《教育与社会制度》，1949 年纽约版，共 14 页

Message to the American Federation of Teachers

《致美国教师联合会的信》，载《美国教师》第 34 期（1949 年 10 月），第 16 页

Education for A New and Better World

《为了一个新的和更好的世界的教育》，未发表，收藏于南伊利诺伊大学卡邦代尔分校图书馆

## 1950年

John Dewey at Ninety

《约翰·杜威 90 岁诞辰》，莱德勒（Harry W. Laidler）编，1950 年纽约版

Greetings to the Urbana Conference

《给厄伯纳研讨会的致辞》，载迪安（Benne K. Dean）、斯坦利（William O. Stanley）编：《约翰·杜威九十诞辰文集》（*Essays for John Dewey's Ninetieth Birthday*），1950 年厄伯纳版，第 3-4 页

A Statement to the National Society of College Teachers of Education

《对全国高校教育教师学会的一个进言》，载《全国高校教育教师学会的历史（1902—1950）》（*A History of the National Society of College Teachers of Education，1902-1950*），未注明出版社和出版日期，第 2-3 页

## 1951年

Introduction to *William Heard Kilpatrick, Trail Blazer in Education* by Samuel Tenenbaum

《特南鲍姆〈威廉·赫德·克伯屈：教育的开拓者〉一书的引言》，1951 年纽约版，第 vii–x 页

## 1952年

*Introduction to The Use of Resources in Education* by Elsie Ripley Clapp

《克拉普〈教育资源的使用〉一书的引言》，1952 年纽约版

# 附录 2：刊载杜威文章的报刊名称（中英文对照）

A

《美国学者》( American Scholar )

《美国教师》( American Teacher )

《安多弗评论》( Andover Review )

《安蒂奥克评论》( Antioch Review )

《亚洲》( Asia )

B

《巴恩威尔简报》( Barnwell Bulletin )

《书目精粹》( Bibliotheca Secra )

《美国大学教授协会简报》( Bulletin of the American Association of University Professors )

《纽约医学学会简报》( Bulletin of the New York Academy of Medicine )

C

《儿童劳动简报》( Child Labor Bulletin )

《基督教科学箴言报》（Christian Science Monitor）

《（纽约）制桶工人协会装饰艺术博物馆纪事》（Chronicle of the Museum
for the Arts of Decoration of Cooper Union）

《哥伦比亚大学季刊》（Columbia University Quarterly）

《评论》（Commentary）

《现代历史》（Current History）


D

《描绘者》（Delineator）

《日晷》（Dial）


E

《教育文摘》（Educational Digest）

《教育评论》（Educational Review）

《教育趋势》（Education Trends）

《初等学校教师》（Elementary School Teacher）

《伦理学纪事》（Ethical Record）


F

《论坛》（Forum）

《论坛与世纪》（Forum and Century）

G

《大众科学季刊》( General Science Quarterly )

H

《哈佛大学教师纪事》( Harvard Teachers Record )

《希伯特杂志》( Hibbert Journal )

《人道主义者》( Humanist )

I

《独立》( Independent )

《内陆人》( Inlander )

《国际伦理学杂志》( International Journal of Ethics )

J

《初级学院杂志》( Junior College Journal )

《教育杂志》( Journal of Education )

《家政学杂志》( Journal of Home Economics )

《哲学杂志》( Journal of Philosophy )

《哲学、心理学与科学方法杂志》( Journal of Philosophy，Psychology and Scientific Method )

《社会力量杂志》( Journal of Social Forces )

《巴恩斯基金会杂志》( Journal of the Barnes Foundation )

《全国教育协会杂志》（Journal of the National Education Association）

K

《幼儿园杂志》（Kindergarten Magazine）

L

《妇女家庭杂志》（Ladies Home Journal）

《利哈伊校友简报》（Lehigh Alumni Bulletin）

［法］《教育学年刊》（L' Annee Pedagogigue）

［法］《教育》（L' Education）

M

《手工训练杂志》（Manual Training Magazine）

《手工训练》（Manual Training）

《梅诺亚杂志》（Menorah Journal）

《心理》（Mind）

《现代季刊》（Modern Quarterly）

《一元论者》（Monist）

N

《民族》（Nation）

《民族学校》（Nation's Schools）

《家庭和学校的新时代》（New Era in Home and School）

《新共和》（New Republic）

《新学生》（New Student）

《纽约时报》（New York Times）

《纽约世界报》（New York World）

P

《人事杂志》（Personnel Journal）

《哲学评论》（Philosophical Review）

《图片评论》（Pictorial Review）

《大众科学月刊》（Popular Science Monthly）

《宗教教育协会会刊》（Proceedings of the Religious Education Association）

《进步教育》（Progressive Education）

《进步教育小册子》（Progressive Education Booklet）

《进步教育杂志》（Progressive Journal of Education）

《心理学简报》（Psychological Bulletin）

《心理学评论》（Psychological Review）

R

《扶轮社》（Rotarian）

S

《圣何塞每日使者》（San Jose Daily Mercury）

《星期六文学评论》( Saturday Review of Literature )

《学校与社会》( School and Society )

《学校管理》( School Management )

《学校评论》( School Review )

《科学》( Science )

《科学教育》( Science Education )

《科学月刊》( Scientific Monthly )

《塞拉教育新闻》( Sierra Educational News )

《社会前沿》( Social Frontier )

《调查》( Survey )


T

《（哥伦比亚大学）师范学院简报》( Teachers College Bulletin )

《（哥伦比亚大学）师范学院学报》( Teachers College Record )

《美国希伯来人》( The American Hebrew )

《初等学校纪事》( The Elementary School Record )

《新人道主义者》( The New Humanist )

《哲学家》( The Philosopher )

《专题论丛》( The Symposium )

《思想家》( Thinker )

《伊利诺伊儿童研究会会刊》( Transactions of the Illinois Society for Child-Study )

U

《大学》（University）

《芝加哥大学学报》（University of Chicago Record）

V

《佛蒙特大学校友》（Vermont Alumnus）

《当代重要讲演》（Vital Speech of the Day）

《中西部职业教育协会简报》（Vocational Education Association of the Middle West Bulletin）

W

《华盛顿邮报》（Washington Post）

《白与蓝》（White and Blue）